北京大學中國語言學研究中心

早期北京話珍稀文獻集成
主編 劉雲

朝鮮日據時期漢語會話書匯編
分卷主編 [韓]朴在淵 [韓]金雅瑛

（附影印本）

# 官話標準

## 短期速修中國語自通

[韓]文世榮 著
[韓]朴在淵 [韓]金雅瑛 校注

國家出版基金項目
NATIONAL PUBLICATION FOUNDATION

北京大學出版社
PEKING UNIVERSITY PRESS

圖書在版編目（CIP）數據

官話標準：短期速修中國語自通：附影印本 /（韓）文世榮著；（韓）朴在淵，（韓）金雅瑛校注. —北京：北京大學出版社，2018.3
（早期北京話珍本典籍校釋與研究）
ISBN 978-7-301-29044-6

Ⅰ. ①官… Ⅱ. ①文…②朴…③金… Ⅲ. ①北京話—史料 Ⅳ. ①H172.1

中國版本圖書館CIP數據核字（2018）第032063號

| | |
|---|---|
| 書　　名 | 官話標準：短期速修中國語自通（附影印本）<br>GUANHUA BIAOZHUN:DUANQI SUXIU ZHONGGUOYU ZITONG（FU YINGYINBEN） |
| 著作責任者 | ［韓］文世榮　著　［韓］朴在淵　［韓］金雅瑛　校注 |
| 責任編輯 | 宋思佳 |
| 韓文編輯 | 曹夢玥　劉暢　申明鈺 |
| 標準書號 | ISBN 978-7-301-29044-6 |
| 出版發行 | 北京大學出版社 |
| 地　　址 | 北京市海淀區成府路205號　100871 |
| 網　　址 | http://www. pup. cn　　新浪微博：@北京大學出版社 |
| 電子信箱 | zpup@ pup. cn |
| 電　　話 | 郵購部 010-62752015　發行部 010-62750672　編輯部 010-62753027 |
| 印 刷 者 | 北京虎彩文化傳播有限公司 |
| 經 銷 者 | 新華書店 |
| | 720毫米×1020毫米　16開本　39.5印張　304千字 |
| | 2018年3月第1版　2018年3月第1次印刷 |
| 定　　價 | 160.00元 |

# 總 序

語言是文化的重要組成部分，也是文化的載體。語言中有歷史。

多元一體的中華文化，體現在我國豐富的民族文化和地域文化及其語言和方言之中。

北京是遼金元明清五代國都（遼時爲陪都），千餘年來，逐漸成爲中華民族所公認的政治中心。北方多個少數民族文化與漢文化在這裏碰撞、融合，産生出以漢文化爲主體的、帶有民族文化風味的特色文化。

現今的北京話是我國漢語方言和地域文化中極具特色的一支，它與遼金元明四代的北京話是否有直接繼承關係還不是十分清楚。但可以肯定的是，它與清代以來旗人語言文化與漢人語言文化的彼此交融有直接關係。再往前追溯，旗人與漢人語言文化的接觸與交融在入關前已經十分深刻。本叢書收集整理的這些語料直接反映了清代以來北京話、京味兒文化的發展變化。

早期北京話有獨特的歷史傳承和文化底藴，於中華文化、歷史有特別的意義。

一者，這一時期的北京歷經滿漢雙語共存、雙語互協而新生出的漢語方言——北京話，它最終成爲我國民族共同語（普通話）的基礎方言。這一過程是中華多元一體文化自然形成的諸過程之一，對於了解形成中華文化多元一體關係的具體進程有重要的價值。

二者，清代以來，北京曾歷經數次重要的社會變動：清王朝的逐漸孱弱、八國聯軍的入侵、帝制覆滅和民國建立及其伴隨的滿漢關係變化、各路軍閥的來來往往、日本侵略者的占領等等。在這些不同的社會環境下，北京人的構成有無重要變化？北京話和京味兒文化是否有變化？進一步地，地域方言和文化與自身的傳承性或發展性有着什麽樣的關係？與社會變遷有着什麽樣的關係？清代以至民國時期早期北京話的語料爲研究語言文化自身傳承性與社會的關係提供了很好的素材。

了解歷史纔能更好地把握未來。中華人民共和國成立後，北京不僅是全國的政治中心，而且是全國的文化和科研中心，新的北京話和京味兒文化或正在形成。什麼是老北京京味兒文化的精華？如何傳承這些精華？爲把握新的地域文化形成的規律，爲傳承地域文化的精華，必須對過去的地域文化的特色及其形成過程進行細緻的研究和理性的分析。而近幾十年來，各種新的傳媒形式不斷涌現，外來西方文化和國内其他地域文化的衝擊越來越强烈，北京地區人口流動日趨頻繁，老北京人逐漸分散，老北京話已幾近消失。清代以來各個重要歷史時期早期北京話語料的保護整理和研究迫在眉睫。

“早期北京話珍本典籍校釋與研究（暨早期北京話文獻數字化工程）”是北京大學中國語言學研究中心研究成果，由“早期北京話珍稀文獻集成”“早期北京話數據庫”和“早期北京話研究書系”三部分組成。“集成”收録從清中葉到民國末年反映早期北京話面貌的珍稀文獻并對内容加以整理，“數據庫”爲研究者分析語料提供便利，“研究書系”是在上述文獻和數據庫基礎上對早期北京話的集中研究，反映了當前相關研究的最新進展。

本叢書可以爲語言學、歷史學、社會學、民俗學、文化學等多方面的研究提供素材。

願本叢書的出版爲中華優秀文化的傳承做出貢獻！

王洪君、郭鋭、劉雲

二〇一六年十月

# “早期北京話珍稀文獻集成”序

清民兩代是北京話走向成熟的關鍵階段。從漢語史的角度看，這是一個承前啓後的重要時期，而成熟後的北京話又開始爲當代漢民族共同語——普通話源源不斷地提供着養分。蔣紹愚先生對此有着深刻的認識：“特別是清初到19世紀末這一段的漢語，雖然按分期來説是屬於現代漢語而不屬於近代漢語，但這一段的語言（語法，尤其是詞彙）和‘五四’以後的語言（通常所説的‘現代漢語’就是指‘五四’以後的語言）還有若干不同，研究這一段語言對於研究近代漢語是如何發展到‘五四’以後的語言是很有價值的。”（《近代漢語研究概要》，北京大學出版社，2005年）然而國内的早期北京話研究并不盡如人意，在重視程度和材料發掘力度上都要落後於日本同行。自1876年至1945年間，日本漢語教學的目的語轉向當時的北京話，因此留下了大批的北京話教材，這爲其早期北京話研究提供了材料支撑。作爲日本北京話研究的奠基者，太田辰夫先生非常重視新語料的發掘，很早就利用了《小額》《北京》等京味兒小説材料。這種治學理念得到了很好的傳承，之後，日本陸續影印出版了《中國語學資料叢刊》《中國語教本類集成》《清民語料》等資料匯編，給研究帶來了便利。

新材料的發掘是學術研究的源頭活水。陳寅恪《〈敦煌劫餘録〉序》有云：“一時代之學術，必有其新材料與新問題。取用此材料，以研求問題，則爲此時代學術之新潮流。”我們的研究要想取得突破，必須打破材料桎梏。在具體思路上，一方面要拓展視野，關注“異族之故書”，深度利用好朝鮮、日本、泰西諸國作者所主導編纂的早期北京話教本；另一方面，更要利用本土優勢，在“吾國之舊籍”中深入挖掘，官話正音教本、滿漢合璧教本、京味兒小説、曲藝劇本等新類型語料大有文章可做。在明確了思路之後，我們從2004年開始了前期的準備工作，在北京大學中國語言學研究中心的大力支持下，早期北京話的挖掘整理工作於2007年正式啓動。本次推出的“早期北京話珍稀文獻集成”是階段性成果之一，總體設計上“取異族之故書與吾國之舊籍互相補正”，共分“日本北京話教科書匯編”“朝鮮日據時期漢語會話書匯編”“西人北京話教科書匯編”“清代滿漢合璧文獻萃編”“清代官話正音文獻”“十全福”“清末民初京味兒小説書系”“清末民初京味兒時評書系”八個系列，臚列如下：

“日本北京話教科書匯編”於日本早期北京話會話書、綜合教科書、改編讀物和風俗紀聞讀物中精選出《燕京婦語》《四聲聯珠》《華語跬步》《官話指南》《改訂官話指南》《亞細亞言語集》《京華事略》《北京紀聞》《北京風土編》《北京風俗問答》《北京事情》《伊蘇普喻言》《搜奇新編》《今古奇觀》等二十餘部作品。這些教材是日本早期北京話教學活動的縮影，也是研究早期北京方言、民俗、史地問題的寶貴資料。本系列的編纂得到了日本學界的大力幫助。冰野善寬、内田慶市、太田齋、鱒澤彰夫諸先生在書影拍攝方面給予了諸多幫助。書中日語例言、日語小引的翻譯得到了竹越孝先生的悉心指導，在此深表謝忱。

“朝鮮日據時期漢語會話書匯編”由韓國著名漢學家朴在淵教授和金雅瑛博士校注，收入《改正增補漢語獨學》《修正獨習漢語指南》《高等官話華語精選》《官話華語教範》《速修漢語自通》《速修漢語大成》《無先生速修中國語自通》《官話標準：短期速修中國語自通》《中語大全》《“内鮮滿”最速成中國語自通》等十餘部日據時期（1910年至1945年）朝鮮教材。這批教材既是對《老乞大》《朴通事》的傳承，又深受日本早期北京話教學活動的影響。在中韓語言史、文化史研究中，日據時期是近現代過渡的重要時期，這些資料具有多方面的研究價值。

“西人北京話教科書匯編”收録了《語言自邇集》《官話類編》等十餘部西人編纂教材。這些西方作者多受過語言學訓練，他們用印歐語的眼光考量漢語，解釋漢語語法現象，設計記音符號系統，對早期北京話語音、詞彙、語法面貌的描寫要比本土文獻更爲精準。感謝郭鋭老師提供了《官話類編》《北京話語音讀本》和《漢語口語初級讀本》的底本，《尋津録》、《語言自邇集》（第一版、第二版）、《漢英北京官話詞彙》、《華語入門》等底本由北京大學圖書館特藏部提供，謹致謝忱。《華英文義津逮》《言語聲片》爲筆者從海外購回，其中最爲珍貴的是老舍先生在倫敦東方學院執教期間，與英國學者共同編寫的教材——《言語聲片》。教材共分兩卷：第一卷爲英文卷，用英語講授漢語，用音標標注課文的讀音；第二卷爲漢字卷。《言語聲片》采用先用英語導入，再學習漢字的教學方法講授漢語口語，是世界上第一部有聲漢語教材。書中漢字均由老舍先生親筆書寫，全書由老舍先生録音，共十六張唱片，京韵十足，殊爲珍貴。

上述三類“異族之故書”經江藍生、張衛東、汪維輝、張美蘭、李無未、王順洪、張西平、魯健驥、王澧華諸先生介紹，已經進入學界視野，對北京話研究和對外漢語教學史研究産生了很大的推動作用。我們希望將更多的域外經典北京話教本引入進來，考慮到日本卷和朝鮮卷中很多抄本字跡潦草，難以辨認，而刻本、印本中也存在着大量的異體字和俗字，重排點校注釋的出版形式更利於研究者利用，這也是前文“深度利用”的含義所在。

對“吾國之舊籍”挖掘整理的成果，則體現在下面五個系列中：

“清代滿漢合璧文獻萃編”收入《清文啓蒙》《清話問答四十條》《清文指要》《續編兼漢清文指要》《庸言知旨》《滿漢成語對待》《清文接字》《重刻清文虚字指南編》等十餘部經典滿漢合璧文獻。入關以後，在漢語這一强勢語言的影響下，熟習滿語的滿人越來越少，故雍正以降，出現了一批用當時的北京話注釋翻譯的滿語會話書和語法書。這批教科書的目的本是教授旗人學習滿語，却無意中成爲了早期北京話的珍貴記録。“清代滿漢合璧文獻萃編”首次對這批文獻進行了大規模整理，不僅對北京話溯源和滿漢語言接觸研究具有重要意義，也將爲滿語研究和滿語教學創造極大便利。由於底本多爲善本古籍，研究者不易見到，在北京大學圖書館古籍部和日本神户市外國語大學竹越孝教授的大力協助下，“萃編”將以重排點校加影印的形式出版。

“清代官話正音文獻”收入《正音撮要》（高静亭著）和《正音咀華》（莎彝尊著）兩種代表著作。雍正六年（1728），雍正諭令福建、廣東兩省推行官話，福建爲此還專門設立了正音書館。這一“正音”運動的直接影響就是以《正音撮要》和《正音咀華》爲代表的一批官話正音教材的問世。這些書的作者或爲旗人，或寓居京城多年，書中保留着大量北京話詞彙和口語材料，具有極高的研究價值。沈國威先生和侯興泉先生對底本搜集助力良多，特此致謝。

《十全福》是北京大學圖書館藏《程硯秋玉霜簃戲曲珍本》之一種，爲同治元年陳金雀抄本。陳曉博士發現該傳奇雖爲崑腔戲，念白却多爲京話，較爲罕見。

以上三個系列均爲古籍，且不乏善本，研究者不容易接觸到，因此我們提供了影印全文。

總體來説，由於言文不一，清代的本土北京話語料數量較少。而到了清末民初，風氣漸開，情況有了很大變化。彭翼仲、文實權、蔡友梅等一批北京愛國知識分子通過開辦白話報來“開啓民智”“改良社會”。著名愛國報人彭翼仲在《京話日報》的發刊詞中這樣寫道：“本報爲輸進文明、改良風俗，以開通社會多數人之智識爲宗旨。故通幅概用京話，以淺顯之筆，達樸實之理，紀緊要之事，務令雅俗共賞，婦稚咸宜。”在當時北京白話報刊的諸多欄目中，最受市民歡迎的當屬京味兒小説連載和《益世餘譚》之類的評論欄目，語言極爲地道。

“清末民初京味兒小説書系”首次對以蔡友梅、冷佛、徐劍膽、儒丐、勳鋭爲代表的晚清民國京味兒作家群及作品進行系統挖掘和整理，從千餘部京味兒小説中萃取代表作家的代表作品，并加以點校注釋。該作家群活躍於清末民初，以報紙爲陣地，以小説爲工具，開展了一場轟轟烈烈的底層啓蒙運動，爲新文化運動的興起打下了一定的群衆基礎，他們的作品對老舍等京味兒小説大家的創作産生了積極影響。本系列的問世亦將爲文學史和思想史研究提供議題。于潤琦、方梅、陳清茹、雷曉彤諸先生爲本系列提供了部分底本或館藏綫索，首都圖書館歷史文獻閲覽室、天津圖書館、國家圖書館提供了極大便利，謹致謝意！

“清末民初京味兒時評書系”則收入《益世餘譚》和《益世餘墨》，均係著名京味兒小説家蔡友梅在民初報章上發表的專欄時評，由日本岐阜聖德學園大學劉一之教授、矢野賀子教授校注。

這一時期存世的報載北京話語料口語化程度高，且總量龐大，但發掘和整理却殊爲不易，稱得上“珍稀”二字。一方面，由於報載小説等欄目的流行，外地作者也加入了京味兒小説創作行列，五花八門的筆名背後還需考證作者是否爲京籍，以蔡友梅爲例，其真名爲蔡松齡，查明的筆名還有損、損公、退化、亦我、梅蒐、老梅、今睿等。另一方面，這些作者的作品多爲急就章，文字錯訛很多，并且鮮有單行本存世，老報紙殘損老化的情況日益嚴重，整理的難度可想而知。

上述八個系列在某種程度上填補了相關領域的空白。由於各個系列在内容、體例、出版年代和出版形式上都存在較大的差異，我們在整理時借鑒《朝鮮時代漢語教科書叢刊續編》《〈清文指要〉匯校與語言研究》等語言類古籍的整理體例，結合各個系列自身特點和讀者需求，靈活制定體例。“清末民初京味兒小説書系”和“清末民初京味兒時評書系”年代較近，讀者群體更爲廣泛，經過多方調研和反復討論，我們决定在整理時使用簡體横排的形式，儘可能同時滿足專業研究者和普通讀者的需求。“清代滿漢合璧文獻萃編”“清代官話正音文獻”等系列整理時則采用繁體。“早期北京話珍稀文獻集成”總計六十餘册，總字數近千萬字，稱得上是工程浩大，由於我們能力有限，體例和校注中難免會有疏漏，加之受客觀條件所限，一些擬定的重要書目本次無法收入，還望讀者多多諒解。

“早期北京話珍稀文獻集成”可以説是中日韓三國學者通力合作的結晶，得到了方方面面的幫助，我們還要感謝陸儉明、馬真、蔣紹愚、江藍生、崔希亮、方梅、張美蘭、陳前瑞、趙日新、陳躍紅、徐大軍、張世方、李明、鄧如冰、王强、陳保新諸先生的大力支持，感謝北京大學圖書館的協助以及蕭群書記的熱心協調。“集成”的編纂隊伍以青年學者爲主，經驗不足，兩位叢書總主編傾注了大量心血。王洪君老師不僅在經費和資料上提供保障，還積極扶掖新進，“我們搭臺，你們年輕人唱戲”的話語令人倍感温暖和鼓舞。郭鋭老師在經費和人員上也予以了大力支持，不僅對體例制定、底本選定等具體工作進行了細緻指導，還無私地將自己發現的新材料和新課題與大家分享，令人欽佩。“集成”能够順利出版還要特别感謝國家出版基金規劃管理辦公室的支持以及北京大學出版社王明舟社長、張鳳珠副總編的精心策劃，感謝漢語編輯室杜若明、鄧曉霞、張弘泓、宋立文等老師所付出的辛勞。需要感謝的師友還有很多，在此一并致以誠摯的謝意。

“上窮碧落下黄泉，動手動脚找東西”，我們不奢望引領“時代學術之新潮流”，惟願能給研究者帶來一些便利，免去一些奔波之苦，這也是我們向所有關心幫助過“早期北京話珍稀文獻集成”的人士致以的最誠摯的謝意。

劉 雲

二〇一五年六月二十三日

於對外經貿大學求索樓

二〇一六年四月十九日

改定於潤澤公館

# 整理说明

本叢書收録的是20世紀前半葉韓國出版的漢語教材，反映了那個時期韓國漢語教學的基本情況。教材都是刻版印刷，質量略有參差，但總體上來説不錯。當然，錯誤難免，這也是此次整理所要解决的。

考慮到閱讀的方便，整理本不是原樣照録（如果那樣，僅影印原本已足够），而是將原本中用字不規範甚至錯誤之處加以訂正，作妥善的處理，方便讀者閱讀。

下面將整理情况作一簡要説明。

一、原本中錯字、漏字的處理。因刻寫者水平關係，錯字、漏字不少。整理時將正確的字用六角括號括起來置於錯字後面。如：

悠〔您〕、逭〔道〕、辦〔辦〕、兩〔雨〕、郡〔都〕、早〔旱〕、刪〔剛〕、往〔住〕、玖〔玫〕、牧〔牡〕、湖〔胡〕、衣〔做〕、長〔漲〕、瘐〔瘦〕、敞〔敝〕、沕〔沏〕、臢〔臢〕、掛〔褂〕、榻〔褟〕、紛〔粉〕、宁〔廳〕、蝣〔蛳〕、叹〔哎〕、林〔材〕、醮〔瞧〕、到〔倒〕、仙〔他〕、設〔説〕、悟〔誤〕、嗐〔瞎〕、顴〔顴〕、嚷〔讓〕、斫〔砍〕、抗〔亢〕、摟〔樓〕、遛〔溜〕、藝〔囈〕、刃〔刀〕、歐〔毆〕、肯〔背〕、叔〔敘〕、坂〔坡〕、褏〔裹〕、炎〔災〕、正〔五〕、着〔看〕、呆〔茶〕、怜悧〔伶俐〕、邦〔那〕、尿〔屁〕、常〔當〕、師〔帥〕、撤〔撒〕、例〔倒〕、孽〔孳〕、昧〔眯〕

如果錯字具有系統性，即整部書全用該字形，整理本徑改。如：

“熱”誤作“慹”、“已”誤作“己”、“麽”誤作“麽”、“豐”誤作“豊”、“懂”誤作“憧/懂”、“聽”誤作“聴”、“緊”誤作“緊”

二、字跡漫漶或缺字處用尖括號在相應位置標出。如：

賞□〈罰〉、逭□〈不〉是

三、異體字的處理。異體字的問題較爲複雜，它不僅反映了當時某一地域漢字使用的習慣，同時也可能提供别的信息，因此，對僅僅是寫法不同的異體字，整理本徑改爲通行字體。如：

| | | |
|---|---|---|
| 呌—叫 | 伱、儞—你 | 煑—煮 |
| 馱、駄—馱 | 幇—幫 | 冐—冒 |
| 恠—怪 | 寃—冤 | 徃—往 |
| 胷—胸 | 樻—櫃 | 鴈—雁 |
| 决—決 | 牀—床 | 鎻—鎖 |
| 硑—碰 | 粧—裝 | 箇—個 |
| 閙—鬧 | 鑛—礦 | 牆—墻 |
| 舘—館 | 僃—備 | 喒、偺、昝—咱 |
| 膓—腸 | 葯—藥 | 寳—寶 |
| 禀—稟 | 讃—讚 | 蓆—席 |
| 盃—杯 | 砲、礮—炮 | 姪—侄 |
| 窓—窗 | 躭—耽 | 欵—款 |
| 荅—答 | 穤—糯 | 踈—疏 |
| 聦—聰 | 贓—臟 | 揝—攥 |
| 餽—饋 | 撢—撣 | 躰—體 |
| 醎—鹹 | 坭—泥 | 窰—窑 |
| 滙—匯 | 朶—朵 | 擡—抬 |
| 煙—烟 | 賸—剩 | 骽—腿 |

以上字形，整理本取後一字。

對有不同用法的異體字，整理時加以保留。如：

疋—匹　　升—昇—陞

四、部分卷册目録與正文不一致，整理本做了相應的處理，其中有標號舛誤之處因涉及全書的結構，整理本暫仍其舊。

# 目録

## 第一課 三字話(其一)

1. 你貴姓? [늬궤싱] 뉘 댁이십니까?
2. 賤姓馬。[쟨싱마] 마가올시다.
3. 我姓林。[워싱린] 내 성은 림가오.
4. 未領教。[웨링쟈] 성화를 듣지 못하였읍니다.
5. 勞你駕。[랖늬갸] 수고하였읍니다.
6. 你幾歲? [니기쉐] 몇 살이오?
7. 我八歲。[워빠쉐] 나는 여덟 살이오.
8. 他九歲。[타likely쉐] 그는 아홉 살이오.
9. 起來了? [키래라] 이러났오? (아침인사)
10. 你好啊? [늬한아] 평안하시오?
11. 都好啊。[뚜한아] 괭이찮소.
12. 偏過了。[펜꿔라] 벌서 먹었오.(밥을)
13. 喝過了。[허꿔라] 먹었오.(차를)
14. 熱不熱? [여부여] 더웁습니까?
15. 下雨罷。[햐위빠] 비가 오겠지오.
16. 不一定。[부이띵] 모르지오.
17. 還沒哪。[해메나] 아즉 오지 않소.
18. 我要走。[워약쩍] 나는 가겠오.
19. 還早哪。[해짶나] 아즉 일른데요.
20. 實在了。[쓰째라] 참 그렇구려.

## 第二課 三字話(其二)

1. 對不住。[뒈부쭈] 미쭈합니다.
2. 對不起。[뒈부키] 실례했읍니다.
3. 不敢當。[부깐당] 황송합니다.
4. 做什麽? [쮜선뫼] 무엇을 하시오?
5. 我看報。[워칸반] 신문을 보고 있오.
6. 什麽報? [선뫼빠] 무슨 신문인가오?
7. 你看罷。[늬칸바] 보십시오.
8. 我錯了。[워춰라] 내가 잘못하였오.
9. 你請坐。[늬칭쭤] 앉으십시오.
10. 我醉了。[워쮀라] 내는 취했오.
11. 决沒有。[줴메우] 아니오.
12. 沒事呀。[메쓰야] 아모 일도 없오.
13. 好不好? [한부한] 좋습니까?

14. 那好了。[나화라] 그것은 좋소.
15. 更好了。[껑화라] 더욱 좋소.
16. 怎麽了? [쩐뫼라] 어떠하시오?
17. 我病了。[워삥라] 병이 났오.
18. 什麽病? [썬뫼삥] 무슨 병이오?
19. 是胃病。[쓰웨삥] 윗병이오.
20. 爲什麽? [웨썬뫼] 왜요?

## 第三[①]課 三字話(其三)

1. 看一看。[칸이칸] 보시오.
2. 念一念。[녠이녠] 읽으시오.
3. 聞一聞。[원이원] 맡아보시오.
4. 洗一洗。[씨이씨] 씻으시오.
5. 數一數。[쑤이쑤] 세어보시오.
6. 擦一擦。[차이차] 닦으시오.
7. 猜一猜。[채이채] 맞혀보시요.
8. 走一走。[쩍이쩍] 가보시오.
9. 試一試。[쓰이쓰] 시험해보시요.
10. 問一問。[원이원] 물어보시오.
11. 説一説。[쒀이쒀] 말씀하시오.
12. 嘗一嘗。[창이창] 맛보시오.
13. 等一等。[떵이떵] 기대리시오.
14. 瞧一瞧。[챠이챠] 보시오.
15. 寫一寫。[쎼이쎼] 쓰시오.(글시를)
16. 笑一笑。[샤이샤] 웃으시오.
17. 捆一捆。[쿤이쿤] 묶으시오.
18. 搜一搜。[쩍이쩍] 찾으시오.
19. 談一説〔談〕。[탄이탄] 이야기하시오.
20. 聽一聽。[팅이팅] 들으시오.

## 第四課 三字話(其四)

1. 來不來? [래부래] 오지 않습니까?
2. 行不行? [힝부힝] 되지 않습니까?
3. 對不對? [뒈부뒈] 맞지 않습니까?
4. 買不買? [매부매] 사지 않습니까?
5. 賣不賣? [매부매] 팔지 않습니까?
6. 是不是? [쓰부쓰] 옳지 않습니까?
7. 吃不吃? [치부치] 먹지 않습니까?
8. 要不要? [얘부얘] 소용 안됩니까?
9. 去不去? [퀴부퀴] 가지 않습니까?

---

① 본문에는 四로 표기되어 있으나 三의 오기이다.

10. 穿不穿? [촨부촨] 입지 않습니까？
11. 回得來。[훼더래] 돌아올 수 있소.
12. 回不來。[훼부래] 돌아올 수 없오.
13. 打得開。[따더캐] 열 수 있오.
14. 打不開。[따부캐] 열 수 없오.
15. 擱得下。[꺼더햐] 놀 수 있소.
16. 擱不下。[꺼부햐] 놀 수 없오.
17. 站得住。[짠더쭈] 설 수 있다.
18. 站不住。[짠부쭈] 설 수 없오.
19. 拿得去。[나더쿼] 가질 수 있다.
20. 拿不去。[나부쿼] 가질 수 없다.

## 第五課 三字話(其五)

1. 到不了。[땊부랖] 이를 수 없다.
2. 過不了。[꿔부랖] 지날 수 없다.
3. 買不了。[매부랖] 살 수 없다.
4. 忘不了。[왕부랖] 잊을 수 없다.
5. 改不了。[깨부랖] 고칠 수 없다.
6. 了不得。[랖부더] 견딜 수 없다.
7. 使不得。[쓰부더] 쓸 수 없다.
8. 靠不得。[캎부더] 믿을 수 없다.
9. 比不得。[삐부더] 비할 수 없다.
10. 抬不得。[태부더] 이르킬 수 없다
11. 累得慌。[뤠더황] 지처서 견딜 수 없다.
12. 熱得慌。[여더황] 더워 견딜 수 없다.
13. 冷得慌。[렁더황] 치워 견딜 수 없다.
14. 悶得慌。[먼더황] 괴로워 견딜 수 없다.
15. 痛得慌。[퉁더황] 아파 견딜 수 없다.
16. 打群架。[따퀸쟈] 여러 사람이 싸움한다.
17. 打伙食。[따훠쓰] 여러 사람이 같이 먹는다.
18. 打鄉談。[따향탄] 시골 이야기를 한다①.
19. 打官司。[따꽌쓰] 송사한다.
20. 打夜作。[따예쭤] 밤일한다.

---

① 고향의사투리를쓰다.

## 第六課 三字話(其六)

1. 天亮了。[톈량라] 날이 밝았다.
2. 人起來。[인키래] 사람이 일어난다.
3. 蝴蝶飛。[후데뻬] 나비가 난다.
4. 景致好。[깅쯔화] 경치가 좋다.
5. 我們唱。[워먼쨩] 우리들이 노래한다.
6. 你們聽。[늬먼팅] 자네들은 듣네.
7. 他們說。[타먼숴] 그들은 말한다.
8. 她們笑。[타먼샤] 그 여자들은 웃는다.
9. 我念書。[워녠쑤] 나는 글을 읽는다.
10. 他寫字。[타쎄쯔] 그는 글시를 쓴다.
11. 多咱走? [둬짠쩍] 언제 가시오?
12. 明天走。[밍톈쩍] 내일 가오.
13. 怎麽去? [쩐뫼퀴] 어떻게 가시오?
14. 走著去。[쩍여퀴] 걸어가오.
15. 去幾天? [퀴기톈] 메칠 동안 가시오?
16. 去六天。[퀴릭톈] 엿 세 동안 가오.
17. 是那兒? [쓰나얼] 어디요?
18. 是新京[①]。[쓰씬깅] 신경이오.
19. 近不近? [긴부긴] 가깝소?
20. 不很遠。[부헌완] 몹시 멀지 않소.

## 第七課 三字話(其七)

1. 你要麽? [늬야마] 당신 소용되시오?
2. 我不要。[워부야] 나는 일 없오.
3. 吃飯了。[치빤라] 밥을 먹었오.
4. 沏茶了。[체차라] 차를 딸았오.
5. 來了麽? [래라마] 어서 오시오?
6. 誰來了? [쉐래라] 누가 왔오?
7. 有幾個? [익기거] 몇 개 있오?
8. 有八個。[익빠거] 여덟 개 있오.
9. 你有嗎? [늬익마] 너 가졌니?
10. 他也有。[타예익] 그도 가졌오.
11. 我給你。[워께늬] 자네 줌세.
12. 謝謝你。[쎄쎄늬] 감사합니다.
13. 還有麽? [해익마] 또 있읍니까?
14. 没有了。[메익라] 없오.
15. 賣完了。[매완라] 다 팔았오.
16. 請喝茶。[칭허챠] 차를 잡수십시오.
17. 有多少? [익둬쌰] 얼마나 있

---

① 1932~1945년동안만주국의수도였던長春市의명칭.

오？
18. 有三十。[우싼쓰] 실흔 있오.
19. 我想買。[워썅매] 나는 사려고 합니다.
20. 他沒買。[타메매] 그는 사지 않았읍니다.

## 第八課 四字話(其一)

1. 這是什麽? [져쓰쓰머] 이것은 무엇이오?
2. 這是椅子。[져쓰이쯔] 이것은 걸상이오.
3. 那是什麽? [나쓰썬뫼] 저것은 무엇이오?
4. 那是桌子。[나쓰쭤쯔] 저것은 책상이오.
5. 這個是筆。[져거쓰삐] 이것은 붓이오.
6. 那個是墨。[나거쓰뫼] 저것은 먹이오.
7. 他有鋼筆。[타ウ깡삐] 저는 철필을 가졌오.
8. 我們都有。[워먼뚜우] 우리들은 다 가졌오.
9. 你有幾個? [늬우기거] 노형은 몇 개를 가졌오?
10. 我有兩個。[워우량거] 나는 두 개를 가졌오.
11. 先生看報。[쎈엉칸뱌] 선생은 신문을 보시오.
12. 學生看畫。[훼엉칸화] 학생은 그림을 보오.
13. 看什麽報? [칸썬뫼뱌] 무슨 신문을 보오?
14. 南京申報。[난깅썬뱌] 남경신보요.
15. 我來遲了。[워레츠라] 너무 늦게 왔읍니다.
16. 不晚不晚。[부완부완] 아니요.
17. 請喝茶罷。[칭허쨔빠] 차를 잡수십시오.
18. 就是就是。[찍쓰찍쓰] 네. 네.
19. 沒什麽菜。[메썬뫼채] 아모것도 차린 것이 없읍니다.
20. 太盛設了。[태엉셔라] 성찬이올시다.

## 第九課 四字話(其二)

1. 久仰久仰。[각양각양] 성화는 일즉이 들었읍니다.
2. 彼此彼此。[삐츠삐츠] 피차 일반이오.
3. 多謝多謝。[뒤쎄뒤쎄] 감사합니다.
4. 好說好說。[한워한워] 좋은 말슴입니다.
5. 叫你費心。[걒늬페신] 당신께 괴롬을 끼쳤읍니다.

6. 我要告辭。[워야꼬츠] 나는 가겠읍니다.
7. 我要走了。[워야쩌라] 실례하겠읍니다.
8. 忙什麼呢? [망썬뭐늬] 무엇을 그리 바쁘게 가십니까?
9. 别忙别忙。[삐망삐망] 그리하실 것 없읍니다.
10. 多談談罷。[둬탄탄바] 더 이야기하십시오.
11. 我失陪了。[워쓰페라] 실례하게 하여 주시오.
12. 明天再見。[밍텐째졘] 내일 또 뵙시다.
13. 我送你去。[워쑹늬취] 전송하겠읍니다.
14. 别送别送。[삐쑹삐쑹] 그만두십시오.
15. 得罪得罪。[더쮀더쮀] 죄송합니다.
16. 没有没有。[메위메위] 천만에.
17. 都完了麽? [뚜완라마] 다 맞후셨읍니까?
18. 還没完哪。[해메완나] 덜 되었읍니다.
19. 你愛不愛? [늬애부애] 자네 좋아하나?
20. 我愛這個。[워애쪠거] 나는 이것을 좋아하네.

## 第十課 四字話(其三)

1. 受等受等。[쒀덩쒀덩] 오래 기다리셨읍니다.
2. 打攪打攪。[따쟈따쟈] 실례하였읍니다.
3. 討擾討擾。[톼와톼와] 잘 먹었읍니다.
4. 慢待慢待。[만대만대] 소홀함이 많았읍니다.
5. 領教領教。 [링쟈링쟈] 가르쳐 주셔서 감사합니다.
6. 豈敢豈敢。[커깐커깐] 불감합니다.
7. 多禮多禮。[둬리둬리] 너무 친절하십니다.
8. 道謝道謝。[딴쎄딴쎄] 사례합니다.
9. 就是就是。[쩍쓰쩍쓰] 네. 네.
10. 再見再見。[째졘째졘] 또 만납시다.
11. 保養保養。[빤양빤양] 조섭을 잘하시오.
12. 久違久違。[각웨각웨] 오래간만이올시다.
13. 隨便隨便。[쉐벤쉐벤] 편할대로 하시오.
14. 請坐請坐。[칭쭤칭쭤] 앉으십

시오.

15. 留步留步。[릭부릭부] 나오실 것 없읍니다.

16. 再會再會。[째훼째훼] 또 뵈옵시다.

17. 托福托福。[튀푸튀푸] 덕택으로 잘 있읍니다.

18. 失敬失敬。[쓰깅쓰깅] 실례가 많습니다.

19. 有坐有坐。[위쭤위쭤] 앉일 대가 있읍니다.

20. 恕罪恕罪。[쑤쮀쑤쮀] 용서하시오.

## 第十一課 四字話(其四)

1. 叫你受等。[쟌늬쒀덩] 너무 기다리시게 하였읍니다.

2. 你別見怪。[늬뻬곈꽤] 꾸지람 마십시오.

3. 沒有的話。[메위디화] 그럴 수 있읍니까.

4. 我該走了。[워깨쩌라] 나는 가야 하겠읍니다.

5. 簡慢得很。[곈만더헌] 아모[무] 대접도 없었읍니다.

6. 承你指教。[졍늬츠쟌] 가르쳐 주셔서 감사합니다.

7. 你別說了。[늬뻬워라] 그게 무슨 말슴이오.

8. 請入坐罷。[칭우쭤바] 어서 앉으십시오.

9. 不用客氣。[부윙커키] 사양마십시오.

10. 上那兒去? [쌍나얼퀴] 어디로 가시오?

11. 上城裏去。[쌍쳥리퀴] 문안까지 갑니다.

12. 有多少里? [위둬쌒리] 몇 리 됩니까?

13. 有三里地。[위싼리디] 삼 리나 됩니다.

14. 沒有多遠。[메위둬완] 그리 머지 않습니다.

15. 打家裏來。[따갸리래] 집에서 옵니다.

16. 打東南走。[따뚱난쩌] 동남으로 갑니다.

17. 我剛起來。[워깡키래] 저는 지금 막 일어났읍니다.

18. 吃飯了麽? [치빤라마] 진지 잡수셨읍니까?

19. 剛偏過了。[깡퍤꿔라] 지금 막 먹었습니다.

20. 你請吃烟。[늬칭치앤] 담베 부치십시오.

## 第十二課 四字話(其五)

1. 飯得了麽? [짠더라마] 밥이 되었나요?
2. 水開了麽? [쒜캐라마] 물이 끓었나요?
3. 不大很忙。[부따헌망] 그리 바쁘지 않습니다.
4. 早就開了。[짜쮜캐라] 벌서 끓었오.
5. 你做什麽? [늬쭤썬뭐] 너 무엇을 하니?
6. 我看報哪。[워칸밮나] 나는 신문을 보오.
7. 著了凉了。[쩌라량라] 감기가 들었오.
8. 府上好啊? [ᅋᅮ쌍화아] 댁내가 무고하시오?
9. 托福都好。[퉈ᅋᅮ뚜화] 감사합니다. 다 잘 있읍니다.
10. 你不餓麽? [늬부어마] 시쟝하시지 않소?
11. 你不渴麽? [늬부쿼마] 목말르지 않으시오?
12. 吃什麽呢? [치썬뭐늬] 무엇을 자시려오?
13. 喝什麽酒? [허썬뭐쮜] 무슨 술을 자시려오?
14. 肚子飽了。[뚜쯔빤라] 배가 부르오.
15. 這纔醉了。[쪄채쮀라] 인제야 취하였오.
16. 多咱回來? [뒤짠훼래] 언제 오시겠오?
17. 明兒一早。[밍얼이짶] 내일 아침에.
18. 還没有定。[해메위띵] 아즉 정ㅎ지 아니하였오.
19. 一路平安。[이루핑안] 안녕히 가십시오.(여행하는 사람에게)
20. 你小心罷。[늬샤신바] 조심하십시오.

## 第十三課 四字話(其六)

1. 他在那兒? [타째나얼] 저 분은 어디 있오?
2. 我在這兒。[워째쪄얼] 나는 여기 있오.
3. 你坐那兒。[늬쭤나얼] 노형은 거기 앉으시오.
4. 誰給你錢? [쉐께늬첸] 누가 돈을 주드냐?
5. 我的哥哥。[워디꺼꺼] 우리 형님이.
6. 久聞大名。[ᄌᆔ원따밍] 오래 성화는 들었읍니다.
7. 彼此一樣。[삐쯔이양] 피차 일반입니다.

8. 這個很好。[져거헌한] 이것은 매우 좋다.
9. 那個不好。[나거부한] 저것은 좋지 않다.
10. 這個很大。[제거헌따] 이것은 몹시 크오.
11. 那個太小。[나거태샤] 그것은 너무 작다.
12. 你給我罷。[늬께워빠] 노형 나를 주시오.
13. 不能給你。[부넝께늬] 당신께는 드릴 수 없오.
14. 有幾個人？[위기거인] 몇 사람이 있오？
15. 有多少錢？[위둬쏘첸] 돈을 얼마 가졌느냐？
16. 有五個人。[위우거인] 다섯 사람 있오.
17. 有六毛錢。[위릐맛첸] 육십 전 있오.
18. 買了幾個？[매라기거] 얼마 사셨오？
19. 買了七個。[매라치거] 일곱 개 샀읍니다.
20. 你要幾個？[늬얘기거] 노형은 몇 개 쓰시려요？

## 第十四課 四字話(其七)

1. 有人叫門。[위인쟌먼] 누구인지 문을 두드린다.
2. 有信來了。[위씬래라] 편지가 왔다.
3. 有了事了。[위라쓰라] 일을 붙잡었다.
4. 辦著看吧。[빤쩌칸바] 해보겠오.
5. 得打油了。[태따위라] 기름을 사야 하겠오.
6. 那就是了。[나찍쓰라] 그러면 좋다.
7. 先生來麼？[쎈엉래마] 선생님은 오시나요？
8. 他沒來麼？[타메래마] 그는 오지 않나요？
9. 那位是誰？[나웨쓰쉐] 저분은 누구시오？
10. 你怎麼了？[늬쩐머라] 자네는 어떻게 하였나？
11. 你怎麼走？[늬쩐머쩍] 당신은 어떻게 가시겠오？
12. 弟兄幾位？[디훵기웨] 형제는 몇 분이시오？
13. 天晴了麼？[텐칭라마] 날은 개었나요？
14. 還陰著哪。[해인쩌나] 아즉 흐렸는데요.
15. 幾天到呢？[기텐딴늬] 메칠에 도착하시오？

16. 至多五天。[쯔둬우톈] 많이 걸린대야 닷세지오.
17. 那說不定。[나쒀부띵] 그렇다고 할 수 없오.
18. 你問他罷。[늬원타바] 자네는 저이에게 물어보게.
19. 已經問了。[이깅원라] 벌써 물어보았네.
20. 你不要麼? [늬부얖마] 자네는 일 없나?

## 第十五課 五字話(其一)

1. 你有鉛筆麼? [늬우쳰삐마] 자네 연필을 가졌나?
2. 我沒有鉛筆。[워메우쳰삐] 저는 갖지 않았읍니다.
3. 這兒有什麼? [쩌얼우썬뫄] 여기 무엇이 있오?
4. 這兒有電扇。[쩌얼우뎬싼] 여기 선풍기가 있오.
5. 今天是幾兒? [긴톈쓰기얼] 오날은 메칠이오?
6. 今兒是初一。[긴얼쓰쭈이] 오날은 초하룻날이오.
7. 昨兒是幾號? [쭤얼쓰기화] 어제는 메칠이오?
8. 昨天是九號。[쭤톈쓰갸화] 어저께는 아흐레오.
9. 貴處是那兒? [궤쭈쓰나얼] 고향은 어디십니까?
10. 敝處是山東。[삐쭈쓰싼뚱] 내 고향은 산동입니다.
11. 未領教你哪。[웨링갸늬나] 아즉 성함을 듣지 못하였읍니다.
12. 姓安，你貴姓? [씽안늬꿰씽] 안가올시다. 노형은?
13. 你多咱起身? [늬둬짠키썬] 노형은 언제 떠나십니까?
14. 我是明天走。[워쓰밍톈쩍] 나는 내일 떠납니다.
15. 車幾點鐘開? [쳐기뎬쭝캐] 차는 몇 시에 떠납니까?
16. 晚上七點鐘。[완쌍치뎬쭝] 저녁 일곱시입니다.
17. 近來怎麼樣? [긴래쩐뫄양] 요세는 어떠하시오?
18. 沒有別的事。[매우뻬디쓰] 별일은 없읍니다.
19. 你打那裏來? [늬따나리래] 노형 어디로서 오시오?
20. 我打家裏來。[워따갸리래] 집에서 옵니다.

## 第十六課 五字話(其二)

1. 請你饒恕我。[칭늬와쑤워] 용서하야 주시기를 바랍니다.

2. 那兒的話呢？［나얼디화늬］그게 무슨 말슴이오？
3. 改天再來罷。［깨톈쨰래바］다음날 또 오겠읍니다.
4. 你沒事來罷。［늬메쓰래바］한가하시거던 오십시오.
5. 我不强留了。［워부캉릭라］억지로 말리지는 않겠읍니다.
6. 替我問他好。［티워원타화］그에게 잘 말슴하야 주십시오.
7. 你實在多禮。［늬쓰쨰뒤리］참 친절하십니다.
8. 實在勞你駕。［쓰쨰랖늬갸］참 수고하셨읍니다.
9. 叫你惦記著。［쟈늬뎬기쪄］노형께 염려를 끼쳤읍니다.
10. 感謝的很了。［깐쎼디헌라］대단히 감사합니다.
11. 什麽時候兒？［썬뭐쓰후얼］어느 때쯤 되였나요？
12. 兩點少一刻。［량뎬쌒이커］두시 십오분 전이오.
13. 八點過一刻。［빠뎬꿔이커］여덟시 십오분이오.
14. 早上九點鐘。［짶썅각뎬쭝］아침 아홉시요.
15. 再喝一杯罷。［쨰허이뻬바］한잔 더 잡수시오.
16. 酒足飯飽了。［찍쭈빤밮라］술과 밥을 많이 먹었읍니다.
17. 我坐這邊兒。［워쭤쪄볜얼］나는 여기 앉겠오.
18. 你坐那邊兒。［늬쭤나볜얼］당신은 저기 앉은시오.
19. 他坐那邊兒？［타쭤나볜얼］저분은 어디 앉을가오？
20. 你請這邊來。［늬칭쪄볜래］노형은 이쪽으로 오시오.

## 第十七課 五字話(其三)

1. 這是我的錶。［쪄쓰워디뱦］이것은 나의 시계오.
2. 他走的很快。［타쩍디헌쾌］저이는 걸음이 몹시 빠르오.
3. 我走的很慢。［워쩍디헌만］나는 걸음이 매우 느리오.
4. 送信的來了。［쑹신디래라］체전부가 왔오.
5. 他在新京住。［타쨰씬깅쭈］그는 신경 사오.
6. 這是頂好的。［쪄쓰띵핲디］이것은 썩 좋은 것이오.
7. 再沒有好的。［쨰메익핲디］그우에 더 좋은 것은 없오.
8. 你有什麽事？［늬익썬뭐쓰］자네 무슨 일이 있나？
9. 你上那兒去？［늬쌍나얼큐］너는 어디로 가니？

10. 没上那兒去。[메쌍나얼퀴] 아모 데도 가지 아니하였읍니다.
11. 没一點兒風。[메이뎬얼훵] 바람이 조금도 없오.
12. 你去倒好了。[늬퀴땊한라] 자네가 가는 갓이 도리혀 좋으이.
13. 給我倒茶來。[께워땊쨔래] 차를 딸아다 주게.
14. 在鍾路倒車。[째쭝루땊쳐] 종로서 바꿔 타오.
15. 他竟説大話。[타깅쒀따화] 그는 큰 소리만 하오.
16. 竟吃米飯麼？[깅치미퐌마] 쌀밥만 먹나요？
17. 拿中國話説。[나쭝궈화워] 중국어로 말하오.
18. 那麼從命罷。[나마충밍바] 그러면 명령대로 하겠습니다.
19. 換了多少錢？[환라둬쏘첸] 얼마를 바꾸셨오？
20. 一塊兩毛半。[이쾌량맢빤] 일원 이십 오전.

## 第十八課　五字話(其四)

1. 今兒禮拜幾？ [긴얼리빼기] 오날은 무슨 요일이오？
2. 今天禮拜三。[긴톈리빼싼] 오날은 수요일이오.
3. 他上那兒去？ [타엉나얼퀴] 그는 어디로 가오？
4. 上學堂去了。[쌍훼탕퀴라] 학교에 갑니다.
5. 學校在那兒？ [훼햪째나얼] 학교는 어디오？
6. 在這南邊兒。[째쪄난볜얼] 이 남쪽에 있습니다.
7. 學生多不多？ [훼엉둬부둬] 학생은 많은가요？
8. 學生也不少。[훼엉여부쏘] 학생도 적지는 않습니다.
9. 這裏有桌子。[쪄리위워쯔] 여기 책상이 있오.
10. 那裏有椅子。[나리위이쯔] 저기 이자가 있오.
11. 這個叫什麼？ [쪄거쟈썬뫄] 이것은 무엇이라고 하오？
12. 這叫自行事〔車〕。[쪄쟈쯔힝쪄] 이것은 자행거라고 하오.
13. 多兒錢買的？ [둬얼첸매더] 얼마에 산 것 이오？
14. 七十五塊錢。[치씌우쾌첸] 칠십 오원.
15. 一共多兒錢？ [이꿍둬얼첸] 도합이 얼마요？
16. 八塊兩角五。[빠쾌량궈우] 팔원 이십 오전.
17. 你的錶對麼？ [늬디뱌뒈마] 노형 시계는 맞습니까？

18. 快一點兒罷。[쾌이뎬얼바] 좀 빠를걸요.

19. 你在那兒住? [늬째나얼쭈] 당신은 어디 사십니까?

20. 我在京城住。[워째깅쎵쭈] 나는 서울 사오.

## 第十九課 五字話(其五)

1. 你還没走啊。[늬해메쩍아] 노형은 입대 아니 가셨구려.

2. 我這就要走。[워쪄짝야쩍] 나는 곧 가겠읍니다.

3. 一天走到麽? [이톈쩍딴마] 하로에 도착하십니까?

4. 一天走不到。[이톈쩍부딴] 하로에 도착하지 못합니다.

5. 要走著去麽? [얀쩍쪄쿼마] 걸어가시렵니까?

6. 走著很受累。[쩍쪄헌쐭뤠] 걸어서는 매우 곤난하오.

7. 當天回來麽? [땅톈훼래마] 당일 돌아오십니까?

8. 當天回不來。[땅톈훼부래] 당일 돌아오지 못합니다.

9. 你没去過麽? [늬메쿼꿔마] 노형은 못 가보셨읍니까?

10. 我去過一趟。[워쿼꿔이탕] 한번 가보았읍니다.

11. 他來過了麽? [타래꿔라마] 그가 왔다 갔습니까?

12. 他剛來過了。[타깡래꿔라] 막 단여갔읍니다.

13. 走了會子了。[쩍라훼쯔라] 간지 얼마 안되오.

14. 剛走不遠兒。[깡쩍부완얼] 간지 오래지 않소.

15. 你去看看去。[늬쿼칸칸쿼] 너 가서 보고 오너라.

16. 我去瞧瞧去。[워쿼챠챠쿼] 내 가서 보고 오리다.

17. 你來取來麽? [늬래취래마] 네가 찾으러 왔느냐?

18. 我來拿來了。[워래나래라] 내가 가질러 왔소.

19. 他回家去麽? [타훼갸쿼마] 그는 집에 갔나요?

20. 是回家去了。[쓰훼갸쿼라] 네, 갔읍니다.

## 第二十課 五字話(其六)

1. 打那邊走啊。[따나볜쩍아] 그리로 가나요.

2. 打這邊去呀。[따쪄볜쿼야] 이리로 가지요.

3. 往那麽去了? [왕나뫄쿼라] 어디로 가나요?

4. 往東南去了。[왕뚱난퀴라] 등[동] 남으로 가오.

5. 從小路去麽? [충샤루퀴마] 작은길로 가나요?

6. 從大街跑了。[충따개퐈라] 큰길로 갑니다.

7. 學生都來麽? [훼엉뚜래마] 학생이 다 왔나요?

8. 還沒到齊了。[해메딱치라] 아즉 다 오지 않았오.

9. 還有來的麽? [해우래디마] 또 올 이가 있나요?

10. 再沒來的了。[째메래디라] 다시 올 이가 없오.

11. 字都抄好麽? [쯔뚜촤화마] 글시는 다 베꼈나요?

12. 是, 纔寫完了。[쓰채쎄완라] 네, 이제야 다 썼오.

13. 你該念一念。[늬깨녠이녠] 너는 읽어야 하겠다.

14. 我可不能念。[워커부넝녠] 나는 읽을 수가 없오.

15. 還不明白麽? [해부밍배마] 아즉도 모르느냐?

16. 是, 不大明白。[쓰부따밍배] 네. 아주 똑똑이 아지 못하겠오.

17. 你快問一問。[늬쾌원이원] 빨리 물어 보아라.

18. 這是什麽字? [쪄쓰썬뭐쯔] 이것은 무슨 자인가요?

## 第二十一課 五字話(其七)

1. 這些字難寫。[쪄쎄쯔난쎄] 이 글자들은 쓰기 어렵소.

2. 不會説官話。[부훼숴관화] 관화를 할 줄 모르오.

3. 他沒吃早飯。[타메쯕짜빤] 그는 조반을 먹지 않았오.

4. 我也沒有錢。[워예메우첸] 나도 돈이 없오.

5. 我的錢不够。[워디첸부꺼] 내 돈은 모자란다.

6. 你請看這個。[늬칭칸쪄거] 노형 이것을 보십시오.

7. 屋子不乾净。[우쯔부깐징] 방이 더럽소.

8. 價錢太貴了。[갸첸태꿰라] 값이 너무 비싸오.

9. 沒有什麽貴。[메우썬뭐꿰] 아모[무]것도 비싼 것은 없어요.

10. 欠主兒溜了。[첸쭈얼릭라] 빗쟁이가 달아났오.

11. 你會浮水麽? [늬훼뿌쒜마] 노형은 헤염칠 줄 아십니까?

12. 我不會浮水。[워부훼뿌쒜] 나는 헤염칠 줄을 모르오.

13. 寶鋪在那兒? [빠푸째나얼] 노형 가게는 어디 있오?

14. 小號在北平。[샤화째뻬핑] 내 가게는 북평에 있오.

15. 貴恙怎麽樣? [궤양쩐뫼양] 병환은 어떠하십니까?

16. 好了一點兒。[한랴이덴얼] 좀 났읍니다.

17. 暫且歇歇罷。[짠체혜혜바] 잠간 쉬입시다.

18. 説得很詳細。[워더헌썅시] 말하는 것이 아주 자세하오.

19. 一向少見了。[이향쌒곈라] 한동안 격조하였읍니다.

20. 這一向好啊? [쪄이향한아] 요세는 자미가 좋으십니까?

## 第二十二課 六字話(其一)

1. 我給你説話罷。[워께늬워화바] 내가 노형에게 말슴하리라.

2. 先生昆仲幾位? [쏀엉쿤쭝기웨] 당신은 몇 형제분이십니까?

3. 我們弟兄五個。[워먼디훵우거] 나는 오형제올시다.

4. 貴處是那一省? [궤쭈쓰나이엉] 고향은 어디십니까?

5. 敝處是吉林省。[삐쭈쓰기린엉] 본향은 길림성입니다.

6. 老爺今年高壽? [랖예긴녠깦쒁] 영감 올에 춘추가 얼마십니까?

7. 我虛度六十歲。[워휘뚜릮쓰쒜] 나는 육십을 허송하였오.

8. 我也想去逛逛。[워예썅퀴꽝꽝] 나도 구경을 가려고 하오.

9. 咱們倆一同去。[짜먼랴이퉁퀴] 우리 둘이 같이 갑시다.

10. 什麽事請説罷。[쎤뫼쓰칭워바] 무슨 일이던지 말슴하시오.

11. 耳朶有點兒聾。[얼둬우덴얼룽] 귀가 좀 어둡소.

12. 師傅是那一位? [쓰푸쓰나이웨] 선생님은 어느 분이오?

13. 你看過《論語》麽? [늬칸궈룬위마] 너는 논어를 읽었느냐?

14. 我真是没看過。[워쎤쓰메칸궈] 나는 참말 못 읽었어요.

15. 這個東西很好。[쪠거뚱시헌한] 이 물건은 매우 좋소.

16. 那個是你們的。[나거쓰늬먼디] 그것은 자네들 것일세.

17. 爲什麽打架呀? [웨쎤뫼따갸야] 왜 싸움을 하느냐?

18. 實在叫人生氣。[쓰째쟢인엉키] 챰, 남을 성을 내게 하오.

19. 咱們明天再見。[짜먼밍텐째곈] 우리 내일 만납시다.

20. 咱們後天準見。[짜먼헉텐쭌곈] 우리 모레 꼭 만납시다.

## 第二十三課 六字話(其二)

1. 掌櫃，你進來罷。[짱궤늬찐래바] 여보, 들어오시오.
2. 是，那麽遵命了。[쓰나뫼쭌밍라] 네, 그러면 말슴대로 하겠읍니다.
3. 你讓他進來罷。[늬앙타찐래바] 너는 그를 들어오게 하여라.
4. 你知道不知道？ [늬찌딴부찌딴] 너는 아느냐？
5. 都還没定規了。[뚜해매띵궤라] 아즉 다 작정하지 않았오.
6. 還没應著活了。[해메잉쪄훠라] 아즉생화를 붙잡지 않았오.
7. 是爲什麽事情？ [쓰웨썬뫼쓰칭] 그것은 무슨 까닭이오？
8. 那都是官定的。[나뚜쓰꽌띵디] 그것은 관청에서 정한 것이오.
9. 要買的是什麽？ [얀매디쓰썬뫼] 사시려고 하는 것은 무엇이오？
10. 他是那兒的人？ [타쓰나얼디인] 그는 어딧 사람이오？
11. 他是這兒的人。[타쓰쪄얼디인] 그는 여깃 사람이오.
12. 上南山打圍去。[쌍난싼따웨큐] 남산으로 산양을 가오.
13. 受了什麽累了？[쒸라썬뫼뤠라] 어떠한 고생을 하셨오？
14. 身上很不舒服。[썬쌍헌부쑤푸] 몸이 매우 거북하오.
15. 我没聽見説呀。[워메팅곈쒀야] 나는 듣지 못하였오.
16. 他不是好死的。[타부쓰화쓰디] 그는 잘 죽은 것이 아니오.
17. 説是呑烟死的。[쒀쓰턴옌쓰디] 아편을 먹고 죽였다 하오.
18. 他説是見大人。[탕쒀쓰곈따인] 그가 영감을 뵈읍겠다 합니다.
19. 我也要回去了。[워예얀훼쥐라] 나도 가겠오.
20. 那麽改天見罷。[나뫼깨톈곈바] 그러면 다음날 만납시다.

## 第二十四課 六字話(其三)

1. 今天天氣不好。[긴톈톈키부환] 오늘 일기는 좋지 않소.
2. 是下得雨不少。[쓰햐더위부쌒] 비가 많이 옵니다.
3. 你有洋書没有？ [늬위양쑤메위] 노형 원서가 있오？
4. 是什麽洋書呢？ [쓰썬뫼양쑤늬] 무슨 원서입니까？
5. 我是要德國書。[워쓰얀더꿔쑤] 나는 독일책이 소용되오.

6. 英國書也没有。[잉궈쑤예메우] 영국책도 없오.
7. 這個書好不好？[져거쑤화부화] 이 책은 좋은가요？
8. 這是什麼書呢？[져쓰썬머쑤늬] 이것은 무슨 책이오？
9. 一本是中國書。[이뻔쓰쭝궈쑤] 한 권은 중국책이오.
10. 誰在樓底下哪？ [쒜째루디햐나] 누가 아래층에 있나요？
11. 怕是看門的罷。[파쓰칸먼디바] 아마 문직이겠지오.
12. 上月就到期了。[쌍웨찍딱키라] 지난달이 기한이였오.
13. 下月我不幹了。[햐웨워부깐라] 내월은 나는 관계하지 않겠오.
14. 你出去做什麼？[늬쭈큐쭤썬머] 너는 나가서 무엇을 하느냐？
15. 我在家裏學話。[워째갸리햪화] 나는 집에서 말을 배우오.
16. 這麼大, 那麼小。[져머따나머샤] 이렇게 크고 저렇게 작소.
17. 實在是不錯的。[쓰째쓰부춰디] 참 그렇소.
18. 我是前年來的。[워쓰쳰녠래디] 나는 그러께 왔오.
19. 他是去年到的。[타쓰큐녠딱디] 그는 작년에 왔오.
20. 我再來見你罷。[워째래곈늬바] 다시 와서 뵈옵겠읍니다.

## 第二十五課 六字話(其四)

1. 你要多麼厚的？ [늬야둬머헉디] 얼마나 두터운 것을 쓰시겠오？
2. 我要薄點兒的。[워야봐뎬얼디] 좀 얇은 것이 소용되오.
3. 多麼大，多麼小？ [둬머따쟈[둬]머샤] 얼마나 크고 얼마나 작소？
4. 這麼寬，這麼長。[져머콴져머쨩] 이렇게 넓고 큽니다.
5. 還有細的没有？ [해우씨디메우] 더 고흔 것은 없오？
6. 都是這麼粗的。[뚜쓰져머쭈디] 모다 이렇게 굵은 것이오.
7. 這個也不賤罷？[졔거예부젠바] 이것도 흔ㅎ지는 않을걸요？
8. 是，行市貴的很。[쓰항쓰궤디헌] 네, 시세가 매우 비싸오.
9. 這不是新的麼？ [져부쓰씬디마] 이것은 묵은 것이 아니오？
10. 新的還没興哪。[씬디해메힝나] 새 것은 아즉 나지 않았오.
11. 怎麼用這麼長？[쩐머윙져머쨩 어째 이렇게 길게 쓰시오？
12. 不是，還有短的。[부쓰해우똰디] 아니오, 또 짜른 것도 있오.
13. 他總是這麼高。[타쭝우져머

꽈] 그는 도시[①] 이렇게 크지오.
14. 是，身量可不矮。[쓰연량커부애] 네, 키가 작지 않소.
15. 每天早起起來。[메톈짶키키래] 매일 아침에 일어나오.
16. 他母親早死了。[타무친짶쓰라] 그의 어머니는 벌서 죽었오.
17. 他還没成家了。[타해매쳥갸라] 그는 아즉 성가를 못하였오.
18. 中你的意了麽? [쭝늬디이라마] 노형 마음에 드십니까?
19. 都是用不著的。[뚜쓰부윙여디] 이것은 다 쓸 것이 못 되오.
20. 我就去拿過來。[워찍큒나꿔래] 내가 가서 가져오리다.

## 第二十六課 六字話（其五）

1. 這個烟太衝了。[예거옌태충라] 이 담배는 너무 독하오.
2. 這不是淡的麽? [여부쓰딴디마] 이것은 싱거운 것이 아니오?
3. 你能吃竦〔辣〕的麽? [늬넝쯰라디마] 노형은 매운 것을 잡수시겠오?
4. 我不愛吃酸的。[워부애쯰쏸디] 나는 신 것을 싫여하오.
5. 魚淡了再擱鹽。[위딴라째꺼옌] 생선이 싱거우니 소곰을 더쳐라.
6. 齁鹹了吃不得。[후혠라쯰부더] 너무 짜면 먹지 못하오.
7. 太老了，不好吃。[태랖라부핲쯰] 너무 질겨서 먹기가 안되었오.
8. 嫩了没有味兒。[넌라메위웨얼] 연하면 맛이 없오.
9. 你吃著不苦麽? [늬쯰쪄부쿠마] 당신 잡수시기에 쓰지 않습니까?
10. 我吃著是很甜。[워쯰쪄쓰헌톈] 먹으니까 매우 단데요.
11. 這個茶太乏了。[예거쨔태빠라] 이 차는 너무 싱겁다.
12. 往下釅點兒沏。[왕햐옌뎬얼체] 더 좀 독하게 타 오겠오.
13. 不行，太濃糊了。[부힝태눙후라] 못쓰겠다. 너무 진하다.
14. 不用，還很香哪。[부윙해헌향나] 그만 해도 매우 고수하오.
15. 敢情是很沉了。[깐칭쓰헌천라] 그럴 줄 몰랐더니 꽤 무겁구려.
16. 是嗎? 分量太大。[쓰마뻔량태따] 그렇소? 근량이 너무 많소이다.
17. 那兒來的腥氣? [나얼래디씽키] 어디서 오는 비린내요?
18. 這是騷味兒罷。[여쓰쌒웨얼바] 이것은 지린내인가 봅니다.

---

① 원래. 본래.

19. 倰〔挨〕著茅房近麽？［애여맙팡긴마］뒷간이 가깝니까？

20. 隔在這兒不遠。［꺼째여얼부완］여기서 멀지 않소.

## 第二十七課 六字話（其六）

1. 這書價多少錢？［여우갸둬쏘첸］이 책값은 얼마요？

2. 不過兩塊來的。［부궈량쾌래디］이원 각수 밖에 안됩니다.

3. 噯呀，這麽貴麽？［애야여뭐궤마］아，이렇게 비싼가오？

4. 不貴，還算賤哪。［부궤해쏸젠나］비싸지 않소，도리혀 싼 세음이오.

5. 有幾分不明白。［우기뻔부밍배］얼마간 분명하지 않소.

6. 也有記錯的了。［예우기춰디라］또 잘못 쓴 것도 있오.

7. 他在炕上鋪席。［타째캉쌍푸씨］그는 방에 자리를 펴오.

8. 我的腰很疼了。［워디얀헌텅라］나는 허리가 몹시 아프오.

9. 這盆水腌臟了。［여펀쉐양짱라］이 물은 더럽소.

10. 換乾净的拿來。［환깐찡디나래］정［청］한 것으로 바꿔오너라.

11. 那位是令郎麽？［나웨쓰링랑마］저 분이 자제시오니까？

12. 不錯，是我兒子。［부춰쓰워얼쯔］그렇소. 내 아들이오.

13. 少爺有學名麽？［쏘예우햪밍마］자제 이름은 무엇입니까？

14. 他叫仿辛童伊。［타쟌쭤씬동이］재는 신동이라 하오.

15. 貴甲子什麽年？［궤갸쯔썬뭐넨］무슨 생이 오니까？

16. 他快十五歲了。［타쾌쓰우쉐라］열다섯 살이 되었오.

17. 他多咱回的家？［타둬짠훼디갸］그는 언제 돌아옵니까？

18. 剛從學堂回來。［깡충훼탕훼래］지금 막 학교에서 왔오.

19. 他怎麽生氣了？［타쩐뭐썽키라］그는 왜 성이 났나요？

20. 提起來説話長。［티키래숴화쨩］끄러내면 말이 깁니다.

## 第二十八課 六字話（其七）

1. 你近來怎麽樣？［늬긴래쩐뭐양］노형 요세 어떠하시오？

2. 比從前好點兒。［삐충첸화뎬얼］전보다 좀 났읍니다.

3. 他也好的多了。［타예호디둬라］저이도 매우 좋습니다.

4. 明天你在家麽? [밍텐늬째갸마] 내일 댁에 계시겠읍니까?
5. 明天我不在家。[밍텐워부째갸] 내일 집에 없겠습니다.
6. 回去都替你説。[훼퀴뚜티늬워] 돌아가서 당신 말슴을 하겠오.
7. 請了五位客人。[칭라우웨커인] 손님 다섯 분을 청하였오.
8. 來這兒做什麽? [래여얼쭤썬뭐] 여기 와서 무엇을 하오?
9. 所以我到這兒。[쒀이워땊여얼] 그래서 내가 여기 왔오.
10. 你們不要撒撥〔潑〕。[늬먼부야싸뻐] 너희들은 작난을 하지 마라.
11. 你定不要偷懶。[늬떵부야탁래] 너는 게으르면 안된다.
12. 這書你念過麽? [여쑤늬녠꿔마] 이 책을 너는 읽었느냐?
13. 我還沒有念過。[워해메우녠꿔] 나는 아즉 읽지 못하였오.
14. 口音正，説話真。[컥인쩡쉬화천] 구음이 바르고 말이 참되오.
15. 唉，説起來話長。[애워키래화짱] 아, 이야기하자면 말이 기오.
16. 不得詳細説了。[부더쌍씨워라] 자세히 이야기할 수 없오.
17. 明兒可以細説。[밍얼키이씨워] 내일 자세 이야기하겠오.
18. 那都隨你的便。[나뚜쉐늬디삔] 그것은 다 편할 대로 하시오.
19. 費老爺的心罷。[페랖예디씬바] 영감께 괴로움을 끼치겠읍니다.
20. 好説，你回去了? [한워늬훼퀴라] 천만에, 노형 가시겠오?

## 第二十九課　六字話(其八)

1. 我們買車票去。[워먼매쳐퍞퀴] 우리 차표를 사러 갑시다.
2. 火車開了没有? [훠쳐캐라메우] 기차가 떠났읍니까?
3. 你要打電報麽? [늬야따덴봐마] 노형 전보를 노시렵니까?
4. 是，我要打電報。[쓰워야따덴봐] 네, 전보를 노려고 합니다.
5. 你朋友來不來? [늬펑우래부래] 자네 친구가 왔는가?
6. 我朋友都不來。[워펑우뚜부래] 내 친구는 모다 오지 않았네.
7. 你瞧朋友去麽? [늬챠펑우퀴마] 너는 동무를 보러 갔드냐?
8. 近來没去瞧他。[긴래메퀴챠타] 요세는 그를 보러 가지 않았오.
9. 馬先生，快來了。[마쎈썽쾌래라] 마선생, 어서 오시오.
10. 啊，我朋友來了。[아워펑우래라] 아, 우리 친구가 왔오.

11. 他愛下象棋麽？[타애햐썅키마] 그는 장기 두기를 좋아하나요？

12. 我要和你下棋。[워얀해늬햐키] 나는 노형과 바둑을 두고 싶습니다.

13. 下一盤棋解悶。[햐이판키계먼] 바둑을 두면 심심풀이가 되오.

14. 不是他，是誰呢？[부쓰타쓰쉐늬] 그가 아니면 누구겠오？

15. 他們是搶奪的。[타먼쓰챵둬디] 그들은 도적놈이오.

16. 你給了没給呢？[늬께라메께늬] 자네는 주었나？ 안 주었나？

17. 價錢太多，没給。[갸첸태둬메께] 값이 비싸서 주지 않았오.

18. 先生，還問什麽？[쎈엉해원썬뭐] 선생님 또 무엇을 물으시렵니까？

19. 他的身體結實。[타디썬티기쓰] 저이의 몸은 튼튼하오.

20. 我的身體軟弱。[워디썬티완와] 내 몸은 약하오.

## 第三十課 六字話(其九)

1. 我不敢吃辣椒。[워부깐쯰라쟌] 나는 고추를 먹지 못하오.

2. 肚子裏頭響了。[뚜쯔리퉈향라] 뱃속이 끓소.

3. 什麽皮子最好？[썬뭐피쯔쮀한] 무슨 가죽이 제일 좋소？

4. 還是狐狸皮好。[해쓰후리피한] 여우가죽이 좋지오.

5. 太兄，請坐請坐。[태횽칭쭤칭쭤] 태형 앉으시오.

6. 令尊近來好啊？[링쭌긴래한아] 요세[새]춘장께서 안녕하십니까？

7. 家父托你的福。[갸푸둬늬디푸] 가친은 덕분에 무고하십니다.

8. 先生買什麽書？[쎈엉매썬뭐쑤] 형장 무슨 책을 사시겠읍니까？

9. 我要買這本書。[워얀매쪄뻔쑤] 나는 이 책을 사겠오.

10. 那不是洋書麽？[나부쓰양쑤마] 저것은 원서가 아닙니까？

11. 不錯，是法國書。[부춰쓰퐈꿔쑤] 그렇소，이것은 불란서책이오.

12. 這部書多兒錢？[쪄뿌쑤둬얼첸] 이 책은 얼마요？

13. 三塊錢，貴不貴？[싼쾌첸꿰부꿰] 삼원이오，비쌉니까？

14. 我看著多點兒。[워칸쪄둬덴얼] 나 보기엔 좀 많소.

15. 依你看多少錢？[이늬칸둬쌒첸] 당신 생각에는 얼마나 되겠오？

16. 兩塊四還可以。[량쾌쓰해커

이] 이원 사십전이면 좋겠오.

17. 掌櫃的肯不肯？［짱궤디컹부컹] 장괴, 그렇게 팔겠오？

18. 給我兩塊半罷。［께워량쾌빤바] 이원 오십전만 주십시오.

19. 可以，這留下罷。［커이쪄릭햐바] 좋소, 이것을 삽시다.

20. 那麼著多謝呀。［나머쩌뒤쎄야] 그러면 감사합니다.

## 第三十一課　六字話(其十)

1. 茶碗小，飯碗大。［짜완샾빤완따] 차종은 작고 사발은 크오.

2. 勺子大，匙子小。［샾쯔따쓰쯔샾] 국자는 크고 사시는 작소.

3. 拿匙子喝牛奶。［나쓰쯔허누내] 사시[①]로 우유를 먹소.

4. 拿一雙筷子來。［나이쐉쾌쯔래] 젓가락 한 메 가져 오너라.

5. 碟子裏盛著菜。［뗴쯔리쳥쩌채] 접시에 요리가 담기었소.

6. 不拘什麼都好。［부귀썬뭐뚜화] 아무 것이던지 다 좋소.

7. 剩得也不少了。［썽더예부쏴라] 남은 것도 적지 않소.

8. 老是這個樣兒。［랖쓰쪄거양얼] 본대 이 모양이오.

9. 没什麼大用處。［메썬뭐따윙쭈] 그리 필요할 것은 없오.

10. 眼皮子淺愛小。［옌피쯔쳰애샾] 소견이 좁아서 작은 것을 좋아하오.

11. 白活了一輩子。［빼훠라이뻬쯔] 일생을 허송하였오.

12. 那兩國打仗呢？［나량꿔따쨩늬] 저 두 나라가 전쟁을 합니까？

13. 礙你什麼相干？［애늬썬뭐썅깐] 자네가 무슨 상관이 있나？

14. 還没有停當的。［해메워띵땅디] 아즉 결말이 나지 않았오.

15. 兩口子不和氣。［량쿼쯔부허키] 두 양주가 화합지 않소.

16. 嘴裏混澧他人。［쮀리훈짠타인] 입으로 남을 함부로 비방하오.

17. 電氣燈熀〔晃〕眼睛。［뎬키떵황옌징] 전등이 눈이 부시오.

18. 渾身都酸軟了。［훈썬뚜쏸완라] 왼몸이 다 느른하오.

19. 他是言不應口。［타쓰옌부잉컥] 그는 언행이 같지 않소.

20. 你歇歇兒去罷。［늬혜혜얼퀴바] 쉬여 가십시오.

---

① 숟가락.

## 第三十二課 六字話(其十一)

1. 他幹事不留心。[타깐쓰부릭씬] 저이는 일 보는 것이 조심성이 없소.

2. 再也不能忍了。[쨰예부넝인라] 더 다시 참을 수가 없오.

3. 你是忙什麼了？ [늬쓰망썬뫄라] 자네 무엇이 그리 바쁜가？

4. 堵住这個窟窿。[뚜쭈쪄거쿠룽] 이 구멍을 막으시오.

5. 这孩子長得俊。[쪄해쯔쟝더쮠] 이 아이는 점잔ㅎ게 생겼오.

6. 努嘴兒擠眼兒。[누쮀얼찌옌얼] 입찟을 하고 추파를 건닌다.

7. 臉上一紅的說。[롄쌍이훙디워] 얼굴에 피때를 올리고 말한다.

8. 屋子要修蓋了。[우쯔얀식깨라] 방을 고치려고 하오.

9. 接頭兒另做過。[쪠터얼링쭤꿔] 처음부터 고쳐 해라.

10. 必定有益你的。[삐띵우이늬디] 꼭 당신에게 유익이 있오.

11. 有什麼笑頭兒？ [우썬뫼샤텨얼] 무엇이 웃으냐？

12. 我估摸著不是。[워꾸뫼쪄부쓰] 내 어림에는 그렇지 않겠오.

13. 把孩子抱進來。[빠해쯔빤찐래] 아이를 안고 들어온다.

14. 我從來見過他。[워충래졘꿔타] 나는 전에 그를 보았오.

15. 他挣的錢不多。[타쩡디쳰부둬] 그가 남긴 돈은 많지 않소.

16. 好東西自然貴。[한뚱시쯔안꿰] 좋은 물건은 자연 비싸오.

17. 有什麼費事呢？[우썬뫼뻬쓰늬] 무엇이 귀찮겠오？

18. 你不認得我麼？[늬부인더워마] 노형은 나를 모르시오？

19. 先生，請留步罷。[쎈엉칭릭뿌바] 선생，더 앉으셨다 가시오.

20. 好說，我也告假。[한워워예꺄쟈] 고맙소. 나도 가겠오.

## 第三十三[①]課 六字話(其十二)

1. 給我瞧瞧樣子。[께워챠챠양쯔] 본보기를 보혀주시오.

2. 這就是時興的。[쪄찍쓰쓰힝디] 이것은 지금 시체[②]올시다.

3. 這塊兒多少錢？ [쪄쾌얼둬쏴첸] 이따위는 얼마요？

4. 老爺常照顧我。[랖예챵쫘꾸워] 영감은 당골이시니.

① 影印本“第三十二課”“第六十三課”“第六十六課”標題重複，整理本按實際順序接排。

② 당시의유행이나풍습.

5. 就給兩塊半罷。[찍께량쾌빤바] 이원 오십전만 주십시오.

6. 這票子是兩塊。[쪄퍞쯔쓰량쾌] 이 지전은 이원이고.

7. 再搭上這半塊。[쨰따쌍쪄빤쾌] 그리고 이 오십전을 넣으면.

8. 就是兩塊半錢。[찍쓰량쾌빤첸] 이원 오십전이 되니.

9. 你可以查收罷。[늬커이쨔쒁바] 노형은 받으시오.

10. 請問兩位老爺。[칭원량웨랖예] 두 분 영감께 여쭈어 봅니다.

11. 這兩塊的票子。[쪄량쾌디퍞쯔] 이 이원 지폐가.

12. 我看有點毛病。[워칸우뎬맢삥] 저 보기에는 험이 있습니다.

13. 有什麼毛病呢？ [우언뭐맢삥늬] 무슨 험이 있오？

14. 文先生，看一看。[원쏀엉칸이칸] 문선생, 보십시오.

15. 一點毛病沒有。[이뎬맢삥메우] 조금도 험은 없오.

16. 你再留心看罷。[늬쨰릭씬칸바] 더 자세히 보십시오.

17. 沒有別的不好。[메우뻬디부핲] 별도 나쁜 것은 없오.

18. 是這票子邊兒。[쓰쪄퍞쯔뻰얼] 네, 이 지전 가장자리가.

19. 有一點兒破了。[우이뎬얼퍼라] 좀 찢어졌읍니다.

20. 換給一張好的。[환께이짱핲디] 좋은 것으로 바꿔주십시오.

## 第三十四課 六字話(其十三)

1. 換給你也可以。[환게늬에커이] 바꿔 들여도 좋소.

2. 這是一塊洋錢。[쪄쓰이쾌양첸] 이것은 일원짜리 은전이오.

3. 你想好不好麽？[늬썅핲부핲마] 노형 보기에 어떠하오？

4. 這是個好元寶。[쪄쓰거핲완밮] 이것은 좋은 말굽은입니다.

5. 多謝，改天再來。[뒤쎄깨톈쨰래] 감사합니다. 다음날 또 오십시오.

6. 我跟你要定銀。[워껀늬얖띵인] 약조금[①]을 주십시오.

7. 欠了許多的賬。[첸라휘둬디쨩] 빚을 많이 졌오.

8. 一天多少工錢？[이톈둬쌒꿍첸] 하로에 공전이 얼마이오？

9. 我要雇個苦力。[워얖꾸거쿠리] 나는 일군 하나를 부리겠오.

10. 再不要別的麽？[쨰부얖삐디마] 다른 것은 더 소용없읍니까？

11. 給我拿來絲綫。[께워나래쓰쏀] 실을 가져오너라.

12. 那兒有一眼井。[나얼우이옌찡] 저기 우물 하나가 있오.

① 약조를 지키겠다는 담보로 미리 치르는 돈. 계약금.

13. 剛才這兒來了。[깡채쪄얼래라] 지금 막 이리로 왔오.

14. 家父病得利害。[갸푸삥더리해] 가친의 병환이 위중하시오.

15. 這程子老没見。[쪄청쯔랖메겐] 요세는 오래 뵙지 못하였오.

16. 瞧個朋友去了。[챠거펑익큐라] 친구를 방문하러 갔었오.

17. 哟，丢了褡褳兒。[워뚜라따렌얼] 아, 돈지갑을 잃었다.

18. 你覺著惡心麽？ [늬쟈쪄어신마] 노형은 구역이 나십니까？

19. 分給你一半兒。[뻔께늬이빤얼] 반을 나눠 드리겠오.

20. 我打算要見他。[워따쏸야젠타] 나는 그를 만날 터이오.

## 第三十五课 六字話(其十四)

1. 我很愛吃蕃菜。[워헌애쯰판채] 나는 양요리를 매우 잘 먹소.

2. 快快的燙酒來。[쾌쾌디탕짝래] 빨리 술을 데워 오너라.

3. 念過新聞紙吗？[녠꿔신원쯔마] 신문을 읽으셨오？

4. 市面很蕭索了。[쓰멘헌샤쑤라] 시장이 매우 쓸쓸하오.

5. 銷路不愁不廣。[샤루부척부꽝] 판로가 좁은 것을 염려하지 않소.

6. 這個錶對不對？[쪄거뱌뒈부뒈] 이 몸시계[①]는 맞습니까？

7. 是，對了號炮了。[쓰뒈라화팦라] 네, 오포를 맞후였읍니다.

8. 你牛奶好不好？[늬뉘내화부화] 우유는 어떠하십니까？

9. 吃是吃，不很愛。[쯰쓰쯰부헌애] 먹기는 먹으나 그리 좋아하지 않소.

10. 酒鑽子在那兒？[쮜쫜쯔째나얼] 병마개 빼는 것은 어디 있오？

11. 很好，再要鷄蛋。[헌화째야기딴] 매우 좋소, 계란을 더 먹겠오.

12. 你不要白鹽麽？[늬부야빼옌마] 소금은 소용없오？

13. 不要，給我芥末。[부야깨워개뫼] 일 없오, 겨자를 주시오.

14. 爲這個很懸心。[웨쪠거헌혠신] 그 까닭으로 걱정이오.

15. 也有可笑的事。[예위커샤디쓰] 웃으운 일도 있오.

16. 這兒有個錯兒。[쪄얼위거춰얼] 여기 잘못이 있오.

17. 這是過于多了。[쪄쓰꿔위둬라] 이것은 너무 과하오.

18. 你總得説實話。[늬쭝데쒀쓰화] 자네는 실토를 말하여야 하네.

---

① 몸에 지닐 수 있는 작은 시계. 회중시계.

19. 這算得很公道。[쪄쏸더헌궁딴] 이 계산은 참 공평한 것이오.

20. 我們生活很忙。[워먼썽훠헌망] 우리들 일은 매우 바쁩니다.

## 第三十六課 六字話(其十五)

1. 管事的在那兒? [꽌쓰디째나얼] 지배인은 어디 계시오?

2. 請换坐舢板罷。[칭환쭤싼빤바] 싼판[①]으로 바꿔 타십시오.

3. 船走得很快啊。[촨쩍더헌쾌아] 배가 가는 것이 매우 빠른데요.

4. 火車多咱開啊? [훠쳐둬짠캐아] 기차는 몇 시에 떠나나요?

5. 車票在那兒賣? [쳐퍞째나얼매] 차표는 어디서 파나요?

6. 在右邊窗洞裏。[째익볜촹뚱리] 오른쪽 창 안에서요.

7. 那是頭等車呢? [나쓰틱떵쳐늬] 저것은 일등차이오니까?

8. 這不是快車麽? [쪄부쓰쾌쳐바] 이것은 급행차가 아닙니까?

9. 我覺著暈船了。[워겨쪄윈촨라] 나는 배멀미가 나오.

10. 上艙頂上去罷。[쌍짱띵쌍취바] 갑판으로 올라가십시오.

11. 他在床上睡著。[타째쫭쌍쒜저] 그는 침대 우에서 자고 있오.

12. 太陽冒嘴兒了。[태양뫄쮀얼라] 해가 돋았오.

13. 日頭地很暖和。[이틱디헌놘허] 양지는 매우 따뜻하오.

14. 待會兒就完了。[때훼얼짝완라] 조금 있으면 곧 되오.

15. 我記錯了日子。[워기춰라이쯔] 나는 날자를 잘못 알았오.

16. 他們都忘記了。[타먼뚜왕기라] 그들은 다 잊어바렸오.

17. 這是現成的麽? [쪄쓰헨청디마] 이것은 전내기[②]요?

18. 不是, 是定做的。[부쓰쓰띵쭤디] 아니요, 이것은 맞훈 것이오.

19. 在那兒定做的? [째나얼띵쭤디] 어디로 주문한 것이오?

20. 在漢陽洋服店。[째한양양푸뎬] 한양양복점으로 맞훈 것이오.

① 작은 배.

② 가게에 내다가 팔려고 날림식으로 만든 물건.

## 第三十七課 七字話(其一)

1. 我可以念這本書。[워커이넨쪄뻔쑤] 나는 이 책을 읽을 수가 있오.
2. 十二個月是一年。[쓰얼거웨쓰이넨] 열두 달은 일년이오.
3. 三十天是一個月。[싼쓰텐쓰이거웨] 삼십 일은 한 달이오.
4. 七天是一個禮拜。[치텐쓰이거리빼] 일혜는 일주일이오.
5. 那個人沒有學問。[나거인매우훼원] 저 사람은 무식하오.
6. 請先生寫這個字。[칭쎈엉쎄쪄거쯔] 선생님, 이 글자를 써주십시오.
7. 那些小錢不好使。[나쎄샤첸부한쓰] 저런 잔돈은 쓰기 불편하오.
8. 他不會寫那個字。[타부훼쎄나거쯔] 그는 저 글자를 쓰지 못하오.
9. 我不會開這個門。[워부훼캐쪄거먼] 나는 이 문을 열 수 없오.
10. 我們還沒吃晌飯。[워먼해메찌향빤] 우리들은 아즉 점심을 먹지 않았오.
11. 這位是做官的麼?[쪄웨쓰쭤꽌디마] 이 분은 관리시오니까?
12. 我不懂得他的話。[워부뚱더타디화] 나는 그의 말을 모르겠오.
13. 我不能隨你的便。[워부넝쒜늬디뺀] 나는 네 마음대로 하게 할 수는 없다.
14. 全是沒有法子了。[촨쓰매우뽜쯔라] 도시 부득이한 일이오.
15. 你不要管我的事。[늬부야꽌워디쓰] 노형은 내 일을 상관할 것 없소.
16. 這不是別人的事。[쪄부쓰뻬인디쓰] 이것은 다른 사람의 일은 아니오.
17. 他的法子不合式。[타디뽜쯔부허쓰] 저이의 하는 것은 적당ㅎ지 아니하오.
18. 這個筆沒有尖兒。[쩨거삐메우쪤얼] 이 붓은 끝이 없오.
19. 這小刀兒不大快。[쩨샤딴얼부따쾌] 이 참칼은 잘 듣지 않소.
20. 這個刀磨的不快。[쩨거닾뭐디부쾌] 이 칼은 잘 못 갈았오.

## 第三十八課 七字話(其二)

1. 你要什麼顏色呢?[늬야썬뭐옌써늬] 무슨 색갈이 소용되십니까?
2. 你要什麼價錢的?[늬야썬뭐갸

쳰디] 값은 얼마 되는 것을 쓰시렵니까?

3. 這是多少錢一嗎〔碼〕? [예쓰둬쏘쳰이마] 이것은 한 마에 얼마요?

4. 你給我八角五分。[늬께워빠겨우편] 팔십오 전 주시오.

5. 我看太貴了點兒。[워칸태꿰라뎬얼] 너무 많을 것 같소.

6. 那麽給七角錢罷。[나뫼께치겨쳰바] 그러면 칠십만 내리다.

7. 給三吊錢, 够不够? [께싼댠쳰꺽부꺽] 삼십 전을 줄테니 넉넉하겠오?

8. 冬天下的雪很大。[뚱톈햐디쉐헌따] 겨울은 눈이 많이 오오.

9. 伏天下的雨很多。[푸톈햐디워헌둬] 복중은 우량이 많소.

10. 我怕你說的荒唐。[워파늬숴디황탕] 나는 자네 말하는 것이 허황한 줄 아네.

11. 說著容易做著難。[숴여윙이쭤여난] 말하기는 쉽고 행하기는 어렵다.

12. 客堂掃的不乾净。[커탕쌒디부깐징] 사랑을 치운 것이 깨끗하지 않다.

13. 再給我掃一掃罷。[째께워쌒이쌒바]다시 더 쓰 러주게.

14. 你去拿個洋燈[1]來。[늬큐나거양떵래] 너 가서 람포를 가져 오너라.

15. 没什麽大黑暗了。[메썬뫼따헤안라] 그리 어둡지는 않소.

16. 鉛筆一打多兒錢? [쳰삐이따둬얼쳰] 연필 한 다쓰에얼마요?

17. 也有本地製造的。[예익뻰디쯔짜디] 이곳에서 만든 것도 있오.

18. 連皮多大分量呢? [렌피둬따펀량늬] 껍데기까지 중량이 얼마이요?

19. 用這個試一試罷。[윙여거쓰이쓰바] 이것으로 시험하야 보시오.

20. 明兒來取銀子罷。[밍얼래취인쯔빠] 내일 돈을 가질러 오시오.

## 第三十九課 七字話(其三)

1. 你是做買賣的麽? [늬쓰쭤매매디마] 노형은 장사를 하십니까?

2. 不錯, 我是買賣的。[부춰워쓰매매디] 그렇습니다. 나는 장사하는 사람입니다.

---

① 남포, 남포등, 램프 (煤油燈) 석유를 넣은 그릇의 심지에 불을 붙이고 유리로 만든 등피를 끼운 등.

3. 你賣了多少銀子？ [늬매라둬쌒인쯔] 얼마에 파셨읍니까？
4. 我定規了三十兩。[워띵꿔라싼쓰량] 내 작정은 삼십원이오.
5. 他是你的什麽人？ [타쓰늬디쓰뭐인] 그는 당신의 누구이오？
6. 她是個我的妹妹。[타쓰거워디메메] 저 여자는 내 누의동생이오.
7. 這個法子怕不行。[쪠거퐈쯔파부힝] 이 방법으로는 아마 안될걸요.
8. 這個希奇的東西。[쪠쓰히키디뚱시] 이것은 히괴한 물건이오.
9. 今兒很熱的利害。[긴얼헌여디리해] 오날은 지독하게 더워 견딜 수 없오.
10. 花瓶裏有一枝花。[화핑리위이쯔화] 화병 속에 꽂 한 가지가 있오.
11. 他怎麽總没信兒？[타쩐뭐쭝메씬얼] 그가 어째 도모지 소식이 없오？
12. 是，實在奇的很了。[쓰쓰째키디헌라] 네，참 매우 괴상하오.
13. 一定是什麽毛病。[이띵쓰썬뭐맢뼁] 필시 무슨 흠설이 있는 계요.
14. 大概是有點緣故。[따깨쓰위뎬왎꾸] 아마 까닭은 좀 잇는 모양이오.
15. 請你給快點兒問。[칭늬께쾌뎬얼원] 노형은 좀 빨리 물어주시오.
16. 已經打發人去了。[이깅따퐈인퀴라] 벌서 사람은 보냈오.
17. 那麽我不用去了。[나뭐워부윙퀴라] 그러면 나는 갈 것 없오.
18. 你總得再來一趟。[늬쭝데째래이탕] 노형은 어찌하였던 한 번 와야 하오.
19. 你不該管的管了。[늬부깨꽌디꽌라] 당신은 상관 아니할 것을 상관하였오.
20. 我是一概不知道。[워쓰이깨부쯰땊] 나는 죄다 몰읍니다.

## 第四十課 七字話(其四)

1. 那就求之不得的。[나찍킊쯔부더디] 그것은 다시 구할 수 없는 것이오.
2. 請先生在這裏坐。[칭셴엉째쪠리쭤] 선생님，이리로 앉으십시오.
3. 就是那個頂大的。[찍쓰나거띵따디] 네，저 제일 큰 것이오.
4. 或湯或茶都可以。[훠탕훠쨔뚜커이] 국이던지 차던지 다 좋소.
5. 是個半新不舊的。[쓰거빤씬부

각디] 네, 중치요.

6. 你的肚子還疼麽？［늬디뚜쯔해텅마］배가 그저 아프십니까？

7. 大前兒個開的市。［따쳰얼거캐디쓰］그끄저께 개시하였오.

8. 我要刻一張門票。［워얀커이쨩먼퍈］간판 하나를 사기려 하오.

9. 他是送貨的生意。［타쓰쑹훠디엉이］그는 운송점을 하오.

10. 那是送給誰的信？［나쓰쑹께쉐디씬］그것은 누구에게 보내는 편지요？

11. 我這封信要收條。［워예훵씬얀쒸턒］이 편지를 등기로 하야 주시오.

12. 你比從前胖多了。［늬삐충쳰팡둬라］자네는 전보다 퉁퉁하아졌네 그려.

13. 那兒胖？瘦的很了。［나얼팡쒀디헌라］왼걸 퉁퉁해요？ 매우 말랐지오.

14. 多一點兒，行不行？［둬이덴얼힝부힝］좀 많아도 쓰시겠오？

15. 不行，小〔少〕給點兒罷。［부힝쌰께덴얼바］못 쓰겠오, 조금 주시오.

16. 有這樣匾〔扁〕的没有？［익여양삔디메익］이렇게 납적한 것이 있오？

17. 有是有，是個圓的。［익쓰익쓰거완디］있기는 있으나 둥근 것이오.

18. 那麽白的好不好？［나뭐빼디화부화］그러면 흰 것은 어떠하십니까？

19. 黑的也不要緊哪。［헤디예부얀긴나］검은 것도 일 없오.

20. 曖呀，還是這麽黄。［애야해쓰예뭐황］에구 또 이렇게 누렇구려.

## 第四十一課　七字話(其五)

14[①]. 他説多咱可以得？［타워둬짠커이더］그는 언제 되겠다고 합니까？

15. 她説兩天做不完。［타워량톈쭤부완］그 여자의 말이 인흘에도 다 못하겠다 해요.

16. 我不知道這件事。［워부띠딴여곈쓰］이 일은 나는 모르오.

17. 這船打那兒來的？［여촨따나얼래디］이 배는 어디서 온 것이오？

18. 那是打烟臺來的。［나쓰따옌태래디］그것은 연태에서 온 것이오.

① 影印本121—122頁缺。

19. 我要打電報去了。[워얖따뎬보큐라] 나는 전보를 놓러 가오.

20. 打到什麼地方呢？[따딴썬뫼디퐝늬] 어디로 놓시는 것이오？

## 第四十二課 七字話(其六)

1. 現在大同[①]多少年？[핸째따퉁둬쌒녠] 지금은 대동 몇 해이오？

2. 今年是大同三年。[긴녠쓰따퉁싼녠] 올은 대동 삼년이오.

3. 他有多大歲數兒？[타읶둬따쉐쑤얼] 저 사람은 몇 살이오？

4. 他是二十三歲了。[타쓰얼쓰싼쉐라] 그는 스물셋이오.

5. 有學了多少日子？[읶햪라둬쌒이쯔] 배운 지 메칠이나 되셨오？

6. 他們學了七個月。[타먼햪라치거웨] 그들은 배운 지 일곱 달이 되었오.

7. 時刻還沒到了麼？[쓰커해메딴라마] 시간이 아즉 안되었어요？

8. 還沒到了，欠一刻。[해메딴라첸이커] 아즉 아니 되었오，십오분 전이오.

9. 來回得多大工夫？[래훼데둬따꿍퐈] 내왕에 얼마 동안이나 걸리겠오？

10. 過不了得兩點鐘。[꿔부랴데량뎬쭝] 두 점에 지나지 않소.

11. 那件事成了沒有？[나곈쓰쳥라메읶] 그 일은 되었나요？

12. 一定是成不了罷。[이띵쓰쳥부랴바] 정녕 될 수 없지오.

13. 一個月發幾回信？[이거웨퐈기훼씬] 한 달에 편지를 몇 번 보내나요？

14. 是一個禮拜兩回。[쓰이거리빼량훼] 한 주일에 두 번이오.

15. 那是他的僥幸了。[나쓰타디걒힝라] 그것은 그의 행복이오.

16. 他幾時成了家麼？[타기쓰쳥라갸마] 그는 언제 장가를 갔나요？

17. 我不慣喝中國酒。[워부꽌허쭝궈쭤] 나는 중국술을 잘 먹지 못하오.

18. 你的帽子誰買的？[늬디맏쯔쉐매디] 네 모자는 누가 산 것이냐？

19. 你在那兒做什麼？[늬째나얼쭤쓰뫼] 너는 거기서 무엇을 하느냐？

20. 我在這兒吃點心。[워째쪄얼쯰신] 나는 여기서 과자를 먹소.

---

① 大同: 1932~1945년에 일본이 중국 둥베이(東北) 지방에 세웠던 만주국의 연호.

## 第四十三課 七字話(其七)

1. 你母親那兒去了? [늬무친나얼퀴라] 네 어머니는 어디 가셨니?
2. 嗎嗎〔媽媽〕上街上去了。[마마쌍계쌍퀴라] 엄마는 거리에 가셨오.
3. 你怎麽不去了呢? [늬쩐뫼부퀴라늬] 너는 웨 아니 갔느냐?
4. 我不愛那兒去啊。[워부애나얼퀴아] 나는 거기 가기가 싫어요.
5. 這位是我的朋友。[쩌웨쓰워디평우] 이분은 나의 친구요.
6. 那位是他的兄弟。[나웨쓰타디횽디] 저분은 그의 동생이오.
7. 這話你說的對麽? [쪄화늬쒀디뒈마] 이 말은 노형이 한 것이 옳소?
8. 水凉了, 我喝不得。[쒜량라워허부더] 물이 차서 먹지 못하오.
9. 不大礙事, 我常喝。[부따애쓰워쌍허] 일 없오, 나는 늘 먹소.
10. 等水開了就拿來。[떵쒜캐라쭈래] 물이 끓거든 가져 오시오.
11. 火太乏了, 開不了。[훠태빠라캐부랴] 불이 꺼물거려서 끓지 않소.
12. 火太乏了, 得添了。[훠태빠라데톈라] 불이 꺼지겠으니 더 느어야 하겠오.
13. 快散了, 不用添了。[쾌싼라부윙톈라] 거진 파하겠으니 더 넣을 것 없오.
14. 你納請上坐著罷。[늬나칭쌍쭤쩌바] 여보 형장, 올라와 앉으시오.
15. 謝謝, 那麽遵命了。[쎄쎄나뫼쭌밍라] 감사합니다, 그러면 말슴대로 하겠읍니다.
16. 大哥, 你請抽烟罷。[따거늬칭쭈옌바] 형님 담배 잡수십시오.
17. 謝謝, 這是什麽烟? [쎄쎄쪄쓰썬뫼옌] 고맙소, 이것은 무슨 담베요?
18. 這是叫做敷島票。[쪄쓰쟢쭤뚜또퍞] 이 것은 부도포라고 합니다.
19. 那個公司裏做的? [나거꿍쓰리쭤디] 어느 회사에서 만든 것이오?
20. 朝鮮專賣局做的。[쨘쏀쫜매귀쭤디] 조선 전매국에서 만든 것이오.

## 第四十四課 七字話(其八)

1. 那個油點不著麽? [나거우뎬부쨔마] 그 기름은 켜지지 않습니

까?

2. 風太大，點不住燈。[펑태따뎬부쭈떵] 바람이 너무 대단해서 등불이 켜 있지 않소.

3. 往下冷不了了罷？[왕햐렁부랴라바] 인제는 치웁지 앓겠지오?

4. 說不定還冷不冷。[쒀부띵해렁부렁] 또 치울지 안 치울지 모르지오.

5. 我騎這個自行車。[워키쪠거쯔힝쳐] 나는 이 자행거를 타겠오.

6. 你坐那個東洋車。[늬쭤나거뚱양쳐] 자네는 저 인력거를 타게.

7. 這個是我的帽子。[쪠거쓰워디málánh쯔] 이 것은 내 모자요.

8. 那個是你的手套。[나거쓰늬디쒀탚] 저 것은 노형의 장갑이오.

9. 你穿那一件衣裳？[늬쫜나이곈이쌍] 너는 어떤 옷을 입느냐?

10. 我穿夏天的衣裳。[워쫜햐톈디이쌍] 나는 여름옷을 입소.

11. 你上那個學堂呢？[늬쌍나거훼탕늬] 너는 어느 학교에 가니?

12. 我上外國語學校。[워쌍왜궈위훼햪] 나는 외국어 학교에 가오.

13. 你鋪裏生意好啊？[늬푸리썽이햪아] 귀점의 영업은 좋습니까?

14. 我店裏生意很好。[워뎬리썽이헌햪] 우리 가게 홍정은 매우 좋소.

15. 紫菜新近上市了。[쯔채씬긴쌍쓰라] 김은 요세 장에 나왔오.

16. 柳樹都發芽兒了。[릭쑤뚜뽜야얼라] 버들은 다 싹이 났오.

17. 他是實在靠不住。[타쓰쓰째캎부쭈] 그는 실로 믿을 수가 없오.

18. 那個人很不中用。[나거인헌부쭁윙] 저 사람은 참 쓸 곳이 없오.

19. 我要稟報一件事。[워얖삔뱦이곈쓰] 나는 한 가지를 말슴 여쭙겠오.

20. 這劑藥飯後用罷。[쪄찌얖빤헉윙바] 이 약은 식후에 잡수시오.

## 第四十五課 七字話(其九)

1. 奉托你替我打算。[쭹퉈늬티워따쏸] 부탁합니다. 나를 대신하야 생각해주시오.

2. 你打算多咱動身？[늬따쏸뒤짠뚱썬] 노형은 언제 떠나실 터이오?

3. 我打算明天起身。[워따쏸밍톈키썬] 나는 내일 떠날 터이오.

4. 好像毒瓦斯似的。[햪썅뚜와쓰쓰디] 아주 독와사[①] 같오.

① 독가스.

5. 他幾時能够回來？［타기쓰넝꾸훼래］그는 언제 돌아올 수가 있겠읍니까？

6. 我也正想見你哪。［워예엉썅곈늬나］나도 마침 노형을 만나려 하든 터이오.

7. 我要找地方搬家。［워얖짶디빵빤갸］나는 어디로던지 이사를 해야 하겠오.

8. 背後站著他父親。［뻬허짠쩌타푸친］뒤에 그의 아버지가 서 있오.

9. 明兒一定下雨罷？［밍얼이띵햐위바］내일은 꼭 비가 오겠지오？

10. 小綹吃我錢包兒。［쌰리쯰워쳰빠얼］쓰리가 내 돈지갑을 차 갔오.

11. 他說的是什麽話？［타쒀디쓰썬뭐화］그가 말하는 것은 무슨 말이오？

12. 每天上課四小時。［메톈쌍커쓰쌰쓰］날마다 네 시간 상학이오.

13. 你要的是什麽書？［늬얖디쓰썬뭐쑤］노형 쓰실 것은 무슨 책이오니까？

14. 她有二十五歲了。［타위얼쓰우쒜라］저 여자는 스물 다섯 살 되었오.

15. 呂宋烟比香烟釅。［뤼쑹옌삐향옌옌］여송연은 권연보다 독하오.

16. 燒酒比紹興酒衝。［샾쮜삐쌒힝쮜쭝］소주는 홍주보다 독하오.

17. 今年比去年暖和。［긴녠삐큐녠놘허］올은 작년보다 따뜻하오.

18. 今年比去年好熱。［긴녠삐큐녠한여］금년은 작년보다 매우 더웁소.

19. 這個沒有那個好。［쩌거메우나거핲］이것은 저것처럼 좋지 않소.

20. 他到這時候不來。［타땊쪄쓰헉부래］그는 이때가 되어도 오지 않소.

## 第四十六課 七字話(其十)

1. 小的早就回來了。［쌰디짶쭤훼래라］저는 벌서 돌아왔읍니다.

2. 本來他没有懂得。［뻔래타메우뚱더］원래 그는 모르든 것이오.

3. 他已經畢了業麽？［타이깅삐랴예마］그는 벌서 졸업하였나요？

4. 他今年纔上學的。［타긴녠채쌍훼디］그는 올부터 겨우 학교에 갔오.

5. 我剛纔上的弦了。［워깡채쌍디혠라］지금 막 태엽을 감았오.

6. 究竟怎麽辦好呢？[각깅쩐뭐빤한늬] 결국 어떻게 하면 좋겠읍니까？

7. 這幾天常受颳風。[쪄기텐쨩애꽈쭹] 요세는 바람이 잘 부오.

8. 趕緊把大夫請來。[깐긴빠때퍅칭래] 빨리 의사를 불러 오시오.

9. 晚了就不好治了。[완라찍부화쯰라] 느지면 고치기가 어렵소.

10. 偶然打起雷來了。[위안따키뤠래라] 의외에 천동을 하였오.

11. 忽然下起雨來了。[후안햐키위래라] 별안간 비가 왔오.

12. 北邊兒就是寒帶。[뻬볜얼쭤쓰한때] 북쪽은 한대이오.

13. 左邊兒有一頂橋。[쭤볜얼위이띵챠] 왼쪽에 다리가 있오.

14. 山上頭有一座廟。[싼쌍퉈위이쭤먀] 산 우에 절이 있오.

15. 後頭有一所院子。[훠퉈위이쒀완쯔] 뒤에 뜰이 있오.

16. 我在外頭吃飯了。[워째왜퉈쯰빤라] 나는 밖에서 밥을 먹었오.

17. 得了，你別著急了。[데라늬삐쟈기라] 되었다，보챌 것 없다.

18. 屢次去見他去了。[뤼츠퀴곈타퀴라] 여러 번 그를 만나러 갔았다.

19. 我再三告訴他了。[워째싼깐쑤타라] 나는 여러 번 그에게 일렀오.

20. 彷彿是姑娘似的。[빵퍅쓰꾸냥쓰디] 아주 처녀 같소.

## 第四十七課 七字話(其十一)

1. 我的心和水一樣。[워디씨해쒜쉐 이양] 내 마음은 물과 같다.

2. 那麽辨〔辦〕更不行了。[나뭐빤껑부힝라] 그렇게 하면 더 안된다.

3. 比往年都賤些了。[삐왕녠뚜쪤쎄라] 전년보다 모다 좀 싸졌다.

4. 帶著方便一點兒。[때쪄빵펜이덴얼] 가지고 있으면 편리하오.

5. 現在貴了五倍了。[헨재꿰라우뻬라] 지금은 다섯 갑절이나 올랐오.

6. 他的行爲太可惡。[타디힝웨태커우] 그의 행위는 너무 지독하오.

7. 喜歡得了不得了。[히환더랴부더라] 좋아서 견딜 수 없오.

8. 不過有五個銅兒。[부궈위우거퉁얼] 단지 오전 밖에 없오.

9. 我和你一同去罷。[워허늬이퉁퀴바] 당신과 같이 가십시다.

10. 咱們一塊兒去罷。[짜먼이쾌얼퀴바] 우리 같이 갑시다.

11. 難道你不知道麽？[난닾늬부찍

닫마] 어째 네가 모를 리가 있느냐?

12. 不論幾時隨便來。[부룬기쓰쉐뻰래] 언제던지 마음대로 오시오.

13. 我起這兒回家去。[워키쪄얼훼갸킈] 나는 이리로 가겠오.

14. 離這兒有多少里? [리쪄얼우뒤샤리] 여기서 몇 리나 되오?

15. 向前去打聽打聽。[향쳰킈따팅따팅] 앞으로 가서 물어보시오.

16. 他跑到這裏來了。[타퐌딴쪄리래라] 그는 여기까지 뛰어왔오.

17. 給他送行去了麽? [께타쑹힝킈라마] 그에게 전송하셨오?

18. 被先生說了一頓。[삐셴엉숴라이뚠] 선생에게 꾸중을 들었뜬.

19. 東西好, 價錢便宜。[뚱시화갸쳰폔이] 물건이 좋고 값이 싸오.

20. 風息了, 雨也住了。[펑시라위예쭈라] 바람도 잣고 비도 그쳤오.

## 第四十八課 七字話(其十二)

1. 天又黑, 道兒又遠。[톈우헤딴얼우완] 해는 지고 길은 멀다.

2. 我看書要戴眼鏡。[워칸쑤야때옌깅] 나는 책을 볼 때에 안경을 써야 하오.

3. 否則都看不清楚。[퍽쩌뚜칸부칭쭈] 그렇지 아니하면 똑똑이 보히지 않소.

4. 你可以饒了我了。[늬커이오라워라] 노형은 나를 용서하시겠지오.

5. 不要只管講話了。[부야쯔꽌걍화라] 말만 하면 안되오.

6. 這可以使得的麽? [쪄거이쓰더디마] 이것은 쓸 수 있읍니까?

7. 今天大概下雨罷。[긴텐따깨햐위바] 오날은 아마 비가 오겠지오.

8. 難道你也知道麽? [난닫늬예찌딴마] 어째 네가 알 수가 있겠느냐?

9. 你呀, 我可不相信。[늬야워커부썅신] 여보, 나는 그래도 믿지 못하겠오.

10. 這麽大雨你還來。[쪄뭐따위늬해래] 이런 비에 오셨읍니다 그려.

11. 可是現在幾點鍾〔鐘〕? [커쓰혠째기뎬쭝] 그러나 지금은 몇 시오?

12. 我在椅子上坐著。[워째이쯔쌍쭤쪄] 나는 걸상에 앉았오.

13. 你還要別的沒有? [늬해야삐디메우] 또 다른 것은 일 없습니까?

14. 你別耽誤工夫了。[늬삐딴우꿍뿌라] 너는 시간을 낭비ㅎ지 마

라.

15. 你想四聲很難罷？［늬썅쓰셩헌난바］당신은 사성을 매우 어렵게 생각하십니까？

16. 有時候兒腰也疼。［위쓰학얼야예텅］어느 때는 허리도 아프오.

17. 這中國話叫什麼？［쪄쭝궈화쟌썬머］이것은 중국어로 무엇이라 합니까？

18. 當的是什麼差使？［땅디쓰썬머채쓰］무슨 벼슬을 다니십니까？

19. 有好些個客人麼？［위화쎄거커인마］많은 손님이 있습니까？

20. 大約有二十個人。［따웨위얼쓰거인］거진[①] 스무 사람이나 됩니다.

## 第四十九課 七字話(其十三)

1. 你買的很便宜的。［늬매디헌펜이디］너는 퍽 싸게 샀구나.

2. 萬不是實在的話。［완부쓰쓰째디화］결코 실상말은 아니오.

3. 我要會你們東家。［워야훼늬먼뚱갸］나는 주인장께 뵈려고 합니다.

4. 啊，我忘記拿來了。［아워왕기나래라］아, 나는 가져올 것을 잊었오.

5. 我喜歡是三賓酒。［워히환쓰싼삔쭈］내가 좋아하는 것은 삼편주[②]요.

6. 再要點兒蕃菜麼？［째야덴얼판채마］좀 더 양요리를 드릴가요？

7. 晚飯弄什麼菜呢？［완빤룽썬머채늬］저녁에는 무슨 요리를 만들가요？

8. 麵包抹上黃油麼？［멘반뫼썅황익마］빵에 빠터를 발를가요？

9. 你是可以喝酒麼？［늬쓰커이허쭤마］노형은 약주를 잡수십니까？

10. 什麼酒都可以的。［썬머쭤뚜커이디］무슨 술이던지 다 좋소.

11. 簪子是在抽屜裏。［짠쯔쓰째쭈티리］비녀는 설합 속에 있오.

12. 那麼讓你沒法子。［나뫼앙늬메뽜쯔］그러면 그만 두겠오.할 수가 없오.

13. 小了三元不能賣。［쑈라싼완부넝매］삼원을 깎으면 팔 수 없오.

---

① 대략.

② 샴페인.

14. 這火車上那兒去? [쪄훠쪄쌍나얼퀴] 이 기차는 어디로 가는 것이오?

15. 那是上奉天[①]去的。[나쓰쌍펑텐퀴디] 그것은 봉천으로 가는 것이오.

16. 現在走到那兒了? [헨째쩍딴나얼라] 지금 어디까지 왔나요?

17. 車子呀, 拉我去罷。[쳐쯔야라워퀴바] 인력거군, 가세.

18. 打站往那麼走呢? [따짠왕나뭐쩍늬] 정거장에서 어떻게 가나요?

19. 等一等, 過去不行。[떵이떵꿔퀴부힝] 기대리시오. 건너가면 안됩니다.

20. 我不知道車站哪。[워부찌딴쳐짠나] 나는 정거장을 몰읍니다.

## 第五十課 七字話(其十四)

1. 見天在教場操演。[젠텐째쟌쌍챂옌] 날마다 연병장에서 조련을 하오.

2. 因爲素日練好了。[인웨쑤이렌한라] 평시에 연습을 잘한 까닭이오.

3. 馬隊可以過去麼? [마퉤커이꿔퀴마] 기병은 지나갈 수가 있오?

4. 那裏頭有將官麼? [나리턱우짱꽌마] 저 안에 장교가 있나요?

5. 有很多□〈的〉子藥麼? [우헌뒤디쯔얖마] 많은 탄약이 있나요?

6. 都用新式的鋼炮。[뚜윙씬쓰디깡퐌] 모다 신식 강포를 쓰오.

7. 搶了敵兵的旗子。[챵라디삥디키쯔] 적군의 군기를 빼섰읍니다.

8. 攻陷了那座城了。[꿍헨라나쭤쳥라] 저 성을 함락하였오.

9. 這個叫什麼河兒? [쪄거쟌썬뭐허얼] 이것은 무엇이라 하는 강이오?

10. 那兒河水深不深? [나얼허쒜썬부썬] 저 강은 깊습니까?

11. 那方向就是本營。[나빵향찍쓰뻔잉] 저쪽이 본영이오.

12. 有得病的兵没有? [우더삥디삥메우] 병든 군사는 없습니까?

13. 這兒有什麼糧食? [쪄얼우썬뭐량쓰] 여기는 어떠한 량식이 있오?

14. 兵糧打那兒來的? [삥량따나얼래디] 군량은 어디서 온 것이오?

---

① 선양(沈阳)의 옛 이름.

15. 搜一搜他的身上。[쩍이쩍타디 썬쌍] 그의 몸을 수색하시오.

16. 恐怕有埋伏的兵。[쿵파우매푸 디삥] 아마 매복한 군사가 있을 걸요.

17. 叫巡捕給拿住了。[쟈쉰부께나 쭈라] 순검에게 잡혀 갔오.

18. 把刀插在鞘子裏。[빠땊야째쌰 쯔리] 칼을 칼집 속에 꽂아 둔다.

19. 聽說有五萬兵啊。[팅숴우우완 삥아] 군사가 오만 명이나 된다 하오.

20. 有逃去的兵没有? [우턒쿼디삥메우] 도망하는 군사는 없나요?

## 第五十一課 七字話(其十五)

1. 今天是下了霜了。[긴텐쓰햐라 쌰라] 오날은 서리가 왔읍니다.

2. 這幾天非常的冷。[쪄기텐폐챵 디렁] 요세는 비상한 추위요.

3. 他是誰家的姑娘? [타쓰쉐갸디 꾸냥] 그는 뉘 집 딸이오?

4. 少爺今年多大了? [쌒예긴넨둬 따라] 자제는 올에 나[①]가 몇이 오니까?

5. 她的年紀更輕啊。[타디넨기껑 킹아] 저 색시의 나는 아즉 젊소.

6. 令尊令堂都好麼? [링쭌링탕뚜 화마] 춘부장과 자당께서는 안녕하십니까?

7. 令孫在那兒頑耍? [링쑨째나 얼완쏴] 손자님은 어디서 놉니까?

8. 我望看親戚來了。[워왕칸친치 래라] 나는 일가를 찾아 보러왔오.

9. 啊, 那位是令兄麽? [아나웨쓰 링훵마] 아, 저분이 백씨장이시오?

10. 這是我家的叔叔。[쪄쓰워갸디 쑤쑤] 이 어룬은 나의 삼촌이오.

11. 你有幾位貴昆仲? [늬우기웨꿰 쿤쭝] 당신은 몇 형제분이시오?

12. 我也有兩個哥哥。[워예우량거 꺼꺼] 나도 형이 둘이오.

13. 是, 我們弟兄六個。[쓰워먼디 휭뤄거] 네, 우리는 육형제이오.

14. 我去候我的朋友。[워취훠워디 펑우] 나는 친구를 심방하러 가오.

15. 你跟前幾位令郎? [늬껀첸기웨 링랑] 노형은 자제가 몇이나 되

① 나이.

시오？

16. 你的兄弟幾歲呀？［늬디횽디기쉐야］네 동생은 몇 살이냐？

17. 你們哥兒有幾個？［늬먼꺼얼우기거］너는 몇 형제이냐？

18. 我兄弟纔八個月。［워횽디채빠거웨］내 동생은 인제 여덟 달되었오.

19. 你會說英國話麽？［늬훼숴잉꿔화마］당신은 영어를 하실 줄 아시오？

20. 我會一點兒，不多。［워훼이뎬얼부둬］나는 조곰 밖에 몰읍니다.

## 第五十二課 八字話(其一)

1. 你把這個字念一念。［늬빠쪄거쯔녠이녠］이 글자를 읽어보시오.

2. 是，一千二百三十五。［쓰이쳰얼빠싼쓰우］네, 일천 이백 설흔다섯이올시다.

3. 那一本書拿給我看。［나이뻔쑤나께워칸］저 책을 가져다 나에게 보혀 주시오.

4. 這是十五個，多小〔少〕錢？［쪄쓰쓰우거둬쏘첸］이것은 열다섯 개에 얼마요？

5. 太太不能買這個魚。［태태부넝매쪄거위］아씨는 이 생선을 살수가 없오.

6. 這個地方沒有窮人。［쪄거디짱메우쿵인］이곳에는 구차한 사람이 없오.

7. 那個老頭兒實在窮。［나거랖투얼쓰째쿵］저 늙은이는 참 구차하오.

8. 我不明白這個意思。［워부밍배쪄거이쓰］나는 이 의미를 몰르겠오.

9. 那個時候我不能去。［나거쓰헉워부넝퀴］그때에는 갈 수 없오.

10. 這個禮拜他不能來。［쪄거리빼타부넝래］이 주일에는 그는 올 수 없오.

11. 你去告訴他等一等。［늬퀴꼬쑤타떵이떵］너는 가서 그에게 기다리라고 일러라.

12. 這個事你不能不管。［쪄거쓰늬부넝부꽌］이 일은 노형이 관계하지 아니할 수 없오.

13. 他不明白這個道理。［타부밍배쪄거딱리］그는 이 도리를 모르오.

14. 不用敲門，他不在家。［부융챺먼타부째갸］문을 두드릴 것 없오, 그는 집에 없오.

15. 我在鄉裏住了兩年。［워째향리쭈라량녠］나는 시골서 인해를 살았오.

16. 文先生的意思正對。[원쎈썽디이쓰졍뒈] 문선생 생각은 잘 맞습니다.

17. 這個東西合我的式。[졔거뚱시허워디쓰] 이 물건은 내게는 맞소.

18. 那個衣裳真不會〔合〕式。[나거이쌍쩐부허쓰] 그 옷은 참 맞지 않소.

19. 那些花兒實在好看。[나쎄화얼쓰째한칸] 저 꽃들은 참 보기 좋소.

20. 你不可學她的樣子。[늬부커햐타디양쯔] 너는 그이의 본을 뜨면 안된다.

## 第五十三課 八字話(其二)

1. 詳詳細細的查考了。[썅썅씨씨디쨔캎라] 자세히 조사를 하였오.

2. 天氣陣陣的冷起來。[톈키쩐쩐디렁키래] 일기가 점점 치워오오.

3. 風雨大概快住了罷。[퓡위따깨쾌쭈라바] 풍우가 대개 곧 그치겠지요.

4. 墻上貼著一張告示。[챵쌍톄져이쟝깦쓰] 담에 고시가 붙었오.

5. 那太太的丈夫是誰? [나태태디쟝푸쓰쒜] 저 아씨의 남편은 누구이오?

6. 這幾天你在那兒住? [져기톈늬째나얼쭈] 요세 노형은 어디 유하시오?

7. 這樣天氣有害身體。[져양톈키우해썬티] 이러한 날씨는 몸에 해가 되오.

8. 我現在冷的打戰兒。[워현째렁디따짠얼] 나는 지금 치워서 떨고 있오.

9. 朝南的房子暖和的。[쟢난디퐝쯔놘허디] 남향판은 따뜻하오.

10. 點洋燈呢，點蠟燭呢? [덴양떵늬덴라쭈늬] 남포를 켜오리까? 초를 켜오리까?

11. 別忘了吩咐的事情。[뻬왕라펀푸디쓰칭] 말해둔 것을 잊어버리지 마라.

12. 今天應該在這兒住。[긴톈잉깨째져얼쭈] 오날은 여기서 묵어야 하겠오.

13. 敵人的探子來了麽? [디인디탄쯔래자마] 적군의 염탐이 왔습니까?

14. 守炮臺的兵有多少? [쑤팦태디삥우둬쏴] 포대 직히는 병정은 얼마나 되오?

15. 比那兒大道近點麽? [삐나얼따닾긴덴마] 저 큰길보다 좀 가

까운가요？

16. 没有别的岔道兒麽？［메익뻬디챠딱얼마］다른 갈림길은 없나요？

17. 火輪船幾點鐘開呢？［훠룬쫜기뎬쭝캐늬］기선은 몇 시에 떠납니까？

18. 我和你的哥哥同年。［워해늬디꺼꺼퉁녠］나는 네 형님과 동갑이다.

19. 你去的是那個學堂？［늬퀴디쓰나거훼탕］노형은 어느 학교에 가십니까？

20. 我去的是北京大學。［워퀴디쓰뻬깅따훼］내가 가는 곳은 북경대학이오.

## 第五十四課 八字話(其三)

1. 那個東西不大結實。［나거뚱시부따기쓰］그 물건은 그리 튼튼ㅎ지 않소 구려.

2. 不錯，太嬌嫩不好拿。［부춰태쟈넌부하나］그렇소. 너무 간 얇어서 가지기가 안되었오.

3. 實在是漂亮的很哪。［쓰째쓰퍞량디헌나］참 매우 말숙하구려.

4. 跟紙似的這麽輕巧。［껀쯔쓰디쪄뫼킹챠］종이처럼 가볏하오.

5. 顔色兒可不大新鮮。［옌써얼커부따씬셴］빛이 그리 곱지는 못하구려.

6. 怎麽能可以光潤呢？［쩐뫼넝커이꽝운늬］어떻게 하면 윤이 나겠오？

7. 這個還算是太蠢笨。［쪄거해쏸쓰태춘뻔］이것도 또 너무 둔한 세음이오.

8. 所以價錢便宜些兒。［쒀이갸첸펜이쎼얼］그래서 값이 좀 쌉니다.

9. 你說他像軟弱似的？［늬워타썅완워쓰디］노형은 그가 약한 사람 같다고 하십니까？

10. 我想他也不大健壯。［워썅타예부따곈쫭］내 생각에는 그도 그리 건장하지는 못한 듯하오.

11. 他不是有德的人哪。［타부쓰익더디인나］그는 유덕한 사람이 아닌 걸요.

12. 我看他爲人很老實。［워칸타웨인헌랖쓰］나 보기에는 그 위인이 매우 근실합디다.

13. 别說别說，他真糊塗。［뻬워뻬워타쪈후뚜］말슴마시오. 그는 진정 흐리터분하오.

14. 不是不是，他很明白。［부쓰부쓰타헌밍배］아니오. 그는 매우 똑똑하오.

15. 他們的買賣做賠了。［타먼디매매쭤페라］그들의 장사는 미쪗

오.

16. 他賺了五百兩銀子。[타좐라우빼량인쯔] 그는 오백량을 남겼오.

17. 今年的行市怎麽樣? [긴녠디항쓰쩐뫼양] 금년 시세는 어떠하오?

18. 交友待客總要恭敬。[쟈우때커중얏꿍깅] 여인대객은 예절이 있게 하여야 하오.

19. 你快快的去請他來。[늬쾌쾌디큐칭타래] 너는 빨리 가서 그를 청해오너라.

20. 街上的話紛紛不一。[계쌍디화뻔뻔부이] 거리에서 말하는 것은 의논이 분분합디다.

## 第五十五課 八字話(其四)

1. 這個鞋是你的不是? [졔거혜쓰늬디부쓰] 이 신은 네 것이냐?

2. 你要老頭兒票不要? [늬얀랖퉈얼퍞부얀] 너는 일본은행권을 갖지 아니하려느냐?

3. 他頭裏來過好幾趟。[타퉈리래궈핲기탕] 그는 지금까지 여러번 왔았오.

4. 你没告假怎麽走了? [늬메꽈갸쩐뫼쪽라] 너는 작별도 아니하고 왜 갔드냐?

5. 四聲是你會分不會? [쓰썽쓰늬훼뻔부훼] 사성을 너는 아느냐?

6. 四聲都可以分得開。[쓰썽뚜커이뻔더캐] 사성은 다 압니다.

7. 我瞧不透, 請你鑒别。[워챠부퉈칭늬곈뼤] 나는 눈에 띠우지 않소. 알아내 주십시오.

8. 我的心裏猶豫不决。[워디씬리윅워부궤] 내 마음은 아즉 작정못하였오.

9. 我今兒抽工兒來的。[워긴얼쪅꿍얼래디] 나는 오날 짬을 내서 온 것이오.

10. 這兒有好些個土貨。[쪄얼위핲셰거투훠] 이곳에는 많은 물산이 있오.

11. 這個用著頂合式的。[졔거윙쪄띵허쓰디] 이것은 쓰시기에 매우 좋소.

12. 可以可以, 實在便宜。[커이커이쓰째펜이] 좋소. 참 싸구려.

13. 隨便什麽湯都可以。[쒜삔썬뫼탕뚜커이] 아무 국이던지 있는 것이면 좋소.

14. 你怎麽這麽客氣啊? [늬쩐뫼쪄뫼커키아] 노형은 웨 그렇게 겸사를 하시오?

15. 不拘禮, 已經吃飽了。[부귀리이깅쯰빠라] 겸사가 아닙니다. 벌서 배가 부릅니다.

16. 現成兒的菜都可以。[혠쳥얼디 채뚜커이] 만드러 논 요리도 좋소.
17. 一塊兒吃飯行不行？[이쾌얼쯰 빤힝부힝] 같이 잡숫는 것이 어떠하시오？
18. 什麽飯合你口味呢？[썬뭐빤허 늬컥웨늬] 무슨 진지가 입에 맞으십니까？
19. 這是由外國來的麽？[쪄쓰우왜 꿔래디마] 이것은 외국에서 온 것입니까？
20. 把三五個留在這兒。[빠싼우거 락째쪄얼] 두 서너 개는 남겨둡시다.

## 第五十六課 八字話(其五)

1. 今天我特來拜望你。[긴텐워터 래빼왕늬] 오날 나는 특히 귀하를 차져 뵈러 왔읍니다.
2. 豈敢勞閣下的駕了。[키깐랖꺼햐디갸라] 노형께서 왕림하심은 황송합니다.
3. 他現在往這兒來了。[타혠째왕 쪄얼래라] 그는 지금 여기 와서 있오.
4. 那個叫什麽村莊兒？[나거갸썬 뭐춘쫭얼] 저것은 무슨 마을이라 하나요？
5. 那坐〔座〕山景致很好看。[나쭤싼깅쯔헌화칸] 저 산은 경치가 매우 좋소.
6. 那個錶給我行不行？[나거뱌께 워힝부힝] 저 몸시계를 주지 아느려십니까？
7. 把這個行李捆上罷。[빠쪄거힝 리쿤쌍바] 이 짐을 묶으시오.
8. 這洋布顔色兒太淡。[쪄양뿌옌 써얼태딴] 이 생사는 빛이 너무 엷소.
9. 早晚發燒利害得很。[짜완빠쌰 리해더헌] 아침 저녁은 신열이 대단하오.
10. 這個月花的錢不少。[쪄거웨화 디첸부쌴] 이 달의 쓴 돈은 적지 않소.
11. 那個桌子安的不正。[나거쭤쯔 안디부쪙] 저 책상은 뇐 것이 바르지 않소.
12. 這個字翻的不大對。[쪄거쯔빤 디부따뒈] 이 글자 번역한 것은 맞지 않소.
13. 他的兄弟病的不輕。[타디휭디 삥디부킹] 저이의 동생의 병은 중하오.
14. 這不是合夥的買賣。[쪄부쓰허 훠디매매] 이것은 합동하는 장사가 아니오.
15. 我聽説你要買白糖。[워팅쒀늬

야매빼탕] 말씀 드르니 사탕을 사실 터이라지요.

16. 量一量有多少尺寸。[량이량익 둬쏘츼춘] 몇 자나 되나 재어보시오.

17. 量了不够三十多尺。[량라부꺽 싼쓰둬츼] 재이니까 삼십여 척이 못 되오.

18. 一隻箱子裝得下麽? [이쯰썅쯔 쫭더햐마] 한 상자에 담기겠읍니까?

19. 這些個怕裝不下罷。[져쎄거파 쫭부햐바] 이 여러 가지는 아마 담기지 못할 걸요.

20. 歸他屋裏不妥當麽? [궤타우리 부퉈땅마] 그의 방으로 몰면 좋지 않습니까?

## 第五十七課 八字話(其六)

1. 醮上點兒水擦一擦。[쨘썅덴얼 쒜차이차] 물을 좀 무쳐서 흠치시오.

2. 擦玻璃醮不得水了。[차뻐리쨘 부더쒜라] 유리 닦는데는 물을 무치지 못합니다.

3. 把桌子挪開一點兒。[빠쭤쯔눠 캐이덴얼] 사선상을 좀 비켜 놓아라.

4. 釘著一塊挪不開了。[띵져이쾌 눠부캐라] 한데 박혀서 비켜지지 않습니다.

5. 那麽拔起釘子來罷。[나뫼빠키 띵쯔래바] 그러면 못을 빼시오.

6. 釘得結實拔不出來。[띵더기쓰 빠부쭈래] 박기를 단단히 하여서 빠지지 않소.

7. 貴學校是什麽學校? [궤훼햪쓰 썬뫼훼햪] 귀교는 무슨 학교입니까?

8. 敝學堂是東洋大學。[삐훼탕쓰 뚱양따훼] 폐교는 동양대학이올시다.

9. 没有什麽不可以的。[메익썬뫼 부커이디] 무얼 안될 것이 있겠오.

10. 你的姐姐在那兒啊? [늬디쪠쪠 쨰나얼아] 네 누님은 어디 계시냐?

11. 剩下的貨物有多少? [쎵햐디훠 우익둬쏘] 남은 짐은 얼마나 있나요?

12. 把三五個留在這兒。[빠싼우거 릭쨰져얼] 두 서너 개는 여기 남겨두오.

13. 請先生教我中國話。[칭쏀썽쟌 워쭝궈화] 선생님, 중국어를 가르쳐주십시오.

14. 你要買什麽東西呢? [늬야매썬 뫼뚱시늬] 노형은 무슨 물건을

사시려 하시오?

15. 是，要緊身布和洋布。[쓰야긴썬뿌해양뿌] 네，메리야쓰와 옥양목을 사겠오.

16. 那果子可以吃生的? [나꿔쯔커이×ㅣ썽디] 그 과일은 날로 먹을 수가 있나요?

17. 我頂愛吃的是點心。[워띵애×ㅣ디쓰뎬신] 내가 제일 잘 먹는 것은 과자요.

18. 走的我倆腿都乏了。[쩍디워랴퉤뚜빠라] 걸어와서 두 다리가 기운이 없오.

19. 這實在是不成敬意。[져쓰째쓰부쳥깅이] 이건 참 실례올시다.

20. 不敢當，實在是多禮。[부깐당쓰째쓰둬리] 천만에 말슴입니다 과연친전하싱니다.

## 第五十八課 八字話(其七)

1. 你猜這是誰的相片。[늬쵀져쓰쒜디썅폔] 이것은 뉘 사진인가 맞혀내시오.

2. 我猜不著是誰的像。[워쵀부쟈쓰쒜디썅] 뉘 사진인지 알아낼 수 없오.

3. 找他們去找著了麼? [쟌타먼큒쟌여라마] 그들을 찾아가더니 찾으셨오?

4. 連一個人都找不著。[롄이거인뚜쟌부여] 한 사람도 찾지 못하였오.

5. 你用不著尋給他點。[늬윙부쟌씬께타뎬] 노형이 쓰지 않거던 그나 좀 주시구려.

6. 我沒用處，你拿去罷。[워메윙추늬나큒바] 나는 소용 없으니 노형이 가져가시오.

7. 你再細細兒想一想。[늬쨔씨씨얼썅이썅] 너는 더 자세히 생각해보아라.

8. 我簡真的想不起來。[워곈쪈디썅부키래] 나는 아주 생각이 나지 않소.

9. 你若等用，我就給你。[늬워떵윙워짝께늬] 당신이 소용되시면 드리겠오.

10. 若是你去，我也要去。[워쓰늬큒워예야큒] 만일 네가 간다 하면 나도 가려고 한다.

11. 他的買賣必要賠錢。[타디매매삐야페쳰] 그의 영업은 꼭 미찔걸요.

12. 別處還有飯莊子麼? [뻬추해우빤쫭쯔마] 다른 곳에 또 요리집이 있읍니까?

13. 他是個見財忘義的。[타쓰거곈채왕이디] 그는 돈만 아는 놈이다.

14. 你總得把錢張羅下。[늬쭝데빠

쳰쌍뤄햐] 너는 꼭 돈을 장만하지 아니하면 안된다.

15. 請他明天務必早來。[칭타밍톈우삐짶래] 그에게 내일 아침에 꼭 오도록 일러 주시오.

16. 那麼快到本國辦去。[나뭐쾌땊뻔궈빤퀴] 그러면 곧 본국으로 주문해 드리리다.

17. 今天是正月那一天? [긴톈쓰쎵웨나이톈] 오날은 정월 메칠이오?

18. 今兒是十二月初五。[긴얼쓰쓰얼웨쭈우] 오날은 선달 초닷셋날이오.

19. 東西越多價錢越賤。[뚱시웨둬갸쳰웨젠] 물건이 많을수록 값도 따라 싸오.

20. 我們這是言無二價。[워먼쪄쓰옌우얼갸] 우리네는 웨누리를 하지 않습니다.

## 第五十九課 八字話(其八)

1. 拿鉛筆寫不是快麽? [나쳰삐쎄부쓰쾌마] 연필로 쓰면 빠르지 않습니까?

2. 使毛筆寫可就沒錯。[쓰맏삐쪠커쭤메춰] 모필로 쓰면 틀림이 없지오.

3. 先念散話，再念什麽? [쎈넨싼화째넨썬뭐] 먼저 산화를 배우고 다시 무엇 배우오?

4. 先念這個，再念會話。[쎈넨쪠거째넨훼화] 먼저 이것을 읽고 다시 회화를 읽으오.

5. 那麽學，許學的成罷。[나뭐햪쉬햪디쪙바] 그렇게 배우면 아마 되겠지오.

6. 這麽辦，就許辦得成。[쪄뭐빤쭤쉬빤더쪙] 이렇게 하면 아마 될 듯하오.

7. 總得吃了飯再說麽? [쭝대쯰라빤째워마] 어째든지 밥을 먹고 말할가오?

8. 務必用過飯再走罷。[우삐윙궈빤째쩍바] 꼭 진지를 잡숫고서 가십시오.

9. 任那兒都不要去了。[인나얼뚜부얖퀴라] 어디던지 다 가기 싫소.

10. 任什麽都不愛幹了。[인썬뭐뚜부애깐라] 무엇이던지 다 하기 싫소.

11. 全照著他的話辦麽? [촨쟢쪄타디화빤마] 모다 그의 말대로 하시나요?

12. 是，照樣兒買給你罷。[쓰쟢양얼매께늬바] 네, 견본대로 사서 드리리다.

13. 你在那兒看見他了? [늬째나얼칸젠타라] 노형은 어디서 그를

보셨오?

14. 我在學室〔堂〕遇見他了。[워째훼탕위젠타라] 나는 학교에서 그를 만났오.

15. 你和他打聽了沒有? [늬해타따팅라메위] 자네는 그에게 물어보았나?

16. 我和他問了個大概。[워해타원라거따깨] 나는 그에게 대강 물어보았네.

17. 你和他怎麽定規的? [늬해타쩐뭐띵궤디] 자네는 그와 어떻게 작정하였나?

18. 我和他這麽商量的。[워해타쪄뭐쌍량디] 나는 그와 이렇게 의논하였네.

19. 那麽跟從前一樣麽? [나뭐껀충췐이양마] 그러면 전과 한가지인가?

20. 不錯, 跟頭裏一個樣。[부춰껀투리이거양] 그렇지, 처음과 맛챠가질세.

## 第六十課 八字話(其九)

1. 拿朝鮮話翻意思麽? [나쨔쏀화짠이쓰마] 조선말로 뜻을 번역하나요?

2. 拿日本話翻譯講罷。[나이뻰화짠이걍바] 일본말로 번역해 사기겠오.

3. 教習就但你一位麽? [쟈씨쭈딴늬이웨마] 교사는 노형 한 분 뿐이십니까?

4. 不但我還有三位哪。[부딴워해위싼웨나] 나뿐 아니라 또 세 분이 있읍니다.

5. 如今還招學生不招? [우긴해쨔훼엉부쨔] 지금도 학생을 모집하십니까?

6. 現在還招補缺的了。[헨째해쨔부퀘디라] 지금도 보결생을 모집하오.

7. 若學幾年可以會說? [워햐기녠커이훼쒜] 몇 해나 배우면 말할 수 있을가요?

8. 若是聰明半年就行。[워쓰충밍빤녠쥐힁] 만일 총명하면 반년이면 되지오.

9. 把我的話告訴他罷。[빠워디화꽈쑤타바] 내 말을 그에게 일르시오.

10. 把你的話告訴他了。[빠늬디화꽈쑤타라] 노형 말슴을 그에게 일렀읍니다.

11. 據他說誰不講理呢? [귀타숴쒜부걍리늬] 그의 말로는 누가 경우가 아니라 합디까?

12. 據他說自己還有理。[귀타숴쯔기해위리] 그의 말로는 그래도 제가 옳다 합디다.

13. 你跟他賠個不是罷。[늬껀타페거부쓰바] 노형은 그이에게 사과를 하시오.
14. 我跟他告什麽罪呢？[워껀타꽈썬뭐쮀늬] 내가 그이에게 무엇을 잘못했다고 하오？
15. 貴行賣的什麽東西？[궤항매디썬뭐뚱시] 귀점에서는 무슨 물건을 파시오？
16. 吃的用的東西全有。[씌디윙디뚱시촨익] 먹는 것이나 쓰는 것이나 다 있오.
17. 你喜歡什麽東西呢？[늬히환썬뭐뚱시늬] 노형은 어느 것을 좋아하십니까？
18. 這個倒好，買這個罷。[쪠거딴화매쪠거바] 이것이 매우 좋으니 이것을 사겠오.
19. 喳，大人叫我做什麽？[쟈따인쟈워쭤썬뭐] 네, 영감 웨 부르십니까？
20. 沒有送給我的信麽？[메익쑹께워디씬마] 내게 오는 편지는 없나？

## 第六十一課 八字話(其十)

1. 啊，你貴國是朝鮮麽？[아늬궤꿔쓰쟢쏀마] 아, 귀국은 조선이십니까？
2. 你多咱到敝國來的？[늬둬짠딴삐꿔래디] 노형은 언제 우리나라에 오셨읍니까？
3. 他們在這兒做什麽？[타먼째쪄얼쭤썬뭐] 그들은 여기서 무엇을 합니까？
4. 大概開了飯館子了。[따깨캐라빤꽌쯔라] 대개 음식점을 열고 있오.
5. 我是做買賣做活的。[워쓰쭤매매쭤훠디] 나는 장사로 생애하는 사람이오.
6. 你打算招多少股份？[늬따쏸쟢둬쌰꾸뻔] 노형은 얼마나 주권을 모으실 터이오？
7. 趕車的，快快的走罷。[깐쳐디쾌쾌디쩍바] 여보게 차부, 빨리 가세.
8. 道兒很濘泥，不好走。[딴얼헌닁늬부햔쩍] 길이 진창이 되어서 가기 어렵습니다.
9. 拉車用什麽牲口呢？[라쳐윙썬뭐썽컥늬] 수레를 끄으는 데는 어떠한 김승을 쓰나？
10. 用騾子、驢、馬都可以。[윙뤄쯔뤼마뚜키이] 노새, 노귀, 말 다 되요.
11. 這是兩個人坐的車。[쪄쓰량거인쭤디쳐] 이것은 둘이 타는 차이오.
12. 餓的不能走道兒了。[워디부넝

쪄땨얼라] 시장해서 길을 갈 수가 없오.

13. 你說撒謊，我不饒你。[늬숴싸황워부샾늬] 네가 거즛말을 하면 용서ㅎ지 않겠다.

14. 天黑了，把電燈捻開。[톈헤라빠뎬떵녠캐] 어두었으니 전등을 켜시오.

15. 雖是春天可不暖和。[쉐쓰춘톈커부놘훠] 봄이지마는 따뜻하지 않소.

16. 眼看著夏天就來了。[옌칸쪄햐톈쥐래라] 여름이 목전에 오게 되오.

17. 一到秋天就要凉快。[이땊칚톈쪄샾량쾌] 가을만 되면 서늘해지오.

18. 冬天太冷都凍上了。[뚱톈태렁뚜뚱쌍라] 겨울은 몹시 치워서 모다 얼어붙소.

19. 今兒天氣不大很好。[긴얼톈키부따헌핲] 오날 일기는 그리 좋지 않습니다.

20. 出了虹了，要晴天了。[쭈라깡라샾칭톈라] 무지개가 셨오.날이 개겠오.

## 第六十二課 八字話(其十一)

1. 今兒個是半陰半晴。[긴얼거쓰빤인빤칭] 오날은 반음반청이오.

2. 這幾天天氣没準兒。[쪄기톈톈키메준얼] 요세는 일기가 대중이 없오.

3. 這兩天連陰著下雨。[쪄량톈롄인저햐위] 요세는 연일 흐리며 비가 오오.

4. 天上雲彩鬧起來了。[톈쌍윈채뇨키래라] 하늘에 구름이 피여 일어납니다.

5. 天氣漸漸兒暖起來。[톈키젠젠얼놘키래] 일기가 점점 따뜻하여 옵니다.

6. 我喜歡春天和秋天。[워히환춘톈해칚톈] 나는 봄과 가을을 좋아하오.

7. 今天颳風花都謝了。[긴톈꽈뻥화뚜쎄라] 오날 바람에 꽃이 다 떨어졌오.

8. 今兒颳風土大得很。[긴얼꽈뻥투따더헌] 오날은 바람이 불어 몬지가 대단하오.

9. 我怕打雷，開不上門。[워파따뤠캐부썽먼] 나는 천동이 무서워서 문을 열지 못하오.

10. 請你把窗户開一開。[킹늬빠촹후캐이캐] 여봅쇼 창을 여십시오.

11. 這是在新京買的麼？[쪄쓰째신깅매디마] 이것은 신경에서 산

것이오니까？

12. 不是，是在奉天買的。[부쓰쓰 째뻥톈매디] 아니오 봉천서 산 것입니다.

13. 他姓武，是我的舍弟。[타싱우 쓰워디쎠디] 그는 무가인대 내 동생이오.

14. 上火車站送人去了。[쌍훠쳐짠 쑹인큐라] 정거장으로 전송하러 갔읍니다.

15. 剛來的那個人是誰？ [깡래디 나거인쓰쒜] 아까 온 그분은 누구십니까？

16. 我已經說過幾回了。[워이깅쒀 꿔기훼라] 나는 벌서 몇 번이나 말하였오.

17. 還得好好兒的說罷。[해데화화 얼디쒀바] 또 잘 말슴하여야 할 걸요.

18. 請你到客廳裏坐罷。[칭늬땊커 팅리쭤바] 사랑으로 들어와 앉으시오.

19. 我要陪你吃晚飯了。[워얖페늬 쯰완빤라] 나는 노형을 모시고 저녁을 먹고저 합니다.

20. 請你隨便，不要客氣。[칭늬쉐 벤부얖커키] 마음대로 잡수시고 사양을 마십시오.

## 第六十三課 八字話(其十二)

1. 咱們說著話兒喝酒。[짜먼쒀쪄 화얼허짝] 우리 이야기하면서 술을 먹읍시다.

2. 好，咱們喝著酒談罷。[햔짜먼 허쪄쫘탄바] 좋소, 우리 술을 먹으면서 말합시다.

3. 湊著零碎話散學的。[처쪄링쒜 화싼훼디] 자질구러한 말을 모아서 산학이오.

4. 抄著眼面前兒先學。[쨘쪄옌멘 첸얼쎈햪] 항용 쓰는 것을 뽑아서 먼저 배우오.

5. 叫誰引誘這麼糟啊？[잪쒜인우 쪄뫼짠아] 누구에게 꾀어서 이렇게 못 쓰게 되었오？

6. 叫他引誘纔學壞的。[잪타인우 채햪홰디] 그에게 꾀어서 못된 것을 배왔답니다.

7. 你可別叫我丟臉哪。[늬커뻬잪 워뛰렌나] 노형은 날로 모양 사납게 마시오.

8. 我焉敢叫你找腦〔著惱〕呢？[워옌깐잪늬쨘낲늬] 내가 어찌 감히 노형으로 노엽게 하겠오.

9. 怎麼越勤〔勸〕越不聽呢？[쩐뫼웨촨웨부팅늬] 웨 권할수록 듣지 않습니까.

10. 實在是越想越可氣。[쓰째쓰웨 썅웨커키] 참 생각할수록 분하구려.

11. 給你怎麼辨〔辦〕纔好呢? [께늬쩐뫼빤채화늬] 당신께 어떻게 하야드려야 좋겠오?

12. 替我這樣説纔行了。[티워여양숴채힝라] 나를 대신하야 이렇게 말슴하여 주서야 쓰겠오.

13. 等我打聽著, 你再來。[떵워따팅쩌늬째래] 내가 알어 보거던 다시 오시오.

14. 等你有信我再來罷。[떵늬익씬워째래바] 노형이 기별하거던 내 또 오리라.

15. 由郵政局寄來的麽? [익익쩡귀키래디마] 우편국으로 부쳐서 왔나요?

16. 由銀行兒匯兑來的。[익인항얼훼뒈래디] 은행으로 환 부쳐온 것이오.

17. 連帶費都在其内麽? [렌때뼤뚜째키눼마] 운임까지 모다 그 속에 들었나요?

18. 連匯水都算在裏頭。[렌훼쒜뚜쏸째리틱] 환비까지 모다 그 속에 든 셈이오.

19. 按著分量兒算錢麽? [안쩌뻔량얼쏸첸마] 근량대로 계산하나요?

20. 按著錢數兒扣匯水。[안쩌첸쑤얼컥훼쒜] 돈 수효대로 환비를 제합니다.

## 第六十四課 八字話(其十三)

1. 有的坐車, 有的步行。[익디쭤쳐익디부힝] 어떤 이는 차를 타고 어떤 이는 걸으오.

2. 也有先生, 也有學生。[예익쏀엉예익쉐엉] 선생도 있고 학생도 있소.

3. 有是有, 可是不多了。[익쓰익커쓰부뒤라] 있기는 있으나 그러나 많지는 않았오.

4. 好是好, 可不大結實。[화쓰화커부따기쓰] 좋기는 좋으나 그러나 그리 튼튼ㅎ지는 않소.

5. 我前天没看見他了。[워첸톈메칸곈타라] 나는 그저께 그를 보지 못하였오.

6. 誰都没有他説的好。[쒜뚜메익타숴디화] 누구던지 그이처럼 말 잘하는 이는 없오.

7. 遠近没有不知道的。[왼긴메익부쯰딴디] 머나 가까우나 모를 사람이 없오.

8. 現在没有這麽説的。[혠째메익쪄뫄숴디] 지금은 이렇게 말하는 이가 없오.

9. 南北的飲饌不一様。[난뻬디인쫜부이양] 남북의 음식은 같지 않소.

10. 他説的話我聽不清。[타숴디화

워팅부칭] 그의 하는 말은 들리지가 않소.

11. 現在他的官差很忙。[헨째타디꽌얘헌망] 지금 그의 직무는 매우 바쁘오.

12. 你好好兒的着〔看〕家罷。[늬한한얼디칸갸바] 너는 집을 잘 보고 있거라.

13. 你認了不是就得了。[늬인라부쓰꾸더라] 네가 잘못인 줄을 알면 그만이다.

14. 得了一場病就死了。[더라이챵뼁찍쓰라] 병이 들어서 죽었오.

15. 這個凉水你喝不得。[졔거량쒜늬허부더] 이것은 냉수니 먹으면 안된다.

16. 那個選手跑得很快。[나거쏸쒸퐌더헌쾌] 저 선수는 다름박질이 매우 빠르오.

17. 坐電車去得五十分。[쮜뎬쳐퀴데우쓰뻔] 전차로 가면 오십분 동안 걸리오.

18. 買這個至小〔少〕得兩塊。[매졔거쯔[쯔]쏘데량쾌] 이것을 사려면 적어도 이원은 드오.

19. 你恭喜在什麽地方? [늬꿍히째썬뫄디빵] 노형은 어디 근무하십니까?

20. 你和他說什麽來著? [늬해타쒀썬뫄래쪄] 자네는 그와 무엇을 이야기하고 있었나?

## 第六十五課 八字話(其十四)

1. 他也是問你好來著。[타예쓰원늬한래쪄] 그이도 노형의 안부를 합니다.

2. 這個菜吃著很好了。[졔거채쯰쪄헌한라] 이 요리는 먹기에 매우 좋왔오.

3. 屋裏熱，睡不著覺了。[우리여쒜부쏘갸라] 방 안이 더워서 잘 수가 없오.

4. 我的衣裳著了雨了。[워디이쌍쏘라위라] 내 옷은 비에 젖었오.

5. 你和他準見得著麽? [늬해타쭌곈더쏘마] 너는 그를 꼭 맞나겠느냐?

6. 打了雷了，要下雨罷。[따라뤠라얀햐위바] 천동을 하였으니 비가 오겠지오.

7. 趕緊的打電報去罷。[깐긴디따뎬반퀴바] 급히 전보를 놓고 오너라.

8. 父親上山打柴去了。[뿌친쌍싼따얘퀴라] 아버지는 산으로 나무를 하러 가셨오.

9. 下雨哪，你打上傘罷。[햐위나늬따쌍싼바] 비가 오는구려. 우산을 받으시오.

10. 給他錢，打發他走罷。[깨타쳰따빠라쩍바] 그에게 돈을 주어 그를 보내시오.

11. 打今天算還有六天。[따긴톈쏸해와루렌] 오날부터 세여서 아즉 엿세가 있오.

12. 你别坐這兒打盹兒。[늬뻬쭤여얼따둔얼] 너는 여기 앉아서 졸면 안된다.

13. 我們這窮家打不起。[워먼여쿵갸따부키] 우리들 구차한 사람에게는 살 수 없오.

14. 你快快兒的打水來。[늬쾌쾌얼디따쉐래]빨리 물을 떠 오너라.

15. 三天打魚，兩天曬網。[싼톈따위량톈쌔왕] 사흘 고기 잡고 이흘 그물을 말린다.

16. 今年打了多少石呢? [긴녠따라둬쏘딴늬] 올에는 몇 섬이나 추수하셨오?

17. 我就是中國的青年。[워쪼쓰쭝궈디칭녠] 나는 중국 청년이야.

18. 那座山就是白頭山。[나쭤싼쪼쓰빼투싼 ] 저 산이 곧 백두산이오.

19. 他們都知道就是了。[타먼뚜찌딱쪼쓰라]그들이 모다 알면 그만이오.

20. 我們不用他就是了。[워먼부융타쪼쓰라] 우리가 그를 쓰지 아느면 그만이오.

## 第六十六課 八字話(其十五)

1. 東西好，就是貴點兒。[뚱시화쪼쓰꿰뎬얼] 물건은 좋으나 좀 비싸오.

2. 不是下雨，就是颳風。[부쓰햐워쪼쓰꽈퓡] 비가 아니 오면 바람이 부오.

3. 不是早起，就是晚上。[부쓰짠키쪼쓰완쌍] 아침이 아니면 저녁이오.

4. 你是早來了，是剛來? [늬쓰짠래라쓰깡래] 당신은 일즉 오셨오? 그렇지 아니하면 지금 오셨오?

5. 你們的總行在那兒? [늬먼디쭝항째나얼] 자네들의 본점은 어디 있는가?

6. 若是不好，我可來換。[워쓰부화워커래환] 만일 언짢으면 바꾸러 올 터이오.

7. 不對路，可以退回來。[부뒈루커이퉤훼래] 마음에 들지 아느시면 돌려 보내서도 좋읍니다.

8. 我要頂好的，不怕貴。[워야띵화디부파꿰] 제일 좋은 것을 사겠오, 비싸도 관계없오.

9. 你可以讓點兒價罷。[늬커이앙

뗸얼갸바] 값을 좀 감하시오.

10. 這個多兒錢一斤呢? [쪠거둬얼 쳰이긴늬] 이것은 한 근에 얼마오?

11. 論碗論瓶都一樣麼? [룬완룬핑 뚜이양마] 대접으로나 병으로나 다 같은가요?

12. 你是論個兒, 是論斤? [늬쓰룬 거얼쓰룬긴] 개수로 파시오? 근으로 파시오?

13. 我買不了那麼些個。[워매부랴 나뭐쎄거] 나는 그렇게 많이는 살 수 없오.

14. 那麼貴我可買不起。[나뭐궤워 커매부키] 그렇게 비싸서는 살 수 없오.

15. 光賣藥, 還有別的麼? [꽝매야 해우삐디마] 약만 파시오? 또 다른 것도 있소?

16. 光賣雜貨, 沒有藥了。[꽝매짜훠 메우야라] 잡화만 팔고 약은 없오.

17. 那裏有這樣太貴呢? [나리우쪄 양태궤늬] 어째 이렇게 너무 비싸오?

18. 這是一定的價錢麼? [쪄쓰이띵 디갸쳰마] 이것은 일정한 값인가요?

19. 這樣的價錢怎麼樣? [쪄양디갸 쳰쩐뭐양] 이러한 값에는 어떠하오?

20. 有什麼少頭兒沒有? [우썬뭐쌒 투얼메우] 얼마간 감할 수 없겠오?

## 第六十七課 八字話(其十六)

1. 你幾時入那個學堂? [늬기쓰우 나거훼탕] 자네는 언제 그 학교에 들어갔나?

2. 我是前年四月入的。[워쓰쳰넨 쓰위우디] 나는 그러께 사월에 들어간 것이오.

3. 一個月得多少學費? [이거웨데 둬쌒훼폐] 한달에 얼마나 학비가 드오?

4. 我願意考查一遍呢。[워완이캎 쨔이삔늬] 나는 한번 시찰하려고 하오.

5. 鈴鐺了響, 快上課堂。[링땅라향 쾌쌍커탕] 종을 쳤오. 빨리 강당으로 들어가시오.

6. 我應當先念什麼書? [워잉땅쏀 녠썬뭐쑤] 나는 처음에 무슨 책을 읽어야 좋을가요?

7. 這句話是什麼意思? [쪄귀화쓰 썬뭐이쓰] 이 말은 무슨 뜻이오니까?

8. 請問, 先生再講一回。[칭원쏀씽 쩨걍이훼] 선생님 더 한번 사겨주십시오.

9. 我没教過你們了麽？［워메쟢꿔늬먼라마］내가 자네들에게 가르치지 않았었나？

10. 我們這纔都記得了。［워먼쪄채뚜기더라］우리들은 인제야 다 알았습니다.

11. 我明天都背得上來。［워밍톈뚜뻬더쌍래］나는 내일 다 외이겠습니다.

12. 没他説不上來的話。［메타쒀부쌍래디화］그가 말할 수 없는 말은 없오.

13. 差不多都説上來了。［쌔부둬뚜쒀쌍래라］거진 다 말할 수가 있읍니다.

14. 説話是越脆越好聽。［쒀화쓰웨췌웨화팅］말은 유창 할수록 듣기 좋소.

15. 你拿滿洲話説一説。［늬나만쪄화쒀이쒀］만주어로 말슴하시오.

16. 我現在學中國話哪。［워혠째햪쭝꿔화나］나는 중국어를 배웁니다.

17. 學過多少日子了呢？［햪꿔둬쌒이쯔라늬］메칠이나 배우셨오？

18. 你念過了幾本書了？［늬녠꿔라기뻔쑤라］몇 권이나 읽으셨오？

19. 學的不少，忘的也多。［햪디부쌒왕디예둬］배운 것도 적지 않으나 잊은 것도 많소.

20. 也有幾個字不認得。［예익기거쯔부인더］또 몇 자를 몰으는 것도 있오.

## 第六十八課 八字話(其十七)

1. 你們一天吃幾頓飯？［늬먼이톈쯰기뚠빤］노형들은 하로 몇 끼씩 잡수시오？

2. 我們是一天吃兩頓。［워먼쓰이톈쯰량뚠］우리는 하로에 두 끼씩 먹습니다.

3. 這樣菜合我的口味。［쪄양채허워디컥웨］이런 요리는 입에 맞읍니다.

4. 這個菜是怎麽做的？［쪄거채쓰쩐뫼쭤디］이 음식은 어떻게 만든 것이오？

5. 我們真不要油膩的。［워먼쩐부야익늬디］우리는 참 느끼한 것은 싫소.

6. 你們都是意〔竟〕吃米麽？［늬먼뚜쓰깅쯰미마］노형들은 모다 쌀만 잡수시오？

7. 有時候兒米麵都吃。［익쓰헉얼미몐뚜쯰］어떠 한때는 쌀과 국수를 다 먹소.

8. 他平常那麽喝酒麽？［타핑쌍나

뭐허쬬마] 그는 늘 저렇게 술을 먹나요?

9. 我是聞著風就醉的。[워쓰원쎠뻥쮜쮀디] 나는 냄새만 맡아도 취하오.

10. 這個菜叫什麼名兒? [쪄거채쟢썬뭐밍얼] 이 요리는 무엇이라 하는 것이오?

11. 這個菜的味兒很美。[쪄거채디웨얼헌메] 이 요리의 맛은 매우 좋소.

12. 把麵包給我切小塊。[빠멘받께워쳬쌰쾌] 면보를 작게 썰어주시오.

13. 麵包兒是要烤的麼? [멘봐얼쓰얀캎디마] 면보는 구은 것입니까?

14. 請你抹上黃油烤罷。[칭늬뭐쌍황위캎] 빠터를 발라서 구으시오.

15. 這個牛肉很好吃的。[쪄거뉘우헌한쯰디] 이 쇠고기는 매우 맛이 있오.

16. 你給我芥末和白鹽。[늬께워계뭐해빼옌] 겨자와 소금을 주시오.

17. 用匙子擱點兒白糖。[윙쓰쯔꺼뎬얼빼탕] 숫가락으로 설당을 좀 타시오.

18. 玻璃瓶裏頭倒水來。[뻐리핑리틱땊쒜래] 고뿌에 물을 딸아 오너라.

19. 你可會吃咖里飯麼? [늬커훼쯰갸리빤마] 너는 나이스카레를 먹을 줄 아니?

20. 吃完了, 都撤下去罷。[쯰완라뚜쪄햐퀴바] 다 먹었네, 모다 가저가게.

## 第六十九課 八字話(其十八)

1. 一天到晚竟在家裏。[이톈땊완깅째갸리] 아침부터 저녁까지 집에만 있소.

2. 没事, 我覺著悶得慌。[메쓰워궤쪄먼더황] 일이 없어서 갑갑해 견딜 수 없오.

3. 咱們遛達遛達去罷。[짜먼루따루따퀴바] 우리 산보가십시다.

4. 咱們上那兒去好呢? [짜먼쌍나얼퀴한늬] 우리 어디로 가는 것이 좋겠오?

5. 今兒没風, 那兒都好。[긴얼메뻥나얼뚜화] 오날은 바람이 없으니 어디던지 다 좋소.

6. 到了八點我們就走。[땊라빠덴워먼쮜쩍] 여덟시가 되면 우리는 떠나오.

7. 到了時候你告訴我。[땊라쓰훠늬깐쑤워] 때가 되거든 내게 일러 주시오.

8. 我可有事，不能分身。[워커왁쓰부넝쩐연] 나는 일이 있어서 떠날 수가 없오.
9. 我到那兒都逛膩了。[워딴나얼뚜꽝늬라] 나는 어디던지 놀라 가기 싫소.
10. 今兒晚上聽戲去罷。[긴얼완쌍팅히퀴바] 오날 저녁에 연극 구경갑시다.
11. 我所乏了，走不動了。[워쒀빠라쩌부뚱라] 나는 아주 지쳐서 꼼짝할 수 없오.
12. 再沒什麼可看的了。[째메선뭐커칸디라] 더 아무것도 볼만한 것은 없오.
13. 那麼咱們就回去罷。[나뭐짜먼쭈훼퀴바] 그러면 우리 회정합시다.
14. 坐汽車回去，好不好？[쭤키쳐훼퀴한부한] 자동차로 가는 것이 어떠하오？
15. 那個電車出了軌了。[나거뎬쳐쭈라꿰라] 저 전차는 탈선을 하였오.
16. 那個汽車是有毛病。[나거키쳐쓰왁맏뼹] 저 자동차는 고장이 났오.
17. 你得挑乾凈的車雇。[늬데턒깐징디쳐꾸] 깨끗한 차를 골라 불러야 하오.
18. 這條路我沒走過了。[쪄턒루워메쩌꿔라] 이 길은 나는 걸어 본 일이 없오.
19. 讓我過去，別擋著道。[앙워꿔퀴뻬땅쪄딴] 나를 가게 하시오. 길을 막으면 안되오.
20. 你們別打這麼過去。[늬먼뻬따쪄뭐꿔퀴] 노형들 이리로 지나지 마시오.

## 第七十課 八字話(其十九)

1. 你們走岔了道兒了。[늬먼쩌차라딴얼라] 노형들은 길을 잘못 든 것이오.
2. 請問，本町在那兒找？[칭원뻔팅째나얼짠] 여쭈어봅니다. 본정은 어느 쪽입니까？
3. 上交民巷往那麼去？[쌍쟌민향왕나뭐퀴] 교민항은 어떻게 갑니까？
4. 北平是打那麼走呢？[뻬핑쓰따나뭐쩌늬] 북평은 어디로 해서 갑니까？
5. 他們搬到那兒去了？[타먼빤딴나얼퀴라] 그들은 어디로 이사를 하였나요？
6. 離這兒有多少步呢？[리쪄얼왁뛰쏸뿌늬] 여기서 얼마나 됩니까？

7. 他是出門怕不在家。[타쓰추먼파부째쟈] 그는 나가서 아마 집에 없을 걸요.
8. 恐怕他粧〔裝〕假没在家。[쿵파타쫭쟈메째쟈] 아마 그는 집에 없다고 딸걸요.
9. 我真是没事不來的。[워쩐쓰메쓰부래디] 나는 일이 없으면 오지 않습니다.
10. 你不客氣，儘管説罷。[늬부커키찐꽌쒀바] 어려워 마시고 다 말슴하시오.
11. 可以可以，看著辦罷。[커이커이칸쩌빤바] 좋소, 해보겠오.
12. 定規好了給你信兒。[띵꿰화라께늬씬얼] 작정하거든 알려드리지오.
13. 我很盼望你快回來。[워헌판왕늬쾌훼래] 나는 당신이 빨리 돌아오시기를 기다립니다.
14. 那麽我不敢深留了。[나뭐워부깐썬릮라] 그러면 감히 깊이 말리지 못하겠오.
15. 承你的惦記著我了。[쳥늬디뎬기쪄워라] 나를 생각하여 주시니 감사합니다.
16. 一路上請你竇〔保〕重罷。[이루쌍칭늬봐쭝바] 노상에서 부디 평안이 지내시오.
17. 請你留步，別送別送。[칭늬릮뿌삐쑹삐쑹] 걸음을 멈추시고 전송마시오.
18. 不必勞兄臺的駕了。[부삐롸횽태디갸라] 형장의 수레를 수고로히 하실 것 없읍니다.
19. 天不早了，我要告假。[톈부짠라워얀깐갸] 늦었으니 그만 작별하겠읍니다.
20. 忙什麽？再坐一坐罷。[망썬뭐째쭤이쭤바] 무엇이 바쁘십니까？ 더 앉으십시오.

## 第七十一課 八字話(其二十)

1. 滿洲是多咱封河呢？[만쪄쓰둬짠뻥허늬] 만주는 언제 강이 어나요？
2. 在冬月裏就封河了。[째뚱웨리찍뻥허라] 동짓달에는 결빙합니다.
3. 新京的冬天怎麽様？[씬긴디뚱톈쩐뭐양] 신경의 겨울은 어떠합니까？
4. 凉是凉，可也有限罷。[량쓰량커예위현바] 치웁다 해도 한이 있겠지오.
5. 没有貴國這麽暖和。[메위꿰꿔쪄뭐놘허] 귀국같이 이렇게 따뜻지는 않습니다.
6. 夏天雨下的大不大？[햐톈위햐

디따부따] 여름에 비가 많이 옵니까?

7. 這是上大連去的車。[쩌쓰쌍따롄퀴디쳐] 이것은 대련으로 가는 차요.

8. 撫順那兒有洋車麽? [푸쑨나얼우양쳐마] 무순에는 인력거가 있읍니까?

9. 這張月臺票你收著。[쩌짱웨태퍄오늬쒀쩌] 이 입장권을 가지고 계시오.

10. 我要買頭等床位票。[워야오매투덩촹웨퍄오] 일등 침대권을 주시오.

11. 小孩子的是多少錢? [쌰오해쯔디쓰둬쌰오쳰] 아이의 것은 얼마요?

12. 這趟車还有食堂車。[쪄탕쳐해우쓰탕쳐] 이번 차에도 식당차가 있소.

13. 這是個貨車, 不搭客。[쩌쓰거훠쳐부따커] 이것은 짐차니까 손을 태우지 않소.

14. 行李都預備好了麽? [힝리뚜위뻬하오라마] 행상은 다 준비가 되었읍니까?

15. 這隻船上上海去麽? [쪄쯔촨쌍쌍해퀴마] 이 배는 상해로 갑니까?

16. 這直放船不挂烟臺。[쪄쯔팡촨부꽈옌태] 이 직행선는 연태에는 들르지 않소.

17. 你倒没暈船什麽的? [늬따오메윈촨썬뭐디] 노형은 배 멀미는 나지 아느십니까?

18. 這回船有多少客人? [쪄훼촨우둬쌰오커인] 이번 배는 선객이 얼마나 되오?

19. 現在船走到那兒了? [혠째촨쩌우따오나얼라] 지금 배는 어디를 지내가는가요?

20. 你看看, 景緻〔致〕多麽好。[늬칸칸깅쯔둬뭐화오] 보시오, 경치가 매우 좋습니다.

## 第七十二[①]課 八字話(其廿一)

1. 總得灣半天兒船罷。[쭝데완빤톈얼촨바] 안만해도 한동안 정박해야겠지오.

2. 這個船怎麽停住了? [쩌거촨쩐뭐팅쭈라] 이 배는 웨 섰습니까?

3. 到了嗎〔碼〕頭都上岸呢? [따오라마투뚜쌍안늬] 부두에 도착하면 모다 상륙하나요?

4. 咱們先到海關上去。[짜먼쏀따오해꽌쌍취] 우리 먼저 해관으로 갑시다.

① 影印本中本課内容有缺。

5. 你行李都來齊了麽？[늬항리뚜래치라마] 노형 짐은 죄다 왔읍니까？

6. 搬到了海關上去了。[빤땊라해꽌쌍퀴라] 세관으로 가져갔읍니다.

## 第七十三課 八字話(其廿二)

1. 這是你的鑰，給你納。[쪄쓰늬디얖께늬나] 이것은 노형의 열쇠요, 드립니다.
2. 上完了税可以拿走。[쌍완라쒜커이나쫘] 세를 다 내면 가져가도 좋소.
3. 你們照舊的捆上罷。[늬먼쨘각디쿤쌍빠] 자네들은 전대로 묶게.
4. 你們小心點兒弄罷。[늬먼썇신뎬얼룽빠] 자네들은 조심해서 다르게.
5. 完了税送到店裏去。[완라쒜쑹땊뎬리퀴] 세를 다 내거든 객주로 가져가게.
6. 這溜兒有客店没有？[쪄루얼잌커뎬메잌] 이 근처에 객주집이 있오？
7. 你找是什麽字號呢？[늬쫘쓰쎤뭐쯔한늬] 당신은 어느 집을 차즈십니까？
8. 你們這是客店了麽？[늬먼쪄쓰커뎬라마] 노형의 집은 주막이오？
9. 是客店，請來罷你納。[쓰커뎬칭래바늬나] 그렇습니다, 들어오십시오.
10. 有乾净的屋子没有？[잌깐징디우쯔메잌] 깨끗한 방이 있오？
11. 帶我看看屋子去罷。[때워칸칸우쯔퀴바] 방을 보여주시오.
12. 你瞧這屋裏怎麽樣？[늬쟢쪄우리쩐뭐양] 보시기에 이 방은 어떠하십니까？
13. 這個屋子還可以的。[쪄거우쯔해커이디] 이 방은 쓸 만하오.
14. 我看這個屋子不好。[워칸쪄거우쯔부핲] 이 방은 좋지 않소.
15. 還有别的屋子没有？[해잌뼤디우쯔메잌] 또 다른 방은 없오？
16. 我給你看看卧房去。[워께늬칸칸워퐝퀴] 침실을 보여드리겠읍니다.
17. 你的行李都拿來了。[늬디힝리뚜나래라] 당신 짐은 다 가져 왔읍니다.
18. 請你點一點對不對。[칭늬뎬이뎬뒈부뒈] 맞나 아니 맞나 조사하십시오.
19. 晚上你用什麽飯呢？[완쌍늬윙쎤뭐퐌늬] 저녁에는 무엇을 잡수십니까？

20. 你們有什麽拿什麽。[늬먼익썬뫼나썬뫼] 무엇이던지 있는 것을 가져오시오.

## 第七十四課 普通問答(其一)

甲: 你多咱走? [늬둬짠쩍] 언제 가시오?

乙: 下月走。[햐웨쩍] 내월에 갑니다.

甲: 幾號呢? [기화늬] 메친 날애요?

乙: 十五號。[쓰우화] 보름날.

甲: 禮拜幾? [리빼기] 무슨 요일애요?

乙: 星期三。[싱키싼] 수요일.

甲: 幾天可以到呢? [기텐커이딴늬] 몇 날에 가십니까?

乙: 至多兩天。[쯔둬량텐] 많이 걸려야 인흘입니다.

甲: 他還沒回來哪麽? [타해메훼래나마] 그는 아즉 돌아오지 않았는가요?

乙: 已經回來了。[이깅훼래라] 벌서 돌아왔오.

甲: 他的事情忙不忙? [태디쓰칭망부망] 그의 사무는 바쁜가요?

乙: 比我閑的多。[삐워헨디둬] 나보다는 훨신 한가하오.

甲: 他住在那裏? [타쭈째나리] 그는 어디 사나요?

乙: 客店裏住著哪。[커덴리쭈쪄나] 여관에 유숙하고 있오.

甲: 那個是你的? [나거쓰늬디] 어느 것이 네 것이냐?

乙: 這兒没有我的。[쪄얼메우워디] 여기는 제 것이 없읍니다

甲: 你看那個好? [늬칸나거화] 노형은 어느 것이 좋을 줄 아오?

乙: 這個比那個好。[쪠거삐나거화] 이것은 저것보다 좋소.

甲: 那些個拿去做什麽? [나쎄거나큐쭤썬뫼] 그것을 거져다가 무엇을 하오?

乙: 做什麽都好。[쭤썬뫼뚜화] 무엇을 하던지 다 좋지오.

## 第七十五課 普通問答(其二)

甲: 他是日本人麽? [타쓰이뻔인마] 저이는 일본 사람인가요?

乙: 不是, 是中國人。[부쓰쓰쭝궈인] 아니요, 청인이오.

甲: 現在幾點鐘了? [헨재기덴쭝라] 지금은 몇 시오?

乙: 剛打了兩點了。[깡따라량덴라] 막 두 점을 쳤오.

甲：你快起來罷。[늬쾌키래바] 어서 일어나거라.

乙：我這就起來。[워쪄찍키래] 곧 일어납니다.

甲：你還不睡覺麽？[늬해부쉐쟈마] 너 아즉 자지 않니？

乙：天還早哪。[톈해짜나] 아즉 일러요.

甲：你每天幾點鐘起來？[늬메톈기뎬쭝키래] 노형은 매일 몇 시에 일어나십니까？

乙：天一亮就起來。[톈이량찍키래] 밝기만 하면 일어납니다.

甲：剛纔是誰來了？[깡채쓰쉐래라] 아까 누가 왔았오？

乙：是送報的。[쓰쑹박디] 신문 배달이오.

甲：你的錶對不對？[늬디뱦뒈부뒈] 당신 시계는 맞소？

乙：我剛纔對的。[워깡채뒈디] 지금 막 맞후었오.

甲：這座鍾〔鐘〕好看哪。[쪄쭤쭝화칸나] 이 좌종은 훌륭한데요.

乙：好是好，就是太貴。[화쓰화찍쓰태퀘] 좋기는 좋으나 너무 비쌉니다.

甲：這麽辦行不行？[쪄뭐빤힝부힝] 이렇게 하면 되겠읍니까？

乙：恐怕不行罷。[쿵파부힝바] 아마 안될 걸요.

甲：他的病怎麽樣？[타디삥쩐뭐양] 그의 병은 어떠하오？

乙：仍舊不好了。[엉각부화라] 그저 낫지 않았오.

## 第七十六課 普通問答(其三)

甲：你走乏了麽？[늬쩍빠라마] 고단하십니까？

乙：我有點兒乏了。[워위뎬얼빠라] 좀 고단합니다.

甲：這本書你看完了麽？[쪄뻔쑤늬칸완라마] 이 책은 다 읽으셨읍니까？

乙：我纔看一半兒。[워채칸이빤얼] 겨우 반을 읽었오.

甲：學堂幾時放學？[쉐탕기쓰빵쉐] 학교는 언제 방학하나？

乙：打下月二十三。[따햐웨얼쓰싼] 새달 스무사흔 날부터입니다.

甲：又快歇伏了。[위쾌헤뿌라] 또 곧 여름방학이군.

乙：不錯，日子過的很快。[부쒀이쯔꿔디헌쾌] 그렇지요. 세월 가는 것은 빠르지요.

甲：你夏天上那兒去呢？[늬햐톈쌍나얼퀴늬] 여름에는 어디로 가십니까？

乙：我上靠海的地方去。[워쌍칸해디디빵퀴] 바닷가로 갑니다.

甲: 他到這兒做什麽? [타딴여얼쭤썬뫼] 그는 여기 무엇하러 왔나요?

乙: 旅行來了。[뤼힝래라] 여행차 올시다.

甲: 你請喝酒罷。[늬칭허짝바] 청컨대 약주를 드십시오.

乙: 現在忌了酒了。[혠재기라짝라] 지금은 술을 끊었읍니다

甲: 這個茶苦的喝不得了。[졔거쨔쿠디허부더라] 이 차는 써서 먹을 수가 없구려.

乙: 沏新的來罷。[쳬씬디래바] 새것을 넣어 오겠읍니다

甲: 你早認得他麽? [늬짶인더타마] 그를 전부터 아십니까?

乙: 是, 我的老朋友。[쓰워디랖펑우] 네, 오랜 친구입니다.

甲: 那所房子好不好? [나쒀빵쯔핲부핲] 저 집은 어떠합니까?

乙: 我看著很中意。[워칸쩌헌쭝이] 퍽 마음에 듭니다.

## 第七十七課 普通問答(其四)

甲: 昨兒晚上那兒失火了? [쭤얼완쌍나얼쓰훠라] 엇저녁에 어디서 불이 났나요?

乙: 離找〔我〕家不遠的地方兒。[리워갸부완디디빵얼] 우리집 근처에서요.

甲: 你找她去了麽? [늬짶타쿼라마] 그 여자를 찾아가셨었오?

乙: 去了好幾趟了, 他〔她〕可老没在家。[쿼라핲기탕라타커랖메째갸] 여러 번 찾아 갔았으나 늘 없읍니다.

甲: 你多咱動身哪? [늬둬짠뚱썬나] 언제 떠나십니까?

乙: 還得耽誤幾天。[해데딴우기톈] 아즉 메칠 지체해야 하겠읍니다.

甲: 你在那兒過年? [늬째나얼꿔녠] 어디서 과세하십니까?

乙: 我要回家鄉去。[워얖훼갸향쿼] 고향으로 가려고 합니다.

甲: 他今天許來罷。[타긴톈쉬래바] 그는 오날 올는지도 알 수 없읍니다.

乙: 提來著, 可沒說準。[티래저커메숴쭌] 온다고는 하였지만 종잡을 수 없소.

甲: 打電話問問罷。[따뎬화원원바] 전화로 물어보시오.

乙: 也好。[예핲] 그리합시다.

甲: 你認識他麽? [늬인쓰타마] 그이를 아시오?

乙: 是面熟, 陌生了。[쓰몐쑤뻐썽라] 안면은 있어도 교제는 없읍니다

甲: 你聽他說的話怎麽樣? [늬팅타

워디화쩐뫼양] 그가 하는 말은 어떠합니까?

乙：他的口音倒還不錯。[타디캌인딸해부워] 그의 발음은 그저 그럴듯하오.

甲：這個電燈不大亮，換個大泡子去罷。[쪄거뎬덩부따량환거따퍼쯔퀴바] 이 전등은 그다지 밝지 않으니 큰 다마와 바꿔 오시오.

乙：是，給你換一個去。[쓰께늬환이거퀴] 네, 바꿔 오겠읍니다

甲：電燈怎麽還不來？[뎬덩쩐뫼해부래] 전등이 웨 입대 오지 않소？

乙：又停電了罷。[우팅뎬라바] 또 정전이겠지오.

## 第七十八課 普通問答(其五)

甲：你看這一帶怎麽樣？[늬칸쪄이때쩐뫼양] 이 근처는 어떠합니까？

乙：好得很，捨不得離開。[화더헌셔부더리캐] 경치가 매우 좋아서 떠날 수 없오.

甲：你明天走，我送你去。[늬밍텐쩍워쏭늬퀴] 내일 떠나실 때에는 전송을 하겠읍니다.

乙：你是忙身子，我知道的，何必客氣？[늬쓰망썬쯔워쯔닫디허삐커키] 바쁘신 줄을 아는데 무슨 인사를 하시겠읍니까？

甲：你那隻手怎麽了？叫刀子刺了麽？[늬나쯔쩍쩐뫼라쟈딸쯔츠라마] 그 손은 웨 그러십니까？ 칼에 비셨읍니까？

乙：不是，我叫螞蜂螫著了。[부쓰워쟈마뻥쓰쪄라] 아니요，벌에 쐬었읍니다.

甲：這個我看著便宜。[쪄거워칸쪄펜이] 이것은 나 보기에 싼 것 같소.

乙：怎麽不買？[쩐뫼부매] 웨，안 사시오？

甲：我沒帶著錢哪。[워메때쪄첸나] 돈은 갖지 않았구려.

乙：我給你墊上罷。[워께늬덴쌍바] 돌려 드리겠읍니다.

甲：運動器械在那裏賣呢？[윈뚱키혜째나리매늬] 운동구는 어디서 파나요？

乙：在五層樓賣。[째우쩡뤄매] 오층에서 팝니다.

甲：咱們打那兒上去？[짜먼따나얼쌍퀴] 어디로 해서 올라가나요？

乙：坐電梯上去罷。[쭤뎬티쌍퀴바] 승강기로 올라갑시다.

甲：這幾天我怎麽沒見他啊？[쪄기텐워쩐뫼메곈타아] 요세는 웨 그를 볼 수 없을가？

乙：他病了好些日子了。[타삥라한쎄이쯔라] 병든 지가 여러 날이오.

甲：請問，歲寒三友是什麽？[칭원쒜한싼우쓰썬뭐] 여쭈어봅니다. 세한삼우란 무엇입니까？

乙：就是松、竹、梅。[쮜쓰쑹쭈메] 송죽매를 이르는 것이오.

甲：怎麽個緣故呢？[쩐뭐거완꾸늬] 어쩐 까닭인가요？

乙：都是能耐寒哪。[뚜쓰넝내한나] 다 추위를 견디는 까닭이지오.

## 第七十九課 普通問答(其六)

甲：咱們以後賒賬的交往來，行不行？[짜먼이허셔쨩디쟈왕래힝부힝] 우리 이제부터 통장으로 거래하는 것이 어떠하오？

乙：我不喜歡挂欠的買賣。[워부히환꽈첸디매매] 나는 외상거래는 싫습니다.

甲：現錢的買賣不是費事呢？[혠첸디매매부쓰뼤쓰늬] 현금거래는 성가시지 않소？

乙：有什麽費事呢？[위썬뭐뼤쓰늬] 무슨 성가심이 있겠습니까.

甲：你想這個買賣必得利麽？[늬썅쪠거매매삐더리마] 이 영업은 이가 남을 줄 아십니까？

乙：没什麽大賺頭了。[메썬뭐따쫜턱라] 대단한 이는 없읍니다.

甲：你根兒裏多少錢買的？[늬껀얼리둬쏴첸매디] 처음에 얼마나 주고 산 것이오？

乙：那時候兒有錢，買得貴。[나쓰헉얼위첸매더꿰] 그때에는 돈이 있어서 비싸게 샀오.

甲：他們跟你要了多兒錢？[타먼껀늬야라둬얼첸] 그들은 노형께 얼마나 달랍디까？

乙：他們要的是五塊錢。[타먼야디쓰우쾌첸] 오원을 달랍디다.

甲：上回辛苦你了。[쌍훼씬쿠늬라] 전번에는 수고하셨읍니다.

乙：那兒的話，這是應該的。[나얼디화쪄쓰잉깨디] 천만에, 그건 당연한 일이지오.

甲：你如今怎麽這麽瘦呢？[늬우긴쩐뭐쪄뭐쎡늬] 요세는 웨 이렇게 파리하셨오？

乙：我有個心口疼的病吃不下飯去。[워우거씬컥텅디삥쯰부햐빤취] 가슴아리로 해서 음식을 먹을 수가 없오.

甲：今年收成怎麽樣？[긴녠쒀쳥쩐뭐양] 금년 추수는 어떠한가요？

乙：不怎麽樣，中中兒的。[부쩐뭐

양쭝쭝얼디] 그저 보통이오.

甲: 你常誇奬的邦〔那〕個學生是那一個? [늬쨩콰쨩디나거훼쎵쓰나이거] 늘 칭찬하시던 학생은 누구입니까?

乙: 就是那個頂小的。[쮜쓰나거띵쌴디] 네, 저 제일 작은 것이오.

甲: 請掌櫃的看看我還欠著多少銀子? [칭쨩궤디칸칸워해쳰쪄둬쏴인쯔] 여보 장궤, 내 외상이 얼마인지 보아주오.

乙: 没有多少，不過八兩銀子罷。[메우둬쏴부꿔빠량인쯔빠] 얼마 안 됩니다. 팔원밖에 안됩니다.

## 第八十課 普通問答(其七)

甲: 你是要吃飯呢，還是要喝酒呢? [늬쓰얀츠판늬해쓰얀허쮜늬] 진지를 잡수시료? 약주를 자시료?

乙: 或飯或酒都可以。[훠판훠쮜뚜커이] 밥이던지 술이던지 다 좋소.

甲: 李大哥在家裏麽? [리따거째갸리마] 리서방 집에 있오?

乙: 没在家呀。[메째갸야] 없어요.

甲: 没在家, 上那裏去喇? [메째갸쌍나리퀴라] 그래요? 어디 갔나요?

乙: 因爲做了賭錢, 被拿了去了。[인웨쭤라뚜쳰삐나라퀴라] 놀음을 하다가 잡혀갔어요.

甲: 這封信送到上海得給多少信資呢? [쪄퐁씬쑹딴쌍해데께둬쏴씬쯔늬] 이 편지를 상해에 보내랴면 우세를 얼마 내야 하오?

乙: 四錢裏頭重的信資是三分洋錢。[쓰쳰리早쭝디씬쯔쓰싼펀양쳰] 너 둔 중까지의 우세는 삼전이오.

甲: 打到天津電報多少信資呢? [따딴텐진덴봐둬쏴씬쯔늬] 천진까지 놓는 전보료는 얼마요?

乙: 一句話要一塊錢。[이귀화얀이쾌쳰] 말 한 마디에 일원이오.

甲: 電信局在那兒? [덴씬귀째나얼] 전보국은 어디 있오?

乙: 在那個海關裏頭辦的。[째나거해꽌리투빤디] 저 세관 안에서 취급하오.

甲: 往北平去一個月發幾回信? [왕뻬핑퀴이거웨파기훼씬] 북평에는 한 달에 우편이 몇 번 가오?

乙: 是一個禮拜兩回。[쓰이거리빼량훼] 한 주일에 두 번이오.

甲: 多咱有往大連去的信船呢?

[둬짠우왕따롄퀴디씬봔늬] 언제 대련 가는 우편배가 있읍니까？

乙：大概下月初五開船。[따깨햐웨쭈우캐봔] 대개 내월 초닷세날 떠나오.

甲：他怎麽這麽貪心不足啊？[타쩐뭐쪄뭐탄신부쭈아] 그는 어째 그렇게 욕심이 많소？

乙：你別怪，他是個没禮貌的人。[늬뼤꽤타쓰거메리맏디인] 괴이히 여기지 마시오. 그는 예의를 모르는 사람이오.

甲：這兒有個錯兒怎麽辦好呢？[쪄얼우거[취]춰얼쩐뭐빤화늬] 여기 잘못한 것이 있으니 어찌하면 좋은가？

乙：不用害怕，看勢做事就好。[부융해파칸쓰쭤쓰찍화] 놀랠 것 없네. 임시응변으로 하면 그만일세.

## 第八十一課 普通問答(其八)

甲：今兒是陰曆幾兒了？[긴얼쓰인리기얼라] 오날은 음력으로 메칠인가？

乙：十五了。[쓰우라] 보름일세.

甲：怪不得這麽大的月亮呢。[꽤부더쪄뭐따디웨량늬] 내 어쩐지 이렇게 달이 크드라.

乙：咱們賞賞月罷。[짜먼쌍쌍웨바] 우리 달구경이나 하세.

甲：你看，真是好大月亮哪。[늬칸쪈쓰화따웨량나] 보게，참 좋은 달인데.

乙：可不是麽。[커부쓰마] 참 그러이.

甲：你今天不要忙著走。[늬긴텐부먀망쪄쩍] 자네 오날은 급히 갈 것 없네.

乙：有什麽事？[우썬뭐쓰] 무슨 일이 있나？

甲：没什麽事，我要給你喝點兒。[메썬뭐쓰워야께늬허뎬얼] 별일은 없네. 한 잔 먹세.

乙：那你太費心了。[나늬태뼤신라] 그건 너무 잘 먹는데.

甲：家常便飯有什麽費心的。[갸쌍볜빤우썬뭐뼤신디] 집에서 만든 것이 무엇 잘 먹을 것 있나.

乙：那就遵命了。[나찍쭌밍라] 그러면 말대로 하지.

甲：你到過中國麽？[늬딴꿔[궈]쭝궈마] 자네 중국에 간 적이 있나？

乙：從先去過一趟。[충쏀큐궈이탕] 전에 한 번 갔었지.

甲：都到了那兒？[뚜딴라나얼] 어디를 갔던가？

乙：就在南京住了幾天。[찍째난깅

쭈라기톈] 남경서 사오 일 있어 보았지.

甲：別處哪？[삐추나] 다른 데는？

乙：没去過，可是明年還要往滿洲去。[메쿼궈커쓰밍녠해야왕만쩍쿼] 못 갔어，그러나 내년은 만주로 가려고 하네.

甲：那麽我跟你一块兒起身罷。[나뭐워껀늬이쾌얼키썬바] 그러면 그때 나와 같이 가세.

乙：好極了。[화기라] 좋지.

## 第八十二課 普通问答(其九)

甲：滿蒙一帶你也去了麽？[만뭥이때늬예쿼라마] 만몽지방에도 갔았었읍니까？

乙：滿洲去了，蒙古地方没能去。[만쩍쿼라뭥꾸디빵메넝쿼] 만주에는 갔았으나 몽고에는 가지 못하였읍니다.

甲：怎麽没到那兒呢？[쩐뭐메딴나얼늬] 웨 거기는 못 가셨던가요？

乙：因爲把回來的日子往前改了。[인웨빠훼래디이쯔왕첸깨라] 돌아올 날자를 앞으로 다긴 까닭이오.

甲：你在奉天住了幾天？[늬째뿽톈쭈라기톈] 봉천서는 메칠이나 묵으셨오？

乙：我住了兩個禮拜。[워쭈라량거리빼] 두 주일 묵었읍니다.

甲：住在那個旅館了？[쭈째나거뤼꽌라] 어느 여관에 유하셨오？

乙：住在潘〔瀋〕陽館了。[쭈째썬양꽌라] 심양관에 유하였오.

甲：昨天没出門麽？[쭤톈메추먼마] 어제는 출입하지 아니 하셨읍니까？

乙：昨兒晚上出去了一趟。[쭤얼완쌍추쿼라이탕] 엇저녁에 한 번 나갔었읍니다.

甲：你的衣裳是買現成的嗎？[늬디이쌍쓰매현엉디마] 자네 옷은 만들어 논 것을 샀나？

乙：不是，是定做的。[부쓰쓰띵쭤디] 아니오，맞훈 것입니다.

甲：美國的王京是舊金山麽？[메궈디왕깅쓰꾸긴싼마] 미국 서울은 상항인가요？

乙：不是，是華盛頓。[부쓰쓰화썽뚠] 아니오，화성돈입니다.

甲：法國的京城叫什麽？[퐈궈디깅엉쟌썬뭐] 불란서 서울은 무엇이라 하오？

乙：叫巴里。[쟌빠리] 파리라고 부르오.

甲：他近來事情怎麽樣？[타긴래쓰칭쩐뭐양] 그는 요세 형편이 어떠한가요？

乙：他發了財了。[타빠라채라] 그는 수가 났오.

甲：你聽見誰說？ [늬팅곈쒜숴] 누구에게 들었오？

乙：一個朋友這麼說。[이거펑우쪄뭐숴] 어떤 친구가 그리합디다.

## 第八十三課 普通问答(其十)

甲：他成了家没有？[타쳥라갸메우] 그는 장가를 갔나요？

乙：已經定下了。[이깅띵햐라] 정해두었오.

甲：多咱辦喜事？[둬짠빤히쓰] 언제 식을 하나요？

乙：説是今年夏天。[숴쓰긴녠햐텐] 올 여름이라 합디다.

甲：他的姑娘有了人家兒了。[타디꾸냥우라인갸얼라] 그의 따님은 혼처가 생겼오.

乙：是麼？没聽説呀，給的是姓什麼的？ [쓰뭐메팅숴야께디쓰싱언뭐디] 그렇소？ 처음 듣겠구려. 누구에게로 보내나요？

甲：聽説姓方，是華滿學校當教習的。[팅숴싱뻥쓰화만쉐햐땅쟈씨디] 화만학교 교사 노릇하는 방모라 합디다.

乙：那好極了。[나한기라] 그것은 참 좋소.

甲：幾時辦事哪？[기쓰빤쓰나] 식은 언제 하나요？

乙：大概秋天罷。[따깨추텐바] 아마 올 가을 될걸요.

甲：昨天我看見令愛，現在很出息了。[쭤텐워칸곈링애혠재헌추씨라] 어제 따님을 보았는대 매우 얌전하던걸요.

乙：叫你過獎。[쟈늬꿔쟝] 칭찬하시니 황감합니다.

甲：已經有了人家兒了没有？[이깅우라인갸얼라메우] 벌서 혼처는 작정하셨읍니까？

乙：現在有人提著，还没定規哪。[혠재우인티쪄해메띵궤나] 지금 언론은 있으나 아즉 작정은 안되었읍니다.

甲：這家兒是做什麼的？[쪄갸얼쓰쭤언뭐디] 신랑댁은 무엇을 하시는 댁인가요？

乙：聽説是做買賣的，現在正托人打聽哪。[팅숴쓰쭤매매디혠재쪙퉈인따팅나] 실업가라 합니다. 지금 마침 사람에게 부탁하야 무러보는 중이올시다.

甲：你怎麼那麼著急？ [늬쩐뭐나뭐쪼기] 자네 웨 그렇게 걱정을 하나？

乙：我找了他好幾趟，老没見著。

[워쫘라타한기탕뢒메견쫘] 그를 여러 번 찾아가도 늘 만날 수가 없어.

甲: 你別怪他，也許他没工夫。[늬뻬꽤라예훠타메꿍뿌] 걱정 말게. 그는 틈이 없는지도 모르네.

乙: 那兒有這麽些日子老没工夫的哪。[나얼익쪄머쎄이쯔뢒메꿍뿌디나] 이렇게 여러 날을 두고 도무지 틈이 없다 할 수는 없겟지.

## 第八十四課 初對面(其一)

甲: 先生貴姓? [쏀엉꿰싱] 노형의 성씨는?

乙: 賤姓文，未頌〔領〕教你納。[쪤싱원웨링쟈늬나] 나는 문가올시다. 노형은?

甲: 豈敢，賤姓王，請教臺甫? [키깐쪤싱왕칭쟈태뿌] 늦었읍니다. 나는 왕가입니다. 아호는?

乙: 草字荷堂。[챂쯔허탕] 하당이라 합니다.

甲: 高雅高雅，兄弟小字一葯。[깦야깦야훵디샾쯔이원] 좋은 호입니다. 나는 일운이라 합니다.

乙: 久仰久仰。[끽양끽양] 성화는 앞서부터 듣자 왔읍니다.

甲: 彼此彼此。你貴庚了? [삐쯔삐쯔늬꿰껑라] 나도 송화를 들은지 오랩니다. 연세는?

乙: 我還小哪，今年二十八歲。[워해쌷나긴녠얼쓰빠쒜] 아즉 젊습니다. 스물 여덟입니다.

甲: 貴昆仲幾位? [꿰쿤쭝기웨] 몇 형제 분이십니까?

乙: 我們弟兄五個。[워먼디훵우거] 오형제올시다.

甲: 尊行排幾? [쭌항패기] 몇 재분이십니까?

乙: 我行二。[워항얼] 둘재올시다.

甲: 你跟前幾位令郎? [늬껀첸기웨링랑] 자제는 몇 분이나 되십니까?

乙: 有三個兒子。[익싼거얼쯔] 셋이올시다.

甲: 大世兄今年多大歲數兒? [따쓰훵긴녠뚸따쒜쑤얼] 큰 자제는 올에 몇 살이오니까?

乙: 今年纔九歲了。[긴녠채끽쒜라] 겨우 아홉 살 되었읍니다.

甲: 還有小姐嗎? [해익쌴졔마] 또 따님도 있읍니까?

乙: 有一個女孩兒。[익이거뉘해얼] 계집애도 하나 있읍니다.

甲: 你真是有造化的了。[늬쪈쓰익짶화디라] 노형은 참 유복하신 분이외다.

乙: 這都是托你的福罷。[쪄뚜쓰퉈

늬디쯖바] 이것은 모다 덕분으로 압니다.

## 第八十五課 初對面(其二)

甲: 久仰久仰。[각양각양] 오래 앙모하고 있었읍니다.

乙: 彼此彼此。[삐츠삐츠] 피차 일반입니다.

甲: 請教貴姓? [칭쟢궤싱] 성씨는 뉘십니까?

乙: 豈敢，賤姓司馬，請教閣下? [키깐쪤싱쓰마칭쟢꺼햐] 황감합니다, 사마가올시다. 귀하는?

甲: 賤姓是房，恭喜在那兒? [쪤싱쓰빵궁히째나얼] 내 성은 방가올시다, 어디서 소일하십니까?

乙: 我在京城做買賣。[워째깅쳥쭤매매] 서울서 장사를 합니다.

甲: 請問寶號? [칭원뱦화] 상호는요?

乙: 小號是西昌順。[쌰화쓰시쨩쑨] 서창순입니다.

甲: 貴處是那兒? [궈쭈쓰나얼] 고향은 어디십니까?

乙: 敝處是奉天。沒領教? [삐쭈쓰뻥텐메링쟢] 본집은 봉천입니다. 노형은?

甲: 我是朝鮮，你多咱到這兒來的? [워쓰쟢셴늬둬짠땊쪄얼래디] 나는 조선이오, 언제 여기 오셨오?

乙: 是去年三月。[쓰쿼넨싼웨]작년 삼월에요.

甲: 你會說朝鮮話麽? [늬훼쒀쟢셴화마] 노형은 조선말을 할 줄 아시오?

乙: 我會一點兒，不多。[워훼이뎬얼부둬] 조끔 밖에 모릅니다.

甲: 是在那兒學的? [쓰째나얼햪디] 그것은 어디서 배우셨오?

乙: 我們就在本國那兒學的。[워먼쪼째뻔궈나얼햪디] 우리들은 본국에서 배왔오.

甲: 你們在這兒做什麽買賣? [늬먼째쪄얼쭤썬뭐매매] 노형네들은 여기서 무슨 영업을 하시오?

乙: 大概開了雜貨鋪。[따깨캐라짜훠푸] 대개는 잡화상을 하고 있읍니다.

甲: 貴國的人都是很勤儉哪。[궤궈디인뚜쓰헌킨견나] 귀국 사람은 다 근검합니다.

乙: 豈敢，高臺。[키깐깦태] 어찌 감히 말슴 같으오리까.

## 第八十六課 初對面(其三)

甲: 你姓什麽? [늬싱썬뭐] 네 성이 무엇이냐?

乙: 我姓宫。[워싱꿍] 궁가애요.

甲: 你叫什麽啊? [늬쟌썬뭐아] 이름은 무엇이냐?

乙: 我名叫王八。[워밍쟌왕빠] 내 이름은 왕팔이애요.

甲: 你幾歲了? [늬기쒜라] 몇 살이냐?

乙: 我九歲了。[워각쒜라] 아홉 살애요.

甲: 你家裏都有什麽人? [늬갸리뚜 읶썬뭐인] 네 집네는 누구들이 있느냐?

乙: 有我爹, 有我媽, 還有我爺爺和奶奶。[읶워데읶워마해읶워데데해내내] 우리 아버지, 우리 어머니, 우리 할아버지, 우리 할머니가 계서요.

甲: 你們哥兒幾個? [늬먼꺼얼기거] 몇 형제냐?

乙: 我們哥兒倆。[워먼꺼얼랴] 둘애요.

甲: 你還有姐妹麽? [늬해읶쪠메마] 여동생도 있느냐?

乙: 我没有姐姐, 有一個妹妹。[워메읶쪠쪠읶이거메메] 누나는 없고 여동생 하나가 있어요.

甲: 你念書了没有? [늬녠우라메읶] 너는 공부를 하니?

乙: 是, 今年春天上的學。[쓰긴녠쭌텐쌍디쉐] 네, 올 봄에 입학했어요.

甲: 你入了什麽學堂了? [늬우라썬뭐쉐랑라] 어느 학교에 입학하였니?

乙: 是壽松公立普通學校。[쓰쒁쑹꿍리푸통쉐햪] 수송공립보통학교요.

甲: 你父親現在有什麽事? [늬뿌친혠재읶썬뭐쓰] 너의 아버님은 지금 무엇을 하시니?

乙: 在中國領館當差使。[째쭝궈링꽌땅얘쓰] 중국 영사관에 다니셔요.

甲: 是麽? 你在這兒玩罷。[쓰마늬째쪄얼완바] 그러냐? 여기서 놀아라.

乙: 是。[쓰] 네.

## 第八十七課 再會(其一)

甲: 你納貴姓? [늬나꿰싱] 뉘댁이십니까?

乙: 豈敢, 賤姓高橋。你怎麽稱呼? [키깐쪤싱꽈챤늬쩐뭐쳥후] 고교라고 합니다. 뉘신지오？

甲：我姓金，府上在那兒？［워싱긴ᅗᅮ쌍째나얼］김서방입니다, 댁은 어디십니까？

乙：舍下在南大門外頭。［쎠햐째난따먼왜퉈］내 집은 남대문밖입니다.

甲：在那衙門恭喜？［째나야먼꿍히］어느 관청에 다니십니까？

乙：我在龍山憲兵隊當差使。［워째룽싼헨빙뒈땅째쓰］나는 용산헌병대에 다닙니다.

甲：咱們倆雖然没會過，我看著很面善，彷彿那兒見過似的。［짜먼랴쒜안메훼꿔워칸쩌헌몐싼빵ᅗᅮ나얼곈꿔쓰디］우리가 보인 적은 없으나, 나 보기에는 매우 낯이 익어서 어디서 뵈온 듯합니다.

乙：可不是麽！啊，我想起來了。你是敬山先生罷？［커부쓰마아워썅키래라늬쓰깅싼쎤썽바］글세요, 아! 생각이 납니다, 노형이 경산선생이시지오？

甲：好說你納，你怎麽記得呢？［한워늬나늬쩐머기디늬］옳습니다. 어떻게 아십니까？

乙：你忘了麽？咱們那一年在安一在先生那兒見過了。［늬왕라마짜먼나이녠째안이째셴썽나얼곈꿔라］잊으었습니까？ 우리가 어느 해인가 안일재 선생 댁에서 뵈왔지오.

甲：是，是，我也想起來了。你不是志雲先生麽？［쓰쓰워예썅키래라늬부쓰쯔윈쎈썽마］네, 네. 나도 생각납니다. 당신은 지운선생이 아니십니까？

乙：不錯，咱們倆自從那時候兒見過一面，直到如今有十幾年了。［부훠［춰］짜먼랴쯔충낭쓰헉얼곈꿔이몐쯔딴우긴위쓰기녠라］그렇습니다, 우리가 그때 한 번 뵈온 후로 벌서 지금까지 십여 년이 되었읍니다 그려.

甲：可不是麽！有十多年了，所以我見你就不能認了。［커부쓰마위쓰둬녠라쒜이워곈늬찍부넝인라］그렇구 말구요, 열 몇 해나 되니까 내가 형장을 뵙고 몰라뵈었읍니다.

乙：你多咱得閑請到我那兒坐坐。［늬둬짠더헨칭딴워나얼쭤쭤］언제던지 틈이 계시거던 제게로 놀라 오십시오.

甲：是，等底下我有工夫務必望看你去。［쓰떵디햐워익꿍ᅗᅮ우삐왕칸늬큐］네, 다음에 틈이 있거던 꼭 뵈러 가겠습니다.

乙：謝謝，等候等候。［쎄쎄떵헉떵헉］감사합니다. 기다리고 있겠읍니다.

## 第八十八課　再會(其二)

甲：老没見了你納，還記得我麽？［랖메곈라늬나해기더워마］오래 못 뵈었습니다. 노형은 아즉 나를 기억하십니까？

乙：看著面善，不記得在那兒會過，失敬得很，不敢冒昧稱呼。［칸쩌멘싼부기더째나얼훼꿔쓰깅더헌부깐만메쳥후］뵈온 적은 있습니다마는 어디서 뵈왔는지 기억지 못하겠습니다. 실례지만 누구실가？

甲：咱們倆前年在黃三龍那兒一個桌子上喝酒，你怎忘了嗎？［짜먼랴췐녠째황싼룽나얼이거줘쯔쌍허쮜늬쩐왕라마］우리가 그러께 황삼룡씨 댁에서 한테불에서 술을 먹었었는데 웨？ 잊으셨읍니까？

乙：提起來我纔認得了，你是馬大爺罷？［티키래워채인더라늬쓰마따예바］말슴하시니 인제 알겠습니다. 노형은 마선달이시지오？

甲：對了，正是兄弟。［뒈라졍쓰휭디］맞습니다. 확실히 제입니다.

乙：久違久違，一向都好啊？［갂웨 화［갂］웨이향뚜화아］오랜간만이올시다. 그후 안령하십니까？

甲：托福托福，一向怎麽著納福了？［퉈푸퉈푸이향쩐뫄쩌나푸라］덕분으로, 그후 어떻게 지내셨읍니까？

乙：是這兩年上上海去來著，上月底纔回來的。［쓰쪄량녠쌍쌍해퀴래쪄쌍웨디채훼래디］인해동안이나 상해에 가서 있다가 지난달 그믐께야 돌아왔읍니다.

甲：是麽，我到〔倒〕不很知道的。［쓰마워똬부헌찌똬디］그러셨나요. 나는 아주 몰랐읍니다.

乙：臨走的時候兒實在是匆忙没得辭行去，得罪得罪。［린쩍디쓰헉얼쓰째쓰충망메더쯔힝퀴더쮀더쮀］출발할때는 매우 바빠서 인사ㅎ지 못하였습니다. 실례가 않습니다.

甲：那兒的話呢，没什麽累贅的啊？［나얼디화늬메썬뫄뤠줴디아］천만에 말슴닙니다. 아무 불편은 없으셨읍니까？

乙：忙〔托〕福一點兒都没有，咱們久別重逢，找個地方兒談一談去。［퉈푸이덴얼뚜메우짜먼갸뻬쭝펑쫘거디팡얼탄이탄퀴］덕분에 별고는 없었읍니다. 우리는 오래간만에 다시 만났으니 어디든지 가서 한 잔 하십시다.

甲：不咖了，我今天還要到別處去一

趟，改天再擾罷。[부갸라워긴텐해얀딴뻬우퀴이탕깨렌째와바] 그러실 것 없읍니다. 오늘은 다른 곳에도 가야하겠으니 다음날 먹겠읍니다.

乙：你住在那裏？要逗留幾天的工夫？[늬쭈째나리얀떡릭기텐디꿍뿌] 어디 유하고 계십니까？그리고 메칠이나 계실 예정입니까？

甲：在二宫街復盛館，總得倆來月的光景。[째얼궁계뿌엉꽌쭝데랴래웨디꽝깅] 이궁가 복성관인대 암만해도 두 서너 달은 걸리겠습니다.

乙：那麽等我得暇請安去。[나뫼떵워더햐칭안퀴] 그러면 인제 틈을 보아 찾아뵙겠읍니다.

## 第八十九課 拜年

甲：先生，新禧新禧。[쎈엉씬히씬히] 선생님 과세 안녕히 지내셨습니까.

乙：同喜同喜。[퉁히퉁히] 과세나 평안히 하셨오.

甲：昨年諸事承關愛，謝謝，今年還請格外照顧。[줘녠쭈쓰엉꽌애쎄쎄긴녠해칭꺼왜짜꾸] 작년은 여러 가지로 애호하셔서 감사합니다. 금년도 각별히 보아주십시오.

乙：彼此彼此，請上座。[삐쯔삐쯔칭쌍쭤] 피차 없오이다. 이리 앉으시오.

甲：不敢那麽坐。[부깐나뫼쭤] 황송합니다. 여기 좋습니다.

乙：請塾上罷。[칭뎬쌍바] 이것을 까시오.

甲：先生做什麽？[쎈엉쭤썬뫼] 선생께서는 무엇을 그리십니까？

乙：請吃幾個煮餃子罷。[칭쯰기거쭈쟌쯔바] 만두라도 몇 개 자시오.

甲：我在家裏吃了出來的。[워째갸리쯰라추래다] 집에서 먹고 나왔습니다.

乙：吃的那麽飽嗎？[쯰디나뫼봐마] 자셨기로 무얼 그리시오？

甲：謝謝，肚子飽了。[쎄쎄뚜쯔봐라] 감사합니다. 배가 부릅니다.

乙：想必是裝假罷。[썅삐쓰쫭갸바] 아마 겸사이겠지오.

甲：真的呀，在先生家還作客麽？[쩐디야째썬썬엉갸해쭤커마] 참말슴입니다. 선생 댁에서 채면 차리겠읍니까？

乙：那麽請喝一杯年酒罷。[나뫼칭허이뻬녠쥐바] 그러면 귀발기나 한 잔 하시오.

甲：因爲是年酒，賞我點兒罷。[인

웨쓰녠줘쌍워뎬얼바] 세뱃술이니 한 잔 먹겠읍니다.

乙: 沒什麽可吃的，請隨便〔便〕用罷。[메썬뭐커쯔디칭쒜볜윙바] 자실 만한 것이 없오, 마음대로 드시오.

甲: 是，我不客氣的。[쓰워부커키다] 네, 사양ㅎ지 않겠읍니다.

乙: 請再多喝一杯罷。[칭째둬허이뻬바] 자, 한 잔 더 드시오.

甲: 先生我不能多喝了。[쎈엉워부넝둬허라] 선생님 더 먹을 수가 없읍니다.

乙: 怎麽呢? [쩐뭐늬] 웨 그러우?

甲: 我還要到別處去呢。[워해야땊뻬쭈퀘늬] 저는 또 다른 곳에도 가야 하겠읍니다.

## 第九十課 請托

甲: 梁先生在家了嗎? [량쎈엉째갸라마] 양선생 댁에 계십니까?

乙: 在家了，你請進來罷。[째갸라늬칭찐래바] 있습니다. 들어오십시오.

甲: 先生，你好啊? [쎈엉늬화아] 선생, 안녕하십니까?

乙: 好啊，你來有什麽公幹呢? [화아늬래우썬뭐꿍깐늬] 별고 없습니다. 무슨 일로 오셨읍니까?

甲: 我今天來是有點兒奉求的事。[워긴텐래쓰우톈얼뻥칶디쓰] 오늘은 좀 청할 일이 있어서 왔읍니다.

乙: 什麽事呢? 請簡直的說一說。[썬뭐쓰늬칭곈쯔디워이워] 무슨 일입니까? 염려 마시고 말슴하시오.

甲: 求你當個保人，可以不可以? [칶늬땅거반인커이부커이] 보증인이 되어 줍시사는 것인대 어떠하십니까?

乙: 是當什麽保呢? [쓰땅썬뭐밮늬] 무슨 보인이 되라시오?

甲: 是當入學的保人哪。[쓰땅우훼디밮인나] 네, 입학 보증인이올시다.

乙: 這是很容易的事。[쪄쓰헌윙이디쓰] 이것은 쉬운 일이외다.

甲: 那麽就請你在這兒用個圖書罷。[나뭐쮜칭늬째쪄얼윙거투쑤바] 그러면 여기다 도장을 쳐 주십시오.

乙: 你什麽時候兒去呀? [늬썬뭐쓰훠얼퀘야] 언제 가시오?

甲: 是明兒去。[쓰밍얼퀘] 네, 내일 갑니다.

乙: 多咱考試? [둬짠캎쓰] 언제가 시험이오?

甲：下月初八了。[햐웨추빠라] 내월 초여드렛날입니다.

乙：報名的人數兒多不多？[빤밍디인쑤얼둬부둬] 지원자 수는 많은가요？

甲：大概不少罷。[따깨부쌰바] 아마 적지는 않을걸요.

乙：那個學校幾年畢業呢？[나거훼햐기녠삐예늬] 그 학교는 몇 해 졸업인가요？

甲：三年畢業。[싼녠삐예] 삼년 졸업입니다.

乙：每月多少學費呢？[메웨둬쌰훼폐늬] 매월 학비가 얼마요？

甲：每月的月敬五塊錢，還有三塊錢的注册費哪。[메웨디웨깅우쾌첸해익싼쾌첸디쭈여폐나] 매달 월사금이 오원에, 또 입학금이 삼원이랍니다.

## 第九十一課 請安

甲：韓先生，久違久違。[한쏀엉긱웨긱웨] 한선생, 오래간만이외다.

乙：彼此彼此，這一向倒好啊？[삐츠삐츠쪄이향딴한아] 피차 없읍니다. 요세 자미 좋으십니까？

甲：好說，我怎麼老〈没〉見你啊？[한쉮워쩐뫄랖곈늬나[아]] 고맙습니다. 어째 요세는 뵈올 수가 없오？

乙：我是因爲公事忙點兒，所以久違咯。[워쓰인웨꿍쓰망뎬얼쒀이긱웨라] 사무가 좀 바빠서 격조하였읍니다.

甲：咱們彼此都是很忙的，所以老没能在一塊兒談一談了。[짜먼삐츠뚜쓰헌망디쒀이랖메넝째이쾌얼탄이탄라] 우리는 피차가 다 바빠서 같이 이야기도 할 수 없었읍니다.

乙：可不是麽，我也是覺著很抱歉的。[커부쓰마워예쓰겨쫘헌반곈디] 그렇고 말구요. 나도 매우 유감으로 생각합니다.

甲：我又要失陪了，咱們改天再見罷。[워익얖쓰패라짜먼깨톈째곈바] 또 실례 하겠읍니다. 우리 다음날 만납시다.

乙：是麽？改天再見。[쓰마깨톈째곈] 그렇습니까？ 또 뵙시다.

甲：老没見咯，你好啊？[랖메곈라늬한아] 오래 못 뵈었소. 어떠시오？

乙：好啊，你府上都好啊？[한아늬뿌쌍뚜한아] 괭이챦소. 댁내도 다 무고하시오？

甲：托福，我們家裏都還好，我哥哥叫我問你好。[퉈뿌워먼갸리뚜해한워꺼꺼갸워원늬한] 덕분에

우리집은 다 무고합니다. 형님이 당신께 안부하십디다.

乙: 謝謝，近來令兄的事情可好啊? [쎄쎄긴래링휭디쓰칭커화아] 고맙습니다. 요세 백씨장은 자미 좋으신가요?

甲: 托福，他也很好的。[퉈푸타예헌화디] 고맙습니다. 형님도 잘 있읍니다.

乙: 你回去都替我問好罷。[늬훼퀴뚜티워원화바] 가시거던 여러분께 안부하여주시오.

甲: 是，我必把好兒都給你帶到了。[쓰워삐빠화얼뚜께늬때땊라] 네, 당신이 안부하시드란 말슴을 다 하겠읍니다.

乙: 好說好說。[화쒀화쒀] 아모쪼록.

## 第九十二課 問病

甲: 你來了，好啊你納。[늬래라화아늬나] 오십니까, 태평하십니까.

乙: 承問好你哪。[쳥원화늬나] 감사합니다. 태평하시오.

甲: 不敢當，請你坐罷。[부깐당칭늬쭤바] 황감합니다. 앉으십시오.

乙: 有坐有坐。[우쭤우쭤] 앉을 데 있읍니다.

甲: 你今天怎麽這麽閑著呀? [늬긴톈쩐뫄쪄뫄혠쪄야] 오늘은 어째 이렇게 한가하십니까?

乙: 聽説你缺安了，今兒特來問候。[팅쒀늬케안라긴얼터래원훠] 노형께서 편ㅎ지 않다시는 말을 듣고 오늘 특히 문안 왔읍니다.

甲: 叫你惦記著，還不大俐儸。[갸늬뎬기쪄해부따리뤄] 염려하시게 하였읍니다. 아즉도 깨끗지는 못합니다.

乙: 我先不知道，昨天我纔聽説，實在是少來望看你哪。[워쏀부쯰땊쭤톈왕채팅쒀쓰째쓰쏴래왕칸늬나] 나는 몰랐었는대 어제야 말슴을 들었어요. 참 오래 뵙지 못하였읍니다.

甲: 那兒的話呢，這就勞你駕咯。[나얼디화늬쪄쭈랖늬갸라] 천만에 말슴입니다. 이건 어려우신 출입이십니다 그려.

乙: 你是多咱病的? [늬쓰둬짠뼹디] 어제부터 편ㅎ지 않으셨읍니까?

甲: 打兩三天就覺著不舒服。[따량싼톈쭈궤쪄부쑤푸] 사오 일 전부터 몸이 거북하였어요.

乙: 你發燒不發燒? [늬퐈쏘부퐈쏘] 신열은 나지 않으십니까?

甲: 有點兒發燒, 不火〔大〕利害。

[위뎬얼ᄧᅡ쏴부따리해] 좀 나나 대단ㅎ지는 않습니다.

乙：咳嗽不咳嗽？[커쩌부커쩌] 기침이 나십니까？

甲：早晚咳得利害，白天到〔倒〕還好。[짜완커더리해빼텐땊해핲] 아침 저녁은 대단하나 낮에는 그저 왼만합니다.

乙：夜裏睡得著麽？[예리쒜더쫘마] 밤에는 잘 주무십니까？

甲：不大睡得著覺。[부따쒜더쫘쟈] 잠이 그리 잘 안옵니다.

乙：請大夫瞧了沒有？[칭때뿌챠라메위] 의사를 청해다 보셨읍니까？

甲：已經請了，他說再過三五天就好了。[이깅칭라타숴째꿔싼우텐쪄핲라] 뵈었는데 사오일 지나면 낫겠다 합디다.

乙：現在天氣不大順，乍冷乍熱，你得多加小心，話說多了也要傷神，改天再來罷。[혠재텐키부따쑨짜렁짜여늬데둬갸쌰신화숴둬라예얀쌍썬깨텐째래바] 지금은 일기가 그르지 못해서 치웠다 더웠다 하는 고로 더욱 조심하십시오. 너무 오래 말씀하면 역시 상심이 되시겠는 고로 다음날 다시 오겠습니다.

甲：不敢再勞駕。等我大好了，再到府上給你道謝去。[부깐째랖갸떵워따핲라째땊뿌쌍께늬땊쎄킈] 그러실 것 없읍니다. 인제 병이 다 낫거던 댁에 인사를 여쭈러 가겠읍니다.

乙：不敢當，保重保重。[부깐당밮쭝밮쭝] 황송합니다. 잘 조섭하십시오.

甲：多謝多謝，恕我不送。[둬쎄둬쎄쭈워부쑹] 감사합니다. 나가지 않습니다.

## 第九十三課 溜達

甲：你打那裏來？[늬따나리래] 자네 어디서 오나？

乙：從家裏來。[충갸리래] 집에서 오네.

甲：我剛從學校回來，正吃飯哪，請你一同吃罷。[워깡쭝쉐햪훼래쩡츼빤나칭늬이퉁츼바] 나는 지금 막 학교에서 와서 마침 밥을 먹는 길일세. 자네 같이 먹세.

乙：我已經偏過了，你請罷。[워이깅폔꿔라늬칭바] 나는 벌서 먹었네. 어서 먹게.

甲：你很閑在呀，今兒沒事嗎？[늬헌혠째야긴얼메쓰마] 자네 한가한가. 오늘 볼 일 없다？

乙：可不是麽，這兩天沒事特來看

看你，你若没事，可以溜達溜達去。[커부쓰마쪄량톈메쓰터래칸칸늬늬워메쓰커이릭따릭따쿼] 그러이. 요세는 일이 없어서 찾아왔네. 자네 일이 없거던 산보나 가세.

甲：頂好的，你打算要上那兒去呢？[띵한디늬따쏸얀쌍나얼쿼늬] 좋지. 어디로 가려나？

乙：上漢陽公園去怎麽樣？[쌍한양꿍완쿼쩐뫼양] 한양공원으로 가는 것이 어떠한가？

甲：那麽咱們就走罷。[나뫼짜먼찍쩍바] 그러면 어서 가세.

乙：你看這麽山清水秀的，多凉快！[늬칸쪄뫼싼칭쒜씌디둬량쾌] 여보게 이렇게 산명수려하니 얼마나 시원한가！

甲：是，這麽各様兒的花兒都開了，各様兒的鳥兒也有吵的了，真是有趣兒極咯。[쓰쪄뫼꺼양얼디화얼뚜캐라꺼양얼디냐얼예우쨔디라쩐쓰위취얼기라] 응. 이렇게 여러 가지 꽃이 피었고, 또 각색 새도 우니 참 취미가 진진하네.

乙：啊，很好！真叫人胸襟開豁，萬慮皆空了。[아헌화쩐쟌인휭긴캐훠완뤼개쿵라] 아, 좋다! 사람으로 하여금 흉금이 열리고 만려가 사라지게 하네.

甲：哎呀，那是叫什麽廟？[애야나쓰쟌썬뫼먀] 오야, 저것은 무슨 사당이오？

乙：這就是朝鮮神宮啊。[쪄찍쓰쨔쏀썬꿍아] 이것은 조선 신궁이오.

甲：那是叫什麽江？[나쓰쟌썬뫼걍] 저건 무슨 강인가？

乙：那個江就是漢江，有兩個鐵橋了。[나거걍찍쓰한걍우량거톄쟌라] 그것은 한강인대 철교 둘이 있지.

甲：一個是鐵路用的，一個呢？[이거쓰톄루윙디이거늬] 하나는 철도용이지만 하나는 무언가？

乙：就那一個是人道橋用的，你去過了没有？[찍나이거쓰인땊쟌윙다늬쿼꿔라메우] 하나는 인도교라네. 자네 못 가보왔나？

甲：還没哪。[해메나] 못 가보았네.

## 第九十四課 書鋪

甲：來了你納，用什麽書哪？[래라늬나윙썬뫼쑤나] 어서오십시오. 무슨 책을 쓰시렵니까？

乙：你把書目録給我看看。[늬빠쑤무루께워칸칸] 도서목록을 보여주시오？

甲：有，送給你這本罷。[우쑹께늬여뻰바] 있읍니다. 이것을 드리겠읍니다.

乙：你們有什麼樣兒的話條子的書？[늬먼우썬뫄양얼디화툐쯔마] 어떠한 회화책이 있오？

甲：你說的是中國話條子嗎？[늬쒀디쓰쭝궈화툐쯔마] 말씀하시는 것은 중국어 회화책이오니까？

乙：不錯，我要簡單而且明瞭的。[부쒀워야곈딴얼체밍랴다] 그렇소. 간단명료한 것을 사겠오.

甲：我們賣的都是中國的統一國語。[워먼매디뚜쓰쭝궈디퉁이꿔위] 우리가 파는 것은 다 중국서 통일한 국어입니다.

乙：給我拿張詳細的中國地圖。[께워나쨩썅시디쭝둬디투] 자세한 중국 지도를 가져오시오.

甲：是帶軸兒的麼？[쓰때쭈얼디마] 축이 달린 것입니까？

乙：不要有軸兒的，單張兒的就行。[부야우쭈얼디딴쨩디쮜힝] 축 달린 것은 일없소. 외장으로 된 것이 좋소.

甲：單張兒的都賣完了。[딴쨩얼디뚜매완라] 그것은 다 팔렸읍니다.

乙：《康熙字典》《紅樓夢》《桃花扇》，我要這三部，都要好紙版的。[캉히쯔덴홍릭멍퇀화싼워야쪄싼부뚜야한쯔빤디]강히자전, 홍루몽, 도하선이 세 권을 사겠는데 모두 판이 좋은 것이라야 하오.

甲：你在我們這兒買書沒錯兒。不但紙版好，就是裝訂和書頁我們都過過目了，一點兒毛病都不能有的，就是價碼兒比別的屋裏稍微的大點兒。[늬째워먼쪄얼메쑤메춰얼부딴쯔빤한쮜쓰쫭띵해쑤예워먼뚜꿔꿔무라이뎬얼맏삥뚜부넝읶다쮜쓰갸마얼삐뻬다우리쌰웨디따뎬얼] 우리에게 오서서 책을 사시면 틀림이 없읍니다. 판이 좋을 뿐만 아니라 제본이든지 장수든지 모두 한 번식 눈공드려 보았는 고로 조그마한 결점도 있을 이가 없읍니다. 단지 값이 다른 가가보다 좀 비쌉니다.

乙：只要東西好，花幾個錢不要緊。[쯔야뚱시화화기거쳰부야긴] 물건이 좋기만 하면 얼마간 더 내도 관계없오.

甲：我拿來，請看一看就知道了。[워나래칭칸이칸쮜찌딴라] 갖다가 보여드리면 아십니다.

乙：對了，一共多少錢？[뒈라이꿍둬쌰쳰] 좋소. 모다 얼마요？

甲：通共十二塊六。[퉁꿍쓰얼쾌릭] 합계가 십이원 육십전이올시다.

乙：太貴了，少點兒罷。[태궤라쌀뎬얼바] 너무 비싸니 좀 감합시다.

甲：不行你納，我們是言無二價。[부힝늬나워먼쓰옌우얼갸] 그리 할 수 없읍니다. 저이는 외누리가 없읍니다.

乙：就是，我留下罷。[찍쓰워릭햐바] 그리면 이리주시오.

## 第九十五課 買雜貨

甲：你們這兒賣洋襪子不賣？[늬먼쪄얼매양와쯔부매] 여기서 양말은 팔지 않소？

乙：賣，你要什麽樣兒的？[매늬얖썬뫼양얼디] 팝니다. 어떠한 것을 사시렵니까？

甲：我要黑的，這雙怎麽個價錢呢？[워얖헤디쪄쐉쩐뫼거갸쳰늬] 검은 것을 사겠는데. 이것은 한 켜레에 값이 어떠하오？

乙：那樣兒的四毛五一雙。[나양얼디쓰맏우이쐉] 그런 것은 한 켜레에 사십 오전입니다.

甲：我還要一條手巾，這個怎麽賣呀？[워해얖이탼쒁긴쪄거쩐뫼매야] 또 수건 하나를 사겠는데 이것은 어떻게 파오？

乙：洗臉手巾是三毛錢一條，洋布手巾是一毛五一個。[씨렌쒁긴쓰싼맏쳰이탼양뿌쒁긴쓰이맏우이거] 세수숫건은 삼십전에 하나요. 손수건은 십오전에 하나입니다.

甲：那太貴了，洗臉手巾給你兩毛錢一條罷。[나태궤라씨렌쒁긴께늬량맏쳰이탼바] 그건 너무 비싸오. 세숫수건 한 개에 이십전 주리다.

乙：兩毛錢一條？連本兒還不够哪。[량맏쳰이탼렌뻔얼해부꺽나] 이십전에 하나요？ 본전도 못됩니다.

甲：我又想買兩條手套，到底是什麽樣兒的便宜，什麽樣兒的貴呢？[워익썅매량탼쒁탚딴디쓰썬뫼양얼디펜이썬뫼양얼디궤늬] 나는 또 장갑 한 켜레를 사려고 하는데 결국 어떠한 것이 싸고 어떠한 것이 비싸오？

乙：那你要看材料兒的好歹了。[나늬얖칸채랸얼디핲때라] 그것은 재료의 호불호를 보셔야지요.

甲：我到〔倒〕看不出來什麽是好什麽是歹哪。[워딴칸부쭈래썬뫼쓰핲썬뫼쓰때나] 나는 어느 것이 좋고 어느 것이 나쁜 것을 분간할 수 없오.

乙：又細又厚的是好的，又粗又薄

的是壞的，并且那個顏色也差著哪。你自己兩個比較一下子，就自然而然的明白那個理了。[의씨의훠디쓰한다의추의빤디쓰쾌다삥졔나거옌써예쟈여나늬쯔기량거삐갸이햐쯔꾀쯔안얼안디밍배나거리라] 곱고 두터운 것은 좋은 것이오. 거츨고 얇은 것은 나뿐 것입니다. 또 빛깔에도 차가 있지요. 당신께서는 두 가지를 한 번 비교하야 보시면 자연히 그 이치를 아실 것이올시다.

甲：你把深藍的拿給我看看。[늬빠썬란디나께워칸칸] 진남빛을 보여주오.

乙：深藍的顏色太老了，你能中意罷。[썬란디옌써태랖라늬넝쭝이바] 진남은 너무 짙으니 중간으로 하시지요.

甲：淺藍的顏色又太嫩了，我不要了。[첸란디옌써익태넌라워부야라] 엷은 남빛은 또 너무 엷어서 싫소.

乙：你看這個顏色怎麽樣？[늬칸쩨거옌써쩐뭐양] 여봅쇼. 이 빛은 어떠하십니까？

甲：好了，那麽我就要這個罷。[핲라나뭐워쮜야쩨거바] 좋소. 그러면 이것을 갖겠오.

乙：謝謝。你回家。[쎄쎄늬훼갸] 고맙습니다. 안녕이 가십시오.

## 第九十六課 買布

甲：我要撕布。[워야씨뿌] 필육을 좀 끊겠오.

乙：是粗布，是細布？[쓰추뿌쓰씨뿌] 굵은 것이오니까？ 고은 것이오니까？

甲：用點兒洋布。[윙덴얼양뿌] 양목을 좀 쓰겠오.

乙：你要什麽樣兒顏色兒的？[늬야썬뭐양얼옌써얼다] 어떤 빛을 사시렵니까？

甲：我要紅的。[워야훙다] 붉은 것이오.

乙：有素的，没有紅的。[익쑤디메익훙디] 흰 것은 있어도 붉은 것은 없읍니다.

甲：素的也得拿出來看看。[쑤디예데나쭈래칸칸] 흰 것이라도 갖다 보여주오.

乙：有帶光光兒的麽？[익때꽝꽝얼디마] 윤 있는 것입니까？

甲：是，給我瞧瞧頂好的。[쓰께워챺챺띵핲다] 네. 썩 좋은 것을 보여주시오.

乙：這就是頂高上上的。[쪄쮜쓰띵깦쌍쌍디] 이것이 극상품이올시다.

甲：這是什麽牌子的？［여쓰썬뫼패쯔다］이것은 무슨 표요？

乙：這是老虎和月亮牌子的。［여쓰랖후해웨량패쯔디］이것은 호랑이에 달 그린 표입니다.

甲：太薄了，没有厚的嗎？［태빤라메익학디마］너무 얇군. 두꺼운 것은 없오？

乙：近來的貨都是這個樣兒。［긴래다훠뚜쓰예거양얼］요세 물건은 모두 이렇습니다.

甲：那麽没法子，留下這個罷。［나뫼메빠쯔릭햐예거바］그러면 할 수 없지. 이것으로 하겠소.

乙：要用幾尺呢？［야윙기쯰늬］몇 자나 쓰시렵니까？

甲：一尺賣多少錢？［이쯰매둬쌰첸］한 자에 얼마요？

乙：賣的是參〔叁〕毛錢一尺，成疋買便宜。［매디쓰싼맏첸이쯰쳥피매펜이］팔긴 한 자에 삼십전인대 필로 사시면 쌉니다.

甲：至少算多兒錢？［쯔쌰쏸둬얼첸］박지박해서 얼마요？

乙：我們是言無二價，童叟無欺的。［워먼쓰옌우얼갸퉁쩍우키다］우리는 노소간 외누리는 아니합니다.

## 第九十七課 診脉

甲：勞你駕給我診一診脉。［랖늬갸께워연이연뫼］오시게 수고하셨읍니다. 진맥 좀 해주십시오.

乙：你覺著不舒服麽？［늬궤쫘부쑤빠마］노형이 편ㅎ지 아니하십니까？

甲：是，腰身覺著怪疼的。［쓰야썬궤쫘꽤텅다］네. 허리가 몹시 아픕니다.

乙：那邊覺著疼啊？［나볜궤쫘텅아］어느 쪽이 아프십니까？

甲：右邊兒腰肢疼的利害。［익볜얼야쯔텅디리해］바른편 허리가 매우 아픕니다.

乙：發燒不發燒？［빠쌀부빠쌀］신열이 나십니까？

甲：不覺著發燒，晃晃兒還冷點兒，不大利害。［부궤쫘빠쌀황황얼해렁뎬얼부따리해］더운 줄은 분명히 모르겠고 좀 치우나 그리 대단ㅎ지는 않습니다.

乙：有走動没有？［익쩍뚱메익］뒤는 보십니까？

甲：跟平常一樣。［껀핑쨩이양］평시와 같습니다.

乙：飲食上怎麽樣？［인쓰쌍쩐뫼양］식사는 어떠하십니까？

甲：一點兒也吃不出什麽滋味兒來。［이뎬얼예쯰부쭈썬뫼쯔웨얼래］조금도 아모 맛을 몰르겠읍니다.

乙：夜裏有覺没有？［예리우쟈메우］밤에 잠은 주무시나요？

甲：時常睡不著覺。［쓰쨩쒜부쟈쟈］때때 자지를 못합니다.

乙：出燥汗不出？［추쌒한부추］진땀은 안납니까？

甲：總不什麽出汗。［쭝추［부］썬뭐추한］도무지 아무 땀도 안납니다.

乙：咳嗽不咳嗽？［커쒀부커쒀］기침을 하시나요？

甲：不咳嗽。［부커쒀］아니합니다.

乙：不要緊，我給你開個方兒。［부야긴워께늬캐거빵얼］관계없습니다. 방문을 내어 드리리다.

甲：這是怎麽個病？［쪄쓰쩐뭐거삥］이것은 무슨 병인가요？

乙：你腰子受了點兒傷咯。［늬야쯔쒸라뎬얼쌍라］신장이 좀 부실합니다.

## 第九十八課 飯館

甲：你來了，請坐請坐。［늬래라칭쭤칭쭤］어서오십시오. 앉으십시오.

乙：有蒸餃子没有？［우쩡쟈쯔메우］찐만두가 있소？

甲：没有餃子，有鷄絲麵。你愛吃什麽？［메우쟈쯔우기쓰멘늬애씌썬뭐］만두는 없습니다. 따루멘은 있읍니다. 손님께서는 무엇을 잘 삽［잡］수십니까？

乙：我愛吃炸醬麵。［워애씌짜장멘］나는 자장면을 좋아하오.

甲：肉絲炒麵怎麽樣呢？［우쓰챂멘쩐뭐양늬］볶은국수는 어떠하십니까？

乙：我不要吃那個。［워부야씌나거］나는 그건 일없오.

甲：那麽炒干飯怎麽樣？［나뭐챂깐빤쩐뭐양］그러시면 볶은밥은 어떠하십니까？

乙：這也是不要了。［쪄예쓰부야라］그것도 일없오.

甲：哎呀，對不起，你隨便説一説。［애야뒈부키늬쒜변워이워］오야. 미안합니다. 마음대로 말습하십시요.

乙：你們店裏做得燒蝦仁來麽？［늬먼뎬리쭤더쌒햐인래마］네 집에서 새우덴뿌라는 만들 수 있니？

甲：是，可以的。［쓰커이디］네. 됩니다.

乙：那麽拿小一碗來。［나뭐나쌰이완래］그러면 소완 한나 가져오나라.

甲：不要酒麽？［부야쭤마］약주는

안 쓰십니까？

乙：有什麽酒呢？［위썬뫼쮜늬］무슨 술이 있느냐？

甲：白酒、黄酒、皮酒、正宗都有。［빼쮜황쮜피쮜엉쭝뚜외］백주，황주，맥주，정종 다 있읍니다.

乙：你們家裏没有紹興酒嗎？［늬먼갸리메위쌒힝쮜마］네 집에 소흥주는 없느냐？

甲：偏巧這是賣完了。［펜쟌쪄쓰매완라］공교히 다 팔렸읍니다

乙：没有法子，黄酒也好了，快燙酒來。［메위빠쯔황쮜예화라쾌탕쮜래］할 수 없지. 황주도 좋다. 얼른 데어 오나라.

甲：你還要别的菜麽？［늬해얖베디채마］또 다른 요리도 잡수시겠습니까？

乙：我已經醉了，不能再吃了。［워이깅쮀라부넝째쯰라］벌서 취했다. 더 못 먹겠다.

## 第九十九課 飯莊

甲：堂官兒來。［탕꽌얼래］뽀―이，오나라.

乙：喳。［쨔］네.

甲：你拿菜單子來罷。［늬나채딴쯔래바］요리 목록을 가져오너라.

乙：這是菜單子，這以外還有别的菜，你要什麽好？［쪄쓰채딴쯔쪄이왜해위뻬다채늬얖썬뫼화］이것이 목록입니다. 이밖에도 다른 요리가 있읍니다. 무엇을 달라시든지 좋습니다.

甲：先來四個中碗炒鷄絲、炸丸子、拌三絲、炒玉蘭片。來一個魚四做兒——紅燒加魚、鍋搭魚、魚片兒、金蟬鮑魚，來山査勞帶密〔蜜〕錢〔餞〕白果。［쎈래쓰거쭝와쨘기쓰쨔완쯔판싼쓰쨘위란펜래이거위쓰쭤얼홍쌒갸위꿔따위펜얼긴쌴빤위래쌴쨔랖때미쳰빼꿔］먼저 중완 넷에 쨘기쓰，쨔완쯔，판싼쓰，쨘위란펜，가져오고 하나는 생선으로 네 가지 만든 것 홍쌒갸위，꿔따위，위펜얼，긴쌴빤위를 가져오고 쌴쨔랖에다가 미쳰빼꿔를 겨뜨려 가져오너라.

乙：你要什麽酒？［늬얖썬뫼쮜］무슨 약주를 잡수시렵니까？

甲：來兩壺白乾兒，再來正宗，我們先喝著。［래량후빼깐얼째래엉쭝워먼쎈허쪄］빼깐얼 두 병을 가져오고 또 정종을 가져오너라. 우리 먼저 먹게.

乙：你還要什麽點心？［늬해얖썬뫼뎬신］또 무슨 과자를 잡수시겠읍니까？

甲：你給配甜的、鹹的佩〔配〕來四

樣兒。[늬께페텐디헨디패래쓰양얼] 단 것 짠 것 섞어서 네 가지만 가져오너라.

乙：老爺，你的底下人他們吃什麼呀？[랖예늬디디햐인타먼쳐썬뫼야] 영감, 댁 하인들은 무엇을 먹습니까？

甲：哦，給他們一個炒肉兩張皮，叫他們先喝酒吃炸醬麵就得了。[어께타먼이거챺우량쨩피갸타먼쏀허쭤쳐짜쨩멘쭤더라] 오, 그들은 챺우량쨩피에 그들더러 먼저 술을 먹고. 짜쨩멘을 먹으라면 되겠다.

甲：跑堂兒。[퐌탕얼] 뽀이.

乙：喳。[쨔] 네.

甲：我們吃完了，撤傢伙開單子來。[워먼쳐완라쳐갸훠캐단쯔래] 우리는 다 먹었다. 그릇을 치고 발기 적어 오너라.

乙：喳，老爺，你請漱口擦臉〔臉〕。[쨔랖예늬칭쑤컥쨔롄] 네. 영감, 양추하시고 얼골 문지르십시오.

乙：這是牙籤兒。[쪄쓰야쳰얼] 이것은 이쑤시개입니다.

乙：老爺，單子開來了。[랖예딴쯔캐래라] 영감, 발기를 적어 왔읍니다.

甲：這單子連底下人吃的都在其內麼？[쪄딴쯔롄디햐인쳐디뚜째키눼마] 이 발기에 하인이 먹은 것까지 모두 들었느냐？

乙：喳。[쨔] 네.

甲：這是十五塊錢，下餘的賞你們酒錢。[쪄쓰쓰우쾌쳰햐위디쌍늬먼쭤쳰] 이것은 십오원이다. 남어지는 너이들의 술값이다.

乙：謝謝，你回家。[쎄쎄늬훼갸] 감사합니다. 안녕히 가십시오.

## 第百課 借錢

甲：昨天我到你這兒來，你沒在家。[쭤텐워딴늬쪄얼래늬메째갸] 어제 댁에 왔더니 아니 계시더구뇨.

乙：昨天失迎得很，回來聽説你留下話了，今兒還到舍下來，我竟恭候你了。[쭤텐쓰잉더헌훼래팅쒀늬릭햐화라긴얼해딴쪄햐래워깅꿍훅늬라] 어제는 집에 없어서 대단히 실례하였습니다. 돌아와서 오늘 또 오시겠다 하시고 가셨다는 말슴을 듣고 기대리고 있는 중이올시다.

甲：不敢當，你昨兒個是上那兒去了？[부깐당늬쭤얼거쓰쌍나얼큐라] 황감합니다. 어제는 어디 가셨습니까？

乙：到火車站接人去了，可是你有

什麽見教哇？［따훠여쌴쪠인쿼라커쓰늬읶쎤뫼곈쟌와］정거장에 마중을 나갔었읍니다. 그런데 무슨 일이 계십니까？

甲：我有件事要和你説，實在不好意思，可是迫於萬不得已，又不能不説了。［워읶곈쓰샤해늬쒀쓰쩨부핲이쓰커쓰뻐위완부데이읶부넝부쒀라］한 가지 청할 일이 있는대 과시 말슴이 나오지 않읍니다. 그러나 어찌할 수 없는 고로 말슴하지 아니 할 수 없읍니다.

乙：咳，有什麽事情你儘管説罷，何必這麽吞吞吐吐的，咱們這樣的交情，還有什麽客氣呢？［해읶쎤뫼쓰칭늬찐꽌쒀바허삐쪄뫼턴턴투투디짜먼쪄양디쟌칭해읶쎤뫼커키늬］허, 무슨 일이 계시거던 바른대로 말슴하십시오. 무얼 그렇게 어름어름하실 것 없읍니다. 우리 같은 사이에 무슨 사양하실 것이 있겠읍니까？

甲：我明兒有一筆緊用項，你手底下若是方便，請你借給我五塊錢行不行？［워밍얼읶이삐긴윙향늬쒸디햐워쓰뽱벤칭늬쪠게워우쾌쳰힁부힁］나는 내일 긴급한 용처가 있은대 당신께서 만일 형편이 좋으시거던 오원만 취해 주십시오. 어떠하십니까？

乙：可巧，這兒有五塊錢，請你拿去用罷。［커쟌쪄얼읶우쾌쳰칭늬나퀴윙바］마침 여기 오원이 있읍니다. 갖다가 쓰십시오.

甲：多謝多謝，那麽暫且借給我拿去。［뒤쎼뒤쎼나뫼짠체쪠께워나퀴］감사합니다. 그러면 잠시 취해 가겠읍니다.

## 第百一課 焕〔换〕錢

甲：借光借光，把這拾塊錢給我破破零的。［쪠꽝쪠꽝빠쪄쓰쾌쳰께워퍼퍼링다］여보시오. 이 돈 십원을 쪼개 주시오.

乙：你要單圓兒的麽？［늬야딴완얼디마］일원짜리가 소용되십니까？

甲：單塊兒的也行，我可要正金票兒。［딴쾌얼디예힁워커야엥긴퍞얼］일원짜리도 좋으나 정금은행권이 소용되오.

乙：正金的竟是整的，給你磨交通銀行的罷。［엥긴디깅쓰엥디께늬뫼쟌퉁인항디바］정금은행 것은 큰 것뿐이니 교통은행 것을 드리지오.

甲：若没有，就給我找倆五圓的老票兒罷。這你們還要貼水麽？［워

메우쭤께워쏘랴우완디랖퍞얼바여니먼해얍테웨마] 만일 없거던 일본 은행권 오원짜리 두 장으로 바꿔주시오. 역시 수수료가 드나요?

乙: 可不是麽，得要每塊是三分。[커부쓰마데얍메쾌쓰싼뻔] 그럼요. 일원에 삼전씩 듭니다.

甲: 那麽你把這個五塊給換兩塊錢的銅子兒、三塊錢的小銀子罷。[나뭐늬빠쪄거우쾌께환량쾌쳰디퉁쯔얼싼쾌쳰디썊인쯔바] 그러면 이 오원을 이원은 동전으로. 삼원은 잔은 전으로 바꿔주시오.

乙: 你要日本小銀子不是?[늬얍이뻔썊인쓰[쯔]부쓰] 일본 은전을 달라는 것이 아닙니까?

甲: 不是，我要單毛的。[부쓰워얍딴만디] 아니오. 나는 중국 십전짜리가 필요하오.

乙: 單毛的沒那麽多，給你拿雙連的罷。[딴만디메나뭐둬께늬나쐉렌디바] 십전짜리 은전은 그리 많지 않습니다. 이십전짜리 은전으로 드리지오.

甲: 這麽著罷。我要五個半塊的、一塊兩角兒的、一塊五單毛兒的。[져뭐져바워얍우거빤쾌디 [다] 이쾌량쟌얼다이쾌우딴만얼다] 이렇게 합시다. 다섯은 오십전짜리로, 일원은 이십전짜리로, 일원 오십전은 십전짜리로 주시오.

乙: 是，我遵命罷。[쓰[쓰] 워쭌밍바] 네, 그리하겠읍니다.

## 第百二課 郵政局

甲: 借光你哪，賣給我一張明信片兒，還有這封信得多少信費呢?[쪠꽝늬나매께워이쨩밍신펜얼해우쪄뻥신데둬쏘씬폐늬] 여보시오. 엽서 한 장 파시오. 그리고 이 봉함 편지는 우료가 얼마 걸리오?

乙: 得三分錢。[데싼뻔쳰] 삼전 듭니다.

甲: 若是褂〔挂〕號呢?[워쓰꽈핤늬] 만일 등기로는?

乙: 是一毛三。[쓰이만싼] 십삼전이오.

甲: 若是寄到外國去，得多少信費呢?[워쓰기딴왜꿔퀴데둬쏘씬폐늬] 만일 외국으로 부치면 우료가 얼마인가요?

乙: 也是一角三。[예쓰이쟌싼] 역시 십삼전이오.

甲: 聽說奇〔寄〕物信的郵費比平常信費的多，到底是怎麽個算法呢? [팅숴기우씬디우폐삐핑쌍

신폐디둬땀디쓰쩐뫼거쏸폐늬] 소포물의 우료는 보통편지 우료보다 많다 하는대 대관절 어떠한 계산인가요？

乙：那也是得先邀一邀分量，按著一定的定價貼信票。[나예쓰데쎈얀이얀펀량안여이띵디띵갸톄씬퍄] 그것도 역시 먼저 중량을 달아서 일정한 정가대로 우표를 부쳐야 합니다.

甲：我現在要把這明信片兒扔在信筒子裏頭，趕明天早起也能趕得上船麽？[워헨째얀빠여밍신폔얼영째씬퉁쯔리투깐밍톈짠키예넝깐더쌍쫜마] 내가 지금 이 엽서을 우편통 속에 넣으면 내일 아침에 배에 오를 수가 있나요？

乙：那你還是把信自己送到船上信箱子裏頭妥當一點兒。[나늬해쓰빠씬쯔기쑹땀쫜쌍씬썅쯔리투튀땅이덴얼] 그것은 당신이 편지를 친히 배 위 우편통 속에 넣으시는 것이 좀 안전합니다.

甲：住〔往〕美國一個月開幾回信船呢？[왕메궈이거웨캐기훼쫜늬] 미국으로는 한 달에 우편배가 몇 번 떠나나요？

乙：一個禮拜一趟。[이거리빼이탕] 일주일에 한 번이오.

甲：繞著上海走麽？[오여쌍해쩍마] 상해로 돌아서 가나요？

乙：不定，也有一直走的。[부띵예우이쯔쩍디] 일정하지 않지오. 바루 가는 것도 있읍니다.

甲：這封信交到那裏去？[여펑신잪땀나리퀴] 이 편지는 어디 갖다 주리까？

乙：你就裝在信筒裏去罷。[늬끽쫭재씬퉁리퀴바] 우편통에 넣으시오.

甲：回信可得多咱見呢？[훼씬커더둬짠젠늬] 답장은 언제나 볼가요？

乙：一個禮拜之後可以見罷。[이거리빼쯔훡커이젠바] 일주일 후에는 보시겠지요.

## 第百三課 電報局

甲：你有什麽貴幹？[늬우쎤뫼꿰깐] 노형 무슨 볼 일이 계시오？

乙：我是打電報來了。[워쓰따덴반래라] 나는 전보를 놓라왔오.

甲：打到那兒去的呢？[따땀나얼퀴디늬] 어디로 놓으시겠소？

乙：是朝鮮京城去的。[쓰쟢쏀깅쳥퀴디] 조선 경성으로 갈 것이오.

甲：給你電報紙，快寫上罷。[께늬덴반쯔쾌쎼쌍바] 전보지를 드리니 빨리 쓰시오.

乙：我寫錯了，還有電報紙沒有？

[워쎄쿼라해우뎬반쯔메우] 잘못 썼소. 또 전보지가 없나요？

甲: 這兒有電報紙。[쪄얼우뎬반쯔] 여기 전보지가 있읍니다.

乙: 你請看一看，這麼寫可以使得嗎？ [늬칭칸이칸쪄뫼쎄커이쓰더마] 보시오, 이렇게 쓰면 되겠나요？

甲: 好，電報費是十五個字四角錢。[한뎬반폐쓰쓰우거쯔쓰쟈렌［첸］] 좋소. 전보료는 열다섯 자에 사십전이오.

乙: 連住址和名字都算錢麼？[렌쭈쯔해밍쯔뚜쏸첸마] 주소와 이름까지 계산하나요？

甲: 沒有。[메우] 아니요.

乙: 得幾點鍾〔鐘〕可以到呢？[데기뎬쭝커이딴늬] 몇 시간이면 도착할가요？

甲: 兩點一刻就到了。[량뎬이커쫘딴라] 두 점 십오분이면 갑니다.

乙: 那麼今兒下半天可以有回電嗎？ [나뫼긴얼햐빤텐커이우훼뎬마] 그러면 오날 오후에는 회전이 있을가요？

甲: 那可不敢說，收報的人當下回報麼，過不了半天的光景，有你的回電來，必然趕緊給你送去就是了。[나커부깐쒀쪽반디인땅햐훼반마꿔부랴빤텐디꽝깅우늬디훼뎬래삐안깐긴께늬쑹큐쫘쓰라] 그것은 말할 수 없소. 받는 사람이 곧 회보하면 반나절이 넘지 않지요. 당신께 답전이 오면 꼭 빨리 보내 드리면 그만이지요.

乙: 就是，你費心罷。[쫘쓰늬폐씬바] 그렇게 하시오. 애 좀 쓰시오.

甲: 好說。[한쒀] 천만에

## 第百四課 電話

甲: 喂喂，本局一千二百三十四號，你那兒尚文公寓麼？啊，不對了，司機生接錯了罷，對不住。喂，剛纔你給接錯了，再給叫本局一千二 百三十四號。[웨웨뻔귀이첸얼빼싼쓰쓰한늬나얼쌍원꿍위마아부뒈라쓰기썽쪠쿼라바뒈부쭈웨깡채늬께쪠쿼라째께쟈뻔귀이첸얼빼싼쓰쓰한] 여보 여보, 본국 일천 이백삼십사번, 거기는 상문공 댁인가요？ 아, 틀렸습니다. 교환수가 잘못 대었나봅니다. 실례했읍니다. 여보 여보, 지금은 틀렸으니 더 한 번 본국 일천 이백 삼십 사번을 불러주시오.

乙: 唯，你那兒？[웨늬나얼] 여보, 어디오？

甲：我是張宅，你那兒是尚文公寓麽？［워쓰짱째늬나얼쓰썽원꿍위마］나는 장인데，거기는 상문공 댁인가요？

乙：是啊，你找誰啊？［쓰아늬쨔쒜아］그렇소，누구를 찾으시오？

甲：王先生在家裏没有？你給請過來講話。［왕쏀엉째갸리메우늬께칭꿔래걍화］왕선생 계십니까？할 말씀이 있는데요.

乙：你等一等，我就請去。［늬떵이떵워쬐칭퀴］좀 기다리시오. 불러 드릴 터이니.

丙：喂喂，友山麽？［웨웨위싼마］여보，여보，우산인가？

甲：不錯，你好啊？［부쒀늬화아］그렇이，괭이찬은가？

乙：好哇，你叫我有什麽事情啊？［화와늬쟈워위쓰뭐쓰칭아］잘 있지，무슨 일이 있나？

甲：我有件要緊的事要和你商量，今兒後半天打算要找你去，行不行？［워우곈얘긴디쓰얘해늬썅량긴얼훠빤톈따쏸얘짜늬퀴힝부힝］긴요한 일이 있어서 자네와 의논을 하러 오늘 오후에 찾아가고저 하는대 어떻겠나？

丙：偏巧今兒後半天我有個約會兒，總得出去一趟。［편챠긴얼훠빤톈워우거웨훼얼쭝데쭈퀴이탕］공교히 오늘 오후에는 회가 있어서 한번 나가야 하겠네.

甲：那麽多咱可以在家呢？［나뭐뒤짠커이째갸늬］그러면 언제 집에 있겠나？

丙：明兒前半天總可以在家。［밍얼첸반톈쭝커이째갸］내일 오전에는 꼭 집에 있겠네.

甲：那麽明兒一早必到你家裏去找〔找〕你。［나뭐밍얼이짜삐닫늬갸리퀴짜늬］그러면 내일 아침에 자네 집으로 찾아가겠네.

丙：是，明兒個我不出門，一定在家。等等，還没有別的事麽？［쓰밍얼거워부쭈먼이띵째갸떵떵헤메우삐디쓰마］응，내일은 나가지 않고 꼭 기다림세. 또 다른 일은 없나？

甲：没有別的事，明天見罷。［메우삐디쓰밍톈곈바］다른 일은 없네. 내일 만나세.

丙：是，明天見。［쓰밍톈곈］응，내일 보세.

## 第百五課 辭行

甲：先生打那裏來？［쏀엉따나리래］노형 어디로서 오십니까？

乙：打家裏來，這幾天忙罷？［따갸리래쪄기톈망바］집에서 옵니다.

요세는 분주하시지요？

甲：没有什麽事，我聽説你要到中國去，有這回事麽？［메우썬뭐쓰워띵［팅］워늬야똬쭝궈큐위여훼쓰마］아니오, 중국에 가신다는 말슴을 들었는대 정말슴입니까？

乙：是，打算上中國去一趟。［쓰따쏸쌍쭝궈큐이탕］네, 중국에 한번 가려고 합니다.

甲：動身的日子定了没有？［뚱썬디이쯔띵라메우］떠나실 날자는 정하셨읍니까？

乙：日子還没一定，也就在三五天以内，所以特來辭行。［이쯔해메이띵예짞째싼우톈이눼쒀이터래츠힝］날자는 아직 정하지 않았으나 아마 사오 일 이내 되겠지오. 그래서 일부러 작별하러 왔습니다.

甲：你真是多禮啊，這回上中國去是有什麽公事呢？［늬쩐쓰둬리아여훼쌍중궈큐쓰우썬뭐꿍쓰늬］참 친절하십니다. 이번 중국에 가시는 것은 무슨 볼 일이 계십니까？

乙：倒没有什麽公事，不過是趁著暑假要游歷游歷去。［딱메우썬뭐꿍쓰부궈쓰쳔쪄쑤갸얖우리우리큐］별로 볼 일은 없읍니다. 단지 여름휴가를 이용하여 구경하러 갈 터입니다.

甲：你這回是打算上什麽地方去啊？［늬여훼쓰따쏸쌍썬뭐디빵큐아］이번에 어디로 가실 터입니까？

乙：我想先上北平去，然後打北平再到滿洲去。［워썅쏀쌍뻬핑큐안훠따뻬핑째땨만쪄큐］나는 먼저 북평으로 가서, 그리고 다시 만주로 갈 생각입니다.

甲：你是坐車去呀，還是坐船去呢？［늬쓰쭤쳐큐야해쓰쭤쫜큐늬］기차로 가십니까？기선으로 가십니까？

乙：我打算去的時候兒坐船，回來的時候兒坐火車。［워따쏸큐디쓰훠얼쭤쫜훼래디쓰훠얼쭤훠쳐］갈 적은 배로, 올 적은 차로 할 작정입니다.

甲：同行的有幾位？［퉁힝디우기웨］동행은 몇 분이십니까？

乙：一共五個人，都是極好的朋友。［이꿍우거인뚜쓰기핤디펑우］모두 다섯 사람인대 다 친한 친구입니〈다〉.

甲：你動身的日子定規了，請告訴我一聲，我一定送行去。［늬뚱썬디이쯔띵궤라칭깐쑤워이썽이띵쑹힝큐］떠나실 날자가 작정되시거던 알려주십시오. 꼭 전송하겠읍니다.

乙：不敢當，你是忙身子，不必勞駕了。［부깐당늬쓰망썬쯔부삐

랸갸라] 황송합니다. 바쁘신데 그리하실 것은 없읍니다.

甲：那兒的話呢，我一定要送行去的。[나얼디화늬워이띵얀쏭힝킈디] 천만에, 꼭 전송하겠읍니다.

乙：啊，天不早了，我要告辭了。[아톈부짶라워얀깦츠라] 아, 늦었읍니다. 작별하겠읍니다.

甲：你忙什麼，時間還早哪，請再多一會兒罷。[늬망쎤뫄쓰곈해짶나징 [칭] 째둬이웨 [훼] 얼바] 뭘 그러십니까? 아직 일습니다. 좀 더 천천히 가십시오.

乙：不咖了，我還要到別處去一回。等我旅行回來再給你請安來罷。[부갸라워해얀또삐쭈킈이훼띵워뤼힝훼래째께늬칭안래바] 아니오. 또 다른 대도 가야 하겠읍니다. 인제 돌아오거던 또 찾아뵈옵겠읍니다.

甲：不敢當，不敢當。[부깐당부깐당] 불감합니다.

## 第百六課 送行

甲：我聽説你們今兒早起起身要中國去，所以我就給你們送行來了。[워팅쒀늬먼긴얼짶키키썬얀쭝궈킈쒀이워찍께늬먼쏭힝래라] 오늘 중국에 떠나신다는 말슴을 듣고 전송차로 왔읍니다.

乙：勞你大駕，你實在是多禮了。[랸늬따갸늬쓰째쓰둬리라] 수고하셨읍니다. 참 인사를 잘 차리십니다.

甲：那兒的話呢，這帶來的一點粗東西，路上當點心嘗罷。[나얼디화늬쪄때래디이톈추뚱시루썅땅톈신썅바] 천만에, 이것은 변변ㅎ지 못한 것입니다마는 길에서 과자로 잡수십시오.

乙：嗳呀，你太客氣了。[애야늬태커키라] 오야, 이건 참 황송합니다.

甲：没什麽可口的，不過揀一點家鄉風味送來。[메썬뫄커컥디부꿔곈이톈갸향뿽웨쑹래] 아모것도 잡수실 만한 것은 없으나, 고향의 명산을 좀 가져온 것뿐입니다.

乙：感謝得很。[깐셰더헌] 대단히 감사합니다.

甲：你們的旅程計劃妥當了？[늬먼디뤼쳥기화퉈땅라] 노정은 다 작정하셨읍니까?

乙：是，已經定規了。[쓰이깅띵궤라] 네, 벌서 작정하였읍니다.

甲：連去帶來總得多少日子呢？[롄킈때래쭁데둬쌒이쯔늬] 가셨다

오시기까지 메칠이나 걸리실가요？

乙: 少也不下兩多月的光景。[쏘예부햐량뒤웨디꽝깅] 적어도 두어달은 걸릴 모양이올시다.

甲: 那麽大概得多咱回來呢？ [나뫼따깨데뒤짠훼래늬] 그러면 대개 언제쯤 돌아오시겠읍니까？

乙: 後月二十五六罷。因爲行期限很忙，不能到府上和令兄辭行去，求你回去替我説説罷。[훠웨얼쓰우루바인웨힝키헨헌망부넝땊푸쌍해링횽쓰힝킈칶늬훼킈티워쒀쒜바] 내내월 이십오륙일께나 되겠읍니다. 행기가 총총해서 백씨께 작별을 못하엿읍니다. 돌아가시거던 대신 말슴을 하여 주십시오.

甲: 多謝多謝，你們一路平安。[뒤쎄뒤쎄늬먼이루핑안] 감사합니다. 안녕히 가십시오.

乙: 托你福罷。[퉈늬푸바] 감사합니다.

## 第百七課 坐船(其一)

甲: 我們買票來了。[워먼매퍞래라] 우리는 표를 사러 왔오.

乙: 來了多少人？ [래라뒤쏘인] 몇분이 오셨오？

甲: 來了好些個人。[래라화쎄거인] 여럿이 왔오.

乙: 這兒有紙寫名字罷。[쪄얼우쯔쎄밍쯔바] 여기 종이가 있으니 이름을 쓰시오.

甲: 這麽寫好不好？[쪄뫼쎄화부화] 이렇게 쓰면 되겠오？

乙: 好，你們要上那兒去？[화늬먼약쌍나얼킈] 좋소. 어디로 가시오？

甲: 我要上上海去。[워약쌍쌍해킈] 상해로 가려 하오.

乙: 你要幾等船？[늬약기덩쫜] 몇등을 타시겠읍니까？

甲: 下等是人很多，所以我要中等船。[햐덩쓰인헌뒤쒀이워약쭝덩쫜] 하등은 사람이 많으니, 중등으로 하겠소.

乙: 拿十四塊五毛錢罷。[나쓰쓰쾌우맢첸바] 십사원 오십전을 내시오.

甲: 給你十五塊，沒有小錢兒。[께늬쓰우쾌메우쏘쳰얼] 십오원을 드립니다. 잔돈은 없읍니다.

乙: 給你船票。[께늬쫜퍞] 선표를 받으십시오.

甲: 這是叫什麽船？[쪄쓰갼썬뫼쫜] 이것은 무슨 배인가요？

乙: 這是立神船。[쪄쓰리썬쫜] 이것은 입신선입니다.

甲：多咱開船呢？［둬짠캐촨늬］ 언제 출범하나요？

乙：晚上九點半鍾〔鐘〕開船。［완쌍각뎬빤쭝캐촨］ 밤 아홉 점 반에 떠납니다.

甲：船上吃飯是什麽人管呢？［촨쌍여ᄈ한쓰썬뭐인꽌늬］ 배에서 식사는 누가 담당하나요？

乙：也是都在其内，不要飯錢。你們快上船罷。［예쓰뚜째키눼부 약ᄈ한첸늬먼쾌쌍촨바］ 역시 그 속에 들었읍니다. 밥값은 받지 않습니다. 속히 배에 오르시오.

甲：多謝多謝，我們就上船罷。［둬쎄둬쎄워먼찍쌍촨바］ 고맙소. 곧 타겠오.

## 第百八課 坐船(其二)

甲：請東家來，我有説話。［칭뚱갸래워왁쒀화］ 주인을 청해 오너라. 할 말이 있다.

乙：東家没在屋裏，請掌櫃的來行不行？［뚱갸메째우리칭짱궤디래힝부힝］ 주인은 집에 없으니, 회계를 불러오면 안되겠읍이까？

甲：也行。［예힝］ 그것도 좋다.

丙：你叫我有什麽話吩咐？［늬갼워왁썬뭐화뻔뿌］ 저게 무슨 분부하실 말습이 계십니까？

甲：我這是要到青島去，不知道有往那兒去的火輪船没有。［워져쓰약또칭또퀴부씨또왁왕나얼퀴디훠룬촨메왁］ 나는 청도로 가고저 하는대 그곳으로 가는 기선이 있는지 모르겠오.

丙：這兒灣著有一隻高麗丸，明兒早起就開往青島去。［져얼완져왁이츠꼬리완밍얼짜키찍캐왕칭또퀴］ 여기 고려환이라는 배가 정박 중인대 내일 아침에 청도로 갑니다.

甲：那巧極了，可是這個船好不好？［나쟌기라커쓰예거촨화부화］ 그건 마침 잘되었소. 그러나 그 배는 좋소？

丙：這兒到青島有三隻船來往，一個是神户丸，一個是門司丸，再就是高麗丸，這個船身頂大頂乾净，船上應酬人也很周到。你一個單走麽？［져얼또칭또왁싼츠촨래왕이거쓰썬후완이거쓰먼쓰완째찍쓰꼬리완예거촨썬띵따띵깐찡촨쌍잉쭈인예헌쭈또늬이거딴쩍마］ 여기서 청도까지 배 셋 척이 왕래하는대, 하나는 신호환이오, 하나는 문사환이오, 또 하나는 이 고려환입니다. 이 배는 배가 대단히 크고 매우 정하며 배에서 접대하는 사람도 매우 주밀합니다. 당신은 혼자 가십니까?

甲: 就是我和我的底下人。[쮜쓰워해워디디햐인] 나와 내 하인이오.

丙: 你打算定幾等舱?[늬따쏸띵기덩창] 몇 등으로 정하시렵니까?

甲: 一個二等舱，一個三等舱，船價是多少錢?[이거얼덩창이거싼덩창쫜갸쓰둬쌒첸] 이등 하나 삼등 하나면 선가가 얼마요?

丙: 二等舱二十塊錢，三等舱八塊錢。若是帶的行李多，另外得給水脚。[□〈얼〉덩창얼쓰쾌텐[첸] 싼덩창빠쾌첸워쓰때디힝리둬링왜데께쉐쟈] 이등은 이십원, 삼등은 팔원이오. 만일 행장이 많으면 따로 삯을 주어야합니다.

甲: 那麽船價我這就開發麽?[나뫼쫜갸워쪄쮜캐뽜마] 그러면, 선가를 지금 주리까?

丙: 不必，我們櫃上可以先給你墊上了。[부삐워먼꿰쌍커이쏀께늬뎬쌍라] 그러실 것 없습니다. 저이가 선급하겠읍니다.

甲: 就是就是，那麽托你代辦罷。[쮜쓰쮜쓰나뫼퉈늬때빤바] 옳소. 그러면 대신 내여 주시오.

丙: 遵辦遵辦，請你歇一歇罷。[쭌반쭌반칭늬헤이헤바] 말슴대로 하겠읍니다. 안녕히 주무십시오.

甲: 辛苦你哪。[씬쿠늬나] 수고가 많구려.

## 第百九課 車站

甲: 借光借光。[제꽝제꽝] 여보 여보.

乙: 你上那站到呢?[늬쌍나짠땊늬] 어느 정거장까지 가시오?

甲: 開新京票罷。[캐씬깅퍞바] 신경표를 주시오.

乙: 你要幾等車?[늬얒기덩쳐] 몇 동[등]을 타시렵니까?

甲: 頭等的價錢很貴，所以要坐三等車。[퉈덩디갸첸헌궤쒀이얘쭤싼덩쳐] 일등은 비싸니 삼등을 타겠오.

乙: 三等是人很多不是? 混雜嗎?[싼덩쓰인헌둬부쓰훈짜마] 삼등은 사람이 많으니 혼잡지 않습니까?

甲: 那麽給二等的票罷。[나뫼께얼덩디퍞바] 그러면 이등표로 주시오.

乙: 拿十五塊六。[나쓰우쾌뤄] 십오원 육십전 내시오.

甲: 二等車十五塊六麽?[얼덩쳐쓰우쾌뤄마] 이등차가 십오원 육십전인가요?

乙：不不，忘了，二十九塊。[부부왕라얼쓰긔쾌] 아니 아니, 잊었읍니다. 이십구원입니다.

甲：給你二十九塊錢，這趟車是客車呢，還是貨車呢？[께늬얼쓰긔쾌쪤여탕여쓰커여늬허쓰훠여늬] 이십구원 받은[으]시오. 이번 차는 객차요？짐차요？

乙：是貨車，不搭客。[쓰훠여부따커] 화물차입니다. 손은 태우지 않습니다.

甲：那麼我們坐下趟車行不行？[나뫼워먼쭤햐탕여힝부힝] 그러면 우리는 다음 차를 타면 되겠오？

乙：下趟車是慢車，再過一點鐘還有一趟快車。你等著坐那車去罷。[햐탕여쓰만여쨰꿔이뎬쭝해위이탕쾌여늬덩여쭤나여퀴바] 다음 차는 완행이오. 한 시간만 지나면 급행차가 있읍니다. 노형은 그 차를 타십시오.

甲：是啊，那麼還剩咯一點多鐘的工夫了罷。[쓰아나뫼해엉라이뎬둬쭝디꿍뿌라바] 그런가요. 그러면 아직 한 시간 동안이나 남았구려.

乙：可不是麼，請你到候車房去抽烟罷。[커부쓰마칭늬땊헉여팡퀴엳옌바] 그렇습니다. 대합실로 가셔서 담배나 잡수시오.

## 第百十課 坐車

甲：今天我有點兒事情上安東縣去。[긴톈워우뎬얼쓰칭쌍안둥헨퀴] 오늘 나는 볼 일이 좀 있어서 안동현에 갑니다.

乙：你是坐火車去呀，是坐船去呢？[늬쓰쭤훠여퀴야쓰쭤쫜퀴늬] 차로 가십니까？ 배로 가십니까？

甲：我常愛暈船，所以要坐火車去。[워쨩애윈쫜쒀이야쭤훠여퀴] 나는 뱃머리를 알른 고로 차로 가려 합니다.

乙：我也要往奉天去。咱們一塊兒搭伴去好不好？[워예야왕뻥톈퀴짜먼이쾌얼따빤퀴화부화] 나도 봉천에 가고저 합니다. 우리 동행하는 것이 어떠하십니까？

甲：很好，你的行李都在那兒？[헌화늬디힝리뚜째나얼] 좋습니다. 노형 행장은 모두 어디 있읍니까？

乙：早已在車站存著了，回頭得裝在車上。你的呢？[짶이째여짠춘여라훼턱데쫭째여쌍늬디늬] 벌서 정거장에 마꼈읍니다. 이따가 차 안에 싫겠읍니다. 노형 것은？

甲：我是不多，就有一個皮箱，没有什麽。［워쓰부둬쪄우이거피쌍메우썬뫼］나는 많지 않습니다. 단지 가방 하나밖에 아무것도 없읍니다.

乙：這噹噹的是什麽響的聲兒？［져땅땅디쓰썬뫼향디셩얼］이 땡땡하는 것은 무슨 소리입니까？

甲：車要開了，那是摇鈴的聲兒。［쳐얀캐라나쓰얀링디셩얼］차가 떠나려 합니다. 저것은 요령소리입니다.

乙：這有什麽意思呢？［져우썬뫼이쓰늬］이것은 무슨 까닭인가요？

甲：火車快要開的時候兒，叫客人們快快上車的意思了。［훠쳐쾌얀캐디쓰후잔커인먼쾌쾌쌍쳐디이쓰라］차가 떠나려 할 때에 손님들에게 빨리 타라는 뜻입니다.

乙：啊，那麽咱們快走罷，巧了晚點兒就趕不上了罷？［아나뫼짜먼쾌쩌바쟌라완뎬얼쪄깐부썽라바］아 그러면 우리 빨리 갑시다. 좀 늦어도 대지 못하겠소.

甲：别忙别忙，這是往别處去的了。咱們要坐的是第二趟開的呢。［뻬망뻬망져쓰왕뻬쭈쿼디라짜먼얀쭤디쓰디얼탕캐디늬］바빠마시요. 이것은 다른 대로 가는 것이오. 우리가 탈 차는 둘재 번에 떠납니다.

乙：是啊？我不知道了。［쓰아워부지닾라］그렇습니까？ 나는 몰랐니다.

## 第百十一課 雇車

甲：趕車的，拉我到前門去，你要多兒錢？［깐쳐디라워딴쳰먼쿼늬얀둬얼쳰］인력거, 전문까지 가는대 얼마 달라나？

乙：來回麽？［래훼마］왕복입니까？

甲：不是。［부쓰］아니.

乙：你給我三角五罷。［늬께워싼쟌우바］삼십오전 주십시오.

甲：這纔多遠兒，你要這麽些個錢，我給你二十個子兒罷。［져채둬완얼늬얀져뫼쎼거쳰워께늬얼쓰거쯔얼바］이까진 대를 그렇게 많이 달라나, 이십전 주지.

乙：今兒道兒上很泥濘，不好走，多給五個子兒。［긴얼딴얼쌍헌늬닝부한쩌둬께우거쯔얼］오늘은 길이 질어서 흉합니다, 오전만 더 주십시오.

甲：可以，趕快一點兒罷。［커이깐쾌이뎬얼바］그래, 빨리 가세.

乙：是了你哪，你請上車罷。［쓰라늬나늬칭쌍쳐바］네, 알았읍니다. 타십시오.

甲：快點兒走怎麽樣？[쾌뎬얼쩍쩐뫼양] 좀 빨리 가는 것이 어떤가？

乙：可以，我快快兒的跑了。[커이워쾌쾌얼디팦라] 네，빨리 뛰겠읍니다.

甲：這纔就是了。[여채쮝쓰라] 인제 되었네.

乙：這個買賣太苦，你給幾個酒錢罷。[쎄거매매태쿠늬께기거쮝쳰바] 너무 힘이 들었으니，술값이□〈나〉몇 푼 주십시오.

甲：講多少我給多少，加錢不加錢那在我，我要加就是你不說我也給你加，我若是不加你說也白說。[걍뒤쌒워께뒤쌒갸쳰부갸쳰나째워워얀갸쮝쓰늬부숴워예께늬갸워워쓰부갸늬숴예빼숴] 작정한 대로만 주네. 더 주고 안 주는 것은 내게 달렸소. 내가 더 주고 싶으면 말 아니 하야도 주고 내가 만일 주지 않겠다면 자네가 말한 댓자 헛말일세.

## 第百十二課 旅館(其一)

甲：你們這兒有閑屋子没有？[늬먼여얼위혠우쯔메위] 자네 집에 빈 방이 있나？

乙：有啊你哪。[위아늬나] 있읍니다.

甲：領我們看看。[링워먼칸칸] 우리 가 보세.

乙：是。[쓰] 네.

甲：這是客堂麽？ [여쓰커탕마] 이것은 객실인가？

乙：是了。[쓰라] 네.

甲：你們店裏住一天多少錢？[늬먼뎬리쭈이톈뒤쌒첸] 자네 집에서 하루 묵자면 얼마인가？

乙：一塊錢一天。[이쾌쳰이톈] 하루에 일원입니다.

甲：飯錢都在其内麽？[빤쳰뚜째키눼마] 식가도 그 안에 들었나？

乙：是連房帶飯，一包在内。[쓰렌빵때빤이밮째눼] 방세로부터 식가까지 한테 들었읍니다.

甲：可以，就住在你們這兒罷。把我們的行李叫人上來。[커이쮝쭈늬먼여얼바빠워먼디힝리쟢인쌍래] 됀[된]네，여기서 유하겠네. 우리의 짐을 누구 시켜 올려오게.

乙：是，都拿上來了。[쓰뚜나쌍래라] 네，다 올려 왔읍니다.

甲：打點兒水來擦擦臉。[따뎬얼쉐래차차렌] 물 좀 떠오게，얼골을 문지르게.

乙：是，胰子、手巾都擱在這兒。[쓰이쓰[으]쒸긴뚜꺼째여얼]

녜, 왜비누, 수건이 다 여기 놓였읍니다.

甲: 哎，可以。[애커이] 응, 그래.

乙: 你們得幾點鐘用飯哪? [늬먼데기뎬쭁윙빤나] 몇 점에 진지를 잡수시겠읍니까?

甲: 六點鐘就是了，你給我拿盒洋火來。[루뎬쭁찍쓰라늬께워나허양훠래] 여섯 점이면 되겠네, 성냥 한 통 가져오게.

乙: 給你洋火。[께늬양훠] 성냥을 드립니다.

甲: 擱在這兒罷，茅厠在那兒? [꺼째쪄얼바마쯔째나얼] 여기 놓게. 변소는 어디 있나?

乙: 就在這後邊兒。[찍째쪄허볜얼] 이 뒤에 있읍니다.

甲: 這屋子是第幾號? [쪄우쯔쓰디기화] 이 방은 몇 호인가?

乙: 是第二號。[쓰디얼화] 제이호올시다.

甲: 掌櫃的有什麼事? [쨩궤디우썬뫼쓰] 장괴, 무슨 볼 일이 있오?

丙: 没别的事，請你把貴原籍和營業及姓名，你給開一個清單。我們櫃上好報巡警預備調查。[메뻬디쓰칭늬빠꿔[궤]완찌해잉예기씽밍늬께캐이거칭딴워먼궤쌍화반쉰깅위뻬탸[댜]쨔] 다른 일이 아니올시다, 손님의 원적과 영업과 성명을 자세히 한 장 적어주십시오, 사무실에서 순사의 조사 대답하기에 좋겠읍니다.

甲: 可以，我開好就送到櫃上去。[커이워캐화찍쑹꺼[궤]똬쌍큐] 좋소, 잘 적어서 보내리다.

## 第百十三課 旅館(其二)

甲: 我們的帳還没開出來麼? 告訴掌櫃的把我們的帳快開出來。[워먼디쨩해메캐추래마깐쑨쑤쨩꿔[궤]디빠워먼디쨩쾌캐추래] 우리 세음을 아직 뽑아 오지 안었나? 장괴에게 우리 세음을 얼른 뽑아 오라고 일르게.

乙: 這是開來的帳，請看你哪。[쪄쓰캐래디쨩칭칸늬나] 이것이 세음 발기입니다. 보십시오.

甲: 這開的過逾多了。[쪄캐디꿔위둬라] 이것은 너무 과한데.

乙: 我們不敢多開，這算是很公道。[워먼부간둬캐쪄쏸쓰헌꿍똬] 우리는 더 적지 않습니다. 이 계산은 공평합니다.

甲: 你們算的飯錢太多，你們從前不是説算一塊錢麼? [늬먼쏸디빤쳰태둬늬먼충쳰부쓰쒀쏸이쾌쳰마] 식가를 너무 많이 적었네.

전에 일원식 받겠다고 하지 안었나？

乙：我們不敢多算你們的錢。你説多少就給多少罷。[워먼부깐둬쏸늬먼디쳰늬쒀둬쏘찍께둬쏘바] 저이는 많이 받지 않습니다. 얼마든지 손님 말슴대로 주십시오.

甲：你們把總碼兒開錯了。[늬먼[먼] 먼빠쭝마얼케춰라] 합계를 잘못 맺네.

乙：沒有，我們算的清清楚楚的，那兒有錯呢？[메아워먼쏸디칭칭쭈쭈디나얼우춰늬] 아니올시다. 우리의 계산은 분명합니다. 어디가 틀렸읍니까？

甲：這不是麽？你再好好兒看看。[쪄부쓰마늬째화화얼칸칸] 이게 아니야？자세 보게.

乙：是這碼多拐了一拐，我給你可以改一改。[쓰쪄마둬꽤라이꽤워께늬커이깨이깨] 네. 이 수자를 한 획 더 꾀었읍니다 그려. 고쳐서 드리겠읍니다.

甲：這行了，這兒有六十塊錢，另有三塊，這賞你們酒錢。[쪄힝라쪄얼우릭쓰쾌쳰링우싼괘쪄쌍늬먼쪄쳰] 인제 되었네. 여기 육십원 있네. 따로 삼원은 자네 술값일세.

乙：謝謝。[쎄쎄] 감사합니다.

## 第百十四課 數詞

一 [이] 하나
二 [얼] 둘
三 [싼] 셋
四 [쓰] 넷
五 [우] 다섯
六 [릭] 여섯
七 [치] 일곱
八 [빠] 여덟
九 [직] 아홉
十 [쓰] 열
十一 [쓰이] 열하나
十二 [쓰얼] 열둘
十三 [쓰싼] 열셋
十四 [쓰쓰] 열넷
十五 [쓰우] 열다섯
十六 [쓰릭] 열여섯
十七 [쓰치] 열일곱
十八 [쓰빠] 열여덟
十九 [쓰직] 열아홉
二十 [얼쓰] 스물
三十 [싼쓰] 서른
四十 [쓰쓰] 마흔
五十 [우쓰] 쉰
六十 [릭쓰] 예순
七十 [치쓰] 이른
八十 [빠쓰] 여든

九十 [각쓰] 아흔
一百 [이빼] 백
二百 [얼빼] 이백
一百零一 [이빼링이] 백하나
一百零四 [이빼링쓰] 백넷
一百一十一 [이빼이쓰이] 백열하나
一百一十五 [이빼이쓰우] 백열다섯
一百二 [이빼얼] 백스물
一百三 [이빼싼] 백서른
二百四 [얼빼쓰] 이백마흔
五百 [우빼] 오백
一千 [이첸] 일천
兩千 [량첸] 이천
一萬 [이완] 일만
十萬 [쓰완] 십만
一百萬 [이빼완] 백만
一千萬 [이첸완] 천만
一萬萬 [이완완] 일억
一兆 [이짜] 일조
一京 [이깅] 일경
一半兒 [이빤얼] 반
十多 [쓰둬] 십여
一百來 [이빼래] 근백
一個 [이거] 한 개
兩個 [량거] 두 개
三個 [싼거] 세 개
四啊 [쓰아] 네 개
五啊 [우아] 다섯 개
六啊 [루아] 여섯 개
七個 [치거] 일곱 개
八個 [빠거] 여덟 개
九個 [각거] 아홉 개
十個 [쓰거] 열 개
些個 [쎄거] 있는 대로 모두
好些個 [화쎄거] 매우 여러 개
第一 [디이] 제일
第五 [디우] 제오
第二號 [디얼화] 제이호
第三號 [디싼화] 제삼호
一分錢 [이뻔첸] 일전
一毛錢 [이맢첸] 십전
一角錢 [이쟈첸] 십전
一塊錢 [이쾌첸] 일원
兩塊五 [량쾌우] 이원 오십전
三塊兩角 [싼쾌량쟈] 삼원 이십전
四塊兩毛五 [쓰쾌량맢우] 사원 이십오전
五個銅子兒 [우거퉁쯔얼] 동전 오푼
一兩銀子 [이량인쯔] 대양 일원
一斤 [이긴] 한 근
五錢 [우첸] 닷 돈
一疋 [이피] 한 필
一丈 [이짱] 한 길
一尺 [이쯰] 한 자
一合 [이허] 한 홉
一升 [이썽] 한 되
一斗 [이뚜] 한 말
一石 [이딴] 한 섬
一張紙 [이짱쯔] 한 장 종이

兩張椅子 [량쨩이쯔] 두 개 의자
一場雨 [이챵위] 한 소나기 비
一陣風 [이쩐펑] 한 번 지나가는 바람
一架鐘 [이갸쭝] 시계 하나
一間屋子 [이곈우쯔] 방 하나
一件衣裳 [이곈이썅] 옷 한 벌
一件東西 [이곈뚱시] 물건 하나
一件事情 [이곈쓰칭] 일 한 가지
一枝筆 [이쯔삐] 붓 한 자루
一枝花 [이쯔화] 꽃 한 가지
一枝蠟 [이쯔라] 초 한 가락
一隻烟 [이쯔옌] 권연 한 개
一隻船 [이쯔촨] 배 한 척
一處房子 [이추빵쯔] 집 한 채
一串珠子 [이촨쭈쯔] 구슬 한 줄
一串院子 [이촨완쯔] 한 마당
一床被子 [이촹뻬쯔] 이불 한 채
一盅水 [이쭝쉐] 물 한 잔
一句話 [이귀화] 말 한 마디
一封信 [이펑신] 편지 하나
一杆槍 [이깐챵] 총 한 자루
一棵樹 [이커쑤] 나무 하나
一股道 [이쿠땊] 길 한 갈래
一挂錶 [이꽈뱌] 몸시계 한 개
一管筆 [이꽌삐] 붓 한 자루
一里地 [이리디] 일리
一把刀子 [이빠땊쯔] 칼 한 자루
一把勺子 [이빠쌰쯔] 사시 한 개
一本書 [이뻔쑤] 책 한 권
一匹馬 [이피마] 말 한 필
一部書 [이뿌쑤] 책 한 권
一雙鞋 [이쐉혜] 신 한 켜례
一雙襪子 [이쐉와쯔] 왜버선 한 켜례
一雙筷子 [이쐉쾌쯔] 저 한 메
一罎酒 [이탄짝] 술 한 항아리
一套書 [이톼쑤] 책 한 길
一套車 [이톼쳐] 한 필 마차
一套文書 [이톼원쑤] 문서 한 뭉치
一道河 [이땊허] 강 하나
一道電光 [이땊덴꽝] 번개 한 줄기
一條狗 [이턒꺽] 개 한 마리
一條褲子 [이턒쿠쓰[쯔]] 바지 하나
一條路 [이턒루] 길 하나
一頂帽子 [이띵맢쯔] 모자 하나
一朵〔垛〕墻 [이둬챵] 죽 잇대인 담
一朵花 [이둬화] 꽃 한 송이
一座廟 [이쭤먚] 사당 하나
一座山 [이쭤싼] 산 하나
一尊佛 [이쭌뿌] 부처 하나
一尊炮 [이쭌퐈] 대포 한 대
一團火 [이퇀훠] 불 한 뭉치
一眼井 [이옌찡] 우물 하나
一捆葱 [이쿤충] 파 한 단
一粒丸藥 [이리완야] 환약 한 개
一口鍋 [이커꿔] 솥 한 개
一領席子 [이링씨쯔] 자리 한 립
一位客 [이웨커] 손님 한 분
一鋪炕 [이푸캉] 온돌 한 간
一包糖 [이빤탕] 사탕 한 뭉치

一尾魚 [이웨위] 고기 한 마리

一幅畫 [이뿌화] 그림 한 폭

一簔〔盞〕燈 [이짠덩] 등잔 하나

一塊墨 [이쾌뭐] 먹 한 장

一條魚 [이턒위] 고기 한 마리

一頭牛 [이투뉴] 소 한 마리

一把傘 [이빠싼] 우산 한 개

(以下略)

## 第百十五課 節季

春天 [춘톈] 봄

夏天 [햐톈] 여름

秋天 [취톈] 가을

冬天 [뚱톈] 겨울

正月(一月) [쪙웨(이웨)] 정월(일월)

二月 [얼웨] 이월

三月 [싼웨] 삼월

四月 [쓰웨] 사월

五月 [우웨] 오월

六月 [릭웨] 유월

七月 [치웨] 칠월

八月 [빠웨] 팔월

九月 [긱웨] 구월

十月 [쓰웨] 시월

冬月(十一月) [뚱웨(쓰이웨)] 동짓달 (십일월)

臘月(十二月) [라웨(쓰얼웨)] 섣달 (십이월)

初一(一號) [쭈이(이화)] 초하루

初二(二號) [쭈얼(얼화)] 초이틀

初三(三號) [쭈싼(싼화)] 초사흘

初四(四號) [쭈쓰(쓰화)] 초나흘

初五(五號) [쭈우(우화)] 초닷세

初六(六號) [쭈릭(릭화)] 초엿세

初七(七號) [쭈치(치화)] 초이레

初八(八號) [쭈빠(빠화)] 초여드레

初九(九號) [쭈긱(긱화)] 초아흐레

初十(十號) [쭈쓰(쓰화)] 초열흘

十一(十一號) [쓰이(쓰이화)] 열하루

十五(十五號) [쓰우(쓰우화)] 보름

二十(二十號) [얼쓰(얼쓰화)] 스무날

月底(三十號) [웨디(싼쓰화)] 그믐날

禮拜日(星期日) [리빼이(씽키이)] 일요일

禮拜一(星期一) [리빼이(씽키이)] 월요일

禮拜二(星期二) [리빼얼(씽키얼)] 화요일

禮拜三(星期三) [리빠싼(쌍키싼)] 수요일

禮拜四(星期四) [리빼쓰(씽키쓰)] 목요일

禮拜五(星期五) [리빼우(씽키

우)] 금요일
禮拜六(星期六) [리빼릭(씽키릭)] 토요일
立春 [리쭌] 립춘
雨水 [위쒜] 우수
驚蟄 [깅쯔〔쪄〕] 경칩
春分 [쭌뻔] 춘분
清明 [칭밍] 청명
穀雨 [꾸위] 곡우
立夏 [리햐] 립하
小滿 [쌴만] 소만
芒種 [왕〔망〕쭝] 망종
夏至 [햐쯔] 하지
小暑 [쌴쑤] 소서
大暑 [따쑤] 대서
立秋 [리취] 립추
處暑 [쭈쑤] 처서
白露 [빠루] 백로
秋分 [취뻔] 추분
寒露 [한루] 한로
霜降 [쐉걍] 상강
立冬 [리뚱] 립동
小雪 [쌴쒜] 소설
大雪 [따쒜] 대설
冬至 [뚱쯔] 동지
小寒 [쌴한] 소한
大寒 [따한] 대한
伏天 [뿌텐] 복중
黃梅節 [황메쪠] 장마철
節季 [쪠기] 절기
時令 [쓰링] 기후

## 第百十六課 時刻

一秒鐘 [이먀쭝] 일초
一分 [이뻔] 일분
一刻 [이커] 십오분
一點鐘 [이덴쭝] 한 점
兩下兒鍾〔鐘〕[량하얼쭝] 두 점
三點半鍾〔鐘〕[싼덴반쭝] 석점 반
四點鐘三刻 [쓰덴쭝싼커] 넉점 사십오분
五點鍾欠五分 [우덴쭝겐우뻔] 넉적 오십오분
十二點鐘 [쓰얼덴쭝] 열두시
天亮 [텐량] 새벽
早起 [짜키] 아침
晌午 [항우] 오정
白晝 [빠쭈] 대낮
晚上 [완쌍] 저녁
黃昏(黑下) [황훈(헤햐)] 황혼
夜裏 [예리] 밤중
上半天(前半天) [쌍빤텐(첸반텐)] 오전
下半天(後半天) [햐빤텐(훡빤텐)] 오후
前半夜 [첸반예] 자정 전
後半夜 [훡빤예] 자정 후
整夜裏 [쪙예리] 왼밤
整天家 [쪙텐갸] 왼종일

整年家 [졍녠갸] 왼일년
一天 [이톈] 하루
兩天 [량톈] 이틀
五天 [우톈] 닷세
十天 [쓰톈] 열흘
十五天 [쓰우톈] 열닷세
三十天 [싼쓰톈] 삼십일
一個月 [이거웨] 한 달
兩個月 [량거웨] 두 달
三個月 [싼거웨] 석 달
一年 [이녠] 한 해
兩年 [량녠] 두 해
五年 [우녠] 다섯 해
前半月 [쳰반웨] 선보름
後半月 [학빤웨] 훗보름
上禮拜 [쌍리빼] 전주일
下禮拜 [햐리빼] 훗주일
今天(今兒) [긴톈(긴얼)] 오늘
明天(明兒) [밍톈(밍얼)] 내일
後天(後兒) [학톈(학얼)] 모레
大後天 [따학톈] 글피
昨天(昨兒) [쭤톈(쭤얼)] 어제
前天(前兒) [쳰톈(쳰얼)] 그저께
大前天 [따쳰톈] 그끄저께
半天 [빤톈] 반나절
每天 [메톈] 매일
天天兒(見天) [톈톈얼(곈톈)] 날마다
隔一天 [꺼이톈] 하루 걸려
本月 [뻔웨] 이달
上月 [쌍웨] 지난달
下月 [햐웨] 새달
前兩個月 [쳰량거웨] 두 달 전
今年 [긴녠] 올(금년)
明年 [밍녠] 내년(명년)
後年 [학녠] 후년
昨年(去年) [쭤녠(퀴녠)] 작년(상년)
前年 [쳰녠] 그러께
年底下 [혠[녠] 디햐] 섯달금음
目下 [무햐] 목하
現在 [혠재] 현재
立刻 [리커] 즉각(곧)
馬上 [마쌍] 곧
剛纔 [깡채] 지금 막
這回 [쪄훼] 이번
上回 [쌍훼] 전번
下回 [햐훼] 훗번
新近 [씬긴] 근래
向來 [향래] 종래
將來 [쨩래] 장래
這程子(這幾天) [쪄쳥쯔(쪄기톈)] 요세
起初 [키쭈] 최초
後來 [학래] 이다음
從前 [충쳰] 이전
回頭 [훼틱] 고대
這時候兒 [쪄쓰학얼] 이때
一會兒 [이훼얼] 한동안
工夫兒 [꿍뿌얼] 틈
已經(早已) [이깅(짜이)] 벌서

## 第百十七課 天文

天 [톈] 하늘
太陽(日頭) [태양(이투)] 태양(해)
太陰(月亮) [태인(웨량)] 태음
陰天 [인톈] 흐린 날
晴天 [칭톈] 개인 날
日頭地裏 [이투다리] 양지
陰凉兒 [인량얼] 음지
月芽兒 [웨야얼] 초생달
月滿 [웨만] 보름달
星星兒 [씽씽얼] 별
月圈 [웨콴] 달무리
雲彩 [윈채] 구름
雨 [위] 비
雪 [쉐] 눈
霜 [쐉] 서리
雹 [빤] 우박
霧 [우] 안개
露水 [루쒜] 이슬
鬧天氣 [난톈키] 폭풍우
風[펑] 바람
順風 [쑨펑] 순풍
頂風 [띵펑] 역풍
旋風 [쏸펑] 회리바람
冰凌兒 [삥링얼] 고두름
虹[깡 [훙] ] 무지개
閃[싼] 번개
雷 [뤠] 우뢰
霹靂 [피리] 벽력
掃箒星 [쏴쩍씽] 혜성
濛鬆雨 [뭥숭위] 이슬비
連陰雨 [롄인위] 장마비
日蝕 [이쓰] 일식
月蝕 [웨쓰] 월식
空氣 [쿵키] 공기
天氣 [톈키] 일기

## 第百十八課 地理

世界 [쓰계] 세계
地球 [디킊] 지구
旱地 [한디] 육지
旱路 [한루] 육로
鐵路 [톄루] 철로
水路 [쒜루] 수로
大洋 [따양] 대강
海 [해] 바다
河 [허] 하수
江 [걍] 강
上潮 [쌍쫘] 밀물
下潮 [햐쫘] 결물
海島子 [해딱쯔] 섬
海邊兒 [해삔얼] 혜 [해] 변
海口(口岸) [해컥(컥안)] 항구
碼頭 [마투] 부두
擺渡 [빼뚜] 나루
池子 [쯰쯔] 못

湖 [후] 호수
瀑布 [푸뿌] 폭포
水坑子 [쉐캉쯔] 물웅덩이
水源 [쉐완] 수원
井水 [찡쉐] 우물
泉水 [촨쉐] 샘
温泉 [원촨] 온천
波浪 [뻐 [뻐] 랑] 물결
海笑〔嘯〕[해쌴] 해일
地動 [디뚱] 지동
山 [싼] 산
火山 [훠싼] 화산
礦山(礦窑) [꿍 [광] 싼(꿍 [광] 얖)] 광산
山峰 [싼펑] 산봉우리
山嶺兒 [싼링얼] 고개
山澗兒 [싼졘얼] 산골짜기
山坡子 [싼퍼쯔] 산언덕
山底下(山根) [싼디햐(싼껀)] 산밑
山腰 [싼얖] 산중툭
山頭 [싼탁] 산꼭대기
土坡子 [투퍼쯔] 언덕
橋 [쟌] 다리
道兒 [땊얼] 길
大道 [따땊] 큰길
小道 [썇땊] 작은길
抄道兒 [쨘땊얼] 지름길
繞道兒 [앞땊얼] 도는 길
窪道 [와땊] 웅덩이길
十字路 [쓰쯔루] 십자가
岔道 [쨔땊] 갈림길
明溝 [밍꺽] 무개구
暗溝 [안꺽] 유개구
大街 [때계] 큰 거리
小巷 [썇향] 잔골목
衚衕 [후퉁] 골목
死衚衕 [쓰후퉁] 막다른 골목
活衚衕 [훠루퉁] 뚤린 골목
水田 [쉐텐] 논
園 [완] 밭
莊稼地 [쫭갸디] 농장
土院 [투완] 공지
墳地 [편디] 무덤
村莊 [춘쫭] 촌
鎮店 [쩐덴] 동리
鄉下 [향햐] 시골
石頭 [쓰탁] 돌
大石頭 [따쓰탁] 바기
砂子 [싸쯔] 모래
土 [투] 먼지
泥 [늬] 진흙
沙漠 [싸뫼] 사막

## 第百十九課 地志

東洋 [뚱양] 동양
西洋 [씨양] 서양
朝鮮 [쨘 [챂] 쏀] 조선
日本 [이뻔] 일본

滿洲國 [만쭤꿔] 만주국
中國 [쭝꿔] 중국
英國 [잉꿔] 영국
美國 [메꿔] 미국
法國 [뽜꿔] 법국
德國 [떠꿔] 덕국
俄國 [어꿔] 노국
土國 [투꿔] 토이기
意國 [이꿔] 이태리
比國 [삐꿔] 백이의
山東 [싼둥] 산둥
奉天 [뿽텐] 봉천
瀋陽 [썬양] 심양
吉林 [기린] 길림
黑龍江 [헤룽걍] 흑룡강
熱河 [여허] 열하
大連 [따렌] 대련
旅順 [뤼쑨] 여순
撫順 [뿌쑨] 무순
新京 [씬깅] 신경
長春 [쨩쭌] 장춘
鄭家屯 [쩡갸툰] 정가둔
錦州 [긴쩍] 금주
寧古塔 [닝꾸타] 영고탑
哈爾賓 [하얼빈] 합이빈
四平街 [쓰핑계] 사평가
營口 [잉컥] 영구
牛莊 [뉘쫭] 우장
永吉 [윙기] 영길
北平 [뻬핑] 북평
北京 [뻬깅] 북경

上海 [쌍해] 상해
南京 [난깅] 남경
天津 [톈찐] 천진
保定 [봐띵] 보정
武昌 [우쨩] 무창
漢口 [한컥] 한구
九江 [갇걍] 구장
吳淞 [우쑹] 오송
香港 [향깡] 향항
青島 [칭딲] 청도
河北 [허뻬] 하북
河南 [허난] 하남
湖南 [후난] 호남
湖北 [후뻬] 호북
安徽 [안훼] 안휘
江西 [걍시] 장서
陝西 [싼씨] 협서
江蘇 [걍쑤] 강소
浙江 [쪄걍]절강
四川 [쓰쏸] 사천
甘肅 [깐쑨 [쑤] ] 감숙
廣東 [꽝뚱] 광동
廣西 [꽝시] 광서
貴州 [궤쩍] 귀주
福建 [뿌곈] 복건
雲南 [윈난] 운남
新疆 [씬걍] 신강
寧夏 [닝햐] 영하
西康 [씨캉] 서강
西藏 [씨챵] 서장
鎮江 [쩡걍] 진강

芝罘 [쯔뿌] 연태
宣〔宜〕昌 [이쌍] 의창
重慶 [쭝킹] 중경
沙市 [싸쓰] 사시
嵩山 [쑹싼] 숭산
恒山 [헝싼] 항산
泰山 [태싼] 태산
華山 [회 [화] 싼] 화산
遼河 [랸허] 요하
白河 [빼허] 백하
運河 [윈허] 운하
楊子江 [양쯔걍] 양자강
洞庭湖 [퉁띵 [둥팅] 후] 동정호
太湖 [태후] 태호
瀋陽湖 [썬양후] 심양호
寶應湖 [반잉후] 보응호

## 第百二十課 方向

東 [뚱] 동
南 [난] 남
西 [씨] 서
北 [뻬] 북
東南 [뚱난] 동남
東北 [뚱뻬] 동북
西南 [씨난] 서남
西北 [씨뻬] 서북
東邊兒 [뚱뻰얼] 동쪽
南邊兒 [난뻰얼] 남쪽
中間兒 [쭝곈얼] 중간
左 [쬒] 좌
右 [위] 우
上 [쌍] 우
下 [햐] 아래
前頭 [첸투] 앞
後頭 [훠투] 뒤
傍邊兒 [팡뻰얼] 곁
裏頭 [리투] 안
外頭 [왜투] 밖
隔壁兒 [꺼삐얼] 이웃
拐灣兒 [꽤완얼] 모퉁이
嘎拉兒 [까라얼] 구석
斜對面 [쌰뒈몐] 샤면
正中間 [쩡쭝곈] 한 가운데
正對面 [쩡뒈몐] 정면
南極 [난기] 남극
北極 [뻬기] 북극
四方 [쓰빵] 사방

## 第百二十一課 人倫

爺們(男人) [예먼(난인)] 남자
娘兒們(女人) [냥얼먼(뉘인)] 녀자
父母(雙親) [뿌무(쐉친)] 부모
爹爹(父親) [뎨뎨(뿌친)] 아버지
媽媽(母親) [마마(무친)] 어머니

爺爺(祖父) [예예(쭈쭈)] 할아버지
奶奶(祖母) [내내(쭈무)] 할머니
大爺 [따예] 백부
叔叔 [쑤쑤] 숙부
嬸兒 [썬얼] 숙모
外公(外祖父) [왜꿍(왜쭈쭈)] 외조부
外婆(外祖母) [왜퍼(왜쭈무)] 외조모
姨父 [이쭈] 이모부
姨母 [이무] 이모
舅舅 [각각] 외숙
舅母 [각무] 외숙모
姑父 [꾸쭈] 고모부
姑母 [꾸무] 고모
公公 [꿍꿍] 시아버지
婆婆 [퍼퍼] 시어머니
太公 [태꿍] 시할아버지
太婆 [태퍼] 시할머니
夫妻 [쭈치] 부부
丈夫 [쨩쭈] 남편
媳婦兒 [씨쭈얼] 안해
妾 [체] 첩
兒子 [얼쯔] 아들
女兒 [뉘얼] 딸
兒媳婦兒 [얼씨쭈얼] 며누리
女婿 [뉘쒸] 사위
孫子 [쑨쯔] 손자
孫女兒 [쑨쯔얼] 손녀
哥哥 [꺼꺼] 형
兄弟 [훵디] 아우
弟兄 [디훵] 형제
姐姐 [쪠쪠] 손우누의
妹妹 [매매] 손아래누의
叔伯弟兄 [쑤뻐디훵] 종형제
叔伯姐妹 [쑤뻐쪠매] 사□〈촌〉종형제
姨弟兄 [이디훵] 이종형제
姑弟兄 [꾸디훵] 내종형제
大伯子 [따뻐쯔] 시아자비
小叔子 [쌴쑤쯔] 시동생
大姑子 [따꾸쯔] 손우시누의
小姑子 [쌴꾸쯔] 손아래시누의
嫂子 [쌴쯔] 형수
小嬸兒 [쌴썬얼] 제수
連襟兒 [렌긴얼] 동서
親戚 [친치] 친척
本家 [뻔갸] 일가
岳父(岳丈) [여쭈(여쨩)] 장인
岳母 [여무] 장모
朋友 [펑익] 친구
姑娘 [꾸냥] 처녀
小子(小孩兒) [쌴쯔(쌴해얼)] 사나이
妞〔女〕兒 [뉴얼] 계집아이
年輕的 [넨킹디] 청년
年老的 [넨랖디] 노인
老頭兒 [랖턱얼] 할아범
老媽 [랖마] 할멈
老爺 [랖예] 영감
太太 [태태] 마님
乾爹 [깐데] 수양부(어붓아비)

乾媽 [깐마] 수양모(어붓어미)
乾兒子 [깐얼쯔] 수양자(어붓아들)
乾女兒 [깐뉘얼] 수양녀(어붓딸)
生母 [엉무] 생모
嫡母 [디무] 적모
繼母 [기무] 계모
奶媽 [내마] 유모
小廝 [ᄊᅸ쓰] 남종
丫頭 [야퉈] 여종

| 尊稱 | 卑稱 | 通稱 |
|---|---|---|
| 令祖[링쭈] | 家祖[갸쭈] | 祖父[쭈ᅗᅮ] 조부 |
| 令祖母[링쭈무] | 家祖母[갸쭈무] | 祖母[쭈무] 조모 |
| 令尊[링쭌] | 家父[갸ᅗᅮ] | 父親[ᅗᅮ친] 부친 |
| 令堂[링탕] | 家母[갸무] | 母親[무친] 모친 |
| 老伯[ᄅᅶ뻐] | 家伯[갸뻐] | 伯夫[뻐ᅗᅮ] 백부 |
| 令叔[링쑤] | 家叔[갸쑤] | 叔父[쑤ᅗᅮ] 숙부 |
| 令伯母[링뻐무] | 家伯母[갸뻐무] | 伯母[뻐무] 백모 |
| 令叔母[링쑤무] | 家叔母[갸쑤무] | 叔母[쑤무] 숙모 |
| 令兒〔兄〕[링훵] | 家兄[갸훵] | 哥哥[꺼꺼] 형 |
| 令姐[링쪠] | 家姐[갸쪠] | 姐姐[쪠쪠] 누님 |
| 令弟[링디] | 舍弟[쎠디] | 兄弟[훵디] 동생 |
| 令妹[링메] | 舍妹[쎠메] | 妹妹[메메] 누의 |
| 夫人[ᅗᅮ인] | 內人[눼인] | 媳婦[씨ᅗᅮ] 안해 |
| 令郎[링랑] | 小兒[ᄊᅸ얼] | 兒子[얼쯔] 아들 |
| 令愛[링애] | 小女[ᄊᅸ뉘] | 女兒[뉘얼] 딸 |
| 令孫[링쑨] | 小孫[ᄊᅸ쑨] | 孫子[쑨쯔] 손자 |
| 令孫女[링쑨뉘] | 小孫女[ᄊᅸ쑨뉘] | 孫女[쑨뉘] 손녀 |

## 第百二十二課　身體

身體(身子) [썬티(썬쯔)] 몸
心 [씬] 마음
臉 [렌] 얼골
腦袋(頭) [ᄂᅶ떠 [떼] (퉈)] 머리
髮頭 [퉈ᅗᅡ] 머리털
頭泥 [퉈늬] 머리때
頭頂 [퉈띵] 정수리
腦門子 [ᄂᅶ먼쯔] 이마

眼睛 [옌찐 [찡] ] 눈
眼球兒 [옌칖얼] 눈동자
眼腱〔睫〕毛 [옌졔맏] 숙 눈섭
眉毛 [메맏] 눈섭
眼泥 [淚] [옌뤠] 눈물
眼脂兒 [옌쯔얼] 눈꼽
眼皮子 [옌피쯔] 눈가죽
印堂 [인탕] 미간
耳朵 [얼둬] 귀
耳孔 [얼쿵] 귓구멍
耳輪 [얼룬] 귓바퀴
耳矢 [얼쓰] 귀지
鬢角兒 [삔쟌얼] 살쩍
腮頰 [쌔갸] 뺨
鼻子 [삐쯔] 코
鼻準頭 [삐쭌턱] 코끝
鼻孔兒 [삐쿵얼] 콧구멍
鼻梁兒 [삐량얼] 콧마루
鼻血 [삐냐 [쉐] ] 코피
鼻涕 [삐티] 콧물
鼻毫 [삐한] 코털
鬍子 [후쯔] 수염
嘴(口) [쮀(컥)] 입
嘴唇兒 [쮀쭌얼] 입술
嘴裏 [쮀리] 입속
嘴巴骨 [쮀빠꾸] 아래위턱뼈
牙 [야] 니
牙肉(牙床子) [야우(야촨 [쫭] 쯔)] 닛몸
牙花兒 [야화얼] 니똥
門牙 [먼야] 앞니

槽〔糟〕牙(板牙) [챂야(빤야)] 어금니
唾沫 [퉈뭐] 침
痰 [탄] 담
舌頭 [셔턱] 혀
嗓子 [쌍쯔] 인후
脖子 [뻐쯔] 목
下巴頦兒 [하빠□〈커〉얼] 턱
肩膀兒 [곈팡 [방] 얼] 어깨
胳臂 [꺼삐] 팔
手 [쒁] 손
手掌 [쒁쨩] 손바닥
手紋兒 [쒁원얼] 손금
手背 [쒁뻬] 손등
拳頭 [촨촨 [턱] ] 주먹
指甲 [쯔갸] 손톱
指頭 [쯔턱] 손가락
大拇指頭 [따무쯔턱] 엄지손가락
二拇指頭(食指) [얼무쯔턱(쓰쯔)] 둘재 손가락
中指 [쭝쯔] 장가락
四指(無名指) [쓰쯔(우밍쯔)] 무명지
小拇指頭 [쌴무쯔턱] 새끼손가락
胸堂(奶膀) [휭탕(내팡 [방] )] 가슴
奶子 [내쯔] 젖
奶頭兒 [내턱얼] 젖꼭지
胳肢窩 [꺼쯔워] 겨드랑이
心窩子 [씬워쯔] 명문
肚子 [뚜쯔] 배
肚臍眼兒 [뚜치옌얼] 배꼽
脊梁背兒 [찌량뻬얼] 등
腰 [얖] 허리

屁股 [피꾸] 볼기
大腿 [따퉤] 넙적다리
小腿(脚腿)[산[쌴] 퉤(쟈퉤)] 종아리
波稜蓋兒 [뻐렁깨얼] 무릎
脚 [쟈] 발
脚掌兒 [쟈짱얼] 발바당
脚面 [쟈몐] 발등
脚脖子 [쟈뻐쯔] 발목
脚丫巴兒 [쟈야빠얼] 발샂
脚趾 [쟈쯔] 발구락
脚跟 [쟈껀] 발뒤축
踝子骨 [훠쯔꾸] 복사뼈
骨頭 [꾸틱] 뼈
背骨 [뻬꾸] 등뼈
迎面骨 [잉몐꾸] 정강이뼈
骨盤 [꾸판] 골반
皮膚 [피뿌] 살
肝 [깐] 간
肺 [페[풰]] 폐
胃 [웨] 위
腸 [쨩] 창자
陽物(咫叭) [양우(쯔빠)] 자지
陰户(屄) [인후(삐)] 보지
卵子(卵胞兒) [롼쯔(롼밮얼)] 불알
胖身(胖子) [판[팡] 썬(판[팡] 쯔)] 살진 사람
瘐〔瘦〕人 [썩인] 말른 사람

## 第百二十三課 疾病

健壯 [곈쫭] 건장
虛弱 [훠여] 허약
病 [삥] 병
頭痛 [퇵퉁] 두통
感冒(著凉) [깐맢(쪄량)] 감기
肚子疼 [뚜쯔텅] 복통
癨亂 [훠롼] 호렬자
痢疾 [리찌] 리질
疝氣 [싼키] 산증
疙瘩 [꺼따] 종기
疤瘌 [빠라] 험집
疫病 [이삥] 유행병
疥瘡 [계췽] 옴
疣贅 [우웨] 혹
疳瘡 [깐촹] 감창
痣 [쯔] 사마귀
痘症 [뚝영] 마마
麻子 [마쯔] 곰보
淋症 [린엉] 임질
痰症 [탄엉] 폐병
瘋狂 [뻥쾅] 정신병
瘋子 [뻥쯔] 미친 사람
瘧病 [얀삥] 학질
癆症 [랖엉] 부족증
癇症 [헨엉] 간질
癩瘡 [래촹] 문둥병
癱瘋 [탄뻥] 중풍자
風濕 [뻥쓰] 풍습

惡心 [어씬] 구역
瀉肚 [쎄뚜] 설사
凍瘡 [뚱촹] 동창
瞎子 [햐쯔] 장님 소경
一隻眼 [이츠옌] 애꾸
青睛眼 [칭징옌] 청명관
聾子 [룽쯔] 귀먹어리
啞吧 [야빠] 벙어리
啱吧 [계빠] 반벙어리
瘤子 [릭쯔] 혹부리
缺唇兒 [퀘쭌얼] 언청이
駝背(羅鍋)[터 [퉈] 뻬(뤄꿔)] 꼽추
瘤〔瘸〕子 [췌쯔] 절뚝바리
脚眼 [쟈옌] 티눈
汗疹 [한□〈전〉] 땀띠
汗斑 [한빤] 어루러기
禿子 [투쯔] 대머리
槽鼻子 [챠삐쯔] 주부 코
褟鼻子 [타삐쯔] 납적 코
齉鼻子 [눙삐쯔] 코 찡찡이
細高䠷兒 [씨깦톼얼] 어처군이
矮胖子 [왜 [애] 판쯔] 난쟁이
呆子 [때쯔] 못난이
殘廢 [찬폐] 병신
膿血 [눙훼] 고름피
撒溺(下溺) [싸늬(햐늬)] 오즘눈다
出恭 [쭈꿍] 똥눈다
走動 [쩍뚱] 뒤본다
咳嗽 [커쎢] 기침
打哈息 [따하씨] 하품한다
打呼 [따후] 코군다
打噴嚏 [따펀티] 재채기한다

## 第百二十四課 衣服

褂子 [꽈쯔] 저고리
外褂子(長褂子) [왜꽈쯔(쨩꽈쯔)] 두루마기
馬褂 [마꽈] 마고자
褲子 [쿠쯔] 바지
砍肩兒(背心) [칸곈얼(뻬씬)] 족기
汗褟兒(汗衫) [한타얼(한싼)] 땀바끼
襪子 [와쯔] 버선
洋襪子 [양와쯔] 왜 버선
領子 [링쯔] 깃(칼라)
領帶 [링때] 동정(넥타이)
鈕子 [뉴쯔] 단추
白襯衣 [빼쳔이] 와이샤쓰
外套 [왜탚] 외투
手套 [쒀탚] 장갑
袖子 [쒸쯔] 소매
肚帶(腰帶) [뚜때(얖때)] 허리띄
腿幣〔帶〕子 [퉤때쯔] 다님
手帕子(手巾) [쒀퍼 [파] 쯔(쒀긴)] 수건
絛子 [턒쯔] 끈
帽子 [맢쯔] 모자

草帽 [촤말] 맥고자
靴子 [쉐쯔] 구두
鞋 [혜] 단화
荷包 [허봐] 주머니
烟荷包 [멘 [옌] 허봐] 쌈지
包袱 [봐뿌] 보자기
衣服 [이뿌] 옷
單衣裳 [딴이쌍] 홋옷
夾衣裳 [갸이쌍] 겹옷
綿襖 [멘와] 솜옷
洋衣服 [양이뿌] 양복
被窩 [뻬워] 이불
褥子 [우쯔] 요
氈子 [짠쯔] 담요
被單 [□〈뻬〉딴] 홋이불
枕頭 [쩐퉈] 베게
帳子(蚊帳) [짱쯔(원짱)] 모기장
墊子 [뎬쯔] 방석
洋布 [양뿌] 양목
夏布 [햐뿌] 모시
麻布 [마뿌] 베
綢子 [쩍쯔] 면주
貢緞 [꿍돤] 공단
綾子 [링쯔] 공능
絨子 [웅쯔] 융
棉花 [멘화] 솜
針 [쩐] 바눌[늘]
綫 [쎈] 실
絲綫 [쓰쎈] 면주실
扇子(團扇) [싼쯔(퇀싼)] 부채
眼鏡 [옌깅] 안경
戒指兒 [계쯔얼] 반지
錶 [뱌] 몸시계
錶鏈子 [뱌렌쯔] 지계줄
鐲子 [쭤쯔] 팔지
耳鉗 [얼곈 [켼] ] 귓고리
鉗子 [곈 [켼] 쯔] 족지개
耳挖子 [얼와쯔] 귀개
棍子 [꾼쯔] 단장
洋傘 [양싼] 앙 [양] 산
雨傘 [위싼] 우산

## 第百二十五課 飮食物

飯 [짠] 밥
菜 [채] 요리
早飯 [짜짠] 아침밥
晌飯 [향짠] 점심
晚飯 [완짠] 저녁밥
打尖兒 [따쪤얼] 중화참
麵 [멘] 극 [국] 수
面 [멘] 가루
點心 [덴신] 과자
牛奶 [뉘내] 우유
羊酪 [양러] 양젓
粥 [쩍] 죽
餅 [삥] 떡
饅頭 [만퉈] 만두
肉 [워] 고기
猪肉 [쭈워] 돝의 고기

牛肉 [낙우] 쇠고기
羊肉 [양우] 양고기
鷄肉 [기우] 닭고기
鷄蛋 [기딴] 계란
魚 [위] 생선
糖 [탕] 사탕
醬油 [짱위] 간장
醬 [짱] 된장
油 [위] 기름
白鹽 [빼옌] 소금
茶 [쨔] 차
紅茶 [홍쨔] 홍차
珈琲 [갸폐] 가 [커] 피
酒 [찍] 술
苦酒(皮酒) [쿠찍(피찍)] 맥주
灰司克 [훼쓰커] 위스키
紹興酒 [쌰힝찍] 소흥주
燒酒 [산찍] 소주
汽水 [키쒜] 사이다
冰淇淋 [삥키린] 아이스크림
黄油 [황위] 빠터
奶餅 [내삥] 치쓰
果醬 [커 [궈] 쨩] 쨈
方糖 [팡탕] 모사탕
麵包 [멘봐] 빵
乾餅 [깐삥] 비스켙
莜麥麵 [위메멘] 옷도밀
罐頭菜 [꽌탁채] 간쓰메
中國菜 [쭝궈채] 청요리
蕃菜(西洋菜) [판채(시양채)] 양요리

## 第百二十六課 中國料理

紅燒加魚 [홍쌰갸위] 되미찜
紅燒海參 [홍쌰해썬] 해삼볶음
紅燒魚肚 [홍쌰위뚜] 생선내장볶음
紅燒干貝 [홍쌰깐뻬] 합관자볶음
紅燒五絲 [홍쌰우쓰] 닭, 해삼들의 고기와 죽순을 볶은 것
紅燒鷄丁 [홍쌰기띵] 수탉고기 탕수유
紅燒香菇 [홍쌰향꾸] 표고찜
紅燒魚片 [홍쌰위펜] 생선찜
紅燒鮑魚 [홍쌰봐위] 전복볶음
燒樣魚 [쌰양위] 생선소를 고기로 싸서 볶은 것
燒魚塊 [쌰위쾌] 생선볶음
燒溜魚 [쌰릭위] 생선탕수유
燒鷄脯 [쌰기뿌] 닭고기볶음
燒蝦仁 [쌰하인] 새우볶음
燒蜊黃 [쌰리황] 굴뽁 [볶] 음
燒樣鷄 [쌰양기] 닭고기완자볶음
炒蜈魚 [쌰우위] 낙지 지□ 〈진〉 것
炒魚片 [챠위펜] 생선탕
炒三仙 [챠싼쎈] 닭, 해삼, 전복을 기름에 지진 것
炒肉絲 [챠우쓰] 돝의 고기를 잘게 썰어 지진 것
炒鷄絲 [챠기쓰] 닭고기를 잘게 썰

어 지진 것
炒力脊絲 [챂리찌쓰] 돋의 갈비를 잘게 썰어 지진 것
炒肉片 [챂읔편] 돋의 고기를 기름에 지진 것
炒鮑魚片 [챂반위편] 전복을 기름에 지진 것
炒玉蘭片 [챂위란편] 죽순을 기름에 지진 것
炒口菜 [챂컥체] 버섯을 기름에 지진 것
炒蜊黃 [챂리황] 굴과 계란을 기름에 지진 것
炒蝦仁 [챂햐인] 새우 지진 것
燒鷄 [쌒기] 닭을 통째 구어서 찐 것
炒子鷄 [챂쯔기] 수닭고기탕수유
川丸子 [촨왼쯔] 완자탕
川三仙 [촨싼센] 돋, 닭, 해삼을 넣은 국
三鮮湯 [싼쏀탕] 수탉, 전복, 해삼, 죽순을 너은 국
三鮮餃子 [싼쏀쟌쯔] 전복, 해삼, 돋을 넣은 만두
三仙面 [싼쏀몐] 해삼, 전복, 닭을 넣은 국수
抓炒魚 [쫘챂위] 생선을 기름에 지진 것
炸丸子 [쨔완쯔] 돋의 고기를 동굴동굴하게 뭉쳐서 볶은 것
炸力脊 [쨔리찌] 소갈비 뽁[볶]은 것
炒粉條 [챂펀턒] 고기 넣은 잔국수
炒溜丸 [챂릭완] 돋의 고기완자 탕수유
炒溜力脊 [챂릭리찌] 돋의 갈비 탕수유
炸醬麵 [쨔쨩몐] 된장국수
炒干飯 [챂깐빤] 볶은밥
炸油盒 [쨔읶허] 완자 지진 것
炸鷄脉 [쨔기뭐] 닭고기를 계란으로 싼 것
炸蝦仁 [쨔햐인] 새우탕수유
炸鷄八塊 [쨔기빠쾌] 수탉을 여덟에 내여 기름에 지진 것
炸板鷄 [쨔빤기] 수탉을 기름에 지진 것
炒肉兩張皮 [챂읔양[량] 쨩피] 잡채양장피
清湯海參 [칭탕해쎤] 해삼탕
清湯干貝 [칭탕깐뻬] 합관자탕
苜蓿干貝 [무쑤깐뻬] 합관자탕
溜鷄片 [릭기편] 닭고기탕수유
溜海參 [릭해쎤] 해삼탕수유
溜蝦仁 [릭햐인] 새우탕수유
溜蟹黃 [릭해황] 게탕수유
溜黃菜 [릭황채] 계란, 버섯, 해삼, 돋을 넣은 탕수유
苜蓿蟹肉 [무쑤해읔] 게탕
滑溜力脊片 [화릭리찌편] 갈비탕수유
蝦子海參 [햐쯔해쎤] 새우, 계란, 해삼을 한데 볶은 것

蝦子玉蘭片 [햐쯔위란폔] 새우에 계란을 넣은 죽순
蝦子玉蘭蛋 [햐쯔위란딴] 상동
八寶菜 [빠밮채] 잡채
口菜川鷄片 [컥채쵄기폔] 버섯을 넣은 닭국
十錦丁 [쓰긴띵] 열 가지로 끓인 국
蜜餞蓮子 [미쪤롄쯔] 연근을 꿀에 졸인 것
蜜餞白果 [미쪈빼꿔] 은행을 꿀에 졸인 것
山査勞 [싼쨔랖] 산사탕
香蕉勞 [향쨔랖] 파초탕
搭肉片 [따우폔] 구은 고기
金蟬鮑魚 [기싼[찬]밮위] 전복과 생선으로 끓인 국
金銀魚 [긴인위] 계란과 생선을 기름에 지진 것
芙蓉蛋 [ᅗᅮ웡딴] 계란탕
芙油魚片 [ᅗᅮ우위폔] 생선을 한 토막식 기름에 지진 것
糖醋肉 [탕추우] 탕수유
葱燒海參 [충쌒해선] 해삼탕수유
燕窩羹 [옌워껑] 제비집으로 끓[끓]인 국
魚翅菜 [위쯔채] 상어지느레미로 만든 것
餃子 [쟢쯔] 만두
鷄絲麵 [기쓰몐] 닭고기 국수
鷄蛋麵 [기딴몐] 닭의 알 국수
鷄絲炒麵 [기쓰쟢몐] 닭고기 볶은 국수
肉絲炒麵 [우쓰쟢몐] 소고기 볶은 국수
餛飩 [훈툰] 훈탕

## 第百二十七課 家屋

房子 [ᅗᅡᆼ쯔] 집
屋子 [우쯔] 방
客廳 [커팅] 객실
接待室 [졔때쓰] 응접실
門 [먼] 문
窗户 [쫭후] 창
樓 [뤄] 이층
樓梯 [뤄티] 층층대
院子 [왼쯔] 뜰
書房 [쑤ᅗᅡᆼ] 서재
飯廳 [ᅗᅡᆫ팅] 식당
卧房 [워ᅗᅡᆼ] 침실
厨房 [쭈ᅗᅡᆼ] 부엌
澡堂 [짶탕] 목간
茅厠 [맢츠] 변소
進路 [찐루] 입구
出路 [쭈루] 출구
炕 [캉] 구둘
正房 [쪙ᅗᅡᆼ] 대청
廂房 [썅ᅗᅡᆼ] 아래채

閨房 [궤빵] 안방
套間兒 [퇀곈얼] 골방
賬房 [쨩빵] 문섯방
馬棚 [마펑] 마구간
頂棚 [띵펑] 천정
影壁 [잉삐] 벽
籬笆 [리빠] 울타리
隔扇 [꺼싼] 판장
曬臺 [쌔태] 빨래 너는 곳
花園子 [화완쯔] 화원
地板 [디빤] 마루
烟筒 [옌퉁] 굴뚝
門閂 [먼싼 [쫜] ] 비짱
後門 [혁먼] 뒷문

## 第百二十八課 家具

傢伙 [갸훠] 세간
桌子 [쭤쯔] 책상
椅子 [이쯔] 의자
凳子 [떵쯔] 걸상
脚搭子 [걒따쯔] 발판
席 [씨] 자리
地毯 [디탄] 담뇨
帳子 [쨩쯔] 장막
簾子 [롄쯔] 발
洋爐子 [양루쯔] 난로
火盆(爐子) [훠펀(루쯔)] 화로
火筷子 [훠쾌쯔] 화젓가락
鏟子 [짠쯔] 부삽
飯鍋 [빤꿔] 밥솥
水缸 [쉐깡] 물동이
茶壺 [짜후] 차관
銅吊子 [퉁댶쯔] 주전자
酒瓶 [쮜뼹 [핑] ] 술병
吊桶 [댶퉁] 드레박
盤子 [판쯔] 소반
飯碗 [빤완] 밥그릇
海碗 [해완] 큰대접
七星罐兒 [치씽꽌얼] 약념병
碟子 [뗴쯔] 접시
筷子 [쾌쯔] 젓가락
匙子 [쓰쯔] 숫가락
杓子 [쒀쯔] 국자
刀子 [땊쯔] 칼
菜刀 [채땊] 시칼
橔子 [뚠쯔] 도마
小刀 [썈땊] 주머니칼
磨刀石 [뭐땊쓰] 숫돌
臉盆 [롄펀] 대야
笤帚 [턒쭈] 비
剪子 [졘쯔] 가위
搌布 [짠뿌] 걸레
撣子 [탄쯔] 총채
刷子 [쏴쯔] 솔
攏子 [룽쯔] 빗
鏡子 [깅쯔] 거울
鎖 [쒀] 잠을쇠
鑰匙 [위쓰] 열쇠
牙籤兒 [야첸얼] 이쑤시개
刷牙子 [쏴야쯔] 잇솔

匣子 [햐쯔] 상자
尺頭 [츼투] 자
秤子 [쳥쯔] 저울
斗 [뚜] 말
激筒 [기퉁] 무자위
定南針 [띵난쪈] 지남철
寒暑錶 [한쑤뱌] 한난계
洋火(自來火) [양훠(쯔래훠)] 성냥
電燈(電氣燈) [덴떵(덴키떵)] 전등
洋燈 [양떵] 람푸
蠟燈 [라떵] 촛대
燈籠 [떵룽] 등롱
燈火 [떵훠] 등불
蠟 [라] 초
電扇 [덴싼] 선풍기
自來水 [쯔래쒜] 수통

## 第百二十九課 文房具

硯臺 [옌태] 베루
硯盒 [옌허] 베루합
墨 [뭐] 먹
墨盒兒 [뭐허얼] 먹합
硯水盒 [옌쒜허] 연적
紙 [츠] 종이
筆 [삐] 붓
鋼筆 [깡삐] 철필
鉛筆 [첸삐] 연필
自來水筆 [쯔래쒜삐] 만년필
格兒紙 [꺼얼츠] 인찰지
八行紙(信紙) [삐 [빠] 항츠(씬츠)] 편지지
印色 [인써] 인주
圖書 [투쑤] 도장
洋墨水 [양뭐쒜] 잉크
墨水瓶 [뭐쒜핑] 잉크병
吃墨紙 [츼뭐츠] 압지
筆記簿 [삐기뿌] 공책
信封兒 [씬뽱얼] 봉투
糨子 [걍쯔] 풀
火漆 [훠치] 봉랍
信票 [씬퍄] 우표
印花紙 [인화츠] 인지
明信片 [밍씬폔] 엽서
雙明信片 [쐉 [밍] 씬폔] 왕복엽서
電報單 [덴반딴] 전보지
算盤 [쏸판] 주판
活動鉛筆 [훠뚱첸삐] 에바샤프
書 [쑤] 책
烟捲兒 [옌관얼] 권연
烟袋 [옌때] 담뱃대

## 第百三十課 職業

做官的 [쭤꽌디] 관리
做買賣的 [쭤매매디] 장사
匠人 [쨩인] 직공
種地的 [쭁디디] 농부

東家 [뚱갸] 주인
掌櫃的 [짱궤디] 차인
伙計 [훠기] 심부름군
看門的 [칸먼디] 문직이
厨子 [쭈쯔] 쿡
傭工 [윙꿍] 고용군
司機人 [쓰기인] 운전수
管車的 [꽌쳐디] 차장
趕車的 [깐쳐디] 마차 부리는 사람
車夫(拉車的) [쳐뿌(라쳐디)] 인역것군
打更的 [따껑디] 딱딱이
大夫 [때뿌] 의생
醫生 [이엉] 의사
律師 [리쓰] 변호사
放送人 [팡쑹인] 라디오변사
文官 [원꽌] 문관
武官 [우꽌](帶兵的[때삥디]) 무관
民人 [민인] 백성
巡警 [쉰깅] 순검
教師 [쟈쓰] 목사
教習 [쟈씨] 교사
先生 [쏀엉] 선생
學生 [훼엉] 학생
和尚 [허앙] 중
道士 [땇쓰] 도사
記者 [기쪄] 기자
木匠 [무쨩] 목수
瓦匠(泥匠) [와쨩(늬쨩)] 미장이
石匠 [쨩[의]쨩] 석수
唱戲的 [쨩히디] 광대
剃頭的 [티퉈디] 이발사
照相的 [쨔썅디] 사진사
弄戲兒的 [룽[눙]히얼디] 요술장이
跟班的 [껀반디] 구종
送信的 [쑹씬디] 체전부
送報的 [쑹반디] 신문분전
打雜兒的 [따짜얼디] 허드렛군
跑堂兒的 [퐌탕얼디] 요릿집 하인
帶道的 [때딴디] 길 안내자
站長 [짠쨩] 역장
站夫 [짠뿌] 역부
售票員 [쒀퍄완] 표 파는 사람
查票員 [쨔퍄완] 개찰계
脚夫 [쟈뿌] 적모자
賣魚的 [매위디] 생선장수
賣菜的 [매채디] 푸성기장수
書辦 [쑤빤] 서기
徒弟 [투디] 제자
經紀 [깅기] 거관
裱糊匠 [뱌후쨩] 도배장이
屠户 [투후] 백정

## 第百三十一課 店鋪

鋪子 [푸쯔] 가가
書鋪 [쑤푸] 책사
紙鋪 [쯔푸] 지전
洋貨鋪 [양훠푸] 양품점

綢緞鋪 [쳐돤푸] 드틈전
鐘錶鋪 [쭝뱌푸] 시계포
糧食店 [량쓰뎬] 싸전
點心鋪 [뎬씬푸] 과자점
酒鋪 [찍푸] 술집
飯店 [ᅗᅡᆫ뎬] 여관
飯鋪 [ᅗᅡᆫ푸] 밥집
飯館子 [ᅗᅡᆫ꽌쯔] 요릿집
客店 [커뎬] 객주
澡堂子 [쨘탕쯔] 목욕탕
錢鋪 [쳰푸] 돈 바꾸는 집
當鋪 [땅푸] 전당포
藥鋪 [약푸] 약국
烟兒鋪 [옌얼푸] 담뱃가가
珈琲館 [갸ᅗᅨ꽌] 카페
照相館 [쫘썅꽌] 사진관
理髮館 [리ᅗᅨ꽌] 리발소
雜貨鋪 [짜훠푸] 잡화상

茶館兒 [차꽌얼] 찻집
洋鐵鋪 [양톄푸] 철물전
洋衣鋪 [양이뎬] 양복점
靴子鋪 [훼쯔푸] 구둣방
木廠子 [무챵쯔] 장목전
煤鋪 [메푸] 석탄가가
磁器鋪 [쯔키푸] 사기전
水果鋪 [쒜꿔푸] 과일가가
磨坊 [뭐ᅗᅡᆼ] 가룻집
染坊 [안ᅗᅡᆼ] 염색집
洗衣鋪 [씨이푸] 세탁소
文具鋪 [원귀푸] 문방구점
造坊 [짠ᅗᅡᆼ] 제조소
公司 [꿍쓰] 회사
銀行 [인항] 은행
洋行 [양항] 외국상관
工廠 [꿍챵] 공장
報館 [밧꽌] 신문사

## 第百三十二課 商業

生意 [엉이] 영업
行市 [항쓰] 시세
市面 [쓰몐] 시장
本錢 [뻔쳰] 본전
股份 [꾸ᅗᅥᆫ] 주식
利錢(利息) [리쳰(리씨)] 이자
虧空 [퀘쿵] 결손
賺頭 [쫭퉈] 이익
存錢 [춘쳰] 저금
用錢 [윙쳰] 구문
運脚 [윈쟈] 삯

現錢 [혠쳰] 현금
找錢 [쫘쳰] 덧두리
借給錢 [쪠께쳰] 대금
該錢 [깨쳰] 차금
匯錢 [훼쳰] 환전
財東 [채뚱] 전주
總行 [쭝항] 본점
分行 [ᅗᅥᆫ항] 분점
開張 [캐쨩] 개업
要路口 [얀루컥] 중요한 곳
躉賣 [뚠매] 도매

零賣 [링매] 소매
銷路 [쌒루] 판로
貨物 [훠우] 상품
土貨 [투훠] 토산물
樣本 [양뻔] 견본
結賬〔賬〕[계짱] 결산

## 第百三十三課 交通及通信

自行車 [쯔힝쳐] 자행거
電車 [뎬쳐] 전차
汽車 [키쳐] 자동차
機脚車 [기쟢쳐] 오도빠이
公共汽車 [꿍꿍키쳐] 빼쓰
飛行機 [페힝기] 비행기
飛艇 [페팅] 비행선
飛站 [페짠] 비행정류장
火車 [훠쳐] 기차
客車 [커쳐] 객차
貨車 [훠쳐] 짐차
行李車 [힝리쳐] 소화물차
飯車 [판쳐] 식당차
床位 [촹웨] 침대차
快車 [쾌쳐] 급행차
慢車 [만쳐] 완행차
火車站 [훠쳐짠] 정거장
候車房 [후[훅]쳐팡] 대합실
售票處 [쐭퍞쭈] 표 파는 곳
月臺 [웨태] 뿌랫토홈
月臺票 [웨태퍞] 입장권
車票 [쳐퍞] 차표
來回票 [래훼퍞] 왕복표
半票 [빤퍞] 반액표
免票 [몐퍞] 파쓰
號牌 [한패] 번호표
聯票 [렌퍞] 련락표
床位票 [촹웨퍞] 침대표
車價 [쳐갸] 찻삯
頭等車 [퉈덩쳐] 일등차
二等車 [얼덩쳐] 이등차
三等車 [싼덩쳐] 삼등차
頭等睡車 [퉈덩쉐쳐] 일등침대차
二等睡車 [얼덩쉐쳐] 이등침대차
火車頭 [훠쳐퉈] 기관차
損〔换〕車 [환쳐] 승환
火輪船 [훠룬촨] 기선
夾板船 [갸빤촨] 종선
擺渡船 [빼뚜촨] 나룻배
信船 [씬촨] 우편선
商船 [쌍촨] 상선
官艙 [꽌창] 일등 선실
房艙 [팡창] 이등 선실
統艙 [퉁창] 삼등 선실
馬車 [마쳐] 마차
廠車 [챵쳐] 짐수레
東洋車 [뚱양쳐] 인력거
上車 [쌍쳐] 승차
下車 [햐쳐] 하차
護照 [후짶] 여행면장
郵便 [위뻰] 우편
電話 [뎬화] 전화

公共電話 [꿍꿍뎬화] 공중전화
無綫電話 [우쏀뎬화] 무선전화
天綫 [톈쏀] 안테나
收音機 [쒀인기] 수화기
盤費 [판뻬] 여비
郵費 [외뻬] 우세
郵匯 [외훼] 우편환
挂號 [꽈화] 등기
寄物 [기우] 소포
保險函件 [반혠한곈] 가격 표기
信筒子 [씬퉁쯔] 우편동 [통]
時刻單 [쓰커딴] 시간표

## 第百三十四課 軍事

陸軍 [루귄] 육군
海軍 [해귄] 해군
航空軍 [항쿵귄] 항공군
營盤 [윙판] 영문
宣戰書 [쏸짠쑤] 선전서
打仗 [따쨩] 전쟁
兵丁 [삥띵] 병정
下士官 [햐쓰꽌] 하사관
將校 [쨩갸] 장교
近衛兵 [긴웨삥] 근위병
步隊兵 [뿌뒈삥] 보병
馬隊兵 [마뒈삥] 기병
炮隊兵 [퐈뒈삥] 포병
工程隊 [꿍쳥뒈] 공병대
輜重隊 [츠[쯔] 쭝뒈] 치중대
探哨隊 [탄쏴뒈] 탐정대
電信隊 [뎬씬뒈] 전신대
軍樂隊 [귄여뒈] 군악대
憲兵隊 [혠삥뒈] 헌병대
喇叭手 [라빠쒀] 고교수
現役兵 [혠이삥] 현역병
豫備兵 [위뻬삥] 예비병
後備兵 [햑뻬삥] 후비병
補充兵 [뿌쭝삥] 보충병
志願兵 [쯔완삥] 지원병
看護兵 [칸후삥] 간호병
官兵 [꽌삥] 관병
敵兵 [디삥] 적병
進兵 [찐삥] 진군
退兵 [퉤삥] 퇴군
重傷的 [쭝쌍디] 중상자
輕傷的 [킹쌍디] 경상자
陣亡的 [쩐망디] 전사자
受傷的 [쒀쌍디] 부상자
紅十字會 [훙쓰쯔훼] 적십자사
戰地病院 [싼[짠] 디삥완] 야전병원
炮臺 [퐈태] 포대
師團 [쓰톤] 사단
軍團 [귄돤[톤]] 군단
旅團 [뤼돤[톤]] 여단
大隊 [따뒈] 대대
中隊 [쭝뒈] 중대
小隊 [쌰뒈] 소대
分隊 [펀뒈] 분대
火藥庫 [훠약쿠] 화약고

軍械庫 [귄혜쿠] 군기고
大炮 [따퐈] 대포
野炮 [예퐈] 야포
攻城炮 [꿍쳥퐈] 공성포
機關槍 [기꽌챵] 기관총
快炮 [쾌퐈] 속사포
快槍 [쾌챵] 연발총
單響槍 [딴향챵] 단발총
短槍 [똰챵] 육혈포
槍 [챵] 총
地雷 [디뤠] 지뢰
彈子兒 [탄[단] 쯔얼] 탄환
劍 [곈] 군도
軍糧 [귄량] 군량
擔架 [딴갸] 들것
惡戰 [어짠] 격전
耐戰 [내짠] 지구전
猛攻 [멍꿍] 돌격
追打 [쮀따] 추격
圍攻 [웨꿍] 포위 공격
拿住 [나쭈] 생금
戰利品 [짠리핀] 전리품
得占 [더짠] 점령
先鋒 [쎈뻥[뿽]] 선봉
後隊 [허뒈] 후대
救兵 [긱삥] 구완병
戰鬥力 [짠뚜리] 전투력
炸開 [짜캐] 폭발
破壞 [퍼홰] 파괴
防禦工程 [빵위꿍쳥] 방어공사
軍港 [귄깡] 군항

艦隊 [곈뒈] 함대
鐵甲船 [톈갸쫜] 철갑선
兵船 [삥쫜] 군함
巡洋艦 [쉰양곈] 순양함
驅逐艦 [큐쭈곈] 구축함
報知艦 [반쯔곈] 보지함
水雷船 [쒜뤠쫜] 수뢰정
水母船 [쒜무쫜] 수뢰모함
練習兵船 [롄씨삥쫜] 연습군함
潛水艇 [쳰쒜팅] 잠수함
魚雷 [위뤠] 어형수뢰
機關水雷 [기꽌쒜뤠] 기관수뢰
封鎖(封口) [뿽쒀(뿽컥)] 봉쇄
打沈 [따쳔] 격침
沈沒 [쳔뭐] 침몰
鎮守府 [쪈쒀뿌] 진수부
司令官 [쓰링꽌] 사령관
艦長 [곈짱] 함장
機關長 [기꽌짱] 기관장
戰場 [짠쨩] 전장
交戰 [갸짠] 교전
海戰 [해쪈] 해전
淹死的 [옌쓰디] 익사자
平和 [핑허] 평화
投降 [틱향] 투항
同盟 [퉁멍] 동맹
議和 [이허] 강화
局外中立 [귀왜쭝리] 국외 중립
嚴厲準備 [옌리쭌뻬] 시위 준비
停戰 [팅짠] 정전
土匪 [투폐] 토비

紅鬍子(馬賦〔賊〕) [훙후쯔(마쩌 [쩨])] 마적

## 第百三十五課 政府機關

考試院 [캎쓰완] 고시원
立法院 [리퐈완] 립법원
行政院 [힝엉완] 행정원
司法院 [쓰퐈완] 사법원
監察院 [곈쨔완] 감찰원
內政部 [눼엉뿌] 내정부
外交部 [왜쟢뿌] 외교부
軍政部 [권엉뿌] 군정부
財政部 [채엉뿌] 재정부
交通部 [쟢퉁뚜 [뿌]] 교통부
鐵道部 [톈딴뿌] 철도부
工商部 [꿍썅뿌] 공상부
農礦部 [눙꿍쾅 [뿌]] 농광부
教育部 [쟢위뿌] 교육부
衛生部 [웨엉뿌] 위생부
政府 [엉푸] 정부
主席 [쭈씨] 주석
委員 [웨완] 위원
院長 [완쨩] 원장
部長 [뿌쨩] 부장

以上國民政府機關

參議府 [찬이푸] 참의부
立法院 [리푸완] 입법원
國務院 [꿔우완] 국무원
法院 [퐈완] 법원
監察院 [곈쨔완] 감찰원

皇帝 [황디] 황제
宮內大臣 [꿍눼따쎤] 궁내대신
國務總理大臣 [꿔우쭝리따쎤] 국무총리대신
民政部大臣 [민엉뿌따쎤] 민정부대신
外交部大臣 [왜쟢뿌따쎤] 외교부대신
軍政部大臣 [권엉뿌따쎤] 군정부대신
財政部大臣 [채엉뿌따쎤] 재정부대신
實業部大臣 [쓰예뿌따쎤] 실업부대신
交通部大臣 [쟢퉁뿌따쎤] 교통부대신
司法部大臣 [쓰퐈뿌따쎤] 사법부대신
文教部大臣 [원쟢뿌따쎤] 문교부대신
興安總署總長 [힝안쭝쑤쭝쨩] 흥안총서총장
國璽上書 [꿔씨썅쑤] 국새상서
院長 [완쨩] 원장

以上"滿洲國"機關

## 第百三十六課 學事

學堂(學校) [쉐탕(쉐쟈)] 학교
大學堂 [따쉐탕] 대학
專門學堂 [쫜먼쉐탕] 전문학교
師範學堂 [쓰빤쉐탕] 사범학교
高等學堂 [깐덩쉐탕] 고등학교
中學堂 [쭝쉐탕] 중학교
小學堂 [쌰쉐탕] 소학교
同學 [퉁쉐] 동창
同班 [퉁빤] 동급
考試 [칸쓰] 시험
功課 [꿍커] 수업
課本 [커뻔] 교과서
學費 [쉐페] 학비
放學 [빵쉐] 방학
告假 [깐갸] 결석
畢業 [삐예] 졸업
招生 [짠엉] 생도 모집
報名 [빤밍] 지원
住宿生 [쭈쑤엉] 기숙생
函授 [한쩍] 통신교수
轉學 [쫜쉐] 전학
圖書館 [투쑤관] 도서관
講書堂 [강쑤탕] 예배당
佛廟 [뿌먀] 절
廟 [먀] 신사
公園 [꿍완] 공원
運動場 [윈뚱쌍] 운동장
公會堂 [꿍훼탕] 공회당
青年會 [칭녠훼] 청년회
博覽會 [□〈뻐〉란훼] 박람회
博物館 [□〈뻐〉우관] 박물관
水族館 [□〈쒜〉쭈관] 수족관
植物園 [쯔우완] 식물원
動物園 [뚱우완] 동물원

## 第百三十七課 娛樂

音樂 [인위 [웨] ] 음악
風琴 [뻥킨] 풍금
洋琴 [양킨] 피아노
浮胡琴 [뿌후킨] 바요링
胡琴 [후킨] 깡깽이
口風琴 [컥뻥 [뻥] 킨] 하모니까
曼獨林 [만뚜린] 맨도링
笛 [띠] 피리
喇叭 [라빠] 라판 [팔]
鼓 [쿠 [구] ] 북
鑼 [뤄] 제금
電影戲 [뎬잉히] 활동사진
有聲電影 [익엉뎬잉] 말하는 활동사진
話匣子 [화햐쯔] 유성기
唱片 [짱폔] 유성기판
跳舞 [탸우] 무도
棒球 [빵킥] 야구
網球 [왕킥] 테니쓰
足球 [쭈킥] 픗뽈
杓球 [쌰킥] 끌쭈

籃球 [란치] 빠스켓뽈
替換跑 [티환 퐈] 리레-
馬拉松賽 [마라쏠 [쑹] 쌔] 마라손
賽跑 [쌔퐈] 경주
田徑場 [텐깅쨩] 울 [운] 동장
錦標 [긴뱌] 우승기
臺杯賽 [태뻬쌔] 데니쓰세계패쟁전
賽船 [쌔쫜] 뽀트레에쓰
賽馬 [쌔마] 경마
馬戲 [마히] 곡마
桶球兒 [퉁칙얼] 다마쓰끼
撲克牌 [푸커페] 트램푸
柯達 [커따] 손에 드는 사진 기계
麻雀牌 [마챺패] 마작

## 第百三十八課 動物

牲口 [씽칙] 김승
馬 [마] 말
牛 [닊] 소
猪 [쭈] 돝
狗 [꺽] 개
猫 [맢] 고양이
耗子 [핲쯔] 쥐
羊 [양] 양
騾子 [뤄쯔] 노새
驢 [뤼] 나귀
象 [썅] 코끼리
老虎 [랖후] 호랑이
狗熊 [꺽휭] 곰
駱駝 [러터 [퉈] ] 약대
猴兒 [헉얼] 원숭이
野猫 [예맢] 토끼
狐狸 [후리] 여우
海獺 [해타] 수달
鯨魚 [깅위] 고래
魚 [위] 물고기
鯉魚 [리위] 잉어
大頭魚 [따탁위] 도미
鯽魚 [찌위] 붕어
鱔魚 [싼위] 뱀장어
章魚 [쨩위] 낙지
鮫魚 [갸위] 상어
王八(甲魚) [왕빠(갸위)] 자라
烏龜 [우궤] 거북
鮑魚 [봐위] 전복
海參 [해썬] 해삼
烏賊魚 [우쩌 [쩨] 위] 오징어
蛤蜊 [꺼리] 조개
蝦米 [햐미] 잔새우
龍蝦 [룽햐] 왕새우
螃蟹 [팡혜] 게
海蠣子 [해리쯔] 굴
鳥兒 [냐얼] 새
家雀兒 [갸챺얼] 참새
鷄 [기] 닭
老鴰 [랖꽈] 까마귀
鴿子 [꺼쯔] 비둘기
鴨子 [야쯔] 오리

野鴨 [예야] 거위
雁 [옌] 기러기
燕子 [옌쯔] 제비
鳶 [완] 솔개
母鷄 [무기] 암탉
公鷄 [꿍기] 수탉
野鷄 [예기] 꿩
火鷄 [훠기] 칠면조
孔雀 [꿍챠] 공작
仙鶴 [쎈허] 학
鸚哥 [잉꺼] 앵무
喜鵲 [히쳐] 까치
黃鶯 [황잉] 꾀꼬리
雲雁 [위 [윈] 옌] 종달새
蠶 [찬] 누에
蝴蝶兒 [후뎨얼] 나비
蜜〔馬〕蜂 [마펑] 벌
蜜蜂 [미펑] 꿀벌
螞蟻 [마이] 개미
蜘蛛 [쯔쭈] 거미
蒼蠅 [창잉] 파리
蚊子 [원쯔] 모기
虱子 [쓰쯔] 이
伏天兒 [푸텐얼] 매아미
蛇蚤 [꺼짜] 벼룩
臭虫 [쳑쭝] 빈대
蟈蟈兒 [꿔꿔얼] 귀뚜라미
火虫兒 [훠쭝얼] 개똥버레
蛆 [취] 구더기
蛔蟮 [훼싼] 지렁이
蜈蚣 [우꿍] 지네
蝸牛 [꽈낙] 달팽이
蛤蟆 [하뭐] 개구리
長虫 [짱쭝] 뱀
窩 [워] 보금자리
尾巴 [이빠] 꼬리
翅膀兒 [치팡얼] 날개

## 第百三十九課 植物

樹木 [쑤무] 나무
四季樹 [쓰기쑤] 상록수
樹根兒 [쑤끈얼] 뿌리
梗兒 [껑얼] 줄기
樹枝兒 [쑤쯔얼] 가지
芽 [야] 씩
葉子 [옌쯔] 잎
花兒 [화얼] 꽃
椹兒 [썬얼] 열매
松樹 [쑹쑤] 소나무
柏樹 [빼쑤] 젓나무
櫻樹 [잉쑤] 벗나무
梅樹 [메쑤] 매화나무
桑樹 [쌍쑤] 뽕나무
竹子 [쭈쯔] 대나무
柳樹 [릭쑤] 버드나무
栗樹 [리쑤] 밤나무
杉松 [싼쑹] 삼나무
梧桐 [우퉁] 오동나무
荷 [허] 연

菖蒲 [챵뿌] 장푸
芭蕉 [빠쟈] 파초
百合 [빼허] 백합
芍藥 [쒀야] 작약
牧〔牡〕丹荷 [무딴화] 모란
躑躅 [쯔쭈] 철축
西蕃蓮 [씨판렌] 따리야
菊花 [귀화] 국화
大波斯菊 [따뻐쓰귀] 코스모스
向日蓮 [향이렌] 해바래기
勤娘子 [킨냥쯔] 나팔꽃
花草 [화챂] 화초
子兒 [쯔얼] 씨
咕朵 [꾸둬] 봉오리

## 第百四十課 果物

杏兒 [힝얼] 살구
白果 [빼꿔] 은행
柘〔石〕榴 [쎠릭] 석류
棗兒 [짶 얼] 대추
栗子 [리쯔] 밤
梨 [리] 배
柿子 [쓰쯔] 감
葡萄 [푸탚] 포도
蘋果 [핀꿔] 능금
橘子 [귀쯔] 귤
桃兒 [탚얼] 복사
香蕉 [향쨔] 빠나나
櫻桃 [잉탚] 앵도
胡桃 [후탚] 호두
鳳梨 [펑리] 무수과
西瓜 [씨꽈] 수박
黃瓜 [황꽈] 외
倭瓜 [워꽈] 호박
甜瓜 [톈꽈] 참외
茄子 [계쯔] 가지
鮮果子 [혠꿔쯔] 과일

## 第百四十一課 穀物及野菜

糧食 [량쓰] 양식
米 [미] 쌀
江米(糯米) [걍미(눠미)] 찹쌀
粳米 [껑미] 멥쌀
小米 [쌰미] 조
麥子 [메쯔] 보리
高粱 [꽈량] 수수
稻 [딴] 벼
豆子 [뚜쯔] 콩
紅豆 [홍뚜] 팥
玉米 [위미] 옥수수
胡麻子 [후마쯔] 깨
青菜 [칭채] 푸성기
白菜 [빼채] 배추
蘿蔔 [뤄뿌[붜]] 무우
胡蘿蔔 [후뤄뿌[붜]] 홍당무

菠菜 [뻐채] 시금치
山藥豆兒 [싼야떠얼] 마령서
芋頭 [위턱] 토란
葱 [충] 파
蒜頭 [쏸턱] 마늘
韭菜 [각채] 부추
藕 [억] 연근
芹菜 [긴 [킨] 채] 미나리
白薯(地瓜) [빼쑤(디꽈)] 감자
蕃薯 [싼쑤] 마
蘑茹〔菇〕[뭐꾸] 버섯
芽笋 [야쉰] 죽순
辣椒 [라쟈] 고추
姜 [걍] 생

## 第百四十二課 金石

五金 [우긴] 쇠
金 [긴] 금
銀 [인] 은
銅 [퉁] 구리
鐵 [톄] 철
鉛 [켄] 납
洋鐵 [양톄] 생철
鋼鐵 [깡톄] 강철
錫鑞 [씨라] 함석
黃銅 [황퉁] 주석
紫銅 [쯔퉁] 오동
金葉子 [긴예쯔] 금박
銀葉子 [인예쯔] 은박
五金礦 [우긴꽝 [쾅] ] 금속광
銻 [틔] 안지모니
鋁 [뤼] 알미늄
金剛石 [긴깡쓰] 금강석
寶玉 [봐위] 보옥
翡翠 [뼤췌] 비취
水晶 [쒀 [쒜] 찡] 수정
大理石 [따리쓰] 대리석
雲石 [윈쓰] 화강석
瑪瑙 [마놔] 마뇌
琥珀 [후퍼] 호박
珊瑚 [싼후] 산호
琉黃 [릭황] 유왕
玻璃 [뻐리] 유리
真珠 [쩐쭈] 진주

# 附 録

## 北京語音과 山東系統의 "滿洲" 語音對照表

| 北京音 | 發音分類 | 山東系統 "滿洲" 音 |
|---|---|---|
| 지(記·鷄) | 舌前音 | 기 |
| 쟈(加·家) | 同 | 갸 |
| 쟝(江·講) | 同 | 걍 |
| 쟌(交·教) | 同 | 갼 |
| 재(皆·街) | 同 | 개 |
| 졘(見·間) | 同 | 곈 |
| 진(今·近) | 同 | 긴 |
| 징(京·景) | 同 | 깅 |
| 쥐(久·九) | 同 | 귀 |
| 즹(窘) | 同 | 긩 |
| 쥐(居·拘) | 同 | 귀 |
| 쥰(卷·捲) | 同 | 균 |
| 쥐(决·倔) | 同 | 궤 |
| 쥔(君·軍) | 同 | 균 |
| 치(其·起) | 同 | 키 |
| 챠(恰·格) | 同 | 캬 |
| 챵(强·蜣) | 同 | 캉 |
| 챠(橋·功〔巧〕) | 同 | 캬 |
| 쳬(茄) | 同 | 켸 |
| 쳰(牽·鉗) | 同 | 곈〔켼〕 |
| 친(勤·琴) | 同 | 킨 |
| 칭(輕·傾) | 同 | 킹 |
| 취(求·球) | 同 | 퀴 |
| 츙(窮·瓊) | 同 | 큥 |
| 취(去·區) | 同 | 퀴 |

接上表

| 北京音 | 發音分類 | 山東系統“滿洲”音 |
| --- | --- | --- |
| 촨(勸·拳) | 同 | 콴 |
| 췌(缺·却) | 同 | 퀘 |
| 췬[췐](群·裙) | 同 | 퀸 |
| ㅅ히(希·喜) | 同 | 히 |
| ㅅ햐(下·夏) | 同 | 햐 |
| ㅅ향(向·鄕) | 同 | 향 |
| ㅅᄒᆤ(孝·學) | 同 | ᄒᆤ |
| ㅅ혜(鞋·血) | 同 | 혜 |
| ㅅ혠(閑·現) | 同 | 혠 |
| ㅅ힝(行·幸) | 同 | 힝 |
| ㅅ휘(休·貅) | 同 | 휘 |
| ㅅ훵(兄·胸) | 同 | 훵 |
| ㅅᄒᆔ(虛·許) | 同 | ᄒᆔ |
| ㅅ환(玄·喧) | 同 | 환 |
| ㅅ훼(學·靴) | 同 | 훼 |
| ㅅ훤(熏·勳) | 同 | 훤 |
| ㅇ지(知·紙) | 舌葉音 | 츠 |
| ㅇ자(札·詐) | 同 | 짜 |
| ㅇ줘(卓·鐲) | 同 | 쭤 |
| ㅇ주(猪·竹) | 同 | 쭈 |
| ㅇ잔(棧·占) | 同 | 짠 |
| ㅇ준(准·醇) | 同 | 쭌 |
| ㅇ장(賬·長) | 同 | 짱 |
| ㅇ줴(追·贅) | 同 | 쮀 |
| ㅇᄌᆤ(找·招) | 同 | ᄊᆤ |
| ㅇ좐(轉·專) | 同 | 쫜 |
| ㅇ좡(壯·裝) | 同 | 쫭 |
| ㅇ치(吃·尺) | 同 | 츠 |
| ㅇ시(是·事) | 同 | 으·쓰 |
| ㅇ수(書·署) | 同 | 쑤 |
| ㅇᄉᆤ(少·稍) | 同 | ᄊᆤ |
| ㅇ솨(耍·刷) | 同 | 쏴 |

接上表

| 北京音 | 發音分類 | 山東系統“滿洲”音 |
| --- | --- | --- |
| ᄾᅪᆫ(拴·閂) | 同 | 쏸 |
| ᄾᅪᆼ(雙·爽) | 同 | 쐉 |
| ᄾᅰ(誰·水) | 同 | 쒜 |
| ᄾᅯ(説·朔) | 同 | 쒀 |
| ᅀᅵ(日) | 同 | 이 |
| ᅀᅧ(熱) | 同 | 여 |
| ᅀᅵᆫ(人·任) | 同 | 인 |
| ᅀᅮ(如·入) | 同 | 우 |
| ᅀᅮᆫ(閏·潤) | 同 | 운 |
| ᅀᅯ(弱·若) | 同 | 워 |
| ᅀᅥᅮ(肉·柔) | 同 | 우·유 |
| ᅀᅥᆼ(扔) | 同 | 엉·렁 |
| ᅀᅡᆫ(然·染) | 同 | 안·얀 |
| ᅀᅡᆼ(嚷·讓) | 同 | 앙·양 |
| ᅀᅶ(擾·繞) | 同 | ᄋᅶᄋᅸ |

北京大學中國語言學研究中心

早期北京話珍稀文獻集成
主編 劉雲

朝鮮日據時期漢語會話書匯編
分卷主編 〔韓〕朴在淵 〔韓〕金雅瑛

（影印本）

# 官話標準

## 短期速修中國語自通

〔韓〕文世榮 著
〔韓〕朴在淵 〔韓〕金雅瑛 校注

北京大学出版社
PEKING UNIVERSITY PRESS

# 目錄

# 第一課 三字話（其一）

1、你니 貴괘 姓싱

2、賤쟨 姓싱 馬마

3、我워 姓싱 林린

4、未웨 領링 教쟌

5、勞랖 你니 駕갸

---

뉘댁이십니까。
オ名前ハ何ト申サレマスカ。

마가올시다。
馬ト申シマス。

내성은림가오。
私ハ林デス。

성화를듣지못하였읍니다。
マダオ名前ヲ承ハリマセンガ。

수고하셨읍니다。
御苦勞樣。

6、你니幾기歲쉐

7、我워八빠歲쉐

8、他타九꾸歲쉐

9、起기來래了라

10、你니好할啊아

11、都뚜好할啊아

12、偏피過궈了라

---

몟살이오。

アナタ、オ幾ツ。

나는여덟살이오。

ワタクシハ八ツデス。

그는아홉살이오。

彼ハ九ツデス。

이러났오。（아침인사）

オ早ウ。（起キマシタ）

평안하시오。

今日ハ。（御機嫌如何デスカ）

괭이찮소。

今日ハ。（皆變リアリマセンヨ）

벌서먹였오。（밥을）

濟ミマシタ。（ゴ飯ヲ）

13、喝（허 ホ）過（커 コウオ）了（라 ラ）

14、熱（여 ヨ）不（부 ブ）熱（여 ヨ）

15、下（햐 ヒヤ）雨（위 ユイ）罷（빠 バ）

16、不（부 ブ）一（이 イ）定（띵 ティン）

17、還（해 ハイ）沒（메 メイ）哪（나 ナ）

18、我（워 ウヲ）要（야 ヤオ）走（쩍 ツヲウ）

19、還（해 ハイ）早（짶 ツァオ）哪（나 ナ）

---

먹었오。（차를）
戴キマシタ。（茶ヲ）

더웁습니까。
暑イデスカ。

비가오겠지오。
雨ガ降ルデセウ。

모르지오。
分リマセンネ。

아즉오지안소。
マダ降リマセン。

나는가겠오。
私ハ往カウト思ヒマス。

아즉일른대요。
マダ早イデスヨ。

20、實在了

참그렇구려。
ソウデスネ。

## 第二課 三字話 (其二)

1、對不住

미안합니다。
相濟ミマセン。

2、對不起

실례했읍니다。
失禮シマシタ。

3、不敢當

황송합니다。
恐レ入リマス。

4、做甚麼

무엇을하시오。
何ヲナサイマスカ。

5、我看報

신문을보고있오。
新聞ヲ讀ンデ居マス。

## 三字話（5）

6、甚（シエヌ 선）麽（モヲ 뫼）報（パオ 빠오）

7、你（ニー 늬）看（カン 간）罷（バ 바）

8、我（ウヲ 워）錯（ツウオ 춰）了（ラ 라）

9、你（ニー 늬）請（チン 칭）坐（ツウオ 쭤）

10、我（ウヲ 워）醉（ツオエイ 쮀）了（ラ 라）

11、决（チユエ 줴）沒（メイ 메）有（イウ 우）

12、沒（メイ 메）事（ス 쓰）呀（ヤ 야）

---

무슨신문인가오。
「何（ナン）ノ新聞（シンブン）デスカ。」

보십시오。
「ゴランナサイ。」

내가잘못하였오。
「私（ワタクシ）ガ間違（マチガ）ヒマシタ。」

앉으십시오。
「御掛（オカ）ケナサイ。」

내는취했오。
「私（ワタクシ）ハ醉（ヨ）ヒマシタ。」

아니오。
「イヤ、決（ケツ）シテ。」

아모일도없오。
「大（ダイ）シタ事（コト）ハアリマセンヨ。」

13、好不好

14、那好了

15、更好了

16、怎麼了

17、我病了

18、甚麼病

19、是胃病

---

좋슴니가。
好イデスカ。

그것은좋소。
ソレハ結構デス。

더욱좋소。
尚更結構デス。

어떠하시오。
如何デスカ。

병이났오。
病氣ニカカリマシタ。

무슨병이오。
何病デスカ。

윗병이오。
胃病デス。

20、爲甚麼（웨 썬 뫼）…… 왜요? ドウシテデス?

## 第四課 三字話（其三）

1、看一看（간 이 간）…… 보시오。御覽ナサイ。

2、念一念（녠 이 녠）…… 읽으시오。オ讀ミナサイ。

3、聞一聞（원 이 원）…… 맡아보시오。嗅イテゴランナサイ。

4、洗一洗（씨 이 씨）…… 씻으시오。オ洗ヒナサイ。

5、數一數（쑤 이 쑤）…… 세어보시오。オ數ヘナサイ。

6、擦(チァ)차 一(イ)이 擦(チァ)차

7、猜(チァイ)채 一(イ)이 猜(チァイ)채

8、走(ツォウ)쩍 一(イ)이 走(ツォウ)쩍

9、試(ス)쓰 一(イ)이 試(ス)쓰

10、問(ウエヌ)원 一(イ)이 問(ウエヌ)원

11、說(シウオ)쒀 一(イ)이 說(シウオ)쒀

12、嘗(チァン)창 一(イ)이 嘗(チァン)창

---

닦으시오。
オ拭(フ)キナサイ。

맞혀보시오。
オ當(ア)テナサイ。

가보시오。
往(イ)ッテゴランナサイ。

시험해보시오。
試(タメ)シテゴランナサイ。

물어보시오。
オ尋(タヅ)ネナサイ。

말씀하시오。
オ話(ハナシ)シナサイ。

맛보시오。
味(アヂ)ハッテゴランナサイ。

13、等 떵 トン ― 이 等 떵 トン

14、瞧 챠 チャオ ― 이 瞧 챠 チャオ

15、寫 쎄 シエイ ― 이 寫 쎄 シエイ

16、笑 샤 シャオ ― 이 笑 샤 シャオ

7。細 쓰 くヌ ― 이 細 쓰 くヌ

18、搜 쏘 ソオウ ― 이 搜 쏘 ソオウ

19、談 탄 タヌ ― 이 說 탄 タヌ

---

기다리시오。
オ待チナサイ。

보시오。
ゴ覧ナサイ。

쓰시오。(글시를)
オ書キナサイ。

웃으시오。
オ笑ヒナサイ。

묶으시오。
オ縛リナサイ。

찾으시오。
オ搜ガシナサイ。

이야기하시오。
オ話シナサイ。

20、聽(팅)一(이)聽(팅)　들오시오。オ聞(キ)キナサイ。

## 第四課 三字話（其四）

1、來(래)不(부)來(래)　오지않습니까。來(キ)マセンカ。

2、行(힝)不(부)行(힝)　되지않습니까。出(デ)來(キ)マセンカ。

3、對(뒈)不(부)對(뒈)　맞지않습니까。合(ア)ヒマセンカ。

4、買(매)不(부)買(매)　사지않습니까。買(カ)ヒマセンカ。

5、賣(매)不(부)賣(매)　팔지않습니까。賣(ウ)リマセンカ。

6、是不是
7、吃不吃
8、要不要
9、去不去
10、穿不穿
11、回得來
12、回不來

---

옳지않습니까。ソウデアリマセンカ。

먹지않습니까。喰ベマセンカ。

소용안됩니까。要リマセンカ。

가지않습니까。往キマセンカ。

입지않습니까。着マセンカ。

돌아올수있오。歸ツテ來ラレル。

돌아올수없오。歸ツテ來ラレヌ。

13、打得開（따더캐）
14、打不開（따부캐）
15、擱得下（꺼더햐）
16、擱不下（꺼부햐）
17、站得住（잔더쭈）
18、站不住（짠부쭈）
19、拿得去（나더취）

……………………………………

열수있오。開ケラレル。
열수없오。アケラレヌ。
놀수있오。置ケル。
놀수없오。置ケヌ。
설수있다。シッカリ立テル。
설수없오。シッカリ立テヌ。
가질수있다。持テル。

20、拿不去

가질수없다。持テヌ。

## 第五課 三字話（其五）

1、到不了

2、過不了

3、買不了

4、忘不了

5、改不了

1、이를수없다。着クコトガ出來ナイ。

2、지날수없다。越エルコトガ出來ナイ。

3、살수없다。買ヒ切レナイ。

4、잊을수없다。忘レルコトガ出來ナイ。

5、고칠수없다。改メルコトガ出來ナイ。

6、了不得
7、使不得
8、靠不得
9、比不得
10、擡不得
11、累得慌
12、熱得慌

---

견딜수없다。
堪ラナイ。
쓸수없다。
使ヘナイ。
믿을수없다。
當ニナラナイ。
비할수없다。
比ベラレナイ。
이르킬수없다。
持チ上ゲラレナイ。
지쳐서견딜수없다。
疲レテ堪ラナイ。
더워견딜수없다。
暑クテタマラナイ。

13、冷(렁, ロン)得(더, ト)慌(황, ホワン)

14、悶(먼, メン)得(더, ト)慌(황, ホワン)

15、痛(퉁, トウン)得(더, ト)慌(황, ホワン)

16、打(따, ター)群(췬, チユイヌ)架(쟈, キヤ)

17、打(따, ター)伙(훠, ホヲ)食(쓰, ス)

18、打(따, ター)鄉(향, ヒヤン)談(탄, タン)

19、打(따, ター)官(관, コワヌ)司(쓰, ス)

---

13、치워견딜수없다。寒クテ堪ラナイ。

14、괴로워견딜수없다。苦シクテ堪ラナイ。

15、아파견딜수없다。痛クテ堪ラナイ。

16、여러사람이싸움한다。大勢デ喧嘩スル。

17、여러사람이갈이먹는다。大勢デ一緒ニ食事スル。

18、시골이야기를한다。田舎ノ話ヲスル。

19、송사한다。告訴スル。

20、打夜作

밤일한다。
夜業ヲスル。

## 第六課　三字話（共六）

1、天亮了

날이밝았다。
夜ガ明ケタ。

2、人起來

사람이일어난다。
人ガ起キル。

3、蝴蝶飛

나비가난다。
蝴蝶ガ飛ブ。

4、景致好

경치가좋다。
景色ガ良イ。

5、我們唱

우리들이노래한다。
僕等ガ歌フ。

6、你(니)們(먼)聽(텅)

7、他(타)們(먼)說(숴)

8、她(타)們(먼)笑(샾)

9、我(워)念(녠)書(쑤)

10、他(타)寫(쎄)字(쓰)

11、多(뒤)咱(짠)走(쩌)

12、明(밍)天(톈)走(쩌)

---

자네들은듣네。
君等ハ聞ク。

그들은말한다。
彼等ハ話ス。

그여자들은웃는다。
彼女等ハ笑フ。

나는글을읽는다。
私ハ本ヲ讀ム。

그는글시를쓴다。
彼ハ字ヲ書ク。

언제가시오。
何時行キマスカ。

내일가오。
明日行キマス。

13、怎麼去

14、走着去

15、去幾天

16、去六天

17、是那兒

18、是新京

19、近不近

---

어떻게가시오。
如何ニシテ往キマスカ。

걸어가오。
歩イテ行キマス。

며칠동안가시오。
何日間行クノデスカ。

엿새동안가오。
六日間往キマス。

어디요。
何處デスカ。

신경이오。
新京デス。

가깝소?
近イデスカ。

20、不(부)很(헌)遠(왠)

몹시멀지않소。

非常(ヒジヤウ)ニ遠(トホ)クハアリマセン。

## 第七課 三字話 (其七)

1、你(늬)要(얀)麼(마)

당신소용되시오。

貴方(アナタ)要(イ)リマスカ。

2、我(워)不(부)要(얀)

나는일없오。

私(ワタクシ)ハイリマセン。

3、吃(치)飯(판)了(라)

밥을먹었오。

御飯(ゴハン)ヲ食(タ)ベマシタ。

4、喝(허)茶(차)了(라)

차를딸았오。

茶(チヤ)ヲ入(イ)レマシタ。

5、來(래)了(라)麼(마)

어서오시오。

イラッシャイ。

6、誰來了

7、有幾個

8、有八個

9、你有嗎

10、他也有

11、我給你

12、謝謝你

---

누가왔오。
誰(タレ)ガ來(キ)マシタ。

몃개있오。
幾(イク)ツ有(ア)リマスカ。

여덟개있오。
八(ヤ)ツアリマス。

너가졌니。
オ前(マエ)モ持ツテ居(ヲ)ルカ。

그도가졌오。
彼(カレ)モ持ツテ居(ヲ)ル。

자네줌세。
君(キミ)ニヤリマセウ。

감사합니다。
有難(アリガタ)ウ。

13、還(해)有(와)麽(마)

14、沒(메)有(와)了(라)

15、賣(매)完(완)了(라)

16、請(칭)喝(허)茶(차)

17、有(와)多(뒤)少(쌰오)

18、有(와)三(싼)十(쓰)

19、我(워)想(썅)買(매)

---

또있읍니까。
マダ有リマスカ。

없오。
アリマセン。

다팔았오。
品切レデス。

차를잡수십시오。
オ茶ヲ召上リナサイ。

얼마나있오。
幾ラ有リマスカ。

설흔있오。
三十アリマス。

나는사려고합니다。
私ハ買フト思ヒマス。

20、他沒買

## 第八課 四字話 (其一)

1、這是什麼

2、這是椅子

3、那是甚麼

4、那是桌子

5、這個是筆

---

그는사지않았읍니다。
彼ハ買ヒマセンデシタ。

이것은무엇이오。
コレハ何デスカ。

이것은걸상이오。
此レハ椅子デス。

저것은무엇이오。
アレハ何デスカ。

저것은책상이오。
彼レハてーぶるデス。

이것은붓이오。
コレハ筆デス。

(23) 배 字 는

6、那個是墨
7、他有鋼筆
8、我們都有
9、你有幾個
10、我有兩個
11、先生看報
12、學生看畫

---

저것은먹이오。
アレハ墨デス。

저는철필을가졌오、
彼ハぺんヲ持ツテ居マス。

우리들은다가졌오。
私等ハ皆持ツテ居マス。

로형은몇개를가졌오。
貴方ハイクツモツテヰマスカ。

나는두개를가졌오。
私ハ二ツ持ツテ居マス。

선생은신문을보시오。
先生ハ新聞ヲ見テ居マス。

학생은그림을보오。
學生ハ畫ヲ見テ居マス。

13、看甚麼報

14、南京申報

15、我來遲了

16、不晚不晚

17、請喝茶罷

18、就是就是

19、沒甚麼菜

---

무슨신문을보오。
何新聞ヲ見テヰマスカ。

남경신보요。
南京申報デス。

너무늦게왔읍니다。
大變遲クナリマシタ。

아니요。
ソンナコトハアリマセン。

차를잡수십시오。
ドウゾ御茶ヲ御上リ下サイ。

비。비。
ハイ。ハイ。

아모것도차린것이없읍니다。
何ノ風情モ御座イマセン。

20、太盛設了

성찬이올시다。 大變ナ御馳走デス。

## 第九課 四字話 (其二)

1、久仰久仰

셩화는일즉이들었읍니다。 御高名ハカネテ承ハリマシタ。

2、彼此彼此

피차일반이오。 御同樣デ御座イマス。

3、多謝多謝

감사합니다。 有難ウゴザイマス。

4、好說好說

좋은말슴입니다。 滅相モナイ。

5、叫你費心

당신께괴롬을끼쳤읍니다。 アナタニ氣ヲ使ハセテ濟ミマセン。

6、我워 要야오 告깐 辭쯔

7、我워 要야오 走쩌우 了라

8、忙망 甚썬 麼뫼 呢늬

9、別뻬 忙망 別뻬 忙망

10、多되 談탄 談탄 罷바

11、我워 失쓰 陪페 了라

12、明밍 天톈 再째 見졘

......................................................................

나는가겠읍니다。
私ハ失禮致シマス。

실례하겠읍니다。
御暇致シマス。

무엇을그리바쁘게가십니까。
何ヲソンナニオ急ギニナリマスカ。

그리하실것없읍니다。
ヤア、イイヂヤアリマセンカ。

더이야기하십시오。
今少シ御ユックリオ話シナサイ。

실례하게하여주시오。
失禮サセテ戴キマス。

내일또뵙시다。
明日又オ目ニ掛リマセウ。(サヨナラ)

13、我送你去

14、別送別送

15、得罪得罪

16、沒有沒有

17、都完了麼

18、還沒完哪

19、你愛不愛

---

전송하겠읍니다。
御見送リ致シマス。

그만두십시오。
オ送リ下サイマスナ。

죄송합니다。
恐レ入リマス。

천만에。
イヤ、ナンノ。

다맞후었읍니까。
皆遣ツテシマヒマシタカ。

덜되었읍니다。
マダ終リマセンヨ。

자네좋아하나?
君オ好キカ。

20、我(워/ウオ)愛(애/アイ)這(쩌/チエ)個(거/コ)

## 第十課 四字話 (其三)

1、受(쒀/シオウ)等(떵/トン)受(쒀/シオウ)等(떵/トン)

2、打(따/タ)攪(갸/キヤオ)打(따/タ)攪(갸/キヤオ)

3、討(퇴/タオ)擾(와/アオ)討(퇴/タオ)擾(와/アオ)

4、慢(만/マヌ)待(대/タイ)慢(만/マヌ)待(대/タイ)

5、領(링/リン)敎(갸/キヤオ)領(링/リン)敎(갸/キヤオ)

| | |
|---|---|
| 20 | 나는이것을좋아하네。 僕<sup>ボク</sup>ハコレガ好<sup>ス</sup>キダ。 |
| 1 | 오래기다리셨읍니다。 御待<sup>オマタ</sup>セ致<sup>イタ</sup>シマシタ。 |
| 2 | 실례하였읍니다。 御邪魔致<sup>オジヤマイタ</sup>シマシタ。 |
| 3 | 잘먹었읍니다。 ゴ馳走<sup>チソウ</sup>ニナリマシタ。 |
| 4 | 소홀함이많았읍니다。 御粗末様<sup>オソマツサマ</sup>デシタ。 |
| 5 | 가르쳐주셔서감사합니다。 御教<sup>オオシ</sup>ヘ下<sup>クダ</sup>サイマシテ有難<sup>アリガタ</sup>ウ。 |

6、豈(キ 커)敢(カヌ 간)豈(キ 커)敢(カヌ 간)

7、多(トウオ 되)禮(リ 리)多(トウオ 되)禮(リ 리)

8、道(ダオ 또)謝(シエイ 쎄)道(ダオ 또)謝(シエイ 쎄)

9、就(チウ 쭈)是(ス 쓰)就(チウ 쭈)是(ス 쓰)

10、再(ツアイ 째)見(キエヌ 겐)再(ツアイ 째)見(キエヌ 겐)

11、保(パオ 빠)養(ヤン 양)保(パオ 빠)養(ヤン 양)

12、久(キウ 깃)違(ウエイ 웨)久(キウ 깃)違(ウエイ 웨)

---

황감합니다。
恐縮(キョウシュク)デス。

너무친절하십니다。
ゴ叮嚀(テイネイ)ナコトデス。

사례합니다。
御禮(オレイ)申(モウ)シ上(ア)ゲマス。

녜。녜。
ハイ。ハイ。

또만납시다。
サヨナラ。

조섭을잘하시오。
御靜養(ゴセイヤウ)シナサイ。

오래간만이올시다。
久(ヒサ)シ振(ブ)リデゴザイマス。

13、隨便隨便

14、請坐請坐

15、留步留步

16、再會再會

17、托福托福

18、失敬失敬

19、有坐有坐

---

편할대로하시오。
御隨意ニシナサイ。

앉으십시오。
オ掛ケナサイ。

나오실것없읍니다。
ドウゾ、其儘デ。

또뵈옵시다。
サヨナラ。

덕택으로잘있읍니다。
オ蔭サマデ。

실례가많습니다。
失禮デゴザイマス。

앉일대가있읍니다。
ココニ席ガアリマス。

20、恕罪恕罪

용서하시오。

オ恕シ下サイ。

## 第十一課 四字話（其四）

1、叫你受等

2、你別見怪

3、沒有的話

4、我該走了

5、簡慢得很

너무기다리시게하였읍니다。

隨分オ待タセ致シマシタ。

꾸지람마십시오。

御咎メ下サラナイヤウニ。

그럴수있읍니까。

ソンナコトハアリマセン。

나는가야하겠읍니다。

モウ歸ラセテ戴キマス。

아모대접도없였읍니다。

何ノ御構モ出來マセンデシタ。

6、承你指教

7、你別說了

8、請入坐罷

9、不用客氣

10、上那兒去

11、上城裏去

12、有多少里

---

가르쳐주셔서감사합니다。
御教示ニ預リマシテ有難ウゴザイマス。

그게무슨말슴이오。
何ヲオ言ヒマス。

어서앉으십시오。
ドウゾ御席ニオツキナサイ。

사양마십시오。
御遠慮ニハ及ビマセン。

어디로가시오。
何處へ往カレマスカ。

문안까지갑니다。
城内マデ參リマス。

몇리됩니까。
幾里アリマスカ。

13、有와 三싼 里리 地디

14、沒메 有와 多둬 遠완

15、打따 家갸 裏리 來래

16、打따 東똥 南난 走쪼우

17、我워 剛깡 起키 來래

18、吃치 飯판 了라 麼마

19、剛깡 偏편 過궈 了라

---

삼리나됩니다。
三里程アリマス。
그리머지않습니다。
大シテ遠クハアリマセン。
집에서옵니다。
家カラ參リマス。
동남으로갑니다。
東南ノ方カラ往キマス。
저는지금막일어났읍니다。
私ハ起キタバカリデス。
진지잡수셨읍니까。
御飯ハ御濟ニナッテ。
지금막먹었읍니다。
今先ニ食ベマシタ。

20、你請吃煙

## 第十二課 四字話 (其五)

1、飯得了麼

2、水開了麼

3、不大很忙

4、早就開了

5、你做甚麼

---

담베부치십시오。
煙草ヲ御吸ヒナサイ。

밥이되엿나요。
ゴ飯ガ出來マシタカ。

믈이끓엇나요。
湯ガ沸キマシタカ。

그리바쁘지않슴니다。
大シテ忙シクアリマセン。

벌서끓엇오。
トックニ沸キマシタ。

너무엇을하니。
オ前何ヲスルカ。

6、我(워)看(칸)報(봐)哪(나)

7、着(져)了(라)涼(량)了(라)

8、府(후)上(쌍)好(핤)啊(아)

9、托(퉈)福(후)都(두)好(핤)

10、你(늬)不(부)餓(어)麼(마)

11、你(늬)不(부)渴(커)麼(마)

12、吃(치)甚(썬)麼(뫼)呢(늬)

---

나는신문을보오。
僕ハ新聞ヲ見マス。

감기가들었오。
風邪ヲヒキマシタ。

댁내가무고하시오。
オ變リハアリマセンカ。

감사합니다。다잘있읍니다。
有難ウ。皆丈夫デス。

시장하시지않소?
御腹ガ空キマセンカ。

목말르지않으시오?
アナタ渴キマセンカ。

무엇을자시려오。
何ヲ食ベマセウカ。

13、喝甚麼酒

14、肚子飽了

15、這纔醉了

16、多喒回來

17、明兒一早

18、還沒有定

19、一路平安

---

무슨술을자시려오。
何ノ酒ヲ飲ミマセウカ。

배가부르오。
オ腹ガ一杯デス。

인제야취하였오。
モウ酔ヒマシタ。

언제오시겠오。
何時オ歸リデスカ。

내일아침에。
明朝早々。

아즉정하지아니하였오。
未ダ定リマセン。

안녕히가십시오。(여행하는사람에게)
御機嫌ヨウ。(旅行スル人ニ)

20、你(늬)小(쇼)心(신)罷(바)

조심하십시오。
御注意シナサイ。

## 第十三課 四字話（其六）

1、他(타)在(째)那(나)兒(얼)

2、我(워)在(째)這(쪄)兒(얼)

3、你(늬)坐(쭤)那(나)兒(얼)

4、誰(쉐)給(께)你(늬)錢(쳰)

5、我(워)的(디)哥(꺼)哥(꺼)

1. 저분은어디있소。
彼ノ人ハ何處ニ居マスカ。

2. 나는여기있오。
僕ハ此處ニ居マス。

3. 노형은거기앉으시오。
アナタハ其處ニオ掛ケナサイ。

4. 누가돈을주드냐。
誰ガオ前ニ錢ヲヤッタカ。

5. 우리형님이。
僕ノ兄サンガ。

6、久聞大名

7、彼此一樣

8、這個很好

9、那個不好

10、這個很大

11、那個太小

12、你給我罷

---

오래성화는들엇읍니다。
久シク御高名ハ承ハリマシタ。

피차일반입니다。
ゴ同様デゴザイマス。

이것은매우좋다。
コレハ非常ニ良イ。

저것은좋지않다。
アレハ良クナイ。

이것은몹시크오。
コレハばかニ大キイ。

그것은너무작다。
ソレハアマリ小サイ。

노형나를주시오。
アナタ僕ニ下サイ。

13、不부能넝給께你니
14、有와幾기個거人인
15、有와多뒤少쏘錢첸
16、有와五우個거人인
17、有와六릭毛뫄錢첸
18、買매了라幾기個거
19、買매了라七치個거

---

당신께는드릴수없오。
アナタニハ遣レマセン。

몇사람이있오?
幾人居リマスカ。

돈을얼마가졌느냐。
何銭持ッテ居ルカ。

다섯사람있오。
五人アリマス。

육십전있오。
六十銭アリマス。

얼마사셨오?
幾ラ買ヒマシタカ。

일곱개샀읍니다。
七ツ買ヒマシタ。

20、你要幾個

노형은몇개쓰시려오。
アナタハ幾ツイリマスカ。

## 第十四課 四字話 (其七)

1、有人叫門

누구인지문을두드린다。
誰カ門ヲ敲イテ居ル。

2、有信來了

편지가왔다。
手紙ガ來タ。

3、有了事了

일을붙잡었다。
仕事ニ有リツイタ。

4、辦着看罷

해보겠오。
遣ツテ見マセウ。

5、得打油了

기름을사야하겠오。
油ヲ買ハナケレバナリマセン。

6、那就是了

7、先生來麽

8、他沒來麽

9、那位是誰

10、你怎麽了

11、你怎麽走

12、弟兄幾位

---

그러면좋다。
ソレナラヨロシイ。

선생님은오시나요。
先生ハオ出デニナリマスカ。

그는오지않나요。
彼ハ來ナイカ。

저분은누구시오。
アノ方ハ誰方デスカ。

자네는어떻게하였나。
君ハ如何シマシタカ。

당신은어떻게가시겠오。
アナタハドウ云フ風ニ往キマスカ。

형제는몇분이시오。
兄弟ハオ幾人デスカ。

13、天(텬)晴(칭)了(라)麽(마)

14、還(해)陰(인)着(져)哪(나)

15、幾(기)天(텬)到(또)呢(늬)

16、至(지)多(뒤)五(우)天(텬)

17、那(나)說(워)不(부)定(딩)

18、你(늬)問(원)他(타)罷(바)

19、已(이)經(깅)問(원)了(라)

---

날은개였나요。
空ハ晴レマシタカ。

아즉흐렸는데요。
マダ曇ツテ居マスヨ。

메칠에도착하시오。
何日デ到キマスカ。

많이걸린대야닷세지오。
多クカカツタトコロデ五日デス。

그렇다고도할수없오。
ソウトモ云ヘマセン。

자네는저이에게물어보게。
君ハ彼ニ尋ネテ見給ヘ。

벌서물어보았네。
トクニ聞イタヨ。

20、你不要麼

自네는원찮나。
君ハ要ラヌカ。

# 第十五課 五字話 (其一)

1、你有鉛筆麼

자네연필을가졌나。
君鉛筆ヲ持ッテ井ルカ。

2、我沒有鉛筆

저는갖지않았읍니다。
私ハ持ッテ井マセン。

3、這兒有甚麼

여기무엇이있오。
此處ニ何ガアリマスカ。

4、這兒有電扇

여기선풍기가있오。
此處ニ扇風機ガアリマス。

5、今天是幾兒

오날은메칠이오。
今日ハ何日デスカ。

6、今兒是初一

7、昨兒是幾號

8、昨天是九號

9、貴處是那兒

10、敝處是山東

11、未領敎你哪

12、姓安你貴姓

---

오날은초하룻날이오。
今日ハ朔日デス。

어제는메칠이오。
昨日ハ何日デスカ。

어저께는아흐레오。
昨日ハ九日デス。

고향은어디십니까。
貴方ノ御郷里ハ何處デスカ。

내고향은산동입니다。
私ノ國ハ山東デス。

아즉성함을듣지못하였읍니다。
マダオ名前ヲ承ハリマセン。

안가올시다。노형은?
安デゴザイマス。オ名前ハ?

13、你多喒起身 (늬 둬 짠 키 썬)

14、我是明天走 (워 쓰 밍 톈 쩍)

15、車幾點鐘開 (쳐 기 뎬 쭝 캐)

16、晚上七點鐘 (완 쌍 치 뎬 쭝)

17、近來怎麽樣 (긴 래 젼 뫼 양)

18、沒有別的事 (메 와 뻬 디 쓰)

19、你打那裏來 (늬 따 나 리 래)

---

노형은언제떠나십니까。

アナタハ何日御出發ニナリマスカ。

나는내일떠납니다。

僕ハ明日立チマス。

차는몇시에떠납니까。

何時ノ列車デスカ。

저녁일곱시입니다。

晚ノ七時デス。

요새는어떠하시오。

近頃ハ如何デスカ。

별일은없읍니다。

變ツタコトハアリマセン。

노형어디로서오시오。

アナタ何處カラオ出デデスカ。

20、我打家裏來

집에셔옵니다。

家カラ參リマス。

## 第十六課　五字話（其二）

1、請你饒恕我

용셔하야주시기를바랍니다。

何卒御寬恕ノ程オ願ヒ致シマス。

2、那兒的話呢

그게무슨말슴이오。

ドウ致シマシテ。

3、改天再來罷

다음날또오겠읍니다。

ソノ中又御伺ヒ致シマス。

4、你沒事來罷

한가하시거던오십시오。

オ暇デシタラ御出デ下サイ。

5、我不强留了

억지로말리지는않겠읍니다。

無理ニ御引留ハ致シマセン。

6、替我問他好

7、伱實在多禮

8、實在勞伱駕

9、𠮩伱惦記着

10、感謝的很了

11、甚麼時候兒

12、兩點少一刻

---

그에게잘말슴하야주십시오。
ドウカ彼ニヨロシク云ッテ下サイ。

참친절하십니다。
誠ニ御叮嚀ナコトデス。

참수고하셧읍니다。
本當ニ御苦勞様デス。

노형께염려를끼쳣읍니다。
御心配ヲ掛ケマシタ。

대단히감사합니다。
御禮ノ申上ゲヤウモゴザイマセン。

어느때쯤되엿나요。
何時頃デスカ。

두시십오분전이오。
二時十五分前デス。

13、八點過一刻

14、早上九點鐘

15、再喝一杯罷

16、酒足飯飽了

17、我坐這邊兒

18、你坐那邊兒

19、他坐那邊兒

---

여덟시십오분이오。
八時十五分過ギテス。

아침아홉시요。
朝ノ九時デス。

한잔더잡수시오。
今一杯オ上リナサイ。

술과밥을많이먹었읍니다。
オ酒モ御料理モ充分頂戴シマシタ。

나는여기앉겠오。
僕ハコチラヘ坐リマセウ。

당신은저기앉으시오。
アナタハソコヘオ掛ケナサイ。

저분은어디앉을가오。
彼ノ方ハドコヘ坐リマセウカ。

20、你請這邊來

노형은이쪽으로오시오。
貴方ハコチラヘイラッシャイ。

## 第十七課 五字話 (其三)

1、這是我的表

이것은나의시계오。
コレハ僕ノ時計デス。

2、他走的很快

저이는걸음이몹시빠르오。
彼ハ歩キ方ガ非常ニ早イ。

3、我走的很慢

나는걸음이매우느리오。
私ハ歩キ方ガ非常ニノロイ。

4、送信的來了

체전부가왔오。
郵便配達ガ來マシタ。

5、他在新京住

그는신경사오。
彼ハ新京ニ住ンデ居マス。

6、這是頂好的

7、再沒有好的

8、你有甚麼事

9、你上那兒去

10、沒上那兒去

11、沒一點兒風

12、你去倒好了

---

이것은썩좋은것이오。
コレハ一番良イモノデス。

그우에더좋은것은없오。
コレヨリ良イモノハアリマセン。

자네무슨일이있나。
君ハ何事ガアルカ。

너는어디로가나。
オ前ハ何處ヘ往クカ。

아모데도가지아니하였읍니다。
何處ヘモ往キマセン。

바람이조곰도없오。
風ガ少シモアリマセン。

자네가가는것이도리혀좋으이。
君ガ往ツタ方ガカヘツテヨロシイ。

13、給我倒茶來

14、在鍾路倒車

15、他覺說大話

16、覺吃米飯麼

17、拿中國話說

18、那麼從命罷

19、換了多少錢

---

차를딸아다주게.
オ茶ヲ注ッテ來テクレ。

종로서바꿔타오。
鍾路デ乘換ヘマス。

그는큰소리만하오。
彼ハほらバカリフイテ居ル。

쌀밥만먹나요?
米ノ御飯バカリ食ベマスカ。

중국어로말하오。
支那語デ話シマス。

그러면명령대로하겠읍니다。
ソレデハ仰ノ通リ致シマセウ。

얼마를바꾸셨오。
幾ラ換ヘマシタカ。

20、一塊兩毛半

일원이십오전。
一圓二十五錢。

## 第十八課 五字話（其四）

1、今兒禮拜幾

오날은무슨요일이오。
今日ハ何曜日デスカ。

2、今天禮拜三

오날은수요일이오。
今日ハ水曜日デス。

3、他上那兒去

그는어디로가오。
彼ハドコヘ往キマスカ。

4、上學堂去了

학교에갑니다。
學校ニ往キマス。

5、學校在那兒

학교는어디오。
學校ハ何處ニアリマスカ。

6、在這南邊兒

7、學生多不多

8、學生也不少

9、這裏有桌子

10、那裏有椅子

11、這個叫甚麽

、這叫自行事

---

이남쪽에있읍니다。
コノ南ノ方ニアリマス。

학생은많은가요?
學生ハ多イデスカ。

학생도적지는않읍니다。
學生モ少クハアリマセン。

여기책상이있오。
此處ニ机ガアリマス。

저기이자가있오。
彼處ニ椅子ガアリマス。

이것은무엇이라하오。
コレハ何ト云ヒマスカ。

이것은자행거라하오。
コレハ自轉車トイヒマス。

13、多兒錢買的

14、七十五塊錢

15、一共多兒錢

16、八塊兩角五

17、你的表對麼

18、快一點兒罷

19、你在那兒住

---

얼마에산것이오。
幾價デ買ッタノデスカ。

칠십오원。
七十五圓。

도합이얼마요。
皆デ幾錢デスカ。

팔원이십오전。
八圓二十五錢。

노형시계는맞습니까。
貴方ノ時計ハ合ヒマスカ。

좀빠를걸요。
少シ急イデヰルデセウ。

당신은어디사십니까。
アナタハ何處ニ住ンデ居ラレマスカ。

20、我在京城住

나는서울사오。

私ハ京城ニ住ンデヰマス。

## 第十九課　五字話（其五）

1、你還沒走啊

노형은입대아니가셧구려。

アナタハマダ往キマセンネ。

2、我這就要走

나는곧가겠읍니다。

私ハ今往カウト思ヒマス。

3、一天走到麼

하로에도착하십니까。

一日デ到キマスカ。

4、一天走不到

하로에도착하지못합니다。

一日デ到キマセン。

5、要走着去麼

걸어가시렵니까。

歩イテ往カレマスカ。

6、走着很受累

7、當天回來麼

8、當天回不來

9、你沒去過麼

10、我去過一逿

11、他來過了麼

12、他剛來過了

---

걸어서는매우곤난하오。
歩イデハ甚ダ困難デス。

당일돌아오십니까。
日返リガ出來マスカ。

당일돌아오지못합니다。
日返リガ出來マセン。

노형은못가보셨읍니까。
アナタハイラッシャッタコトガアリマセンカ。

한번가보왔읍니다。
一度往ッタコトガアリマス。

그가왔다갔읍니까。
彼ハ來マシタカ。

마단여갔읍니다。
丁度今歸リマシタ。

13、走了會子了

14、剛走不遠兒

15、你去看看去

16、我去瞧瞧去

17、你來取來麼

18、我來拿來了

19、他回家去麼

---

간지얼마안되오。
往ッテカラ暫ラクタチマシタ。

간지오래지않소。
今往ッタバカリデス。

너가서보고오너라。
オ前往ッテ見テコイ。

내가서보고오리다。
僕往ッテ見テ來マス。

네가찾으러왔느냐。
オ前ガ取リニ來タカ。

내가가질러왔소。
僕ガ取リニ來マシタ。

그는집에갔나요?
彼ハ歸リマシタカ。

20、是(ス 쓰)回(ホイ 휘)家(キヤ 갸)去(キユイ 취)了(ラ 라)

네、갔읍니다。

ハイ、歸(カエ)リマシタ。

## 第二十課 五字話 (其六)

1、打(タ 따)那(ナ 나)邊(ピエヌ 볜)走(ツオウ 쩌)啊(ア 아)

그리로가나요。

アチラカラ往(ユ)キマスカ。

2、打(タ 따)這(チヨ 예)邊(ピエヌ 볜)去(キユイ 취)呀(ヤ 야)

이리로가지오。

コッチカラ往(ユ)キマス。

3、往(ワン 왕)那(ナイ 나)麼(モチ 뫼)去(キユイ 취)了(ラ 라)

어디로갔나요。

何處(ドチラ)ヘ往(ユ)キマシタカ。

4、往(ワン 왕)東(トウン 뚱)南(ナヌ 난)去(キユイ 취)了(ラ 라)

동남으로가오。

東南(トウナン)ノ方(ホウ)ヘ往(ユ)キマス。

5、從(ツウン 충)小(シヤオ 샤)路(ルウ 루)去(キユイ 취)麼(マ 마)

작은길로가나요。

小路(コミチ)カラ往(ユ)キマスカ。

6、從종 大따 街개 跑퐌 了라

7、學쉐 生셩 都뚜 來래 麼마

8、還해 沒메 到따 齊치 了라

9、還해 有우 來래 的디 麼마

10、再재 沒메 來래 的디 了라

11、字쯔 都뚜 抄챂 好핲 麼마

12、是쓰 纔채 寫쎼 完완 了라

---

큰길로갑니다。
大通リカラユキマス。

학생이다왔나요。
學生ガ皆來マシタカ。

아즉다오지않았오。
マダ皆來マセン。

또올이가있나요。
又來ルモノガアリマスカ。

다시올이가없오。
モウ來ルモノがアリマセン。

글시는다베꼈나요。
字ハ皆寫シマシタカ。

네、인제야다썼오。
ハイ、ヤット書キ終リマシタ。

13、你該念一念

14、我可不能念

15、還不明白麼

16、是不大明白

17、你快問一問

20、這是甚麼字

---

너는읽어야하겠다。
オ前讀ンデゴラン。

나는읽을수가없오。
僕ハ讀メマセン。

아즉도모르느냐。
マダ分リマセンカ。

네、아주똑똑이아지못하겠오。
ハイ、ハッキリ分リマセン。

빨리물어보아라。
オ前ハヤク聞キナサイ。

이것은무슨자인가요。
コレハ何ト云フ字デスカ。

# 第二十一課 五字話 (其七)

1、這些字難寫

2、不會說官話

3、他沒吃早飯

4、我也沒有錢

5、我的錢不彀

6、你請看這個

......................................................................

이글자들은쓰기어렵소。

是等ノ字ハ書キ難イ。

관화를할줄모르오。

官話ガ話セヌ。

그는조반을먹지않았오。

彼ハ朝飯ヲ食ベマセン。

나도돈이없오。

僕モ錢ガアリマセン。

내돈은모자란다。

僕ノ錢ハ足ラナイ。

노형이것을보십시오。

ドウゾ此レヲ御覽ナサイ。

7、屋子不乾淨

8、價錢大貴了

9、沒有甚麼貴

10、欠主兒溜了

11、你會浮水麼

12、我不會浮水

13、買賣鋪在那兒

---

방이더럽소。

部屋ガ不潔ナイ。

값이너무비싸오。

値段ガ餘リ高イ。

아모것도비싼것은없오。

何モ高イコトハ有リマセン。

빚쟁이가달아났오。

借主ガ夜逃ゲシマシタ。

노형은헤엄칠줄아십니까。

アナタハ游泳ガ出來マスカ。

나는헤엄칠줄을모르오。

僕ハ游泳ガ出來ナイ。

노형가게는어디있오。

オ店ハ何處ニアリマスカ。

14、小號在北平

15、貴恙怎麼樣

16、好了一點兒

17、暫且歇歇罷

18、說得很詳細

19、一向少見了

20、這一向好啊

---

내가계는북평에있오。
店ハ北平ニアリマス。

병환은어떠하십니까。
御病狀ハ如何デスカ。

좀낫읍니다。
少シ快クナリマシタ。

잠간쉬입시다。
暫ク休ミマセウ。

말하는것이아주자세하오。
云ヒ方ガ極メテ委シイ。

한동안격조하였읍니다。
爾後御無沙汰致シマシタ。

요세는자미가좋으십니까。
此頃ハ景氣ガヨイデスカ。

## 第二十二課 六字話 (其一)

1、我給你說話罷

2、先生昆仲幾位

3、我們弟兄五個

4、貴處是那一省

5、敝處是吉林省

6、老爺今年高壽

---

내가노형에게말숨하리다。

貴下ニ話シテ上ゲマセウ。

당신은몃형제분이십니다。

先生ハ御兄弟ハ幾人デスカ。

나는오형제올시다。

兄弟ガ五人デス。

고향은어디십니까。

御國ハ何處デスカ。

본향은길림성입니다。

鄉里ハ吉林省デス。

영감올에츈추가얼마십니까。

旦那オ歲ハオイクツデスカ。

7、我虛度六十歲

8、我也想去逛逛

9、偺們倆一同去

10、甚麼事請說罷

11、耳朶有點兒聾

12、師傅是那一位

13、你看過論語麼

---

나는육십을허송하였오。
俺ハ六十デス。

나도구경을가려고하오。
僕モ見物ニ往カウト思ヒマス。

우리둘이같이갑시다。
オ互ニ一緒ニ往キマセウ。

무슨일이던지말슴하시오。
何デモオ話シナサイ。

귀가좀어둡소。
耳ガ少シ遠イ。

선생님은어느분이오。
先生ハ何方デスカ。

너는논어를읽었느냐。
オ前論語ヲ讀ンダコトガアルカ。

14、我眞是沒看過

15、這個東西很好

16、那個是你們的

17、爲甚麽打架呀

18、實在叫人生氣

19、咱們明天再見

20、咱們後天準見

---

나는참말못읽었어요。
僕ハ本當ニ讀ンダコトガアリマセン。

이물건은매우좋소。
此品物ハ非常ニ良イ。

그것은자네들것일세。
ソレハ君等ノモノダ。

웨싸움을하느냐。
ナゼ喧嘩ヲスルカ。

참、남을성을내게하오。
實ニ人ヲ怒ラセマス。

우리내일만납시다。
サヨナラ。(オ互明日逢ヒマセウ)

우리모레꼭만납시다。
サヨナラ。(再明日必度アヒマセウ)

## 第二十三課 六字話（其二）

1、掌櫃你進來罷

2、是那麼遵命了

3、你讓他進來罷

4、你知道不知道

5、都還沒定規了

6、還沒應着活了

여보, 들어오시오。
番頭サン、オ入リナサイ。

네, 그러면 말슴대로하겠읍니다。
ハイ、ソレナラ仰ニ從ヒマス。

너는그를들어오게하여라。
オ前ハ彼ヲ案內セロ。

너는아느냐。
オ前知ッテ居ルカ。

아즉다작정하지않았오。
マダ皆ナ定リマセン。

아즉생활를붙잡지않았오。
マダ仕事ニ取リ付キマセン。

7、是爲甚麼事情

8、那都是官定的

9、要買的是甚麼

10、他是那兒的人

11、他是這兒的人

12、上南山打圍去

13、受了甚麼累了

……………………………………………………

그것은무슨까닭이오。
ソレハ何云フ譯デスカ。

그것은관청에서정한것이오。
ソレハ役所デ定メタコトデス。

사시려고하는것은무엇이오。
買ヒ度イノハ何デスカ。

그는어딧사람이오。
彼ハ何處ノ人デスカ。

그는여깃사람이오。
彼ハ此處ノ人デス。

남산으로산양을가오。
南山ヘ獵ニ往キマス。

어떠한고생을하셧오。
如何難儀ヲシマシタカ。

14、身上很不舒服

15、我沒聽見說呀

16、他不是好死的

17、說是呑烟死的

18、他說是見大人

19、我也要回去了

20、那麼改天見罷

---

몸이매우거북하오。

體ガ非常ニ氣持ガ惡イ。

나는듣지못하였오。

僕ハ聞キマセンデシタ。

그는잘죽은것이아니오。

彼ハヨク死ンダノデハナイ。

아편을먹고죽었다하오。

阿片ヲ呑ンデ死ンダソウデス。

그가영감을뵈옵겠다합니다。

彼ガ旦那ニ逢ヒ度イソウデス。

나도가겠오。

僕モ歸リマセウ。

그러면다음날만납시다。

サヨナラ。(ソレデハ何レオ目ニ掛リマセウ。

## 第二十四課 六字話 (其三)

1、今天天氣不好

2、是下得雨不少

3、你有洋書沒有

4、是甚麼洋書呢

5、我是要德國書

6、英國書也沒有

---

오날일긔는좋지않소。
今日ハ天氣ガ惡イ。

비가많이옵니다。
雨ガ澤山降リマス。

노형원서가있오。
アナタ原書ガアリマスカ。

무슨원서입니까。
何ノ原書デスカ。

나는독일책이소용되오。
僕ハ獨逸ノ本ガイリマス。

영국책도없오。
英吉利斯ノ本モアリマセン。

7、這쩌個거書쑤好할不부好할

8、這쩌是쓰甚썬麼뫼書쑤呢늬

9、一이本뻔是쓰中쭝國궈書쑤

10、誰쒜在째樓뤄底디下햐哪나

11、怕파是쓰看칸門먼的디罷바

12、上쌍月웨就쭈到닾期키了랴

13、下햐月웨就쥐不부幹깐了랴

---

이책은좋은가요。

此ノ本ハヨイデセウカ。

이것은무슨색이오。

コレハ何ノ本デスカ。

한권은중국책이오。

一冊ハ支那ノ本デス。

누가아래층에있나요。

誰ガ二階ノ下ニ居リマスカ。

아마문직이겠지오。

多分門番デセウ。

지난달이기한이였오。

先月ガ期限デシタ。

내월은나는관계하지않겠오。

來月僕ハヤリマセン。

14、你出去做甚麽

15、我在家裏學話

16、這麽大那麽小

17、實在是不錯的

18、我是前年來的

19、他是去年到的

20、我再來見你罷

---

너는나가서무엇을하느냐。
オ前ハ外ヘ出デ何ヲスルカ。

나는집에서말을배우오。
僕ハ家デ言葉ヲ學ビマス。

이렇게크고저렇게작소。
コンナニ大キクアンナニ小サイ。

참그렇소。
成程間違ハアリマセン。

나는그러께왔오。
僕ハ一昨年來マシタ。

그는작년에왔오。
彼ハ昨年來マシタ。

다시와서뵈옵겠읍니다。
サヨナラ。（又來テオ目ニ掛リマセウ。）

# 第二十五課　六字話　(其三)

1、你(늬)要(얀)多(둬)麽(뫼)厚(훠)的(디)

2、我(워)要(약)薄(뽜)點(뎬)兒(얼)的(디)

3、多(둬)麽(뫼)大(따)多(둬)麽(뫼)小(샾)

4、這(져)麽(뫼)寬(관)這(져)麽(뫼)長(짱)

5、還(해)有(와)細(씨)的(디)沒(메)有(와)

6、都(뚜)是(쓰)這(져)麽(뫼)粗(추)的(디)

---

얼마나두터운것을쓰시겠오。
ドレホド厚イノガ御入用デスカ。
좀얇은것이소용되오。
少シ薄イノガ必要デス。
얼마나크고얼마나작소。
何程大キクドレホド小サイカ。
이렇게넓고깁니다。
コンナニ廣クコンナニ長イ。
더고흔것은없오?
モット細イモノハアリマセンカ。
모다이렇게굵은것이오。
皆コンナニ荒イノデス。

7、這쩌個거也예不부賤쪤罷바

8、是쓰行항市쓰貴꿰的디很헌

9、這쪄不부是쓰新씬的디麽마

10、新씬的디還해沒메興힝哪나

11、怎쩐麽뫼用윙這쪄麽뫼長짱

12、不부是쓰還해有와短돤的디

13、他타總쭝有와這쪄麽뫼高깦

---

이것도흔ㅎ지는않을걸요。
コレモ安クハナイデセウ。

비、시세가매우비싸오。
ハイ、相場ガばかニ高イ。

이것은묵은것이아니오?
コレハ舊イノデハアリマセンカ。

새것은아즉나지않았오。
新シイノハマダ出マセン。

어째이렇게길게쓰시오。
ナゼコンナニ長ク使ヒマスカ。

아니오、또짜른것도있오。
イーエ、マダ短イノモアリマス。

그는도시이렇게크지오。
彼ハ一體コンナニ丈ガ高イデス。

14、是身量可不矮

15、每天早起起來

16、他母親早死了

17、他還沒成家了

18、中你的意了麼

9、都是用不着的

20 我就去拿過來

---

비、키가작지않소。
ハイ、丈ガ低クアリマセン

매일아침에일어나오。
毎日朝早ク起キマス。

그의어머니는벌서죽었오。
彼ノ母ハモウ死ニマシタ。

그는아즉성가를못하였오。
彼ハマダ世帯ヲ持チマセン。

노형마음에드십니까。
貴方ノ氣ニ入リマスカ。

이것은다쓸것이못되오。
コレハ皆使ヘマセン。

내가가서가져오리다。
僕ガ往ツテ持ツテ來マセウ。

# 第二十六課 六字話 (其五)

1、這個烟太冲了 (쩨 거 옌 태 총 라)

2、這不是淡的麼 (쩨 부 쓰 딴 디 마)

3、你能吃辣的麼 (니 넝 취 라 디 마)

4、我不愛吃酸的 (워 부 애 취 싼 디)

5、魚淡了再擱鹽 (위 딴 라 째 꺼 옌)

6、齁鹹了吃不得 (후 셴 라 취 부 더)

---

이담배는너무독하오。
コノ煙草ハ餘リキツイ。

이것은싱거운것이아니오?
コレハアマイノデハアリマセンカ。

노형은매운것을잡수시겠오。
アナタハ辣イノガ食ベラレマスカ。

나는신것을싫여하오。
僕ハスツハイノガ嫌イデス。

생선이싱거우니소곰을더쳐라。
魚ガアマイカラ鹽ヲオ入レ。

너무짜면먹지못하오。
鹹過ギデハ食ベラレマセン。

7、太(태)老(랖)了(라)不(부)好(하)吃(츼)

8、嫩(넌)了(라)沒(메)有(우)味(웨)兒(얼)

9、你(늬)吃(츼)着(쟈)不(부)苦(쿠)麼(마)

10、我(워)吃(츼)着(쟈)是(쓰)很(헌)甜(텐)

11、這(쪠)個(거)茶(쟈)太(태)乏(빠)了(라)

12、往(왕)下(햐)釅(옌)點(덴)兒(얼)沏(채)

13、不(부)行(힝)太(태)濃(눙)糊(후)了(라)

---

너무질겨서먹기가안되엿오。
餘リ硬クテ食ベ悄イ。

연하면맛이업오。
軟クテハ味ガナイ。

당신잡수시기에쓰지않읍니까。
アナタ召上ルノニ辛クアリマセンカ。

먹으니까매우단데요。
食ベルト非常ニアマイ。

이차는너무싱겁다。
コノ茶ハ餘リ淡イ。

더좀독하게타오겟오。
モ少シキツク入レマセウ。

못쓰겟다。너무진하다。
不可ナイ。アマリ濃過ギル。

14、不用還很香哪

15、敢情是很沉了

16、是嗎分量太大

17、那兒來的腥氣

18、這是騷味兒罷

19、挨着茅房近麼

20、隔在這兒不遠

---

그만해도매우고수하오。
道理デ非常ニ香ガヨイ。

그런줄몰랐더니깨무겁구려。
果シテバカニ重イデスネ。

그렇소? 근량이너무많소이다。
ソウテスカ。目方ガ多過ギマス。

어디서오는비린내요。
何處カラ來ルナマグサイデスカ。

이것은지린내인가봅니다。
コレハ小便臭イデセウ。

뒷간이가깝니까。
便所ガ近イデスカ。

여기서멀지않소。
ココカラ遠クアリマセヌ。

# 第二十七課 六字話 (其六)

1、這書價多少錢

2、不過兩塊來的

3、噯呀這麼貴麼

4、不貴還算賤哪

5、有幾分不明白

6、也有記錯的了

---

이책값은얼마요。
コノ本ノ値段ハイクラデスカ。—

이원각수밖에안됩니다。
二圓何十錢ニ過ギマセン。

아、이렇게비싼가오。
アー、コンナニ貴イデスカ。

비싸지않소。도리혀싼셈이오。
貴クアリマセン。却ツテ安イ方デス。—

얼마간분명ㅎ지않소。
イクラカハツキリシマセン。

또잘못쓴것도있오。
又書違ヘタノモアリマス。

7、他在炕上鋪蓆

8、我的腰很疼了

9、這盆水腌臢了

10、換乾淨的拿來

11、那位是令郎麼

12、不錯是我兒子

13、少爺有學名麼

---

그는방에자리를펴오。
彼ハ溫突ニ蓆ヲ敷キマス。

나는허리가몹시아프오。
僕ハ腰ガ非常ニ痛イ。

이물은더럽소。
此水ハ汚ナイ。

정한것으로바꿔오너라。
綺麗ナノト取換ヘテ來イ。

저분이자제시오니까。
彼ノ方ガオ息子サンデスカ。

그렇소。내아들이오。
ソウデス。僕ノ倅デス。

자제이름은무엇입니까。
ゴ令息ノオ名前ハ何デスカ。

14、他叫做辛童伊

15、貴甲子甚麼年

16、他快十五歲了

17、他多喒回的家

18、剛從學堂回來

19、他怎麼生氣了

20、提起來說話長

---

재는신동이라하오。
彼ハ辛童伊ト云ヒマス。

무슨생이오니까。
オ歳ハオ幾ツテスカ。

열나섯살이되였오。
十五ニナリマシタ。

그는인제돌아옵니까。
彼ハ何時歸ルノデスカ。

지금막학교에서왔오。
只今學校カラ歸リマシタ。

그누웨성이났나요。
彼ハ何怒リマシタ。

끄러내면말이깁니다。
引出セバ話ガ長イデス。

# 第二十八課 六字話 (其七)

1、你近來怎麼樣

2、比從前好點兒

3、他也好的多了

4、明天你在家麽

5、明天我不在家

6、回去都替你說

---

노형요새어떠하시오。
アナタ此頃如何デスカ。

전보다좀낫읍니다。
前ヨリ少シ好イ方デス。

저이도매우좋읍니다。
彼モ餘程好イソウデス。

내일댁에계시겠읍니까。
明日ゴ在宅デスカ。

내일집에없겠읍니다。
明日ハ家ニ居ナイ積リデス。

돌아가서당신말씀을하겠오。
歸ッテヨロシク云ッテ上ゲマセウ。

7、請了五位客人

8、來這兒做甚麼

9、所以我到這兒

10、你們不要撒潑

11、你定不要偷懶

12、這書你念過麼

13、我還沒有念過

---

손님다섯분을청하였오。五人ノオ客サンヲ招キマシタ。」

여기와서무엇을하오。此處ニ來テ何ヲシマスカ。

그래서내가여기왔오。ダカラ僕ガ此處ニ來マシタ。

너희들은작난을하지마라。オ前達ハ惡戲ヲスルナ。

너는게으르면안된다。オ前ハ怠デハナラン。

이책을너는읽었느냐。オ前コノ本ヲ讀ンダコトガアルカ。

나는아즉읽지못하였오。僕ハマダ讀ミマセン。」

14、口音正說話眞

15、唉說起來話長

16、不得詳細說了

17、明兒可以細說

18、那都隨你的便

19、費老爺的心罷

20、好說你回去了

---

구음이바르고말이참되오。
發音ガ正シク言葉ガ確デス。
아、이야기하자면말이기오。
アー、云ハウトスレハ話ガ長イ。
자세히이야기할수없오。
詳シク話スコトガ出來ナイ。
내일자세이야기하겠오。
明日詳シク話シマセウ。
그것은다편할대로하시오。
ソレハ皆ナゴ隨意ニシナサイ。
영감께괴로움을끼치겠읍니다。
旦那ニ面倒ヲ掛ケマセウ。
천만에요노형가시겠오?
ドウ致シマシテ、アナタオ歸リデス?

# 第二十九課 六字話 (其八)

1、我們買車票去

2、火車開了沒有

3、你要打電報麼

4、是我要打電報

5、你朋友來不來

6、我朋友都不來

우리차표를사러갑시다。
オ互ニ切符ヲ買ヒニ往キマセウ。

기차가떠났읍니까。
モウ發車シマシタカ。

노형전보를노시렵니까。
アナタ電報ヲ打チ度イノデスカ。

네、전보를노려고합니다。
ハイ、電報ヲ打タウト思ヒマス。

자네친구가왔는가。
君ノ友達ガ來タカ。

내친구는모다 오지않았네。
僕ノ友人ハミナ來マセン。

7、你(니 ニー)瞧(챠오 チャオ)朋(펑 ポン)友(우 イウ)去(취 チュイ)麼(마 マ)

8、近(진 キン)來(래 ライ)沒(메 メイ)去(취 チュイ)瞧(챠오 チャオ)他(타 タ)

9、馬(마 マ)先(셴 シエン)生(셩 シエン)快(쾌 クァイ)來(래 ライ)了(라 ラ)

10、啊(아 ア)我(워 ウオ)朋(펑 ポン)友(우 イウ)來(래 ライ)了(라 ラ)

11、他(타 タ)愛(애 アイ)下(햐 ヒャ)象(샹 シャン)棋(키 キ)麼(마 マ)

12、我(워 ウオ)要(야오 ヤオ)和(해 ハイ)你(니 ニー)下(햐 ヒャ)碁(키 キ)

13、下(햐 ヒャ)一(이 イ)盤(판 パン)碁(키 キ)解(졔 キエ)悶(먼 メン)

---

너는동무를보러갔드냐。
オ前ハ友達ヲ見ニ往ッタカ。

요새는그를보러가지않았오。
此頃ハ彼ヲ會ヒニ往カナカッタ。

마선생어서오시오。
馬先生イラッシャイマセ。

아、우리친구가왔오。
アー僕ノ友達ガ來マシタ。

그는장기두기를좋아하나요。
彼ハ將棋ヲ好ミマスカ。

나는노형과바둑을두고싶습니다。
僕ハ君ト碁ヲ打チ度イデスガ。

바둑을두면심심풀이가되오。
碁ヲ打テバ退屈ガ直リマス。

14、不是他是誰呢

15、他們是搶奪的

16、你給了沒給呢

17、價錢太多沒給

18、先生還問甚麽

19、他的身體結實

20、我的身體軟弱

---

그가아니면누구겠오。
彼デナクテ誰デセウ。

그놈은도적놈이오。
彼等ハ泥棒デス。

자네는주었나안주었나。
君ハ遣ツタカ遣ラナカツタカ。

값이비싸서주지않았오。
値段ガ餘リ高クテヤリマセン。

선생님또무엇을물으시렵니까。
先生マダ何ヲオ聞キデスカ。

저이의몸은튼튼하오。
彼ノ身體ハ丈夫デス。

내몸은약하오。
僕ノ體ハ弱イ。

# 第三十課 六字話 (其九)

1、我不敢吃辣椒

2、肚子裏頭響了

3、甚麼皮子最好

4、還是狐狸皮好

5、太兄請坐請坐

6、令尊近來好啊

---

나는고추를먹지못하오。
僕ハ唐辛ガ食ベラレマセン。

뱃속이끓소。
オ腹ガ鳴リマス。

무슨가죽이제일좋소。
何ノ皮ガ一番好イデスカ。

여우가죽이좋지오。
狐ノ皮ガヨロシイ。

대형앉으시오。
太サンオ掛ケナサイ。

요새춘장께서안녕하십니까。
此頃ゴ尊父様ハ御機嫌宜ウゴザイマスカ。

7、家父托你的福

8、先生買甚麼書

9、我要買這本書

10、那不是洋書麼

11、不錯是法國書

12、這部書多兒錢

13、三塊錢貴不貴

---

가친은덕분에무고하십니다。
父ハオ蔭サマデ無事デス。

형장무슨책을사시겠읍니까。
アナタ何ノ本ヲオ買ヒデスカ。

나는이책을사겠오。
僕ハ此ノ本ヲ買フト思ヒマス。

저것은원서가아닙니까。
彼レハ原書ヂヤアリマセンカ。

그렇소、이것은불란서책이오。
ソウデス、コレハ法蘭西ノ本デス。

이책은얼마요。
コノ本ハ幾許デスカ。

삼원이오。비쌉니까。
三圓デス。高イデスカ。

14、我看着多點兒

15、依你看多少錢

16、兩塊四還可以

17、掌櫃的肯不肯

18、給我兩塊半罷

19、可以這留下罷

20、那麼着多謝呀

---

나보기엔좀많소。

僕ノ考デハ少シ高イ。

당신생각에는얼마나되겠오。

アナタノ考ヘデハ幾位デセウカ。

이원사십전이면좋겠오。

二圓四拾錢ナラ買ッテモヨイ。

장괴、 그렇게팔겠오。

番頭サン！ソレデイイデセウカ。

이원오십전만주십시오。

二圓五十錢バカリ頂戴シマセウ。

좋소。 이것을삽시다。

ヨシ。 コレヲ取リマセウ。

그러면감사합니다。

ソレハ有難ウ存ジマス。

# 第三十一課 六字話 (其十)

1、茶碗小飯碗大 (챠 완 샤오 판 완 따)

2、勺子大匙子小 (샤오 쯔 따 쓰 쯔 샤오)

3、拿匙子喝牛奶 (나 쓰 쯔 허 뉴 내)

4、拿一雙筷子來 (나 이 쐉 쾌 쯔 래)

5、碟子裏盛着菜 (뎨 쯔 리 썽 져 채)

6、不拘甚麽都好 (부 쥐 썬 머 뚜 할)

---

차종은작고사발은크오。
茶碗ハ少サク丼ハ大キイ。

국자는크고사시는작소。
杓子ハ大キク匙ハ小サイ。

사시로우유를먹소。
匙子デ牛乳ヲ飲ミマス。

젓가락한메가져오너라。
箸ヲ一本持ッテ來イ。

접시에요리가담기였소。
皿ニ料理ガ盛ッテアリマス。

아무것이던지다좋소。
何デモ皆宜ウゴサイマス。

7、剩得也不少了

8、老是這個樣兒

9、沒甚麼大用處

10、眼皮子淺愛小

11、白活了一輩子

12、那兩國打仗呢

13、礙你甚麼相干

---

남은것도적지않소。
殘ッタノモ少クナイ。

본대이모양이오。
元カラコノ樣デス。

그리필요할것은없오。
ソウ大シテ必要ナコトハナイ。

소견이좁아서작은것을좋아하오。
見聞ガ狹クテ小サイノヲ愛シマス。

일생을허송하였오。
一生ヲ空シク暮シマシタ。

저두나라가전쟁을함니까。
彼ノ兩國ガ戰爭ヲシマスカ。

자네게무슨상관이있나。
君ニ何ノ關係ガアルカ。

14、還沒有停當的

15、兩口子不和氣

16、嘴裏混漕他人

17、電氣燈晃眼睛

18、渾身都酸輭了

19、他是言不應口

20、您歇歇兒去罷

---

아즉결말이나지않았오。
マダ定リガツキマセン。

두양주가화합지않소。
夫婦ガ仲ガヨクナイ。

입으로남을함부로비방하오。
口デ人ヲ猥リニ非難スル。

전등이눈이부시오。
電燈ガ輝イテヰル。

온몸이다느른하오。
全身ガダルイ。

그는언행이같지않소。
彼ハ言行不一致デス。

쉬여가십시오。
休ンデイラツシヤイ。

# 第三十二課 六字話 (十一)

1、他幹事不留心

2、再也不能忍了

3、你是忙甚麼了

4、堵住這個窟窿

5、這孩子長得俊

6、努嘴兒擠眼兒

---

저이는일보는것이조심성이없소。
彼ノヤル仕事ハタラシガナイ。

더다시참을수가없오。
コノ上又心棒ガ出來ナイ。

자네무엇이그리바쁜가。
君何ガソンナニ忙シイノカ。

이구멍을막으시오。
コノ穴ヲ止メナサイ。

이아이는점잔능게생겼오。
コノ小供ハ生付ガオトナシイ。

입찟을하고추파를건닌다。
口ヲ尖ラセテ秋波ヲ渡ス。

7、臉上一紅的說

8、屋子要修盖了

9、接頭兒另做過

10、必定有益你的

11、有甚麽笑頭兒

12、我估摸著不是

13、把孩子抱進來

---

얼골에 피때를 올리고 말한다。
顔ヲ紅葉ニシテ云フ。

방을 고치려고 하오。
部屋ヲ修繕サセヤウト思ヒマス。

처음부터 고쳐해라。
初カラ仕直セ。

꼭 당신에게 유익이 있오。
乾度貴方ニ益ガアリマス。

무엇이 웃으냐。
何ガ可笑イノカ。

내 어림에는 그렇지 않겠오。
私ハサウデナイト思ヒマス。

아이를 안고 들어온다。
小供ヲ抱イテ入ル。

14、我(워)從(충)來(래)見(졘)過(궈)他(타)

15、他(타)掙(쩡)的(디)錢(쳰)不(부)多(둬)

16、好(한)東(뚱)西(시)自(쯔)然(안)貴(꿰)

17、有(와)甚(엔)麼(뫼)費(뻬)事(쓰)呢(늬)

18、你(늬)不(부)認(인)得(더)我(워)麼(마)

19、先(쏀)生(엥)請(칭)留(릭)步(뿌)罷(바)

20、好(한)說(쒀)我(워)也(예)告(깐)假(갸)

---

나는전에그를보왓오。
僕ハ前ニ彼ニ逢ツタコトガアル。

그가남긴돈은많지않소。
彼ガ儲ケタ金ハ少イ。

좋은물건은자연비싸오。
良イ品物ハ自然値段モ高イ。

무엇이귀찮겠오。
何ノ面倒ナコトガアリマセウカ。

노형은나를모르시오。
貴方ハ私ヲ御存ジアリマセンカ。

선생더앉으셧다가시오。
先生マア好イヂヤアリマセンカ。

고맙소。나도가겠오。
有難ウ。僕モオ暇致シマセウ。

# 第三十二課 六字話 (其十二)

1、給我瞧瞧樣子

2、這就是時興的

3、這塊兒多少錢

4、老爺常照顧我

5、就給兩塊半罷

6、這票子是兩塊

---

본보기를보혀주시오。
見本ヲ見セテ下サイ。

이것은지금시체올시다。
コレハ流行品デゴザイマス。

이마위는얼마요。
此ノ邊デハ幾錢デスカ。

영감은당골이시니、
旦那ハ御得意サマデスカラ、

이원오십전만주십시오。
二圓五十錢頂キ度ウゴザイマス。

이지권은이원이고、
此ノ札ハ二圓デ、

7、再(재)搭(따)上(쌍)這(여)半(빤)塊(쾌)

8、就(쭈)是(쓰)兩(량)塊(쾌)半(빤)錢(첸)

9、你(늬)可(커)以(이)查(차)收(쏘)罷(바)

10、請(칭)問(원)兩(량)位(웨)老(랖)爺(예)

11、這(쪄)兩(량)塊(쾌)的(디)票(퍞)子(쯔)

12、我(워)看(칸)有(유)點(뎬)毛(맢)病(빙)

13、有(유)甚(썬)麼(뫼)毛(맢)病(빙)呢(늬)

---

그리고이 오십전을넣으면,
ソレカラコノ五十錢ヲ入レルト、

이원오십전이되니,
二圓五十錢ニナルカラ、

노형은받으시오。
アナタ受取ツテ下サイ。

두분령감께여쭈어봅니다。
旦那サマニオ尋ネ致シマス。

이이원지폐가,
コノ二圓ノ札ガ、

저보기에는흠이있읍니다。
手前ノ考ヘデハ疵ガアラウト思ヒマス。

무슨흠이있오。
何ノ疵ガアリマスカ。

14、文원先쏀生쎵看칸一이看칸

15、一이點뎬毛맢病삥沒메有와

16、你늬再째留릭心씬看칸罷바

17、沒메有와別뻬的듸不부好핲

18、是쓰這쪄票퍞子쯔邊뻰兒얼

19、有와一이點뎬兒얼破퍼了랴

20、換환給께一이張쟝好핲的듸

---

문선생보십시오。
文先生御覽ナサイ。

조곰도험은없오。
少シモ疵ガアリマセン。

더자세히보십시오。
詳シクゴランナサイ。

별로나쁜것은없오。
別ニ惡イノハアリマセン。

네, 이지전가장자리가,
ハイ、コノ札ノ邊ガ、

좀찢어졌읍니다。
少シ破レテアリマス。

좋은것으로바꿔주십시오。
好イノト取換ヘテ下サイ。

# 第三十三課 六字話 (其十三)

1、換給你也可以
(환 게 니 예 커 이 / ホワヌ ケイ ニー イエ コ イ)

2、這是一塊洋錢
(여 쓰 이 쾌 양 첸 / チヨ ス イ クアイ ヤン チエヌ)

3、你想好不好麼
(니 썅 핲 부 핲 마 / ニー シヤン ハオ プ ハオ マ)

4、這是個好元寶
(여 쓰 거 핲 완 봐 / チヨ ス コ ハオ ユアヌ パオ)

5、多謝改天再來
(둬 쎄 깨 톈 째 래 / トウオ シエイ カイ テエヌ ツアイ ライ)

6、我跟你要定銀
(워 껀 니 야 띵 인 / ウヲ コヌ ニー ヤオ チイン イヌ)

---

바꿔들여도좋소。
取換ヘテ上ゲテモヨロシイ。

이것은일원짜리은전이오。
コレハ一圓ノ銀貨デス。

노형보기에어떠하오。
アナタノ考ヘデハ如何デスカ。

이것은좋은말굽은입니다。
コレハ結構ナ馬蹄銀デゴザイマス。

감사합니다。다음날또오십시오。
有難ウ。又イラツシヤイマセ。

약조금을주십시오。
手附金ヲ頂キ度イノデス。

7、欠了許多的賬

8、一天多少工錢

9、我要雇個苦力

10、再不要別的麼

11、給我拿來絲線

12、那兒有一眼井

13、剛才這兒來了

---

빚을많이졌오。

澤山ノ負債ガ出來マシタ。

하로에공전이얼마이오。

一日ノ賃金ハ何程デスカ。

나는일군하나를부리겠오。

私ハ一人ノ苦力ヲ雇ヒ度イ。

다른것은더소용없읍니까。

此ノ上ニ外ハ要リマセンカ。

실을가져오너라。

私ニ絲ヲ持ツテ來テクレ。

저기우물하나가있오。

彼處ニ一ツノ井戸ガアリマス。

지금막이리로왔오。

今シガタ此處ニ來マシタ。

14、家父病得利害

15、這程子老沒見

16、瞧個朋友去了

17、咱丟了褡褳兒

18、你覺着惡心麼

19、分給你一半兒

20、我打算要見他

---

가친의병환이위중하시오。
父ノ病氣ガヒドイ。

요새는오래뵙지못하였오。
近頃ハ久シクオ目ニ懸リマセン。

친구를방문하려갔였오。
朋友ノ家ヲ訪ネマシタ。

아、돈지갑을잃었다。
エッ、財布ヲ遺失シタ。

노형은구역이나십니까。
貴公ハ嘔氣ハ有リマセンカ。

반을나눠드리겠오。
半分ヲ分ケテ上ゲマセウ。

나는그를만날터이오。
僕ハ彼ニ會フ積リテス。

# 第三十四課 六字話（其十四）

1、我很愛吃番菜

2、快快的盪酒來

3、念過新聞紙嗎

4、市面很蕭索了

5、銷路不愁不廣

6、這個表對不對

……………………

나는양요리를매우잘먹소。
私ハ至極西洋料理ガ好キデス。

빨리술을데워오너라。
早ク酒ヲ潤シテ來イ。

신문을읽으셨오?
新聞ヲ讀ミマシタカ。

시장이매우쓸쓸하오。
市場ガ誠ニ不景氣デス。

판로가좁은것을염려하지않소。
販路ノ狹イノヲ氣ニ仕マセン。

이몸시계는맞습니까。
コノ懷中時計ハ合ッテ居マスカ。

7、是對了號砲了

8、你牛奶好不好

9、吃是吃不很愛

10、酒鑽子在那兒

11、很好再要鷄蛋

12、你不要白鹽麼

13、不要給我芥末

---

네、오포를맞후었읍니다。
ハイ、ドンテ合ハセマシタ。

우유는어떠하십니까。
牛乳ハ如何デスカ。

먹기는먹으나그리좋아하지않소。
吃ベルハ吃ベマスガ餘リ好キマセン。

병마개빼는것은어디있오。
栓拔ハ何處ニアリマスカ。

매우좋소。계란을더먹겠오。
極宜シイ。此ノ上卵ガ欲シイ。

소금은소용없오?
鹽ハ要リマセンカ。

일없오。겨자를주시오。
要リマセン。芥子ヲ下サイ。

14、為這個很懸心

15、也有可笑的事

16、這兒有個錯兒

17、這是過于多了

18、你總得說實話

19、這算得很公道

20、我們生活很忙

---

그까닭으로걱정이오。
其レガ爲メニ心痛致シマス。

웃으운일도있오。
可笑イ事モアリマス。

여기잘못이있오。
此處ニ誤リガアリマス。

이것은너무과하오。
コレハ多キ過ギマス。

자네는실토를말하여야하네。
君ハ本當ノ事ヲ云ハネバナラヌ。

이계산은참공평한것이오。
コノ勘定ハ誠ニ正直デス。

우리들의은매우바쁩니다。
私共ノ仕事ハ極ク忙シイ。

# 第三十五課 六字話（其十五）

1、管事的在那兒
2、請換坐舢板罷
3、船走得很快啊
4、火車多喒開啊
5、車票在那兒賣
6、在右邊窓洞裏

1. 지배인은어디계시오。支配人ハドコニ居ラレマスカ。
2. 쌈판으로바꿔타십시오。ドウゾ艀ヘオ乗リ換ヘ下サイ。
3. 배가가는것이매우빠른데요。船ノ走リ方ガ大層速イヨ。
4. 기차는몇시에떠나나요。汽車ハ何時ニ發車シマスカ。
5. 차표는어디서파나요。切符ハ何處デ賣リマスカ。
6. 오른쪽창안에서요。右手ノ窓口デス。

7、那是頭等車呢

8、這不是快車麼

9、我覺着暈船了

10、上艙頂上去罷

11、他在床上睡着

12、太陽冒嘴兒了

13、日頭地根暖和

---

저것은일등차이오니까。
彼レハ一等客車デスカ。

이것은급행차가아닙니까。
コレハ急行列車デハアリマセンカ。

나는배멀미가나오。
僕ハ船ニ醉ヒマシタ。

갑판으로올나가십시오。
甲板ヘオ上リ下サイ。

그는침대우에서자고있오。
彼ハ寢臺ノ上デ眠テ居マス。

해가돋았오。
太陽ガ上ガリマシタ。

양지는매우따뜻하오。
日向ハ大分暖イ。

14、待會兒就完了

15、我記錯了日子

16、他們都忘記了

17、這是現成的麼

18、不是是定做的

19、在那兒定做的

20、在漢陽洋服店

---

조금있으면끝되오。
暫時待テバ直グ濟ミマス。

나는날자를잘못알았오。
私ハ日ヲ取違ヘマシタ。

그들은다잊어바렸오。
彼等ハ皆ナ忘レマシタ。

이것은친내기요?
コレハ既成品デスカ。

아니요、이것은맞훈것이오。
否、コレハ誂ヘタノデス。

어디로주문한것이오。
何處ヘ注文シタノデスカ。

한양양복점으로맞훈것이오。
漢陽洋服店ニ注文シタノデス。

# 第三十六課 七字話 (其二)

1、我可以念這本書

2、十二個月是一年

3、三十天是一個月

4、七天是一個禮拜

5、那個人沒有學問

6、請先生寫這個字

---

나는이책을읽을수가있오。
私ハ此ノ本ガ讀メマス。

열두달은일년이오。
十二ケ月ハ一ケ年デス。

삼십일은한달이오。
三十日ハ一ケ月デス。

일혜는일주일이오。
七日ハ一週間デス。

저사람은무식하오。
彼ノ人ハ學問ハ無イ。

선생님、이글자를써주십시오。
ドウゾ、先生此ノ字ヲ書イテ下サイ。

7、那些小錢不好使

8、他不會寫那個字

9、我不會開這個門

10、我們還沒吃晌飯

11、這位是做官的麼

12、我不懂得他的話

13、我不能隨你的便

---

저런잔돈은쓰기불편하오。
アンナ小錢ハ遣ヒ憎イ。

그는저글자를쓰지못하오。
彼レハ彼ノ字ヲ書キ得ヌ。

나는이문을열수없오。
僕ハ此ノ門ヲ開キ得ヌ。

우리들은아즉점심을먹지않았오。
私共ハマタ午飯ヲ喰ベマセン。

이분은관리시오니까。
此ノ方ハ役人デスカ。

나는그의말을모르겠오。
私ハ彼レノ話ガ判ラヌ。

나는네마음대로하게할수는없다。
僕ハオ前ノ勝手ニサスコトハ出來ヌ。

14、全촨是쓰沒메有유法빠子쯔了라

15、你니不부要얖管관我워的디事쓰

16、這쪄不부是쓰別삐人인的디事쓰

17、他타的디法빠子쯔不부合허式쓰

18、這쩨個거筆삐沒메有유尖쪤兒얼

19、這쩨小샾刀닾兒얼不부大따快쾌

20、這쩨個거刀닾磨뫼的디不부快쾌

---

14、도시부득이한일이오。全クヽ止ムヲ得ナイコトデス。

15、노형은내일을상관할것없소。貴所ハ僕ノ事ヲ構フニ及バヌ。

16、이것은다른사람의일은아니오。此レハ他人ノ事デハアリマセン。

17、저이의하는것은적당치아니하오。彼レノ仕方ハ不適當デス。

18、이붓은끝이없오。コノ筆ハ尖ガ無イ。

19、이참칼은잘들지않소。此ノ小刀ハ能ク切レマセン。

20、이칼은잘못갈았오。コノ刃物ハ磨ギ樣ガ惡イ。

# 第三十七課 七字話 (其二)

1、你要甚麼顏色呢

2、你要甚麼價錢的

3、這是多少錢一碼

4、你給我八角五分

5、我看太貴了點兒

6、那麼給七角錢罷

---

무슨색갈이소용되십니까。
何樣ナ色ノガ御入用デスカ。

값은얼마되는것을쓰시렵니까。
價ハ何程スルノガ要リマセウカ。

이것은한마에얼마요。
コレハ一ヤールガ幾何デスカ。

팔십오전주시오。
八拾五錢下サイ。

너무많을것갈소。
餘リ高イ樣ニ思ハレマス。

그러면칠십전만내리다。
ソレデハ七拾錢出シマセウ。

7、給三吊錢殼不殼

8、冬天下的雪很大

9、伏天下的雨很多

10、我怕你說的荒唐

11、說着容易做着難

12、客堂掃的不乾淨

13、再給我掃一掃罷

---

삼십젼을주면넉넉하겟오。
參拾錢遣ルガ足リマセウカ。

겨울은눈이많이오오。
冬ハ雪ガ多ク降リマス。

복중은우량이많소。
土用ハ雨量ガ多イ。

나는자네말하는것이허황한줄아네。
僕ハ君ノ云フノガ出鱈目ト思フ。

말하기는쉽고행하기는어렵나。
云フノハ易ク爲スノハ六ケ敷イ。

사랑을치운것이깨끗하지않나。
客室ノ掃除ガ行屆カヌ。

다시더쓰러주게。
マタ掃イテオ吳レ。

14、你去拿個洋燈來

15、沒甚麼大黑暗了

16、鉛筆一打多兒錢

17、也有本地製造的

18、連皮多大分量呢

19、用這個試一試罷

20、明兒來取銀子罷

---

너가서람포를가져오너라。
オ前徃ツテらんぷヲ持ツテ來イ。

그리어둡지는않소。
大シテ暗クハアリマセン。

연필한다쓰에얼마요。
鉛筆一打ハ幾錢デスカ。

이곳에서만든것도있오。
當地デ製造シタノモアリマス。

껍데기까지주량이얼마이요。
風袋共ニ目方ガ何程デスカ。

이것으로시험하야보시오。
コレデ試ミナサイ。

내일돈을가질러오시오。
明日金ヲ取リニ來ナサイ。

## 第三十八課 七字話 (其三)

1、你是做買賣的麽

2、不錯我是買賣的

3、你賣了多少銀子

4、我定規了三十兩

5、他是你的什麽人

6、她是個我的妹妹

---

노형은장사를하십니까。
貴方ハ商賣人デスカ。

그렇습니다。나는장사하는사람입니다。
ソウデス。私ハ商賣人デゴザイマス。

얼마에파셨읍니까。
何程デ賣リマシタカ。

내작정은삼십원이오。
私ノ極メタノハ三十圓デス。

그는당신의누구이오。
彼レハアナタニ如何ナリマスカ。

저여자는내누의동생이오。
彼ノ女ハ僕ノ妹デス。

7、這個法子怕不行 (쩌거빠쯔파부힝)

8、這是希奇的東西 (쩌쓰히키디뚱시)

9、今兒很熱的利害 (진얼헌여디리해)

10、花瓶裏有一枝花 (화핑리우이쯔화)

11、他怎麼總沒信兒 (타쩐뫼쭝메씬얼)

12、是實在奇的很了 (쓰쓰째키디헌라)

13、一定是甚麼毛病 (이띵쓰썸뫼만삥)

---

이방법으로는아마안될걸요。
コノ仕方デハ恐ラク出來マスマイ。

이것은희괴한물건이오。
此レハ珍ラシイ品物デス。

오날은지독하게더워견딜수없오。
今日ハ非常ニ暑クテ堪リマセン。

화병속에꽃한가지가있오。
花瓶ニ花ガアリマス。

그가어째도모지소식이없오?
彼ハ何ゼ全ク便ガナイデスカ。

네, 참매우괴상하오。
ソウデス、實ニ不思議ナコトデ

필시무슨흠절이있는게요。
屹度何カ故障ガアルデセウ。

14、大概是有點緣故

15、請你給快點兒問

16、已經打發人去了

17、那麼我不用去了

18、你總得再來一遭

19、你不該管的管了

20、我是一概不知道

---

아마까닭은좀있는모양이오。
多分少シ譯ガアルヤウデス。

노형은좀빨리물어주시오。
アナタ早ク尋ネテ下サイ。

벌서사람은보냈오。
既ニ人ヲ遣シマシタ。

그러면나는갈것없오。
ソレデハ僕ハ往クニ及バヌ。

노형은어찌하였던지한번와야하오。
貴方ハ一度來ナケレバナリマセン。

당신은상관아니할것을상관하였오。
君ハ關係シナクテモヨイコトヲ關係シマシタ。

나는죄다몰읍니다。
私ハミナ分リマセン。

# 第三十九課 七字話（其四）

1、那就求之不得的

2、請先生在這裏坐

3、就是那個頂大的

4、或湯或茶都可以

5、是個半新不舊的

6、你的肚子還疼麽

---

「그것은다시구할수없는것이오。」
「ソレハ此上モナイ仕合セデス。」

선생님이리로앉으십시오。
「ドーゾ先生此方ヘオ掛ケナサイ。」

네、저제일큰것이오。
ハイ、彼ノ一番大キイノデス。

국이던지차던지다좋소。
「肉汁デモオ茶デモ何方デモ宜シイ。」

네、중치요。
ハイ、中古物デス。

배가그저아프십니까。
「アナタオ腹ガ尚ダ痛イデスカ。」

7、大前兒個開的市

8、我要刻一張門票

9、他是送貨的生意

10、那是送給誰的信

11、我這封信要收條

12、你比從前胖多了

13、那兒胖瘦的很了

---

그끄저께개시하였오。
一昨昨日開業シマシタ。

간판하나를사기려하오。
招牌一枚ヲ彫ラセタイト思ヒマス。

그는운송점을하오。
彼レハ運送業デス。

그것은누구에게보내는편지요。
ソレハ誰ニ遣ル手紙デスカ。

이편지를등기로하야주시오。
此ノ手紙ヲ書留ニシテ下サイ。

자네는전보다통々하아졌네그려。
君ハ前ヨリモット肥クナッタネ。

왼걸통통해요。매우말랐지오。
何ガ胖リマシタカ。随分痩セマシタヨ。

1、多一點兒、行不行（뒤 이 덴 열 힝 부 힝）

15、不行小給點兒罷（부 힝 쌰 게 덴 열 바）

16、有這樣匾的沒有（와 쪄 양 뻰 디 메 와）

17、有是有是個圓的（와 쓰 와 쓰 거 완 디）

18、那麼白的好不好（나 뫼 빼 디 할 부 할）

19、黑的也不要緊哪（헤 디 예 부 야 긴 나）

20、噯呀還是這麼黃（애 야 해 쓰 쪄 뫼 황）

좀많아도쓰시겠오?
少シ多クテモヨイデスカ。
못쓰겠오。조금주시오。
下可ヌ。少シ下サイ。
이렇게납작한것이있오?
コンナニ平ベッタイモノガアリマスカ。」
있기는있으나둥근것이오。
有ルハ有リマスガ圓イモノデス。
그러면흰것은어떠하십니까。
ソレデハ白イヤツハ如何デスカ。」
검은것도일없오。
黑イノモ必要デナイ。
에구、또이렇게누렇구려。
アア、又コンナニ黄色イデスネ。」

14、他說多咱可以得

15、她說兩天做不完

16、我不知道這件事

17、這船打那[illegible]來的

18、那是打煙[illegible]來的

19、我要打電[illegible]去了

20、打到甚麼[illegible]方呢

그는언제되겠다고합디까。
彼ハ何時出來ルト云ヒマシタカ。

그여자의말이일흘에도다못되겠다해요。
彼女ハ二日デハ仕遂ゲラレナイト云ヒマシタ。

이일을나는모르오。
此事ハ僕ハ知リマセン。

이배는어디서온것이오。
此船ハ何處カラ來タノデスカ。

그것은연태에서온것이오。
ソレハ芝罘カラ來タノデス。

나는전보를놓러가오。
僕ハ電報ヲ打チニ往キマス。

어디로놓시는것이오。
何方ヘ打ツノデスカ。

# 第四十一課 七字話 (其六)

1、現在大同多少年

2、今年是大同三年

3、他有多大歲數兒

4、他是二十三歲了

5、有學了多少日子

6、他們學了七個月

---

지금은대동몃해이오。
今ハ大同何年デスカ。

올은대동삼년이오。
今年ハ大同三年デス。

저사람은몃살이오。
彼ノ人ハ幾歲デスカ。

그는스믈셋이오。
彼レハ二十三デス。

배운지메칠이나되엿오。
學ンデカラ幾日ニナリマスカ。

그들은배운지일곱달이되엿오。
彼等ハ學ンデカラ七ケ月ニナリマス。

7、時刻還沒到了麼

시간이아즉안되였나요。

時間ガマダデスカ。

8、還沒到了欠一刻

아즉아니되였오。십오분젼이오。

マダデス。十五分前デス。

9、來回得多大工夫

내왕에얼마동안이나걸리겠오。

往復何程カカリマセウカ。

10、過不了得兩點鐘

두점에지나지않소。

二時間ニ過ギマセン。

11、那件事成了沒有

그일은되였나요?

其事ハ出來マシタカ。

12、一定是成不了罷

정녕될수없지오。

屹度出來ナイデセウ。

13、一個月發幾回信

한달에편지를몇번보내나요。

一ケ月ニ手紙ヲ何回出シマスカ。

14、是一個禮拜兩回

15、那是他的僥倖了

16、他幾時成了家麼

17、我不慣喝中國酒

18、你的帽子誰買的

19、你在那兒做什麼

20、我在這兒吃點心

---

한주일에두번이오。
一週間ニ二回デス。

그것은그의행복이오。
ソレハ彼ノ仕合デス。

그는언제장가를갔나요。
彼レハ何時結婚シマシタカ。

나는중국술을잘먹지못하오。
僕ハ支那酒ヲ飲ミ慣レヌ。

네모자는누가산것이냐。
オ前ノ帽子ハ誰ガ買ツタ。

너는거기서무엇을하느냐。
オ前ソコデ何ヲスルカ。

나는여기서과자를먹소。
僕ハココデオ菓子ヲ食べ

# 第四十二課 七字話 (其七)

1、你母親那兒去了 (늬 무 친 나 얼 취 라)

2、媽媽上街上去了 (마 마 쌍 계 쌍 취 라)

3、你怎麼不去了呢 (늬 쩐 머 부 취 리 늬)

4、我不愛那兒去啊 (워 부 애 나 얼 취 아)

5、這位是我的朋友 (쩌 웨 쓰 워 디 펑 와)

6、那位是他的兄弟 (나 웨 쓰 타 디 쓩 디)

---

1. 네어머니는어디가셨나。
オ前ノオ母サンハ何處ヘイラツシタカ。

2. 엄마는거리에가셨오。
母チヤンハ町ヘ往キマシタ。

3. 너는웨아니갔느냐。
オ前ハ何ゼ往カナカツタカ。

4. 나는거기가기가싫어요。
僕ハ其處ヘ往クノガ嫌ダ。

5. 이분은나의친구요。
此方ハ僕ノ友達デス。

6. 저분은그의동생이오。
彼方ハ彼レノ弟サンデス。

7、這話你說的對麼

8、水涼了我喝不得

9、不大礙事我常喝

10、等水開了就拿來

11、火太乏了開不了

12、火太乏了得添了

13、快撒了不用添了

---

이말은노형이한것이옳소?

此話ハアナタガ云ッタノガ本當デスカ。

물이차서먹지못하오。

水ガ冷タクテ飲メマセン。

일없오。나는늘먹소。

構ハヌ。僕ハ始終飲ミマス。

물이끓거든가져오시오。

湯ガ沸イダラ持ッテ來ナサイ。

불이꺼물거려서끓지않소。

火ガ消エカカッテ沸キマセン。

불이꺼지겠으니더느어야하겠오。

火ガ消エソウタカラモット入レネバナラヌ。

거진파하겠으니더넣을것없오。

間モナク仕舞フカラ入レルニ及ハヌ。

14、你納請上坐着罷

15、謝謝那麼遵命了

16、大哥你請抽煙罷

17、謝謝這是甚麼煙

18、這是叫做敷島票

19、那個公司裏做的

20、朝鮮專賣局做的

---

여보형장올라와앉으시옹

ドーゾオ上(アガ)リナサイマセ。

감사합니다。그러면말숨대로하겠읍니다。

有難(アリガタ)ウゴザイマス。ソレデハ仰(オホ)セニ隨(シタガ)ヒマセウ。

형님담배잡수십시오。

兄(ニイ)サン煙草(タバコ)ヲオ喫(ノ)ミナサイ。

고맙소。이것은무슨담배요。

有難(アリガタ)ウ。コレハ何(ナン)ノ煙草(タバコ)デスカ。

이것은부도포라고합니다。

コレハ敷島(シキシマ)ト云(イ)ヒマス。

어느회사에서만든것이오。

何(ド)ノ會社(カイシャ)デ拵(コシ)ラヘタノデスカ。

조선전매국에서만는것이오。

朝鮮(チヤウセン)專賣局(センバイキヨク)デ拵(コシ)ラヘタノデス。

## 第四十三課 七字話（其八）

1、那個油點不着麼

2、風太大點不住燈

3、往下冷不了了罷

4、說不定還冷不冷

5、我騎這個自行車

6、你坐那個東洋車

---

그기름은커지지않습니까。
ソノ油ハ點カナイデスカ。

바람이너무대단해서등불이켜있지않소。
風ガ餘リ酷イノデ明リガ點イテ居マセン。

인제는치웁지않겠지오。
今後ハ寒クナイデセウ。

또치울지안치울지모르지오。
又寒クナルカナラナイカ知リマセン。

나는이자행거를타겠오。
僕ハコノ自轉車ニ乘リマセウ。

자네는저인력거를타게。
君ハアノ人力車ニ乘リ給ヘ。

7、這個是我的帽子

8、那個是你的手套

9、你穿那一件衣裳

10、我穿夏天的衣裳

11、你上那個學堂呢

12、我上外國語學校

13、你鋪裏生意好啊

---

이것은내모자요。
コレハ僕ノ帽子デス。

저것은노형의장갑이오。
彼レハ貴方ノ手袋デス。

너는어떤옷을입느냐。
オ前ハ何ンナ着物ヲ着ルカ。

나는여름옷을입소。
僕ハ夏ノ着物ヲ着マス。

너는어느학교에가니。
オ前ハ何ノ學校ヘ往クカ。

나는외국어학교에가오。
私ハ外國語學校ヘ往キマス。

귀점의영업은좋읍니까。
オ店ノ商賣ハ宜ウゴザイマスカ。—

14、我워店뎬裏리生셩意이很헌好핲

15、紫쯔菜채新씬近긴上쌍市쓰了라

16、柳류樹쑤都뚜發빠芽야兒얼了라

17、他타是쓰實쓰在째靠캎不부住쭈

18、那나個거人인很헌不부中쭝用융

19、我워要얖稟삔報빺一이件젠事쓰

20、這쪄劑쎄藥얖飯빤後헉用융罷바

우리가게흥정은매우좋소。
家ノ店ノ營業ハ非常ニ宜シイ。

김은요쇄장에나왔오。
海苔ハ近頃市ニ出マシタ。

버들은다싹이났오。
柳ハ皆芽ヲ出シマシタ。

그는실로믿을수가없오。
彼ハ實ニ當ニナラヌ。

저사람은참쓸곳이없오。
彼ノ人ハ實ニ役ニ立チマセン。

나는한가지를품합여쭙겠오。
私ハ一事件ヲ御屆致シマス。

이약은식후에잡수시오。
此藥ハ食後ニオ服ミナサイ。

# 第四十四課 七字話 (二九九)

1、煩託你替我打算

2、你打算多咱動身

3、我打算明天起身

4、好像毒瓦斯似的

5、他幾時能殼回來

6、我也正想見你哪

---

부탁입니다。 나를대신하야생각해주시오。
オ願ヒシマス。私ニ代ツテ考ヘテ下サイ。

노형은언제떠나실터이오。
アナタ何時オ立チニナル積リデスカ。

나는내일떠날터이오。
僕ハ明日出發スル積リデス。

아주독와사갈소。
マルデ毒瓦斯ノヤウデス。

그는언제돌아올수가있겠읍니까。
彼ハ何日歸ツテ來ル事ガ出來マスカ。

나도마침노형을만나려하든터이오。
僕モ丁度貴方ニ逢ヒタイト思ツテ居タ處デス。

7、我워 要야 找짠 地디 方황 搬빤 家가

8、背뻬 後허 站짠 着져 他타 父후 親친

9、明밍 兒얼 一이 定띵 下햐 雨위 罷바

10、小쌒 綹리 吃츼 我워 錢쳰 包빠 兒얼

11、他타 說쒀 的디 是쓰 甚썬 麽뭐 話화

12、每메 天톈 上쌍 課커 四쓰 小쌒 時쓰

13、你늬 要야 的디 是쓰 甚썬 麽뭐 書쑤

---

나는어디로떤지아사를해야하겠오。
僕ハ何處カヘ移轉セネハナリヤセン。

뒤에그의아버지가서있오。
後ニ彼ノ父ガ立ッテ居マス。

내일은꼭비가오겠지오。
明日ハ屹度雨デセウ。

쓰리가내돈지갑을차갔오。
掏摸ガ私ノ財布ヲ掏ッタ。

그가말하는것은무슨말이오。
彼レノ話シテヰルノハ何ノ話デスカ。

날마다네시간상학이오。
每日四時間ノ授業デス。

노형쓰실것은무슨책이오니까。
貴方ノ入用ナノハ何ノ本デスカ。

14、她有二十五歲了

15、呂宋煙比香煙釅

16、燒酒比紹興酒冲

17、今年比去年暖和

18、今年比去年好熱

19、這個沒有那個好

20、他到這時候不來

---

저여자는스물다섯살되였오。
彼女ハ二十五歳ニナリマシタ。

여송연은권연보다독하오。
葉卷ハ卷煙草ヨリ辛イ。

소주는소흥주보다독하오。
燒酒ハ紹興酒ヨリ強イ。

올은작년보다따뜻하오。
今年ハ去年ヨリ暖イ。

금년은작년보다내우더웁소。
今年ハ昨年ヨリ餘程暑イ。

이것은저것처럼좋지않소。
此レハ彼レ程ヨクアリマセン。

그는이때가되어도오지않소。
彼レハコンナ時分ニナッテモ來マセン。

# 第四十五課 七字話（其十）

1、小的早就回來了

2、本來他沒有懂得

3、他已經畢了業麼

4、他今年纔上學的

5、我剛纔上的弦了

6、究竟怎麼辦好呢

---

저는벌서돌아왔읍니다。
手前ハトックニ戻リマシタ。

원래그는모르든것이오。
原來カラ彼ハ分ッテ居ヤシナイノデス。

그는벌서졸업하였나요。
彼レハ已ニ卒業シマシタカ。

그는올부터겨우학교에갔오。
彼ハ今年カラヤット學校へ上ッタバカリデス。

지금막태엽을감았오。
今シガタゼンマイヲ捲イタバカリデス。

결국어떻게하면좋겠읍니까。
結局何如シタライイノデスカ。

7、這幾天常受颳風

8、趕緊把大夫請來

9、晚了不好治了

10、偶然打起雷來了

11、忽然下起雨來了

12、北邊兒就是寒帶

13、左邊兒有一頂橋

---

요새는 바람이 잘부오。
此頃ハトカク風ガ吹キタガル。

빨리 의사를 불러오시오。
急イデ醫者ヲ呼ンデ來テ下サイ。

느지면 고치기가 어렵소。
遲レルト治リ悪クナリマス。

의외에 천동을 하였오。
思ヒガケナクモ雷ガ鳴リ始メタ。

별안간 비가 왔오。
フイニ雨ガ降リ出シタ。

북쪽은 한대이오。
北方ハ寒帶デアリマス。

왼쪽에 다리가 있오。
左ニ橋ガアリマス。

14、山上頭有一座廟

15、後頭有一所院子

16、我在外頭吃飯了

17、得了、你別着急了

18、屢次去見他去了

19、我再三告訴他了

20、彷彿是姑娘似的

---

산우에절이있오。
山ノ上ニオ寺ガアリマス。

뒤에뜰이있오。
裏ニ庭ガアリマス。

나는밖에서밥을먹었오。
僕ハ外デ食事ヲヤリマシタ。

되였다、보챌것없다。
ヨロシイ、急カナクテモヨイ。

여러번그를만나러갔었다。
屢々彼レニ逢ニ往ッタ。

나는여러번그에게일렀오。
僕ハ再三彼ニ申シマシタ。

아주처녀같소。
マルデ娘ノヤウデス。

# 第四十六課 七字話 (其十二)

1、我的心和水一樣

2、那麼辦更不行了

3、比往年都賤些了

4、帶着方便一點兒

5、現在貴了五倍了

6、他的行爲太可惡

---

내마음은물과갓소。
私ノ心ハ水ト同シイ。

그렇게하면더안된다。
ソウシテハ尚更イケナイ。

전년보다다좀싸졋다。
前年ニ比ベテ稍安クナツタ。

가지고있으면편리하오。
持ツテ居ルト便利テス。

지금은다섯갑절이나올랐오。
今ハ五倍モ高クナリマシタ。

그의행위는너무지독하오。
彼ノ行爲ハ餘リヒドイ。

7、喜歡得了不得了（히 화 더 랴 부 더 타）

8、不過有五個銅兒（부 꿔 와 우 거 퉁 얼）

9、我和你一同去罷（워 해 늬 이 퉁 쥐 바）

10、偺們一塊兒去罷（짜 먼 이 쾌 얼 쥐 바）

11、難道你不知道麼（난 또 늬 부 찌 또 마）

12、不論幾時隨便來（부 룬 기 쓰 쒜 삔 래）

13、我起這兒回家去（워 기 져 얼 휘 갸 쥐）

---

좋아서견딜수없오。
嬉シクテ堪リマセン。

단지오전밖에없오。
タッタ五錢シカアリマセン。

당신과같이가십시다。
貴方ト御一緒ニ參リマセウ。

우리같이갑시다。
御互ニ一緒ニ往キマセウ。

어째네가모를리가있느냐。
何デオ前ガ知ラヌ事ガアラウカ。

언제던지마음대로오시오。
何時デモ構ハズ勝手ニ來テ下サイ。

나는이리로가겠오。
僕ハ此處カラ歸リマス。

14、離這兒有多少里

15、向前去打聽打聽

16、他跑到這裏來了

17、給他送去了麽

18、被先生說了一頓

19、東西好價錢便宜

20、風息了雨也住了

---

14、여기서몇리나되오。 此處カラ何里アリマスカ。

15、앞으로가서물어보시오。 前ヘ往ツテ尋ネテ御覽ナサイ。

16、그는여기까지뛰어왔오。 彼ハ此處マデ馳付ケタ。

17、그에게전송하셨오? 彼ノ爲ニ送ツテ遣リマシタカ。

18、선생에게꾸중을들었다。 先生ニ叱ラレタ。

19、물건이좋고값이쌌오。 物品モヨク値段モ安イ。

20、바람도잦고비도그쳤오。 風モ止リ雨モ亦止ミマシタ。

# 第四十七課 七字話 (其十二)

1、天又黑道見又遠

2、我看書要戴眼鏡

3、否則都看不清楚

4、你可以饒了我了

5、不要只管講話了

6、這可以使得的麼

해는지고길은멀다。
日ハ暮レルシ道ハ遠イ。

나는책을볼때에안경을써야하오。
私ハ書物ヲ見ルニ眼鏡ヲカケネバナラン。

그렇지아니하면똑똑이보이지않소。
サウデナイトハツキリ見エマセン。

노형은나를용서하시겠지오。
貴方ハ私ヲ赦シテ下サルデセウ。

말만하면안되오。
話バカリシテ居テハイケマセン。

이것은쓸수있읍니까。
コレハ使ヘマスカ。

7、今天大概下雨罷

8、難道你也知道麽

9、你睚我可不相信

10、這麽大雨你還來

11、可是現在幾點鐘

12、我在椅子上坐着

13、你還要別的沒有

---

오날은아마비가오겠지오。
今日ハ多分雨ガ降ルデセウ。

어재네가알수가있겠느냐。
何テ君ガ知ルコトガ出來ヤウカ。

여보나는그래도믿지못하겠오。
君僕ハ併シ信ジナイヨ。

이런비에오셨읍니다그려。
コンナ雨ニヤツテ來マシタネ。

그러나지금은몇시오。
然シ今ハ何時デスカ。

나는걸상에앉았오。
僕ハ椅子ニ腰掛ケテ居マス。

또다른것은없읍니까。
此ノ外ニ御入用ハアリマセンカ。

14、你別耽悞工夫了

15、你想四聲很難罷

16、有時候兒腰也疼

17、這中國話叫甚麼

18、當的是甚麼差使

19、有好些個客人麼

20、大約有二十個人

---

너는시간을낭비ᄒᆞ지마라。
オ前ハ時間ヲ費ズシナサルナ。

당신은사성을매우어렵게생각하십니까。
貴下ハ四聲ヲ酷ク難シイト想ヒマスカ。

어느때는허리도아프오。
或ル時ハ腰モ痛ミマス。

이것은중국어로무엇이라합니까。
是レハ支那語デ何ト云ヒマスカ。

무슨벼슬을다니십니까。
何ノ役ヲオ勤メデスカ。

많은손님이있읍니까。
澤山ノ客ガアリマスカ。

거진스무사람이나됩니다。
約ソ二十人位デセウ。

# 第四十八課 七字話 (其十三)

1、你買的很便宜的

2、萬不是實在的話

3、我要會你們東家

4、啊我忘記拿來了

5、我喜歡是三瓶酒

6、再要點兒番菜麼

---

너는퍽싸게샀구나。
汝ハ極ク安ク買ッタノダ。

결코실상은아니오。
決シテ實際ノ話デハアリマセン。

나는주인상께뵈려고합니다。
私ハ御主人ニオ目ニ懸リ度ウゴザイマス。」

아、나는가저올것을잊었오。
アー僕ハ持ッテ來ルノヲ忘レマシタ。

내가좋아하는것은삼편주요。
私ノ好キナノハ三鞭酒デス。

좀더양요리를드릴가요。
モウ少シ西洋料理ハ入用ヤセンカ。

7、晚飯弄甚麼菜呢

8、麵包抹上黃油麼

9、你是可以喝酒麼

10、甚麼酒都可以的

11、簪子是在抽屜裡

12、那麼讓你沒法子

13、小了三元不能賣

---

저녁에는무슨요리를만들가요。
夕食ニハ何ンナ菜ヲ拵ヘマセウカ。」

빵에빠터를발을가요。
ぱんニ乾酪ヲ塗リマセウカ。

노형은약주를잡수십니까。
貴方ハ酒ヲ御飲ミナサイマスカ●

무슨술이던지다좋소。
何ノ酒デモミナヨロシイ。

비녀는설합속에있오。
釵ハ抽斗ノ中ニ在リマス。

그러면그만두겠오。할수가없오。
ソレデハ負ケマセウ。仕方ガアリマセン。」

삼원을깎으면팔수없오。
三圓ヲ缺テハ賣レマセン。

14、這火車上那兒、去

15、那是上奉天去的

16、現在走到那兒了

17、車子呀拉我去罷

18、打站往那邊走呢

19、等一等過去不行

20、我不知道車站哪

---

이기차는어듸로가는것이오。
「コノ汽車ハ何處ヘ往クノデスカ。」

그것은봉천으로가는것이오。
ソレハ奉天ヘ往クノデス。

지금어듸까지왓나요。
只今何處マデ來マシタカ。

인력거군가세。
車夫サン行ッテクレ。

정거장에서어떻게가나요。
驛カラドウ往クノデスカ。

기대리시오。건너가면안됩니다。
「待チナサイ。通行ッテハナランヨ。」

나는정거장을몰읍니다。
私ハ停車場ヲ存ジマセン。

# 第四十九課　七字話（其十四）

1、見天在敎場操演
견 텬 재 쟈오 쟝 챠오 옌

2、因爲素日練好了
인 웨 수 이 렌 화 라

3、馬隊可以過去麼
마 뒈 커 이 꿔 취 마

4、那裏頭有將官麼
나 리 턱 와 쟝 관 마

5、有很多　子藥麼
와 헌 둬 디 쯔 얀 마

6、都用新式的鋼砲
두 윙 씬 쓰 디 깡 팦

---

날마다연병장에서조련을하오。
日日練兵場デ操練ヲスル。

평시에연습을잘한까닭이오。
平生ノ練習ガ好カツタカラデス。

기병은지나갈수가있오。
騎兵ハ行ケマスカ。

저안에장교가있나요。
アノ內ニ將校ガアリマスカ。

많은탄약이있나요。
澤山ノ彈藥ガアリマスカ。

모다신식강포를쓰오。
總テクルツプ砲ヲ用ヒテ居リマス。

7、搶了敵兵的旗子 (창 라 디 삥 디 키 쯔)

8、攻陷了那座城了 (궁 쎈 라 나 쭤 쳥 라)

9、這個叫甚麼河兒 (쪄 거 쟢 썸 뫼 허 얼)

10、那兒河水深不深 (나 얼 허 쒜 썬 부 썬)

11、那方向就是本營 (나 빵 향 꾸 쓰 뻔 잉)

12、有得病的兵沒有 (와 더 빙 디 삥 메 와)

13、這兒有甚麼糧食 (쪄 얼 와 썸 뫼 량 쓰)

---

적군의군기를빼앗읍니다。
敵兵ノ軍旗ヲ奪ヒマシタ。

저성을함락하였오。
アノ城ヲ陷マシタ。

이것은무엇이라하는강이오。
コレハ何ト云フ河デスカ。

저강은깊읍니까。
アノ河ハ深イデスカ。

저쪽이본영이오。
彼ノ方ガ本營デス。

병든군사는없읍니까。
病兵ハ居リマセンカ。

여기는어떠한량식이있오。
此所ニハ何ナ食糧ガアリマスカ。

14、兵糧打那兒來的 (빙 량 따 나 얼 래 디)

15、搜一搜他的身上 (쏘 이 쏘 타 디 썬 쌍)

16、恐怕有埋伏的兵 (쿵 파 유 매 푸 디 빙)

17、叫巡捕給拿住了 (쟢 쒼 부 께 나 쭈 랴)

18、把刀插在鞘子裡 (빠 딴 차 째 쌰 쯔 리)

19、聽說有五萬兵啊 (팅 쒀 유 우 완 빙 아)

20、有逃去的兵沒有 (유 타 쮜 디 빙 메 유)

---

군량은어디서온것이오。
兵糧ハ何所カラ來タノデスカ。

그의몸을수색하시오。
彼レノ身體ヲ檢査シナサイ。

아마매복한군사가있을걸요。
恐ラク伏兵ガ居ルテセウ。

순검에게잡혀갔오。
巡査ニ擒ラハレマシタ。

칼을칼집속에꽂아둔다。
刀ヲ鞘ノ中ニ挿シテ置ク。

군사가오만명이나된다하오。
五萬ノ兵ガアルサウテス。

도망하는군사는없나요。
逃ゲル兵卒ハアリマセンカ。

# 第五十課 七、字話 (其十五)

1、今天是下了霜了

2、這幾天非常的冷

3、他是誰家的姑娘

4、少爺今年多大了

5、她的年紀更輕啊

6、令尊令堂都好麼

---

오날은서리가왔읍니다。
今日ハ霜ガ降リマシタ。

요새는비상한추위요。
此頃ハ非常ナ寒サデス。

그는뉘집딸이오。
彼レハ何家ノ娘デスカ。

자제는올에나가몇이오니까。
令息サン今年幾歲ニナリマスカ。

저색시의나는아즉젊소。
彼女ノ年齡ハ未若イデス。

춘부장과자당께서는안녕하십니까。
御老父モ母堂モ御機嫌宜ウゴザイマスカ。

7、令孫在那兒頑耍（링쑨째나얼왈쏴）

8、我望看親戚來了（워왕칸친치래라）

9、啊那位是令兄麼（아나웨쓰링흉마）

10、這是我家的叔叔（쪄쓰워갸듸쑤쑤）

11、你有幾位貴昆仲（늬우기웨궤쿤쭝）

12、我也有兩個哥哥（워예우량거꺼꺼）

13、是我們弟兄六個（쓰워먼듸흉릭거）

---

손자님은어디서놉니까。

令孫ハ何處デオ遊ビデスカ。

나는일가를찾아보러왔오。

私ハ親戚ヲ見舞ニ來マシタ。

아、저분이백씨장이시오?

アー、彼ノ方ガオ兄サンデスカ。

이어룬은나의삼촌이오。

此ノ方ハ私ノ叔父サンデス。

당신은몇형제분이시오。

貴公ノ御兄弟ハ幾人デスカ。

나도형이둘이오。

僕モ二人ノ兄ガアリマス。

네、우리는육형제이오。

ハイ、僕ハ兄弟ガ六人デス。

14、我去候我的朋友

15、你跟前幾位令郎

16、你的兄弟幾歲呀

17、你們哥兒有幾個

18、我兄弟纔八個月

19、你會說英國話麽

20、我會一點兒不多

---

나는친구를심방하려가오。
私ハ友人ヲ訪ネテ往キマス。

노형은자제가몇이나되시오。
貴所ハ令息ハ幾人デスカ。

네동생은몇살이냐。
オ前ノ弟サンハオ幾ツ?

너는몇형제이냐。
オ前達ノ兄弟ハ何人カ。

내동생은인제여덟달되었오。
僕ノ弟ハヤツト八ケ月ニナリマス。

당신은영어를하실줄아시오。
貴公ハ英語ガ出來マスカ。

나는조곰밖에몰읍니다。
私ハ少シシカ分リマセン。

# 第五十一課　八字話（其一）

1、你把這個字念一念
(니빠쩌거쯔녠이녠)

2、是一千二百三十五
(쓰이쳰얼빠이싼쓰우)

3、那一本書拿給我看
(나이뻔쑤나께워칸)

4、這是十五個多少錢
(쩌쓰쓰우거뒤쏘첸)

5、太太不能買這個魚
(태태부넝매쩌거위)

6、這個地方沒有窮人
(쩌거디팡메와츙인)

---

이글자를읽어보시오。
此ノ字ヲ讀ンデ御覽ナサイ。

네、일천이백설흔다섯이올시다。
ハイ一千二百三十五デゴザイマス。

저책을가져다나에게보혀주시오。
アノ本ヲ取ツテ私ニ見セテ下サイ。

이것은열다섯개에얼마요。
コレハ十五個デ幾錢デスカ。

아씨는이생선을살수가없오。
奥樣ハ此魚ヲ買フコトガデキマセン。

이곳에는구차한사람이없오。
此ノ邊ニハ貧乏人ガアリマセン。

7、那個老頭兒實在窮

8、我不明白這個意思

9、那個時候我不能去

10、這個禮拜他不能來

11、你去告訴他等一等

12、這個事你不能不管

13、他不明白這個道理

---

저늙은이는참구차하오。
アノ翁ハ實ニ貧窮デス。

나는이의미를몰르겠오。
私ハ此意味ガ判リマセン。

그때에는갈수없오。
其頃ニハ僕ハ往カレマセン。

이주일에는그는올수없오。
此ノ週間ニハ彼ハ來ルコトガ出來マセン」

너는가서그에게기다리라고일러라。
オ前ハ往ツテ彼ニ待テヨト云ヘ。

이일은노형이관계하지아니할수없오。
此ノ事ハ貴方ガ關係セズニ居ラレマセン」

그는이도리를모르오。
彼レニハ此ノ道理ガ判ラナイ。

14、不用敲門他不在家 (부융좌먼타부째갸) (プユインキヤオメヌタプツアイキヤ)

15、我在鄉裏住了兩年 (워째향리쭈랴량녠) (ウヲツアイヒヤンリチウラリヤンネヌ)

16、文先生的意思正對 (원셴셍디이쓰졍뒈) (ウエンシエヌシエンテイイスチエントイ)

17、這個東西合我的式 (예거둥시허워디쓰) (チエコトウンシホウヲテイス)

18、那個衣裳眞不會式 (나거이쌍쩐부희쓰) (ナコイシアンチエヌプホス)

19、那些花兒實在好看 (나셰화얼쓰째할칸) (ナシエイホワルスツアイハオカヌ)

20、你不可學她的樣子 (늬부커햪타디양쯔) (ニプコヒヤオタテイヤンツ)

---

문을두드릴것없오。그는집에없오。
門ヲ叩クニ及バヌ。彼レハ不在デス。

나는시골서인해를살았오。
僕ハ田舍ニ二年住ミマシタ。

문선생생각은잘맞습니다。
文先生ノ考ハ能ク合ツテヰマス。

이물건은내게는맞소。
此ノ品物ハ私ニハ合ヒマス。

그옷은참맞지않소。
其ノ着物ハ本當ニ合ヒマセン。

저꽃들은참보기좋소。
アレラノ花ハ實ニ奇麗デス。

너는그이의본을뜨면안된다。
オ前ハ彼女ノ風ヲ習フナ。

# 第五十二課 八字話（其二）

1、詳詳細細的查考了
2、天氣陣陣的冷起來
3、風雨大概快住了罷
4、牆上貼着一張告示
5、那太太的丈夫是誰
6、這幾天你在那兒住

---

자셰히조사를하엿오。
緻密ニ吟味シヤシタ。

일긔가졈졈치워오오。
天氣ガ段段寒クナツテ來マス。

풍우가대개끈치겟지요。
風雨ガ大概直グ止ミマセウ。

담에고시가붓텻오。
壁ニ告示ハ張ツテアリマス。

저아씨의남편은누구이오。
アノ奥サンノ亭主ハ誰デスカ。

요셰노형은어듸유하시오。
近頃貴方ハ何所ニオ住居デスカ。

7、這樣天氣有害身體
(여 양 톈 키 우 해 썬 티 / チヨ ヤン テエヌ キ イウ ハイ シエヌ テイ)

8、我現在冷的打戰兒
(워 헨 재 렁 디 따 짠 얼 / ウヲ ヒエヌ ツアイ ロン テイ タ チアヌ ル)

9、朝南的房子暖和的
(짜오 난 디 팡 쯔 놘 허 디 / チアオ ナヌ テイ ファン ツ ノアヌ ホ テイ)

10、點洋燈呢點蠟燭呢
(뎬 양 떵 늬 뎬 라 쭈 늬 / テエヌ ヤン トン ニ テエヌ ラ チウ ニ)

11、別忘了吩咐的事情
(뻬 왕 라 펀 푸 디 쓰 칭 / ピエ ワン ラ フエヌ フ テイ ス チン)

12、今天應該在這兒住
(긴 톈 잉 깨 째 여 얼 쭈 / キヌ テエヌ イン カイ ツアイ チヨ ル チウ)

13、敵人的探子來了麽
(디 인 디 탄 쯔 래 라 마 / テイ イヌ テイ タヌ ツ ライ ラ マ)

---

이런한날세는몸에해가되오。
斯樣ナ天氣ハ身體ニ害ガアリマス。

나는지금치워서떨고있오。
僕ハ今寒クテ震ヘテ居マス。

남향판은따뜻하오。
南ニ向ツタ家ハ暖イデス。

남포를켜오리까。초를켜오리까。
ランプヲ點ケマセウカ。蠟燭ヲ點シマセウカ。

말해둔것을잊어버리지마라。
言付タ事ヲ忘レルナ。

오날은여기서묵어야하겠오。
今日ハ此處デ泊ラネバナリマセン。

적군의염탐이왔읍니까。
敵ノ斥候ガ來マシタカ。

14、守砲臺的兵有多少

15、比那兒大道近點麼

16、沒有別的岔道兒麼

17、火輪船幾點鐘開呢

18、我和你的哥哥同年

19、你去的是那個學堂

20、我去的是北京大學

---

포대직히는병정은얼마나되오。
砲臺ノ守兵ハ何人程居リマスカ。

저큰길보다좀가까운가요。
アノ街道ヨリハ近イデスカ。

다른갈림길은없나요。
別ノ岐レ道ハアリマセンカ。

기선은몇시에떠납니까。
汽船ハ何時ニ出帆シマスカ。

나는네형님과동갑이다。
僕ハ汝ノ兄サント同年デス。

노형은어느학교에가십니까。
貴公ハ何學校ヘ往キマスカ。

내가가는곳은북경대학이오。
僕ノ行ク處ハ北京大學デス。

# 第五十三課 八字話 （其三）

1、那個東西不大結實
나거둥시부따기쓰
ナコトウンシプタキス

2、不錯太嬌嫩不好拿
부취태쟢넌부화나
プツオタイキヤオノヌプハオナ

3、實在是漂亮的很哪
쓰재쓰퍄량디헌나
スツアイスピヤオリヤンテイヘヌナ

4、跟紙似的這麼輕巧
껀쯔쓰디쪄뫼킹쟢
コヌツステイチヨモチキンキヤオ

5、顏色兒可不大新鮮
옌써얼커부따씬쏀
イエヌソオルコプタシヌシエヌ

6、怎麼能可以光潤呢
쩐뫼넝커이꽝운늬
ツエヌモノンコイコウンウヌニ

---

그물건은그리든든하지않소구려。
ソノ品物ハ大シテ丈夫デハナイデスネ。

그렇소。너무간얇어서가지기가안되겠오。
サウデス。餘リ嫩弱クテ持チ悪イデス。

참매우말숙하구려。
非常ニサッパリシテヰマス。

종이처럼가븟하오。
紙ノ樣ニ輕イデス。

빗이그리곱지는못하구려。
色ガ大イニ綺麗デハアリマセン。

어떻게하면윤이나겠오。
如何スレバ光澤ガ出マセウカ。

7、這個還算是太蠢笨

8、所以價錢便宜些兒

9、你說他像軟弱似的

10、我想他也不大健壯

11、他不是有德的人哪

12、我看他爲人很老實

13、別說別說他眞糊塗

---

이것도또너무둔한셈옵니오。
コレモ又餘リ鈍イ方デス。

그래서값이좀쌉니다。
ダカラ値段ガ幾ラカ安イデス。

노형은그가약한사람갈다고하십니까。
貴公ハ彼ガ弱イヤウダト申シマスカ。

내생각에는그도그리건장하지는못한듯하오。
僕ノ考ヘデハ彼モ大シテ健康デナイヤウニ思ハレマス

그는유덕한사람이아닌걸요。
彼レハ有德ナ人デハアリマセンネ。

나보기에는그위인이매우근실합디다。
僕ノ見ル所デハ彼ノ人トナリガ非常ニ眞面目デシタ。

말슴마시오。그는진정흐리터분하오。
云ヒナサルナ。彼ハ本當ニ馬鹿デス。

14、不是不是他很明白 (부쓰부쓰타헌밍배)

15、他們的買賣做賠了 (타먼디매매쭤페라)

16、他賺了五百兩銀子 (타짠라우빼량인쯔)

17、今年的行市怎麼樣 (긴녠디항쓰전뫼양)

18、交友待客總要恭敬 (걒우때커중얏궁깅)

19、你快快的去請他來 (늬쾌쾌디취칭타래)

20、街上的話紛紛不一 (계쌍디화펀펀부이)

---

아니오。 그는매우똑똑하오。
イヤ。彼レハ非常ニハッキリシマス。

그들의장사는미졋오。
彼等ノ商賣ハ損ニナリマシタ。

그는오백량을남겻오。
彼レハ五百兩ヲ儲ケマシタ。

금년시세는어떠하오。
今年ノ相場ハ如何デスカ。

여인대객은예절이잇게하여야하오。
人ト交際スルニハ禮儀正シクシナケレバナリマセン。

너는빨리가서그를청해오너라。
汝ハ早ク往ツテ彼ヲ呼ンデ來イ。

거리에서말하는것은이논이분분합디따。
町ノ話ハ色色デ皆ナ違ヒマス。

# 第五十四課 八字話 (其四)

1、這個鞋是你的不是
쩨거혜쓰니디부쓰
チエ コ ヒエイ ス ニー テイ プ ス

2、你要老頭兒票不要
늬야랖퇴얼퐈부야
ニー ヤオ ラオ トウ ル ピヤオ プ ヤオ

3、他頭裏來過好幾盪
타퇴리래꿔하기탕
タ トウ リ ライ コウオ ハオ キ タン

4、你沒告假怎麼走了
늬메꼬갸쩐뫼쪼라
ニー メイ カオ キヤ ツエヌ モ ツオウ ラ

5、四聲是你會分不會
쓰썽쓰늬훼뻔부훼
ス シエン ス ニー ホイ フエヌ プ ホイ

6、四聲都可以分得開
쓰썽뚜커이뻔더캐
ス シエン トウ コ イ フエヌ ト カイ

---

이신은네것이냐。
此ノ半靴ハオ前ノカ。

너는일본은행권을갖지아니하려느냐。
汝ハ日本ノ札ヲ取ランカ。

그는지금까지여러번왔았오。
彼ハ是迄度度御越シニナリマシタ。

너는작별도아니하고왜갔드냐。
オ前ハ暇乞モセズニ何故往ツタカ。

사성을너는아느냐。
四聲ヲオ前分ルカ。

사성은다압니다。
四聲ハ皆判リマス。

7、我瞧不透請你鑒別

8、我的心裡猶豫不決

9、我今兒抽工兒來的

10、這兒有好些個土貨

11、這個用着頂合式的

12、可以可以實在便宜

13、隨便甚麼湯都可以

---

나는눈에띄우지않소。알아내주십시오。
私ハ眼ガ届キマセン。御鑑定ヲ願ヒマス。

내마음은아즉작정못하고있오。
私ハ未ダ決心ガ出來マセン。

나는오날짬을내서온것이오。
私ハ今日暇ヲ繰合セテ來タノデス。

이곳에는많은물산이있오。
此地ニハ澤山ノ産物ガアリマス。

이것은쓰시기에매우좋소。
此レハオ使ヒナサルニ極ク宜シイ。

좋소。참싸구려。
宜シイ。實ニ廉イ。

아무국이던지있는것이면좋소。
何樣汁デモ有合セテ結構デス。

14、你怎麽這麽客氣啊

15、不拘禮已經吃飽了

16、現成兒的菜都可以

17、一塊兒吃飯行不行

18、甚麽飯合你口味呢

19、這是由外國來的麽

20、把三五個留在這兒

---

노형은웨그렇게겸사를하시오。
貴公ハ何ゼソンナニ遠慮シマスカ。

겸사가아닙니다。벌서배가부릅니다。
遠慮ハ致シマセン。最早喰ベ飽キマシタ。

만드러논요리도좋소。
出來合ノ料理モ宜シイ。

같이잡숫는것이어떠하시오。
一緒ニ上ツテハ何如デスカ。

무슨진지가입에맞으십니까。
何樣ナ御飯ガオ口ニ合ヒマスカ。

이것은외국에서온것입니까。
コレハ外國カラ來タノデスカ。

두서너개는여기남겨둡시다。
二三個ハ此所ニ遺シテ置キマセウ。

# 第五十五課 八字話 （其五）

1、今天我特來拜望你
2、豈敢勞閣下的駕了
3、他現在往這兒來了
4、那個叫甚麼村莊兒
5、那坐山景致很好看
6、那個表給我行不行

---

오날나는특히귀하를차져뵈려왔읍니다。
今日私ハ特ニ貴下ヲ來訪シマシタ。

노형께서왕림하십은황송합니다。
貴方ノ御來駕ヲ煩シテ恐レ入リマス。

그는지금여기와서있오。
彼ハ今此所ニ來テ居マス。

저것은무슨마을이라하나요。
那レハ何ト云フ村デスカ。

저산은경치가매우좋소。
彼山ハ景色ガ實ニ宜シイ。

저몸시계를주지아느려십니까。
アノ懷中時計ヲ下サルマイカ。

7、把這個行李細上罷

8、這洋布顏色兒太淡

9、早晚發燒利害得很

10、這個月花的錢不少

11、那個桌子安的不正

12、這個字繙的不大對

13、他的兄弟病的不輕

---

이짐을묶으시오。
此ノ荷物ヲ縛リナサイ。

이생사는빗이너무엷소。
コノ更紗ハ色ガ餘リ淡イ。

아침저녁은신열이대단하오。
朝晩ハ發熱ガ酷イ。

이달의쓴돈은적지않소。
此ノ月費ツタ金ハ少ナク無イ。

저책상은논것이바르지않소。
アノ机ハ置キ方ガ惡イ。

이글자번역한것은맞지않소。
此字ノ譯シ方ハ合ツテ居ラヌ。

저이의동생의병은중하오。
彼ノ弟ノ病氣ハ重イ。

14、這不是合夥的買賣

15、我聽說你要買白糖

16、量一量有多少尺寸

17、量了不彀三十多尺

18、一隻箱子裝得下麽

19、這些個怕裝不下罷

20、擱他屋裏不妥當麽

---

이것은합동하는장사가아니오。
コレハ組合ノ商賣デハアリマセン。

말슴드르니사탕을사실터이라지요。
承ハルニ白砂糖ヲ御買ヒナサル積リダソウデスナ。

몃자나되나재어보시오。
何尺アルカ量ツテ御覽ナサイ。

재이니까삼십여척이못되오、
量ツタラ三十餘尺ニナリマセン。

한상자에담기겟읍니까。
一ツノ箱ニ盛レラレマセウカ。

이여러가지는아마담기지못할걸요。
コレラハ多分入ラナイデセウ。

그의방으로몰면좋지않읍니까。
彼レノ部屋ニ置ケバ好イヂヤアリマセンカ。

# 第五十六課 八字話 (其六)

1、照上點兒水擦一擦

2、擦玻璃照不得水了

3、把桌子挪開一點兒

4、釘着一塊挪不開了

5、那麼拔起釘子來罷

6、釘得結實拔不出來

---

물을좀무쳐서훔치시오。

水ヲ少シツケテ拭キナサイ。

유리닥는데는물을무치지못합니다。

琉璃ヲ拭クノニハ水ヲツケテハナリマセン。

사선상을좀비켜놓아라。

テーブルヲ少シノケナサイ。

한데박혀서비켜지지않습니다。

釘ヲ打チツケタノデノケラレマセン。

그러면못을빼시오。

ソレデハ釘ヲオ拔キナサイ。

박기를단단히하여서빠지지않소。

打チ方ガ丈夫デ拔ケマセン。

7、貴學校是甚麼學校

8、敝學堂是東洋大學

9、沒有甚麼不可以的

10、你的姐姐在那兒啊

11、剩下的貨物有多少

12、把三五個留在這兒

13、請先生敎我中國話

---

귀교는무슨학교입니까。
貴校ハ何ノ學校デスカ。

폐교는동양대학이올시다。
敝校ハ東洋大學デゴザイマス。

무얼안될것이있겠오。
ナンノ承知セヌコトガ有ルモノカ。

네누님은어디계시나。
御前ノ姉サンハ何處ニ居ナサルカ。

남은짐은얼마나있나요。
殘ツタ貨物ハ幾許位アリマスカ。

두서너개는여기남겨두오。
二三個ハ此處ニ遺シテ置キマス。

선생님중국어를가르쳐주십시오。
ドーゾ先生支那語ヲ敎ヘテ下サイ。

14、你要買甚麽東西呢
늬 얀 매 썬 뫼 뚱 시 너

15、是要緊身布和洋布
쓰 얀 긴 썬 뿌 해 양 뿌

16、那菓子可以吃生的
나 궈 쯔 커 이 치 엉 디

17、我頂愛吃的是點心
워 띵 애 치 디 쓰 뎬 신

18、走的我倆腿都乏了
짝 디 워 랴 퉤 뚜 파 라

19、這實在是不成敬意
쪄 쓰 째 쓰 부 쳥 깅 이

20、不敢當寔在是多禮
부 깐 당 쓰 째 쓰 둬 리

---

노형은무슨물건을사시려하시오。
貴公ハ何品ガ御入用デスカ。

네、메리야쓰와옥양목을사겟오。
ハイ、莫大小ト金巾ガ欲シイデス。

그과일은날로먹을수가잇나요。
其ノ果物ハ生デ吃ベラレマスカ。

내가제일잘먹는것은과자요。
僕ガ好ンデ喰ベルノハオ菓子デス。

걸어와서두다리가기운이없오。
歩イタノデ兩足共ニ疲レマシタ。

이건참실례올시다。
コレハ誠ニ失禮デゴザイマス。

천만에말슴입니다。과연진절합십니다。
何ウ致シマシテ。御丁寧恐レ入リマス。

# 第五十七課 八字話

1、你猜這是誰的相片

2、我猜不着是誰的像

3、找他們去找着了麼

4、連一個人都找不着

5、你用不着尋給他點

6、我沒用處你拿去罷

---

이것은뉘사진인가맞혀내시오。
コレハ誰ノ寫眞カ當テヽ御覽ナサイ。

뉘사진인지알아낼수없오。
誰ノ寫眞カ當テラレマセン。

그들을찾아가더니찾으셨오。
彼等ヲ捜シニ往ツタガ捜シマシタカ。

한사람도찾지못하였오。
一人モ捜シマセンデシタ。

노형이쓰지않거던그나좀주시구려。
貴公ガ使ハナイナラ彼ニ少シ遣リナサイ。

나는소용없으니노형이가져가시오。
僕ハ要ラヌカラ貴公オ持チナサイ。

7、你再細細兒想一想

8、我簡眞的想不起來

9、你若等用我就給你

10、若是你去我也要去

11、他的買賣必要賠錢

12、別處還有飯莊子麼

13、他是個見財忘義的

---

너는더자세히생각해보아라。
汝ハモット詳シク考ヘテゴ覽。

나는아주생각이나지않소。
私ハ全ク考ヘ付キマセン。

당신이소용되시면드리겠오。
貴君ガ御入用ナラバ差上ゲマス。

만일네가간다하면나도가려고한다。
若シオ前ガ行クナラバ私モ行カウト思フ。

그의영업은꼭미질걸요。
彼ノ商賣ハ屹度損ヲスルデセウ。

다른곳에또요리집이있읍니까。
別ノ處ニ尙ダ料理屋ガアリマスカ。

그는돈만아는놈이다。
彼ハ金ニ目ノ無イ奴ダ。

14、你總得把錢張羅下

15、請他明天務必早來

16、那麽快到本國辦去

17、今天是正月那一天

18、今兒是十二月初五

19、東西越多價錢越賤

20、我們這是言無二價

---

너는꼭돈냥장만하지아니하면안된다。
オ前ハ是非金ヲ用意セネバナラヌ。

그에게내일아침에꼭오도록일러주시오。
彼ニ明朝屹度來ル様ニ云ヒナサイ。

그러면곧본국으로주문해드리리다。
然ナラバ直チニ本國ヘ注文シテ上ゲマセウ。

오날은정월메칠이오。
今日ハ正月ノ何日デスカ。

오날은섯달초닷샛날이오。
今日ハ十二月ノ五日デス。

물건이많을수록값도따라싸오。
品物ガ多イホド値段モ從ッテ安イ。

우리네는웨누리를하지않습니다。
私共ハ掛値ハ申シマセヌ。

# 第五十八課 八字話（其八）

1、拿鉛筆寫不是快麼

2、使毛筆寫可就沒錯

3、先念散話再念甚麼

4、先念這個再念會話

5、那麼學許學的成罷

6、這麼辦就許辦得成

연필로쓰면빠르지않습니까.
鉛筆デ書ケバ速イヂヤアリマセンカ。

모필로쓰면틀림이없지오.
毛筆デ書ケバ間違ガアリマセン。

먼저산화를배우고다시무엇배우오.
先ニ散話ヲ習ツテソレカラ何ヲ習ヒマスカ。

먼저이것을읽고다시회화를읽으오.
先ニコレヲ讀ンデソレカラ會話ヲ讀ミマス。

그렇게배우면아마되겠지오.
ソンナニ學ベバ多分出來ルデセウ。

이렇게하면아마될듯하오.
コンナニスレバ多分出來ルデセウ。

7、總得吃了飯再說罷

8、務必用過飯再走罷

9、任那兒都不要去了

10、任甚麼都不愛幹了

11、全照着他的話辦罷

12、是照樣兒買給你罷

13、你在那兒看見他了

---

어째든지밥을먹고말하가오。
兎角ゴ飯ヲ喰ベテカラ話シマセウカ。

곡진지를잡숫고서가십시오。
是非ゴ飯ヲ濟シテカラ往ラツシヤイ。

어디던지다가기싫소。
何處ヘモ往キ度アリマセン。

무엇이던지다하기싫소。
何デモ皆ナ遣リ度クアリマセン。

모다그의말대로하시나요。
皆彼ノ話ノ通リニシマスカ。

네、견본대로사서드리리다。
ハイ、見本ノ通リ買ツテ上ゲマセウ。

노형은어디서그를보셨오。
貴公ハ何處デ彼ヲ見マシタカ。

14、我在學堂遇見他了。

15、你和他打聽了沒有

16、我和他問了個大概

17、你和他怎麽定規的

18、我和他這麽商量的

19、那麽跟從前一樣麽

20、不錯跟頭裏一個樣

---

나는학교에서그를만낫오。
僕ハ學校デ彼ニ逢ヒマシタ。

자네는그에게물어보았나?
君ハ彼ニ聞イテ見タカ。

나는그에게대강물어보았네。
俺ハ彼ニ大概ヲ聞イテ見タ。

자네는그와어떠케작정하였나。
君ハ彼ト何如ニ定メタカ。

나는그와이렇게의논하엿네。
俺ハ彼トコンナニ相談シタヨ。

그러면전과한가지인가。
ソレデハ前ト同ジイカ。

그렇지、처음과맛챤가질세。
然リ、初ト同様ダヨ。

# 第五十九課 八字話 (其九)

1、拿朝鮮話翻意思麼
나챂셴화판이쓰마
ナ チアオ シエマ ホワ ファヌ イ ス マ

2、拿日本話翻譯講罷
나이뻔화판이걍바
ナ イ ボヌ ホワ ファヌ イ キヤン パ

3、敎習就但你一位麼
걒씨찍딴늬이웨마
キヤオ シ チウ タヌ ニー イ ウエイ マ

4、不但我還有三位哪
부딴워해우싼웨나
プ タヌ ウヲ ハイ イウ サヌ ウエイ ナ

5、如今還招學生不招
우긴해짶쉐성부짶
ウ キヌ ハイ チアオ ヒユエ シエン プ チアオ

6、現在還招補缺的了
혠재해짶부꿰디라
ヒエヌ ツアイ ハイ チアオ プ クイ チイ ラ

---

조선말로뜻을번역하나요?
朝鮮語デ意味ヲ譯シマスカ。

일본말로번역해사기겠오。
日本語デ翻譯シテ解釋シマセウ。

교사는노형한분뿐이십니까。
教師ハ貴公御一人丈デスカ。

나뿐아니라또세분이있읍니다。
僕丈デハナク又三人居リマス。

지금도학생을모집하십니까。
只今モ學生ヲ募集シマスカ。

지금도보결생을모집하오。
現在モ補缺生ヲ募集シマス。

7、若學幾年可以會說、

8、若是聰明半年就行

9、把我的話告訴他罷

10、把你的話告訴他了

11、據他說誰不講理呢

12、據他說自己還有理

13、你跟他賠個不是罷

---

몇해나배우면말할수있을가요。
幾年位學ベバ話セマセウカ。

만일총명하면반년이면되지오。
若シ聰明デアレバ半年ナラ出來マス。

내말을그에게일르시오。
私ノ話ヲ彼ニ告グナサイ。

노형말삼을그에게일렀읍니다。
貴公ノ話ヲ彼ニ云ヒマシタ。

그의말로는누가경우가아니라입디까。
彼ノ話デハ誰ガ無理ダト云ヒマンタカ。

그의말로는그래도제가옳다합디다。
彼ノ話テハ自分ガ正シイト云ヒマシタ。

노형은그이에게사과를하시오。
貴公ハ彼ニ謝罪ナサイ。

14、我跟他告甚麼罪呢

15、貴行賣的甚麼東西

16、吃的用的東西全有

17、你喜歡甚麼東西呢

18、這個倒好買這個罷

19、喳大人叫我做甚麼

20、沒有送給我的信麼

내가그이에게무엇을잘못했다고하오。
僕ガ彼ニ何ヲ謝罪マスカ。

귀점에서는무슨물건을파시오。
オ店デハ何樣品物ヲオ賣リマスカ。

먹는것이나쓰는것이나다있오。
喰物モ日用品モミンナ有リマス。

노형은어느것을좋아하십니까。
何樣品ヲオ好デコザイマスカ。

이것이매우좋으니이것을사겠오。
コレガ可ナリ好イカラコレヲ買ヒマセウ。

네, 영감웨부르십니까。
ヘヘ、何ノ御用デ御座イマスカ。

내게오는편지는없나?。
俺ヘノ信書ハナイカ。

# 第六十課 八字話 (其十)

1、阿你貴國是朝鮮麼
아 니 귀 궈 쓰 짜 쎈 마

2、你多咱到你國來的
니 둬 짠 단 니 궈 래 디

3、他們在這兒做甚麼
타 먼 째 쩌 얼 쮜 썬 뭐

4、大概開了飯館子了
따 깨 캐 라 빤 꽌 쯔 라

5、我是做買賣做活的
워 쓰 쮜 매 매 쮜 훠 디

6、你打算招多少股份
니 따 쏸 짜오 둬 쏘 꾸 뻔

---

아、귀국은조선이십니까。
アー、貴公ノオ國ハ朝鮮デスカ。

노형은언제우리나라에오셧습니까。
貴公ハ何時此國ヘ來ラレタノデスカ。

그들은여기서무엇을합니까。
彼等ハ此處デ何ヲシテ居リマスカ。

대개음식점을열고잇오。
大概飲食店ヲ開イテ居マス。

나는장사로생애하는사람이오。
私ハ商賣デ渡世スル者デス。

노형은얼마나주권을모으실터이오。
汝ハ何程ノ株ヲ募集スル積リデスカ。

7、趕車的快快的走罷
간쳐디쾌쾌디쩍바

8、道兒很濘泥不好走
또얼、헌닝니부하쩍

9、拉車用甚麽牲口呢
라쳐융션뫼썽커늬

10、用騾子驢馬都可以
융뤄쯔뤼마뚜커이

11、這是兩個人坐的車
져쓰량거인쭤디쳐

12、餓的不能走道兒了
워디부넝쩍또얼라

13、你說撒謊我不饒你
늬쒀쌰황워부얖늬

---

여보게、차부빨리가셰。
オイ、車屋早ク往キナサイ。

길이진창이되어서가기어렵습니다。
道ガ濘泥ンデ歩キ惜イデス。

수레를끄으는데는어떠한짐승을쓰나?
車ヲ拉クニハ何様ナ家畜ヲ使フカ。

노새、나귀、말、다되오。
騾馬、驢馬、馬、皆宜ロシイ。

이것은둘이타는차이요。
コレハ二人乘車デス。

시장해서길을갈수가없오。
餓テ道ヲ歩クコトガ出來マセン。

네가거즛말을하면용서하지않겠다。
汝嘘ヲ云フト許サヌゾ。

14、天黑了把電燈捻開

15、雖是春天可不煖和

16、眼看着夏天就來了

17、一到秋天就要涼快

18、冬天太冷都凍上了

19、今兒天氣不大很好

20、出了虹了要晴天了

---

어두웠으니 전등을 켜시오。
暗クナツタ 電燈ヲ點ケナサイ。

봄이기마는 따뜻하지 않소。
春デスケレドモ暖クアリマセン。

여름이 목전에 오게되오。
夏ガ目ノ前ニヤツテ來マス。

가을만되면 서늘해지오。
秋ニナレバ涼シクナリマス。

겨울은 몹시 치워서 모다 얼어붙소。
冬ハ非常ニ寒クテ皆凍リツキマス。

오날 일기는 그리 좋지 않습니다。
今日ノ天氣ハソレ程ヨクアリマセン。

무지개가 섰오。 날이 개겠오。
虹ガ出タ。天氣ニナルテセウ。

# 第六十一課　八字話　其十一

1、今兒個是半陰半晴
긴 얼 거 쓰 빤 인 빤 칭
キヌ ル コ ス パヌ イヌ パヌ チン

2、這幾天天氣沒準兒
져 기 톈 톈 키 메 쥰 얼
チヨ キ テエヌ テエヌ キ メイ チウヌ ル

3、這兩天連陰着下雨
여 량 톈 렌 인 저 햐 위
チヨ リヤン テエヌ リエヌ イヌ チオ ヒヤ ユイ

4、天上雲彩鬧起來了
톈 쌍 윈 채 놔 기 래 라
テエヌ シアン ユイヌ ツアイ ナオ キ ライ ラ

5、天氣漸漸兒暖起來
톈 기 졘 졘 얼 놘 기 래
テエヌ キ チエヌ チエヌ ル ノアヌ キ ライ

6、我喜歡春天和秋天
워 히 화 쭌 톈 해 취 톈
ウヲ ヒ ホワヌ チウヌ テエヌ ハイ チウ テエヌ

---

오날은반음반청이오。
今日(ケフ)ハ半陰半晴(ハンインハンセイ)デス。

요세는일기가대중이없오。
此頃(コノゴロ)ノ天氣(テンキ)ハ定(キマ)リガアリマセン

요세는연일흐리며비가오오。
此ノ二三日(ニサンニチ)ハ曇(クモ)リ勝(ガ)チデ雨(アメ)ガ降(フ)リマス。

하늘에구름이피여일어납니다。
空(ソラ)ニ雲(クモ)ガ苛立(イラダ)チマシタ。

일기가점점따뜻하여옵니다。
天氣(テンキ)カ段々(ダンダン)暖(アタタカ)クナッテ來マス。

나는봄과가을을좋아하오。
僕(ボク)ハ春(ハル)ト秋(アキ)ガ好(スキ)デス。

7、今天颳風花都謝了（긴 톈 꽈 훵 화 뚜 쎄 라）

8、今兒颳風土大得很（긴 얼 꽈 훵 투 따 더 헌）

9、我怕打雷開不上門（워 파 따 레 캐 부 쌍 먼）

10、請你把窗戶開一開（칭 늬 빠 촹 후 캐 이 캐）

11、這是在新京買的麼（쪄 쓰 째 신 징 매 디 마）

12、不是是在奉天買的（부 쓰 쓰 재 훵 톈 매 디）

13、他姓武是我的舍弟（타 싱 우 쓰 워 디 셔 디）

---

오날바람에꽃이다떨어졌오。
今日ノ風デ花ガ皆落チマシタ。

오날은바람이불어몬지가대단하오。
今日ハ風ガ吹イテ埃リガ酷イ。

나는천둥이무서워서문을열지못하오。
私ハ雷鳴ガ恐シクテ門ヲ開ケマセン。

여봅쇼、창을여십시오。
何卒窓ヲ開ケテ下サイ。

이것은신경에서산것이오니까。
是レハ新京デ買ヒニナツタノデスカ。

아니오、봉천서산것입니다。
イイエ、奉天デ買ツタノデス。

그는무가인대내동생이오。
彼ハ武デ僕ノ弟デス。

14、上火車站送人去了 (쌍훠쳐짠쑹인취라) シャン ホウオ ちョ チアヌ ソウン イヌ キユイ ラ

15、剛來的那個人是誰 (깡래디나거인쓰쉐이) カン ライ ティ ナ コ イヌ ス シユイ

16、我已經說過幾回了 (워이깅쉬궈기훼라) ウヲ イ キン シウオ コウオ キ ホイ ラ

17、還得好好兒的說罷 (해데화화얼디쉬바) ハイ テ ハオ ハオ ル ティ シウオ バ

18、請你到客廳裡坐罷 (칭늬땊커텅리쮜바) チン ニイ タオ こ ティン リ ツウオ バ

19、我要陪你吃晩飯了 (워얀페늬치완판라) ウヲ ヤオ ペイ ニイ ち ワヌ ファヌ ラ

20、請你隨便不要客氣 (칭늬쉐변부얀커키) チン ニイ ソイ ビエヌ ブ ヤオ こ き

---

정거장으로전송하러갔읍니다。
停車場へ見送リニ往キマシタ。

아까온그사람은누구십니까。
今先來タ彼ノ方ハ誰デスカ。

나는벌서몇번이나말하였오。
私ハ既ニ何回モ云ヒマシタ。

또잘말슴하여야할걸요。
尙能ク話サネバナリマセンヨ。

사랑으로들어와앉으시오。
何卒應接間ヘオ入リ下サイ。

나는노형을모시고저녁을먹고저함니다。
私ハ貴公ト夕飯ヲ一緒ニ致シ度ウゴザイマス。

마음대로잡수시고사양을마십시오。
何卒ゴ遠慮ナサイマスナ。

# 第六十二課 八字話 (六十二)

1、咱們說着話兒喝酒

2、好咱們喝着酒談罷

3、湊着零碎話散學的

4、抄着眼面前兒先學

5、叫誰引誘這麽糟啊

6、叫他引誘纔學壞的

---

우리이야기하면서술을먹읍시다。
オ互ニ話シ作ラ酒ヲ飮ミマセウ。

좋소。우리술을먹으며서말합시다。
結構デス。オ互ニ酒ヲ飮ミ作ラ話シマセウ。

자질구레한말을모아서산학이오。
細カイ言葉ヲ集メテ散學デス。

항용쓰는것을앞에서먼저배우오。
目ノ前ノコトヲ書取ツテ先ニ學ビマス。

누구에게꾀여서이렇게못쓰게되였오?
誰ニ誘ハレテコンナニ駄目ニナリマシタカ。

그에게꾀여서못된것을배왔답니다。
彼ニ誘ハレテ惡イコトヲ學ビマシタ。

7、你可別叫我丢臉哪

8、我焉敢叫你找腦呢

9、怎麽越勸越不聽呢

10、實在是越想越可氣

11、給你怎麽辦纔好呢

12、替我這樣說纔行了

13、等我打聽着你再來

---

노형은날로모양사납게마시오。
貴公ハ僕ヲシテ顔ヲ潰シナサルナ。

내가어찌감히노형으로노엽게하겠오。
僕ガ如何シテ貴君ヲシテ怨マセマセウ。

웨、권할수록듣지않습니까。
何ゼ勸メバ勸メル程聞カナイノデスカ。

참생각할수록분하구려。
誠ニ想ヘバ想フホド腹ガ立チマス。

당신께어떻게하야드려야좋겠오?
貴公ニ如何シテ上ゲレバ宜イデセウカ。

나를대신하야이렇게말슴하여주셔야쓰겠오。
私ニ代ツテ斯ウ申セバ結構デス。

내가알어보거던다시오시오。
僕ガ聞クノヲ待ツテ又イラッシャイ。

14、等你有信我再來罷

15、由郵政局寄來的麼

16、由銀行兒滙兌來的

17、連帶費都在其內麼

18、連滙水都算在裏頭

19、按着分量兒算錢麼

20、按着錢數兒扣滙水

---

노형이기별하거던내또오리다。
貴公ノ寄ヲ待ツテ又參リマセウ。

우편국으로부쳐서왔나요。
郵便局カラ寄シテ來タノデスカ。

은행으로환부쳐온것이오。
銀行カラ爲替デ來タノデス。

운임까지모다그속에들었나요。
運賃マデ皆其中ニ含ンデ居マスカ。

환비까지모다그속에든셈이오。
爲替料マデ皆其內ニ含ンデ居マス。

근량대로계산하나요。
目方ニ依ツテ勘定シマスカ。

돈수효대로환비를제합니다。
金額ニ依ツテ爲替料ヲ差引マス。

# 第六十三課 八字話（其十三）

1、有的坐車有的步行

2、也有先生也有學生

3、有是有可是不多了

4、好是好可不大結實

5、我前天沒看見他了

6、誰都沒有他說的好

---

어떤이는차를타고어떤이는걸으오。
或者ハ車ニ乗リ或者ハ歩キマス。

선생도있고학생도있오。
先生モアリ學生モアリマス。

있기는있으나그러나많지는않았오。
有ルコトハ有リマスカ然シ多クハアリマセンデシタ。

좋기는좋으나그러나그리튼튼하지는않소。
良イニハ良イガ然シ余リ丈夫デハアリマセン。

나는그저께그를보지못하였오。
私ハ一昨日彼ヲ見マセンデシタ。

누구던지그이처럼말잘하는이는없오。
誰モ彼程上手ニ話ス者ハアリマセン。

7、遠近沒有不知道的

8、現在沒有這麽說的

9、南北的飲饌不一樣

10、他說的話我聽不清

11、現在他的官差很忙

12、你好好兒的看家罷

13、你認了不是就得了

---

7、먼나가까우나모를사람이없오。
遠キモ近キモ知ラナイ人ハアリマセン。

8、지금은이렇게말하는이가없오。
今デハ此ノ如ク言フモノハアリマセン。

9、남북의음식은갈지않소。
南北ノ飲食物ハ同ジデナイ。

10、그의하는말은들리지가않소。
彼ノ話ス言葉ハ聞キ取レマセン。

11、지금그의직무는매우바쁘오。
今彼ノ役ハ非常ニ忙シイ。

12、너는집을잘보고있거라。
オ前ヨク留守番ヲシテオ出デ。

13、네가잘못인줄을알면그만이다。
オ前ガ悪イト云フ事ガ判レバソレデ宜イノダ。

14、得了一場病就死了

15、這個涼水你喝不得

16、那個選手跑得很快

17、坐電車去得五十分

18、買這個至少得兩塊

19、你恭喜在甚麼地方

20、你和他說甚麼來着

---

병이들어서죽었오。
病氣ニ罹ツテ死マシタ。

이것은냉수니먹으면안된다。
コレハ冷水ダカラ飲ンデハイケナイ。

저선수는다름박질이매우빠르오。
アノ選手ハ走リ方ガ非常ニ早イ。

전차로가면오십분동안걸리오。
電車デ往ケバ五十分カカリマス。

이것을사려면적어도이원은드오。
コレヲ買フニハ少クトモ二圓ハカカリマス。

노형은어디근무하십니까。
貴君ハ何方ニオ勤メテスカ。

자네는그와무엇을이야기하고있었나。
君ハ彼ト何ヲ話シテ居タカ。

# 第六十三課 八字話 (其十四)

1、他也是問你好來着 (타예쓰원늬화래쩌) タイエスウエヌニーハオライチオ

2、這個菜吃着很好了 (쪠거채쯔쩌헌화라) チエコちアイちチオヘエヌハオラ

3、屋裏熱睡不着覺了 (우리여쒜부쟢쟌라) ウリヨソイプチアオキヤオラ

4、我的衣裳着了雨了 (워디이쌍쟢라위라) ウヲチイイシアンチアオラユイラ

5、你和他準見得着麽 (늬해타쭌겐더쟢마) ニーハイタチウヌキエヌトチアオマ

6、打了雷了要下雨罷 (따라뢰라약햐위바) タラロイラヤオヒヤユイバ

---

그이도노형의안부를합디다。
彼モ貴公ニ宜シク申シテ居リマシタ。

이요리는먹기에매우좋왔오。
此料理ハ喰ベテ見タラ大變旨カツタ。

방안이더워서잘수가없오。
部屋ガ暑クテ寢ツカレマセン。

내옷은비에젖었오。
僕ノ着物ハ雨ニ濡レマシタ。

너는그를곡맞나겠느냐。
オ前ハ彼ニ屹度會ヘルカ。

천동을하였으니비가오겠지오。
雷ガ鳴リマシタカラ雨ガ降ルデセウ。

7、趕緊的打電報去罷

8、父親上山打柴去了

9、下雨哪你打上傘罷

10、給他錢打發他走罷

11、打今天算還有六天

12、你別坐這兒打盹兒

13、我們這窮家打不起

---

급히전보를놓고오너라。
急イデ電報ヲ打ッテ來イ。

아버지는산으로나무를하러가셨오。
オ父サンハ山ニ柴刈リニ往キマシタ。

비가오는구려。우산을받으시오。
雨ガ降ッテ居マスヨ。傘ヲサシナサイ。

그에게돈을주어그를보내시오。
彼ニ錢ヲ與ヘテ彼ヲ遣リナサイ。

오날부터세여서아즉엿새가있오。
今日カラ數ヘテマダ六日アリマス。

너는여기앉아서졸면안된다。
オ前ハ此處ニ坐ッテ居睡リシテハイケナイ。

우리들구차한사람에게는살수없오。
我我貧乏人ニハ買ヘマセン。

14、你快快兒的打水來 (늬 쾌 쾌 얼 디 따 쉐 래)

15、三天打魚兩天晒網 (싼 톈 따 위 량 톈 쌔 왕)

16、今年打了多少石呢 (긴 녠 따 라 둬 쌰 딴 늬)

17、我就是中國的靑年 (워 짝 쓰 쭝 궈 디 칭 녠)

18、那座山就是白頭山 (나 쭤 싼 짝 쓰 빼 턱 싼)

19、他們都知道就是了 (타 먼 뚜 찌 딴 짝 쓰 라)

20、我們不用他就是了 (워 먼 부 윙 타 짝 쓰 라)

---

빨리물을떠오너라。
早ク水ヲ汲ンデ來イ。

사흘고기잡고일흘그물을말린다。
三日魚ヲ捕リ二日網ヲ干ス。

올에는몇셤이나추수하셨오。
今年ハ何石取リ入レマシタカ。

나는중국청년이야。
僕ハ中華民國ノ靑年ダゾ。

저산이곧백두산이오。
彼ノ山カ卽チ白頭山デス。

그들이모다알면그만이오。
彼等ガ皆知ッテ居レバソレデ宜シイ。

우리가그를쓰지아느면그만이오。
我等ガ彼ヲ用ヒヌ丈デス。

# 第六十四課 八字話（其十五）

1、東西好就是貴點兒

2、不是下雨就是颳風

3、不是早起就是晚上

4、你是早來了是剛來

5、你們的總行在那兒

6、若是不好我可來換

---

물건은좋으나좀비싸오。
品物ハ好イガ少シ高イ。

비가아니오면바람이부오。
雨ガ降ラナケレバ風ガ吹キマス。

아침이아니면저녁이오。
朝デナケレバ晩デス。

당신은일즉오셨오그렇지아니하면지금오셨오?
貴方ハトックニ來マシタカソレトモ今來タノデスカ。

자네들의본점은어디있는자。
君等ノ本店ハ何處ニ在ルカ。

만일언짢으면바꾸러올터이오。
若シ惡ケレバ取換ニ來ルヨ。

7、不對路可以退回來 (부뒈루커이퉤휘래)

8、我要頂好的不怕貴 (워얖띵한디부파꿰)

9、你可以讓點兒價罷 (늬커이앙뎬얼갸바)

10、這個多兒錢一斤呢 (쩨거뒤얼첸이긴늬)

11、論碗論瓶都一樣麼 (룬완룬핑뚜이양마)

12、你是論個兒是論斤 (늬쓰룬거얼쓰룬긴)

13、我買不了那麼些個 (워매부랖나뫼쎄거)

---

마음에들지아니하시면돌려보내셔도좋읍니다。
オ氣ニ召サナケレバオ返シ下サッテモ結構デス。

제일좋은것을사겠오、비싸도관계없오。
一番ヨイノガ欲シイ。高クテモ構ヒマセン。

값을좀감하시오。
少シ値ヲ引キナサイ。

이것은한근에얼마오。
是レハ一斤幾錢デスカ。

대접으로나병으로나다같은가요。
碗ニシテモ瓶ニシテモ皆 同ジデスカ。

개수로파시오?근으로파시오?。
數デ賣リマスカ斤デ賣リマスカ。

나는그렇게많이는살수없오。
僕ハソンナニ澤山ハ買ヘマセン。

14、那麽貴我可買不起

15、光賣藥還有別的麽

16、光賣雜貨沒有藥了

17、那裏有這樣太貴呢

18、這是一定的價錢麽

19、這樣的價錢怎麽樣

20、有甚麽少頭兒沒有

---

그렇게비싸서는살수없오。
ソンナニ高クテハ買ヘマセン。

약만파시오。또다른것도있오?
藥ダケ賣ッテ居マスカ。又他ノモノモアリマスカ。

잡화만팔고약은없오。
雜貨ダケ賣ッテ藥ハアリマセン。

어째이렇게너무비싸오?
何ゼコンナニ高過ギルカ。

이것은일정한값인가요。
コレハ定價デスカ。

이러한값에는어떠하오。
コンナ値デハ如何デスカ。

얼마간감할수없겠오。
幾許カマカラナイテセウカ。

# 第六十五課 八字話 (其十六)

1、你幾時入那個學堂

니 기 쓰 우 나 거 쉐 탕

2、我是前年四月入的

워 쓰 첸 녠 쓰 웨 우 디

3、一個月得多少學費

이 거 웨 데 뒤 쌀 쉐 폐

4、我願意考查一遍呢

워 완 이 칸 짜 이 볜 늬

5、鈴鐺了響快上課堂

링 당 라 향 쾌 쌍 커 탕

6、我應當先念甚麼書

워 잉 당 셴 녠 썬 뫼 쑤

……………………………………………………

자네는언제그학교에들어갔나。

君ハ何時ソノ學校ヘ入ッタカ。

나는그러께사월에들어간것이오。

僕ハ一昨年ノ四月入學シタノダ。

한달에얼마나학비가드오。

一箇月ニ何位學費ガ要リマスカ。

나는한번시찰하려고하오。

私ハ一度視察シタイノデス。

종을쳤오。빨리강당으로들어가시오。

ベルガ鳴リマシタ。早ク講堂ヘ往キナサイ。

나는처음에무슨책을읽어야좋을가요。

僕ハ最初ドノ本ヲ讀ンダラ宜ウゴザイマスカ。

7、這句話是甚麼意思

8、請問先生再講一回

9、我沒教過你們了麼

10、我們這纔都記得了

11、我明天都背得上來

12、沒他說不上來的話

13、差不多都說上來了

---

이말은무슨뜻이오니까。

コノ語句ハ何ト云フ意味デスカ。

선생님더한번사겨주십시오。

ドーゾ先生モウ一度仰シャッテ下サイ。

내가자네들에게가르치지않았었나。

私ガ君等ニ敎ヘナカツタカ。

우리들은인제야다알았읍니다。

我等ハ今ヤット皆覺エマシタ。

나는내일다외이겠읍니다。

僕ハ明日皆諳記ガ出來マス。

그가말할수없는말은없오。

彼ノ話セナイ言葉ハアリマセン。

거진다말할수가있읍니다。

略云フ事ガ出來マシタ。

14、說話是越脆越好聽
쒀 화 쓰 웨 취 웨 한 텅
シウオ ホワ ス ユエ ちウエイ ユエ ハオ テイル

15、你拿滿洲話說一說
늬 나 만 쩌 화 쒀 이 쒀
ニー ナ マヌ チオウ ホワ シウオ イ シウオ

16、我現在學中國話哪
워 현 째 햪 쭝 꿔 화 나
ウオ ヒエヌ ツアイ ヒヤオ チウン コウオ ホワ ナ

17、學過多少日子了呢
햪 꿔 둬 쌒 이 쯔 라 늬
ヒヤオ コウオ トウオ シアオ イ ツ ラ ニ

18、你念過了幾本書了
늬 녠 꿔 라 기 뻔 쑤 라
ニー ネヌ コウオ ラ キ ポヌ シウ ラ

19、學的不少忘的也多
햪 디 부 쌒 왕 디 예 둬
ヒヤオ テイ プ シアオ ワン テイ イエ トウオ

20、也有幾個字不認得
예 와 기 꺼 쯔 부 인 더
イエ イウ キ コ ツ プ イヌ ト

---

말은유창할수록듣기좋소。
話ハ流暢ナ程聞キヨイ。

만주어로말合하시오。
滿洲語デ話シナサイ。

나는중국어를배웁니다。
僕ハ支那語ヲ習ヒマス。

메칠이나배우셨오。
何ノ位學ビマシタカ。

몇권이나읽으셨오。
何冊ノ本ヲ讀ミマシタカ。

배운것도적지않으나잊은것도많소。
習ツタノモ少ナクナイガ忘レタノモ多イ。

또몇자를몰으는것도있오。
又幾字カ判ラナイノモアリマス。

# 第六十六課 八字話 (共十七)

1、你們一天吃幾頓飯

2、我們是一天吃兩頓

3、這樣菜合我的口味

4、這個菜是怎麼做的

5、我們眞不要油膩的

6、你們都是竟吃米麼

---

노형들은하로몃끼식잡수시오。

貴公方ハ一日何度食事ヲシマスカ。

우리는하로에두끼식먹습니다。

我等ハ一日二度食ベマス。

이런요리는입에맞습니다。

コンナ料理ハ口ニ合ヒマス。

이음식은어떻게만든것이오。

此ノ菜ハドウシテ作ツタノデスカ。

우리는참느끼한것은싫소。

我等ハ本當ニ油濃イノハイヤデス。

노형들은모다쌀만잡수시오。

君等ハ皆米バカリ喰ベマスカ。

7、有時候兒米麵都吃

8、他平常那麽喝酒麽

9、我是聞着風就醉的

10、這個菜料甚麽名兒

11、這個菜的味兒很美

12、把麵包給我切小塊

13、麵包兒是要烤的麽

---

어떤한때는쌀과국수를다먹소。
或ル時ハ米トうごんヲ皆食ベマス。

그는늘저렇게술을먹나요。
彼ハ常ニアンナニ酒ヲ飲ムノデスカ。

나는냄새만맡아도취하오。
僕ハ香ヲ嗅イタダケデ酔フノデス。

이요리는무엇이라하는것이오。
此ノ料理ハ何ト云フノデスカ。

이요리의맛은매우좋소。
此ノ料理ノ味ハ大變好イ。

면보를작게썰어주시오。
パンヲ小サク切ツテ與レ給へ。

면보는구은것입니까。
パンハ燒イタノデスカ。

14、請你抹上黃油烤罷

15、這個牛肉很好吃的

16、你給我芥末和白鹽

17、用匙子擱點兒白糖

18、玻璃瓶裏頭倒水來

19、你可會吃咖里飯麽

20、吃完了都撤下去罷

---

빠터를발라서구으시오。
ばたヲ付ケテ燒キナサイ。

이쇠고기는매우맛이있오。
此ノ牛肉ハ非常ニ旨イ。

겨자와소금을주시오。
芥子ト鹽ヲ下サイ。

숫가락으로설당을좀타시오。
匙デ砂糖ヲ少シ入レテ吳レ。

고뿌에물을딸아오너라。
コップニ水ヲ注イデ來イ。

너는나이스카레를먹을줄아니。
オ前ハないすかれーガ喰ヘルカ。

다먹었네、모다가져가게。
モウ濟ンダ、皆オロシタマヘ。

# 第六十六課 八字話 (其十八)

1、一天到晚竟在家裏 (이 톈 닾 완 깅 째 갸 리)

2、沒事我覺着悶得慌 (메 쓰 워 줴 쩌 먼 더 황)

3、咱們遛達遛達去罷 (짜 먼 릭 따 릭 따 퀴 바)

4、咱們上那兒去好呢 (짜 먼 샹 나 얼 퀴 핲 늬)

5、今兒沒風那兒都好 (긴 얼 메 펑 나 얼 뚜 핲)

6、到了八點我們就走 (닾 라 빠 뎬 워 먼 쭈 쩌)

---

아침부터저녁까지집에만있오。
朝カラ晩マデ家バカリ居マス。

일이없어서갑갑해견딜수없오。
仕事ガナイノデ退屈デ堪リマセン。

우리산보가십시다。
オ互散歩ニ往キマセウ。

우리어디로가는것이좋겠오。
我我ハ何處ヘ往クノガヨイデセウカ。

오날은바람이없으니어디던지다좋소。
今日ハ風ガナイカラ何處デモ結構デス。

여덟시가되면우리는떠나오。
八時ニナッタラ我等ハ出掛ケマス。

7、到了時候你告訴我

8、我可有事不能分身

9、我到那兒都逛膩了

10、今兒晚上聽戲去罷

11、我所乏了走不動了

12、再沒甚麼可看的了

13、那麼咱們就回去罷

---

때가되거든나게일러주시오。
時ガ來タラ僕ニ知ラセテ下サイ。

나는일이있어서떠날수가없오。
私ハ用事ガアッテ手離セナイノデス。

나는어디던지놀라가기싫소。
私ハ何處モ遊ビ厭キマシタ。

오날저녁에연극구경갑시다。
今晩芝居ヲ見ニ往キマセウ。

나는아주지쳐서꼼짝할수없오。
僕ハ悉皆疲レテ動ケマセン。

더아무것도볼만한것은없오。
モウ何モ見ル様ナモノハアリマセン。

그러면우리회정합시다。
ソレデハ歸リマセウ。

14、坐汽車回去好不好

15、那個電車出了軌了

16、那個汽車是有毛病

17、你得挑乾淨的車雇

18、這條路我沒走過了

19、讓我過去別擋着道

20、你們別打這兒過去

---

자동차로가는것이어떠하오。
自動車デ歸ルノガ如何テスカ。

저전차는탈선을하였오。
彼ノ電車ハ脫線シマシタ。

저자동차는고장이낫오。
彼ノ自動車ハ故障ガアリマス。

깨끗한차를골라불너야하오。
奇麗ナ車ヲ見付ケテ呼バネバナリマセン。

이길은나는걸어본일이없오。
此ノ道ハ私ハ歩イタコトガアリマセン。

나를가게하시오。길을막으면안되오。
私ヲ通ラシテ下サイ。道ヲ塞イデハイケマセン。

노형들이리로지나지마시오。
君達ハ此處ヲ通ツテハ不可マセン。

# 第六十七課 八字話（其十九）

1、你們走岔了道兒了（늬먼짝와라따얼라）
2、請問本町在那兒找（칭원뻔띵째나얼쟈）
3、上交民巷往那麼去（쌍쟈민향왕나뫼쮜）
4、北平是打那麼走呢（뻬핑쓰따나뫼짝늬）
5、他們搬到那兒去了（타먼빤닾나얼쮜라）
6、離這兒有多少步呢（리여얼와뒤쌀뿌늬）

---

노형들은길을잘못든것이오。
君等ハ道ヲ間違ヘタノデス。

여쭈어봅니다。본정은어느쪽입니까。
オ尋ネ致シマス。本町ハドノ邊デセウ。

교민항은어떻게갑니까。
交民巷ヘハ何ウ云フ風ニ往キマスカ。

북평은어디로해서갑니까。
北平ヘハ何方カラ往キマスカ。

그들은어디로이사를하였나요。
彼等ハ何處ヘ引越マシタカ。

여기서얼마나됩니까。
此處カラ何ノ位有リマスカ。

7、他(타)是(쓰)出(쭈)門(먼)怕(파)不(부)在(째)家(갸)

8、恐(콩)怕(파)他(타)粧(좡)假(갸)沒(메)在(째)家(갸)

9、我(워)眞(쩐)是(쓰)沒(메)事(쓰)不(부)來(래)的(디)

10、你(늬)不(부)客(커)氣(키)儘(찐)管(관)說(워)罷(바)

11、可(커)以(이)可(커)以(이)看(칸)着(쩌)辦(빤)罷(바)

12、定(띵)規(궤)好(할)了(라)給(께)你(늬)信(씬)兒(얼)

13、我(워)很(헌)盼(판)望(왕)你(늬)快(쾌)回(훼)來(래)

---

그는나가서아마집에없을걸요。

彼ハ外ヘ出デ多分留守デセウ。

아마그는집에없다고말걸요。

恐ラク彼ハ留守ヲ使ヒマセウ。

나는일이없으면오지않읍니다。

僕ハ用事ガナケレバ伺ヒマセン。

어려워마시고다말슴하시오。

御遠慮ナシニ仰ッシャッテ下サイ。

좋소。해보겠오。

宜シイ。遣ッテ見マセウ。

작정하거든알려드리지오。

定ッタラ御知ラセ致シマス。

나는당신이빨리돌아오시기를기다립니다。

私ハ貴公ガ早ク歸ルコトヲ望ンデ居マス。

14、那麼我不敢深留了

15、承你的惦記着我了

16、一路上請你保重罷

17、請你留步別送別送

18、不必勞兄台的駕了

19、天不早了我要告假

20、忙甚麼再坐一坐罷

---

그러면감히깊이말리지못하겠오。

ソレデハ敢ヘテ深ク才留メ致シマセン。

나를생각하여주시니감사합니다。

御懸念煩ハシテ有難ウゴザイマス。

노상에서부디평안이지내시오。

ドーゾ御機嫌ヨク。

걸음을멈추시고전송마시오。

ドウゾオ構ヒナクオ送リナサイマスナ。

형장의수레를수고로히하실것없읍니다。

御足勞煩ハスニ及ビマセン。

늦였으니그만작별하겠읍니다。

晩クナリマシタカラコレデオ暇致シマス。

무엇이바쁘십니까。더앉으십시오。

ヤアイイヂヤアリマセンカ。モットオ坐リナサイ。

# 第六十九課 八字話 (其二十)

1、滿洲是多喒封河呢
2、在冬月裏就封河了
3、新京的冬天怎麽樣
4、涼是涼可也有限罷
5、沒有貴國這麽暖和
6、夏天雨下的大不大

---

만주는 언제 강이 어나요。
滿洲ハ何時河ガ凍リマスカ。
동짓달에는 결빙합니다。
十一月ニハ氷結シマス。
신경의 겨울은 어떠합니까。
新京ノ冬ハドンナデスカ。
치웁다해도 한이 있겠지오。
寒イト云ツテモ知レタモノデセウ。
귀국같이 이럼게 따뜻지는 않습니다。
御國ノ樣ニコンナニ暖カデハアリマセン。
여름에 비가 많이 옵니까。
夏雨ハ澤山降リマスカ。

7、這是上大連去的車

8、撫順那兒有洋車麼

9、這張月臺票你收着

10、我要買頭等床位票

11、小孩子的是多少錢

12、這趟車還有食堂車

13、這是個貨車不搭客

---

이것은대련으로가는차요。
コレハ大連ヘ往ク車デス。

무순에는인력거가있읍니까。
撫順ニハ人力車ガアリマスカ。

이입장권을가지고계시오。
此ノ入場券ヲオ持チ下サイ。

일등침대권을주시오。
一等寢臺券ヲ下サイ。

아이의것은얼마요。
子供ノ賃錢ハ幾何デスカ。

이번차에도식당차가있오。
今度ノ列車ニモ食堂車ガアリマス。

이것은짐차니까손을태우지않소。
コレハ貨物列車デ客ヲ乗セマセン。

14、行李都預備好了麼 (힝리뚜위뻬할라마) ヒン リ トウ ユイ ピエ ハオ ラ マ

15、這隻船上上海去麼 (여즈촨쌍쌍해쮜마) チヨ つ ちオアヌ シアン シアン ハイ きユイ マ

16、這直放船不掛煙臺 (여즈황촨부꽈옌태) チヨ つ ファン ちオアヌ プ コア イエヌ タイ

17、你倒沒暈船甚麼的 (늬또메윈촨썬뫄디) ニー ダオ メイ ユイヌ ちオアヌ シエヌ モア テイ

18、這回船有多少客人 (여휘촨우둬쌒커인) チヨ ホイ ちオアヌ イウ トヲ シアオ コ イヌ

19、現在船走到那兒了 (혠째촨쩍또나얼라) ヒエヌ ツアイ ちオアヌ ツオウ タオ ナー ル ラ

20、你看看景緻多麼好 (늬칸칸깅즈둬뫄할) ニー カヌ カヌ キン つ トワ モア ハオ

---

행장은다준비가되었읍니까。 手荷物ハ仕度ガ濟ミマシタカ。

이배는상해로갑니까。 コノ船ハ上海ヘ行キマスカ。

이직행선는연태에는들르지않소。 コノ直行船ハ芝罘ニハ寄リマセン。

노형은배멀미는나지아느십니까。 貴公ハ船醉等ハシマセンカ。

이번배는선객이얼마나되오。 今度ノ船ハ船客ガ何人デスカ。

지금배는어디를지내가는가요。 今船ハ何處ヲ通ッテ居マスカ。

보시오。경치가매우좋습니다。 御覽。何ト云フ好イ景色ヂヤアリマセンカ。

# 第六十九課　八字話（其廿一）

1、總得灣半天兒船罷

2、這個船怎麼停住了

3、到了碼頭都上岸呢

4、咱們先到海關上去

5、你行李都來齊了麼

6、搬到了海關上去了

---

안만해도한동안정박해야겠지오。
何シテモ暫ク淀泊セネバナラナイデセウ。

이배는웨섯읍니까。
此船ハ如何シテ停ツタノデスカ。

부두에도착하면모다상륙하나요。
埠頭ニ到イタラ皆上陸シマスカ。

우리먼저해관으로갑시다。
我我ハ先ヅ海關ニ往キマセウ。

노형짐은죄다왔읍니까。
貴公ノ荷物ハ悉皆來マシタカ。

세관으로가져갔읍니다。
稅關ヘ運ビマシタ。

# 第七十課 八字話 (其廿二)

1、這是你的鑰給你納
2、上完了稅可以拿走
3、你們照舊的細上罷
4、你們小心點兒弄罷
5、完了稅送到店裏去
6、這溜兒有客店沒有

---

이것은노형의열쇠요。드립니다。
是ハ貴方ノ鍵デス。御渡シ致シマス。

세를다내면가져가도좋소。
稅ヲ納メテ仕舞ツタラ持ツテ行ツテモヨロシイ。

자네들은전대로묶게。
才前達ハ元ノ通リニ括リナサイ。

자네들은조심해서다르게。
君等ハ氣ヲ付ケテ扱イ給ヘ。

세를다내거든객주로가져가게。
稅ヲ納メテ仕舞ツタラ宿屋ヘ持ツテ行ケ。

이근처에객주집이있오?
此ノ邊ニ宿屋ガ有リマスカ。

7、你找是甚麽字號呢 (늬짠쓰썬뫼쯔핲늬)

8、你們這是客店了麽 (늬먼여쓰커뎬라마)

9、是客店請來罷你納 (쓰커뎬칭래바늬나)

10、有乾淨的屋子沒有 (와깐징디우쯔메와)

11、帶我看看屋子去罷 (때워칸칸우쯔퀴바)

12、你瞧這屋裏怎麽樣 (늬챂여우리쩐뫼양)

13、這個屋子還可以的 (예거우쯔해커이디)

---

당신은어느집을차즈십니까。
貴方ハ何ト云フ屋號ヲオ尋ネデスカ。

노형의집은주막이오。
貴所ノ所ハ宿屋デスカ。

그렇슴니다。들어오십시오。
左樣デゴザイマス。御這入リ下サイマセ。

깨끗한방이있오?
奇麗ナ部屋ガアルカ。

방을보여주시오。
部屋ヲ見セテオ與レ。

보시기에이방은어떠하십니까。
此部屋ハ如何デスカ。

이방은쓸만하오。
此ノ部屋ハマアヨロシイ。

14、ウヲ我워 カヌ看칸 チエ這쩨 コ個거 ウ屋우 ツ子쯔 プ不부 ハオ好할

15、ハイ還해 イウ有와 ピエイ別삐 ティ的디 ウ屋우 ツ子쯔 メイ沒메 イウ有와

16、ウヲ我워 ケイ給께 ニー你늬 カヌ看칸 カヌ看칸 ウヲ臥워 ファン房팡 キユイ去취

17、ニー你늬 ティ的디 ヒン行힝 リ李리 トウ都뚜 ナ拿나 ライ來래 ラ了라

18、チン請칭 ニー你늬 ティエヌ點뎬 イ一이 ティエヌ點뎬 トイ對뒈 プ不부 トイ對뒈

19、ワヌ晚완 シァン上쌍 ニー你늬 ユイン用윙 シエヌ甚썬 モノ麼뫼 ファヌ飯짠 ニ呢늬

20、ニー你늬 メヌ們먼 イウ有와 シエヌ甚썬 モヲ麼뫼 ナ拿나 シエヌ甚썬 モヲ麼뫼

---

이방은좋지않소。
此ノ部屋ハヨクナイ。

또다른방은없오?
マダ外ノ部屋ハナイカ。

침실을보여드리겠읍니다。
寢室ヲ御覧ニ入レマセウ。

당신짐은다가져왔읍니다。
御荷物ハ皆持ッテ來マシタ。

맞나아니맞나조사하십시오。
合ッテ居ルカオ調ベ下サイ。

저녁에는무엇을잡수십니까。
晩ニハ何ヲ召上リマスカ。

무엇이던지있는것을가져오시오。
何デモ有ル物ヲ持ッテ來イ。

# 第七十一課 普通問答 (其一)

甲、你多偺走
乙、下月走
甲、幾號呢
乙、十五號
甲、禮拜幾
乙、星期三

언제가시오。
幾時オ出デスカ。
내월에갑니다。
來月往キマス。
메친날애요。
何日デスカ。
보름날。
十五日。
무슨요일애요。
何曜日デスカ。
수요일。
水曜日。

甲、幾天可以到呢

乙、至多兩天

甲、他還沒回來哪麼

乙、己經回來了

甲、他的事情忙不忙

乙、比我閒的多

甲、他住在那裏

---

몇날에가십니까。
何日デ往カレマスカ。
많이걸려야읻흘입니다。
多ク掛ッタトコロデ二日デス。
그는아즉돌아오지않았는가요。
彼ハ未ダ歸ッテ來マセンカ。
벌서돌아왔오。
モウ歸ッテ來マシタ。
그의사무는바쁜가요。
彼ノ仕事ハ忙シイデスカ。
나보다는훨신한가하오。
僕ヨリハズット暇デス。
그는어디사나요。
彼ハ何所ニ住ミマスカ。

乙、客店裏住着哪 (커뎬리쭈져나)

甲、那個是你的 (나거쓰늬디)

乙、這兒沒有我的 (져얼메와워디)

甲、你看那個好 (늬칸나거한)

乙、這個比那個好 (졔거삐나거한)

甲、那些個拿去做甚麼 (나쎄거나취쭤썬뭐)

乙、做甚麼都好 (쭤썬뭐뚜한)

---

여관에유숙하고있오。
旅館ニ泊ッテ居マス。

어느것이네것이냐。
ドレガオ前ノカ。

여기는제것이없읍니다。
此處ニハ手前ノハゴザイマセン。

노형은어느것이좋을줄아오。
貴方ハドレガ好イト思ヒマスカ。

이것은저것보다좋소。
コレハ彼レヨリ好イ。

그것을가져다가무엇을하오。
ソレヲ持ッテ行ッテ何ヲシマスカ。

무엇을하던지다좋지오。
何ヲ作ッテモ結構デス。

## 第七十二課 普通問答 (其二)

甲、他是日本人麽

乙、不是是中國人

甲、現在幾點鐘了

乙、剛打了兩點了

甲、你快起來罷

乙、我這就起來

---

저이는일본사람인가요。 彼ハ日本人デスカ。

아니요、청인이오。 イーエ、支那人デス。

지금은몇시요。 今何時デスカ。

막두점을쳤오。 三時ヲ打ッタ許デス。

어서일어나거라。 早ク起キロ。

곧일어납니다。 今直グ起キマス。

甲、你還不睡覺麼 (늬 해 부 쉐 쟢 마)

乙、天還早哪 (텐 해 짶 나)

甲、你每天幾點鍾起來 (늬 메 텐 기 뎬 쭝 키 래)

乙、天一亮就起來 (텐 이 량 찍 키 래)

甲、剛纔是誰來了 (깡 채 쓰 쉐 래 라)

乙、是送報的 (쓰 쑹 빠 디)

甲、你的表對不對 (늬 디 뱦 뒈 부 뒈)

---

너아즉자지않니?
オ前未ダ寢ナイノカ。

아즉일러요。
マダ早イデスヨ。

노형은매일몇시에일어나십니까。
貴公ハ毎日何時ニオ起キデスカ。

밝기만하면일어납니다。
夜ガ明ケルトスグ起キマス。

아까누가왔었오?
今方誰ガ参リマシタカ。

신문배달이오。
新聞屋デス。

당신시계는맞소?
アナタノ時計ハ合ヒマスカ。

乙、我剛纔對的

甲、這座鍾好看哪

乙、好是好就是太貴

甲、這麽辦行不行

乙、恐怕不行罷

甲、他的病怎麽樣

乙、仍舊不好了

---

지금막맞후었오。
今方合セタバカリデス。

이좌종은훌륭한데요。
此ノ置時計ハ立派デスナ。

좋기는좋으나너무비쌉니다。
好イニハ好イガバカニ高イテス。

이렇게하면되겠읍니까。
斯ウ遣ツテ大丈夫デスカ。

아마안될걸요。
恐ラク駄目デセウ。

그의병은어떠하오。
彼ノ病氣ハ如何デスカ。

그저낫지않았오。
相變ラズ好クアリマセン。

## 第七十三課 普通問答 (其三)

甲、你走乏了麼

乙、我有點兒乏了

甲、這本書你看完了麼

乙、我纔看一半兒

甲、學堂幾時放學

乙、打下月二十三

---

고단하십니까。

疲レマシタカ。

좀고단합니다。

少シ疲レマシタ。

이책은다읽으셨읍니까。

此ノ本ハ讀ミ終リマシタカ。

겨우반을읽었오

ヤツト半分讀ミマシタ。

학교는언제방학하나。

學校ハ何時休ミカ。

새달스무사흗날부터입니다。

來月二十三日カラデス。

甲、又快歇伏了

乙、不錯日子過的很快

甲、你夏天上那兒去呢

乙、我上靠海的地方去

甲、他到這兒做甚麼

乙、旅行來了

甲、你請喝酒罷

---

또끋여름방학이군。
又直ニ暑中休暇ダナ。

그렇지요。세월가는것은빠르지요。
サウデス。月ノ經ツノハ早イモンデス。

여름에는어디로가십니까。
夏天ニハ何處ヘオ出ニナリマスカ。

바닷가로갑니다。
海岸ヘユキマス。

그는여기무엇하러왔나요。
彼ハ此方ヘ何シニ來タノデスカ。

여행차왔시다。
旅行ニ來マシタ。

청컨대약주를드십시오。
ドウゾ酒ヲ召上リナサイ。

乙、現在忌了酒了

甲、這個茶苦的喝不得了

乙、沏新的來罷

甲、你早認得他麽

乙、是我的老朋友

甲、那所房子好不好

乙、我看着很中意

---

지금은술을끊었읍니다。
今ハ酒ヲヤメマシタ。

이차는써서먹을수가없구려。
此ノ茶ハ苦クテ呑メマセンナ。

새것을넣어오겠읍니다。
新シイノヲ容レテ參リマセウ。

그를전부터아십니까。
彼ヲ前カラゴ存ジデスカ。

네、오랜친구입니다。
サウデス、古イ友達デス。

저집은어떠합니까。
彼ノ家ハ如何デスカ。

퍽마음에듭니다。
大變氣ニ入リマス。

# 第七十四課 普通問答（其四）

甲、昨兒晚上那兒失火了（쭤 얼 완 쌍 나 얼 쓰 훠 라）

乙、離我家不遠的地方兒（리 워 쟈 부 왠 디 디 팡 얼）

甲、你找她去了麼（늬 쟢 타 귀 라 마）

乙、去了好幾趟了 他可老沒在家（귀 라 하 기 탕 라 타 커 랖 메 째 쟈）

甲、你多偺動身哪（늬 둬 짠 뚱 썬 나）

乙、還得就悞幾天（해 데 떠 우 기 톈）

---

엇저녁에어디서불이났나요。
昨晩何處ニ火事ガアリマシタカ。

우리집근처에서요。
宅ノ近クデシタ。

그여자를찾아가셨었오。
彼女ヲ訪問シマシタカ。

여러번찾아갔았으나늘없읍디다。
度度訪ネマシタガ何時モ留守デシタ。

언제떠나십니까。
何時ゴ出發デスカ。

아즉메칠지체해야하겠읍니다。
マダ四五日マゴ〱シナケレバナリマセン。

甲、你在那兒過年

乙、我要回家鄉去

甲、他今天許來罷

乙、提來着可沒說準

甲、打電話問問罷

乙、也好

甲、你認識他麼

---

어디서과세하십니까。
何處デ年ヲオ迎ヘデスカ。

고향으로가려고합니다。
鄕里ヘ歸ラウト思ヒマス。

그는오날올는지도알수없읍니다。
彼ハ今日來ルカモ知レマセン。

온다고는하였지만종잡을수없오。
來ルトハ云ッテ居マシタガハッキリ云ヘマセン。

전화로물어보시오。
電話デオ聞キナサイ。

그리합시다。
ソウシマセウ。

그이를아시오。
彼ヲ御存ヂデスカ。

乙、是面熟陌生了

甲、你聽他說的話怎麽樣

乙、他的口音倒還不錯

甲、這個電燈不大亮換個大泡子去罷

乙、是給你換一個去

甲、電燈怎麽還不來

乙、又停電了罷

---

안면은있어도교제는없읍니다。
面ハ知ッテ居マスガ交際ハアリマセン。

그가하는말은어떠합니까。
彼ノ話ス言葉ハ如何デスカ。

그의발음은그저그럴듯하오。
彼ノ發音ハマヅ〱好イ方デス。

이전등은그다지밝지않으니큰다마와바꿔오시요。
此電燈ハ餘リ明ルクナイ大キイ球ト換エナサイ。

네、바꿔오겠읍니다。
ハイ取換エテ參リマセウ。

전등이웨、입대오지않소。
電燈ガ何ゼマダ來ナイデセウ。

또정전이겠지오。
又停電デセウ。

# 第七十五課 普通問答 (其五)

甲、你看這一帶怎麼樣
(늬 칸 쪄 이 때 쩐 뫄 양)
(ニー カヌ チヨ イー タイ ツエヌモヲ ヤン)

乙、好得很捨不得離開
(하오 더 헌 셔 부 더 리 캐)
(ハオ ト ヘエヌ シヨ プ ト リ カイ)

甲、你明天走我送你去
(늬 밍 톈 쩍 워 쑹 늬 취)
(ニー ミン テエヌ ツオウ ウヲ ソウン ニー キユイ)

乙、你是忙身子我知道的何必客氣
(늬 쓰 망 썬 쯔 워 찌 또 디 허 삐 커 키)
(ニー ス マン シエヌ ツウ ウヲ チ タオ テイ ホ ピ こ き)

甲、你那隻手怎麼了叫刀子刺了麼
(늬 나 쯔 쐌 쩐 뫄 라 쟢 또 쯔 쯔 라 마)
(ニー ナ つ シオウ ツエヌ モヲ ラ キヤオ タオ ツ つ ラ マ)

乙、不是我叫螞蜂螫着了
(부 쓰 워 쟢 마 쭹 쓰 쪄 라)
(プ ス ウヲ キヤオ マ フオン ス チオ ラ)

---

이근처는어떠합니까。
此邊ハ如何デスカ。

경치가매우좋아서떠날수없오。
非常ニ好イ景氣デ去リ難イデス。

내일떠나실때에는전송을하겠읍니다。
明日オ立ニハ御見送リ致シマス。

바쁘신줄을아는데무슨인사를하시겠읍니까。
オ忙シイコトヲ存ジマス何ノ他人行儀ヲナサルコトガアリマセウ。

그손은웨그러십니까。칼에비었읍니까。
其ノ手ハ如何ナサイマシタカ。刀デ怪我ヲシマシタカ。

아니요、벌에쐬었읍니다。
否、蜂ニ螫レマシタ。

甲、這個我看着便宜

乙、怎麽不買

甲、我沒帶着錢哪

乙、我給你墊上罷

甲、運動器械在那裏賣呢

乙、在五層樓賣

甲、咱們打那兒上去

---

이것은나보기에싼것갈소.
是レハ見タ所 安イ樣デス。

웨, 안사시오。
ドウシテ買ハナイノデスカ.

돈은갖지않았구려。
錢ヲ持ッテ居ナイノデス。

돌려드리겠읍니다。
オ立替致シマセウ。

운동구는어디서파나요。
運動具ハ何處デ賣リマスカ。

오층에서팝니다。
五階デ賣リマス。

어디로해서올라가나요。
ドコカラ昇リマスカ。

乙、坐電梯上去罷
甲、這幾天我怎麼沒見他啊
乙、他病了好些日子了
甲、請問歲寒三友是甚麼
乙、就是松竹梅
甲、怎麼個緣故呢
乙、都是能耐寒哪

---

승강기로올라갑시다。
エレベーターデ昇ッテ往キマセウ。
요새는웨、그를볼수업슴가。
此頃ハ何ゼ彼ニ會ハナイノデセウ。
병든지가여러날이오。
永ク煩ッテ居マス。
여쭈어봅니다。세한삼우란무엇입니까。
伺致シマスガ歲寒三友トハ何デスカ。
송죽매를이르는것이오。
松竹梅ノ事デス。
어쩐까닭인가요。
如何云フ譯デスカ。
다추위를견디는까닭이지오。
皆寒氣ニ耐エルカラデス。

## 第七十六課 普通問答 (其六)

甲、咱們以後除賬的交往來行不行

乙、我不喜歡掛欠的買賣

甲、現錢的買賣不是費事呢

乙、有甚麼費事呢

甲、你想這個買賣必得利麼

乙、沒甚麼大賺頭了

---

우리이제부터룽장으로거래하는것이어떠하오。

オ互ニ是カラ帳付ノ取引デ如何デスカ。

나는외상거래는싫습니다。

私ハ掛商賣ハ嫌ヒデス。

현금거래는성가시지않소?

現金商賣ハ面倒デハアリマセンカ。

무슨성가심이있겠읍니까。

何ノ面倒ナコトガ有リマセン。

이영업은이가남을줄아십니까。

此ノ商業ハ儲カルト想ヒマスカ。

대단한이는없읍니다。

大シタ儲ケハ有リマセン。

甲、你根兒裏多少錢買的
늬껀얼리둬쌰첸매디
ニーコヌルリトウオシアオちエヌマーイチイ

乙、那時候兒有錢買得貴
나쓰학얼와첸매더꿰
ナスホウルイウちエヌマーイトコイ

甲、他們跟你要了多兒錢
타먼껀늬얖라둬얼첸
タメヌコヌニーヤオラトウオルちエヌ

乙、他們要的是五塊錢
타먼얖디쓰우쾌첸
タメヌヤオテイスウーコアイちエヌ

甲、上回辛苦你了
쌍회씬쿠늬라
シアンホイシヌくニーラ

乙、那兒的話這是應該的
나얼디화쪄쓰잉깨디
ナールチイホワチヨスインカイチイ

甲、[illegible]如今怎麼這麼瘦呢
늬우긴쩐뫄쪄뫄쐭늬
ニーウキヌツエヌモチチヨモチソウニ

---

처음에얼마나주고산것이오。
最初何程デ買ツタノデスカ。

그때에는돈이있어서비싸게샀오。
アノ頃ハ金ガ有ツタカラ買價ガ貴イ。

그들은노형께얼마나달랍디까。
彼等ハ貴方ニ幾錢呉レト云ヒマシタカ。

오원을달랍디다。
五圓欲シイトノコトデシタ。

전번에는수고하셨읍니다。
先日ハ御苦勞デシタ。

천만에、그건당연한일이지오。
ドウ致シマシテ。ソレハ當然デスワ。

요새는웨、이렇게파리하셨오。
此頃ハ何故其様ニヤセマシタカ。

乙、我有個心口疼的病吃不下飯去

甲、今年收成怎麽樣

乙、不怎麽樣中中兒的

甲、你常誇獎的那個學生是那一個

乙、就是那個頂小的

甲、請掌櫃的看看我還欠着多少銀子

乙、沒有多少不過八兩銀子罷

---

가슴이되도하야음식을먹을수가없오。
胸ガ痛クテ食物ガ食ベラレマセン。

금년추수는어떠한가요。
今年ノ收穫ハ如何デヤカ。

그저보통이오。
先ヅ普通デス。

늘칭찬하시던학생은누구입니까。
平常褒メテ居タ生徒ハ何人デスカ。

네、저제일작은것이오。
ハイ彼ノ一番小サイノデス。

여보장궤、내외상이얼마인지보아주오。
番頭サン僕ノ借リガ何程カ見テ下サイ。

얼마안됩니다。팔원밖에안됩니다。
何程モアリマセン。八圓許リデス。

# 第七十七課　普通問答（其七）

甲、你是要吃飯呢還是要喝酒呢

乙、或飯或酒都可以

甲、李大哥在家裡麼

乙、沒在家呀

甲、沒在家上那裏去喇

乙、因爲做了賭錢被拿了去了

---

진지를잡수시료。약주를자시료。
ゴ飯ニシマセウカ。オ酒ニシマセウカ。

밥이던지술이던지다좋소。
飯デモ酒デモドッチラモ宜イ。

리서방집에있오?
李サン在宅デスカ。

없어요。
不在デスヨ。

그래요? 어디갔나요。
然デスカ。何處ヘ往キマシタカ。

놀음을하다가잡혀갔어요。
賭博ヲシテ拘留セラレマシタ。

甲、這封信送到上海得給多少信資呢

乙、四錢裏頭重的信資是三分洋錢

甲、打到天津電報多少信資呢

乙、一句話要一塊錢

甲、電信局在那兒

乙、在那個海關裏頭辦的

甲、往北平去一個月發幾回信

---

이편지를상해에보내랴면우세를얼마내야하오。
此手紙ヲ上海ニ送ルニ郵稅ハ何程入リマスカ。

네돈중까지의우세는삼전이오。
四匁迄ノ重量ノ郵稅ハ三錢デス。

천진까지놓는전보료는얼마요。
天津ヘノ電信料ハ何程デスカ。

말한마디에일원이오。
一語一圓デス。

전보국은어디있오。
電信局ハ何處ニ在リマスカ。

저세관안에서취급하오。
彼處ノ稅關ノ內デ取扱フノデス。

북평에는한달에우편이몇번가오。
北平ヘハ一個月ニ郵便ガ何回出マスカ。

乙、是一個禮拜兩回

甲、多喒有往大連去的信船呢

乙、大概下月初五開船

甲、他怎麼這麼貪心不足啊

乙、你別怪他是個沒禮貌的人

甲、這兒有個錯兒怎麼辦好呢

乙、不用害怕看勢做事就好

---

한주일에두번이오。一週間ニ二回デス。

언제대련가는우편배가있읍니까。何時大連ヘ往ク郵便船ガアリマスカ。

대개내월초닷새날떠나오。大概來月五日ニ出帆シマス。

그는어째그렇게욕심이많소? 彼ハ何故ソンナニ慾ガ深イデセウカ。

괴이히여기지마시오。그는예의를모르는사람이오。怪シミナサルナ。彼ハ禮ヲ知ラナイ人デス。

여기잘못한것이있으니어찌하면좋은가。茲ニ誤リガアルドウスレバ好イノカ。

놀랠것없네。임시응변으로하면그만일세。驚クニ及バヌ。臨機應變ニスレバ宜イ。

## 第七十八課 普通問答 (其八)

甲、今兒是陰曆幾兒了 (긴얼쓰인리기얼라)

乙、十五了 (쓰우라)

甲、怪不得這麼大的月亮呢 (꽤부더쪄뫼따디웨량늬)

乙、咱們賞賞月罷 (짠먼쌍쌍웨바)

甲、你看眞是好大月亮哪 (늬칸쩐쓰한따웨량나)

乙、可不是麼 (커부쓰마)

…………

오날은음력으로메칠인가?
今日ハ陰曆ノ幾日カ。

보름일세。
十五日ダ。

내어전지이렇게달이크드라。
道理デコンナニ大キイ月ナノダナ。

우리달구경이나하세。
月見ヲシマセウ。

보게참좋은달인데。
ゴラン實ニ好イオ月樣ダナ。

참그러이。
本當ニソウダネ。

甲、你今天不要忙着走
니 긴 톈 부 야 망 져 짝
ニー キヌ テエヌ プ ヤオ マン チオ ツオウ

乙、有甚麼事
와 썬 뫄 쓰
イウ シエヌ モヲ ス

甲、沒甚麼事我要給你喝點兒
메 썬 뫄 쓰 워 야 께 니 허 뎬 얼
メイ シエヌ モヲ ス ウヲ ヤオ ケイ ニー ホ テエヌル

乙、那你太費心了
나 늬 태 쀄 신 라
ナ ニー タイ フエ シヌ ラ

甲、家常便飯有甚麼費心的
갸 창 볜 빤 와 썬 뫄 쩨 신 디
キヤ チアン ピエヌ フアヌ イウ シエヌ モヲ フエ シヌ テイ

乙、那就遵命了
나 짝 쭌 밍 라
ナ チウ チウヌ ミン ラ

甲、你到過中國麼
니 또 꿔 쭝 궈 마
ニー タオ コウオ チウン コウオ マ

---

자네오날은급히갈것없네。
君今日ハ急イデ歸ツチヤイケナイヨ。
무슨일이있나。
何カ用ガアルカ。
별일은없네。 한잔먹세。
別ノ用事ハナイ。一杯遣ラウト思ツテ。
그건너무잘먹는데。
ソレハ大變ナゴ馳走ダナ。
집에서만든것이무엇잘먹을것있나。
有合セノモノデ少シモゴ馳走ハナイヨ。
그러면말대로하지。
ソレデハオ言葉ニ甘ヘテ頂戴シコウ。
자네중국에간적이있나?
君支那ヘ往ツタコトガアルカ。

乙、從先去過一盪

甲、都到了那兒

乙、就在南京住了幾天

甲、別處哪

乙、沒去過可是明年還要往滿洲去

甲、那麽我跟你一塊兒起身罷

乙、好極了

---

전에 한번 갔었지。
前ニ一度往ッタコトガアル。

어디를 갔던가。
何處ニ往カレタ？

남경서 사오일 있어 보았지。
南京ニ四五日留ッタヨ。

다른데는？
外ノ處ニハ？

못갔어。 그러나 내년은 만주로 가려고 하네。
往カナイガ來年ハ滿洲ニ往ッテ見ヤウト思フ。

그러면 그때 나와 같이 가세。
デハ其ノ節僕モ一緒ニ往カウ。

좋지。
ドーゾ。

# 第七十九課 普通問答 (其九)

甲、滿蒙一帶你也去了麽

乙、滿洲去了蒙古地方沒能去

甲、怎麽沒到那兒呢

乙、因爲把回來的日子往前改了

甲、你在奉天住了幾天

乙、我住了兩個禮拜

---

만몽지방에도갔았었읍니까。
滿蒙地方ヘモ御出ニナリマシタカ。

만주에는갔았으나몽고에는가지못하였읍니다。
滿洲ヘハ往キマシタガ蒙古ヘハ行ケマセンデシタ。

웨、거기는못가셨던가요。
ドウシテ其處ヘハ行カレナカツタノデスカ。

돌아올날자를앞으로다긴까닭이오。
歸リノ日ヲ繰リ上ゲタカラデス。

봉천서는메칠이나묵으셨오。
奉天ニハ何日御滯在デシタカ。

두주일묵었읍니다。
二週間泊リマシタ。

甲、住在那個旅館了

乙、住在瀋陽館了

甲、昨天沒出門麼

乙、昨兒晚上出去了一趟

甲、你的衣裳是買現成的嗎

乙、不是是定做的

甲、美國的王京是舊金山麼

---

어느여관에유하셧오。
何方ノ旅館テシタカ。

심양관에유하엿오。
瀋陽館ニ泊リマシタ。

어제는출입하지아니하셧읍니까。
昨日ハ外出シマセンテシタカ。

엇저녁에한번나갓엇읍니다。
昨夜一度出マシタ。

자네옷은만들어논것을샀나。
君ノ着物ハ既成品カネ。

아니오、맞훈것입니다。
イーエ、誂ヘタノデス。

미국서울은상항인가요。
米國ノ都ハ桑港デスカ。

乙、不是是華盛頓
(부쓰쓰화썽뚠)
(プススホワシエントウス)

甲、法國的京城叫甚麼
(빠궈디깅쳥쟌썬뫼)
(ファコウオティキンちエンキヤオシエヌモチ)

乙、叫巴里
(쟌빠리)
(キヤオパリ)

甲、他近來事情怎麼樣
(타긴래쓰칭쩐뫼양)
(たキヌライスちンツエエモウヤン)

乙、他發了財了
(타빠라채라)
(たファラちアイラ)

甲、你聽見誰說
(늬팅젼쉐쉐)
(ニーティンキエヌツイシウオ)

乙、一個朋友這麼說
(이거펑왁쪄뫼쉐)
(イコほンイウチヨモチシウオ)

---

아니오、화성돈입니다。
否、ワシントンデス。

불란서서울은무엇이라하오。
佛蘭西ノ都ハ何ト云ヒマスカ。

파리라고부르오。
パリト呼ビマス。

그는요새형편이어떠한가요。
彼ハ此頃ドンナ具合デスカ。

그는수가났오。
彼ハ金ヲ殖ヤシマシタ。

누구에게들었오?
誰カラオ聞キデシタカ。

어떤친구가그리합디다。
或友人ガソウ申シマシタ。

# 第八十課 普通問答（其十）

甲、他成了家沒有

乙、已經定下了

甲、多偺辦喜事

乙、說是今年夏天

甲、他的姑娘有了人家兒了

乙、是麼沒聽說呀 給的是姓甚麼的

---

그는장가를갔나요。彼ハ妻帶シマシタカ。

정해두었오。モウ定マリマシタ。

언제식을하나요。何時式ヲ擧ゲマスカ。

올여름이라합디다。今年ノ夏ダサウデス。

그의따님은혼처가생겼오。彼ノ娘サンハ嫁入リノ口ガアリマシタ。

그렇소？처음듣겠구려。누구에게로보내나요。ソウデスカソレバ初耳デス。何人ノ所ヘヤルノデスカ。

甲、聽說姓方是華滿學校當敎習的（팅쒀싱빵쓰화만쉐햐땅쟌씨더）

乙、那好極了（나한가리）

甲、幾時辦事哪（기쓰빤쓰나）

乙、大概秋天罷（따깨칙톈바）

甲、昨天我看見令愛現在很出息了（쭤톈워칸곈링애현재헌쭈씨라）

乙、叫你過獎（쟌늬궈장）

甲、已經有了人家兒了沒有（이깅와라인갸얼라메와）

---

화만학교교사노릇하는방모라합디다。
華滿學校ノ敎師ヲシテヰル方ト云フ人ダサウデス。

그것은참좋소。
ソレハ誠ニ結構デス。

식은언제하나요。
式ハ何日擧ゲマスカ。

아마올가을될걸요。
多分コノ秋頃デセウ。

어제따님을보았는데매우얌전하던걸요。
昨日オ孃サンヲ御見掛ケシマシタガ大變奇麗ニオナリデシタネ。

칭찬하시니황감합니다。
オ褒メニ預リマシテ恐レ入リマス。

벌서혼처는작정하셨읍니까。
モウ婚約ハ整ヒマシタカ。

乙、現在有人提着還沒定規哪

甲、這家兒是做甚麽的

乙、聽說是做買賣的現在正托人打聽哪

甲、你怎麽那麽着急

乙、我找了他好幾盪老沒見着

甲、你別怪他也許他沒工夫

---

지금언론은있으나아즉작정은아니되엿읍니다。
今ソノ話ハ進メラレテヰマスガ未ダ決ツタ譯デハアリマセヌ。

신랑댁은무엇을하시는댁인가요。
先方ハ何ヲナサル方デスカ。

실업가라합니다。지금마침사람에게부탁하야무러보는중이올시다。
實業家ダソウデス。今丁度人ニ賴ンデ聞合セ中デス。

자네웨、그렇게걱정을하나。
君何故ソンナニ氣ヲ揉ムノカ。

그를여러번찾아가도는만날수가없어。
彼ヲ何度尋ネテモ何時モ會ヘナイノダ。

걱정말게。그는틈이없는지도모르네。
氣ヲ揉ムナ。彼ハ暇ガナイカモ判ラヌ。

乙、那兒有這麽些日子老沒工夫的哪

이렇게여러날을두고도무지틈이없다는수는없겠지。
コンナニ永イ間イツモ暇ガナイト云フコトハナカラウ。

## 第八十一課 初對面（其一）

甲、先生貴姓

노형의성씨는?
貴方ノ苗字ハ?

乙、賤姓文未領敎你納

나는문가올시다。노형은?
私ハ文デス。貴方ハ?

甲、豈敢賤姓王請敎台甫

늦었읍니다。나는왕가입니다。아호는?
申シ遲レマシタ。私ハ王デス。雅號ハ?

乙、草字荷堂

하당이라합니다。
荷堂ト申シマス。

甲、高雅高雅兄弟小字一筠

좋은호입니다。나는일운이라합니다。
結構ナ號デスネ。私ハ一筠ト申シマス。

乙、久仰久仰

甲、彼此彼此你貴庚了

乙、我還小哪今年二十八歲

甲、貴昆仲幾位

乙、我們弟兄五個

甲、尊行排幾

乙、我行二

---

성화는앞서부터듣자왔읍니다。
オ名前ハ兼兼伺ッテ居リマシタ

나도성화를들은지오랩니다。 댁세는?
私モ兼テヨリ承ッテ居リマシタ。オ歳ハ?

아즉젊습니다。스믈여덟입니다。
マダ若ウゴザイマス。二十八デゴザイマス。

댁형제분이십니까。
御兄弟ハ御幾人デ御座イマスカ。

오형제올시다。
五人ノ兄弟デス。

몇재분이십니까。
何番目ニオ在リデスカ。

둘재올시다。
二番目デゴザイマス。

甲、你跟前幾位令郎

乙、有三個兒子

甲、大世兄今年多大歲數兒

乙、今年纔九歲了

甲、還有小姐嗎

乙、有一個女孩兒

甲、你眞是有造化的了

---

자제는몇분이나되십니까。
御子息サンハ何人テゴザイマスカ。

셋이올시다。
三ツコザイマス。

큰자제는올에몇살이오니까。
御長男ハ今年オ幾ツデスカ。

겨우아홉살되였읍니다。
ヤツト九ツニナリマシタ。

또따님도있읍니까。
オ娘サンモ居リマスカ。

계집애도하나있읍니다。
女ノ子モ一人居リマス。

노형은참유복하신분이외다。
貴公ハ本當ニ仕合セノ方デスネ。

乙、這都是托你的福罷

이것은모다덕분으로압니다。
コレハ全クオ陰サマテゴザイマス。

## 第八十二課 初對面 (其二)

甲、久仰久仰

오래앙모하고있었읍니다。
久シク仰慕シテ居リマシタ。

乙、彼此彼此

피차일반입니다。
オ互テゴザイマス。

甲、請教貴姓

성씨는뉘십니까。
御姓ハ何ト申シマスカ。

乙、豈敢、賤姓司馬。請教閣下

황감합니다。사마가올시다。귀하는?
恐レ入リマス。司馬ト申シマス。貴下ハ?

甲、賤姓是房。恭喜在那兒

내성은방가올시다。어디서소일하십니까。
私ハ房デス。御職業ハ?

乙、我在京城做買賣

甲、請問寶號

乙、小號是西昌順

甲、貴處是那兒

乙、敝處是奉天沒領教

甲、我是朝鮮你多咱到這兒來的

乙、是去年三月

---

셔울셔장사ᄒᆞᆸ니다。

京城デ商賣ヲヤッテ居マス。

상호ᄂᆞᆫ요?

商號ハ?

셔창순입니다。

西昌順デス。

고향은어디십니까。

オ國ハ何處デスカ。

본집은봉천입니다。노형은?

私ノ處ハ奉天デス。貴下ハ?

나는조선이오。언제여기오셧오。

私ハ朝鮮デス。何時此處ヘ來ラレタノデスカ。

작년삼월에요。

去年ノ三月デス。

甲、你會說朝鮮話麼

乙、我會一點兒不多

甲、是在那兒學的

乙、我們就在本國那兒學的

甲、你們在這兒做甚麼買賣

乙、大概開了雜貨舖

甲、貴國的人都是很勤儉哪

---

노형은조선말을할줄아시오。

貴公ハ朝鮮語ガ話セマスカ。

조곰밖에모릅니다。

少シ判ル丈デス。

그것은어디서배우셨오。

ソレハ何處テ習ヒマシタカ。

우리들은본국에서배왔오。

我等ハ國デ學ビマシタ。

노형네들은여기서무슨영업을하시오。

貴下等ハ此處デドンナ商賣ヲシマスカ。

대개는잡화상을하고있읍니다。

大槪雜貨店ヲ開イテ居マス。

귀국사람은다근검합디다。

オ國ノ人ハ餘程節約シマスヨ。

## 第八十三課　初對面（其三）

乙、豈敢高臺

어찌감히말슴갈으오리까。

恐レ入リマス。

甲、你姓甚麼

네성이무엇이냐。

オ前ノ姓ハ何ト云フカ。

乙、我姓宮

궁가애요。

宮デス。

甲、你叫甚麼啊

이름은무엇이냐。

名前ハ何ダネ。

乙、我名叫王八

내이름은왕팔이애요。

王八デス。

甲、你幾歲了。

몇살이냐。

オ幾ツナノカ。

乙、我九歲了。

甲、你家裏都有甚麼人。

乙、有我爹有我媽還有我爺爺和奶奶。

甲、你們哥兒幾個。

乙、我們哥兒倆。

甲、你還有姐妹麼。

乙、我沒有姐姐有一個妹妹。

---

아홉살얘요。
九ツデス。

네집에는누구들이있느냐。
オ前ノ家ニハ誰誰ガ居ルカ。

우리아버지우리어머니우리할아버지와할머니가계셔요
オ父サンオ母サンオ祖父サンオ祖母サンガ居リマス。

몇형제냐。
兄弟ハ何人カ。

둘얘요。
二人デス。

여동생도있느냐。
女ノ兄弟モ居ルカ。

누나는없고여동생하나가있어요。
姉サンハナクテ妹ガ一人居リマス。

甲、你念書了沒有

乙、是今年春天上的學

甲、你入了甚麼學堂了

乙、是壽松公立普通學校

甲、你父親現在有甚麼事

乙、在中國領舘當差使

甲、是麼你在這兒玩罷

---

너는공부를하니。
オ前ハ勉強ヲスルカ。

네、올봄에입학했어요。
ハイ、今年ノ春ニ入學シマシタ。

어느학교에입학하였니。
何ノ學校ヘ入學シタカ。

수송공립보통학교요。
壽松公立普通學校デス。

너의아버님은지금무엇을하시니。
オ前ノオ父サンハ今何ヲナサルノ。

중국영사관에다니셔요。
支那領事舘ニ務メマス。

그러냐。여기서놀아라。
左樣カ。此所デ遊ビナサイ。

乙、是

네。
ハイ。

## 第八十四課　再會（其一）

甲、你納貴姓

乙、豈敢賤姓高橋你怎麼稱呼

甲、我姓金府上在那兒

乙、舍下在南大門外頭

甲、在那衙門恭喜

뉘댁이십니까。
貴公何方サマデスカ。

고교라합니다。뉘신지오。
高橋ト申シマス。貴下ノオ名前ハ？

김서방입니다。댁은어디십니까。
金デス。オ宅ハ何方デスカ。

내집은남대문밖입니다。
宅ハ南大門外デス。

어느관청에다니십니까。
何ノ役所ヘオ務メデスカ。

乙、我在龍山憲兵隊當差使

甲、咱們倆雖然沒會過我看着很面善彷彿那兒見過似的

乙、可不是麼啊我想起來了你是敬山先生罷

甲、好說你納你怎麼記得呢

乙、你忘了麼咱們那一年在

---

나는용산헌병대에다닙니다。
僕ハ龍山憲兵隊ニ務メテ居リマス。

우리가보인적은없으나、나보기에는매우낯이익어서어디서뵈온듯합니다
我我ガ才會ヒ申シタコトハアリマセンガ、私ノ考デハ見覺エガアッテ何處カデオ目ニ掛ッタヤウナ氣ガシマス。

글쎄요。아、생각이납니다。노형이경산선생이시지오。
ソウデスナ。アー思出シマシタ。貴下ガ敬山先生デセウ。

옳습니다。어떻게아십니까。
御尤モデス。如何ニテ御存ジデスカ。

잊으셨읍니까。우리가어는해인가안일재선생댁에서뵈
オ忘レデスカ。我我ガ或ル年安一在先生ノ宅デ

甲、安一在先生那兒見過了
是是我也想起來了你不
是志雲先生麼

乙、不錯咱們倆自從那時候
兒見過一面直到如今有十幾年了

甲、可不是麼有十多年了所
以我見你就不能認了

---

왔지요。
オ目ニ掛リマシタ。
네、네、나도생각납니다。당신은지운선생이아니신
ハイハイ、僕モ思ヒ付キマシタ。貴公ハ志雲先生デ
니까。
ヤアリマセンカ。
그렇습니다。우리가그때한번뵈온후로별서지금까지십
左樣デス。我我ガ一度オ逢ヒシテカラモウ今日マデ
여년이되였읍니다그려。
十數年ニナリマシタネ。
그렇구말구요。열몇해나되니까내가형장을몰라보되
然デストモ。十何年モナリマシタカラ私ガ貴兄ニ
였읍니다。
逢ツテモ知リマセンデシタ。

乙、你多喒得閒請到我那兒坐坐

甲、是等底下我有工夫務必望看你去

乙、謝謝等候等候

言제던지틈이계시거던제게로놀라오십시오。
何時カオ暇デシタラ私ノ所ヘ遊ビニイラッシャイ。

네、다음에틈이있거던곡뵈러가겠읍니다。
ハイ、此ノ次暇デシタラ屹度オ伺ヒ致シマス。

감사합니다。기다리고있겠읍니다。
有難ウ。オ待チ申シテ居リマス。

## 第八十五課 再會 (其二)

甲、老沒見了你納還記得我麼

乙、看着面善不記得在那兒

會過失敬得很不敢冒昧稱呼

오래못뵈었읍니다。노형은아즉나를기억하십니까。
暫クデシタ。貴下ハマダ僕ヲオ覺エニナリマスカ。

뵈온적은있읍니다마는어디서뵈왔는지기억지못하겠읍니다。실례지만누구실가。
オ見カケシタ事ハアリマスガ何所デオ目ニ掛ツタカ覺エテ居マセン。失禮デ御座イマスガ何方デシタダラウ。

甲、咱們倆前年在黃三龍那兒一個桌子上喝酒你怎忘了嗎

乙、提起來我纔認得了你是馬大爺能

甲、對了正是兄弟

乙、久違久違一向都好啊

甲、託福託福一向怎麼着納福了

---

우리가그려께황삼룡씨댁에서한테블에서술을먹엇엇는대위? 잊으셧읍니까。
我我ガ一昨年黃三龍サンノ所デ一ツノテーブルノ上デオ酒ヲ飲ンダノデスガ何オ忘レニナリマシタカ。

말슴하시니인제와깻읍니다。노형은마선달이시지오。
言ハラレテ見レバ覺エガアリマス。貴君ハ馬サンデセウ。

맛슴니다。확실히제입니다。
合ヒマス。確カニ私デス。

오래간만이올시다。그후안령하십니까。
オ久シ振リデゴザイマス。オ變リハゴザイマセンカ。

덕분으로。그후어떻게지내셧읍니까。
オ蔭サマデ。其後如何暮シマシタカ。

乙、是這兩年上上海去來着上月底纔囘來的

甲、是麽我到不很知道的

乙、臨走的時候兒實在是怱忙沒得辭行去得罪得罪

甲、那兒的話呢沒甚麽累贅的啊

乙、托福一點兒都沒有咱們

---

인해동안에나상해에가서있다가지난달그믐께야돌아왔읍니다。二年バカリ上海ニ行ツテ居ツタガ先月末ニ囘ツタノデス。

그러셨나요。나는아주몰랐읍니다。ソウデシタカ。私ハ全ク存ジマセンデシタ。

출발할때는매우바빠서인사하지못하였읍니다。실례가않습니다。出發ノ際ニハ非常ニ忙シクテオ禮モ申シマセンデシタ。失禮致シマシタ。

천만에말슴닙니다。아무불편은없으셨읍니까。ドウ致シマシテ。何等不便ハゴザイマセンデシタカ。

덕분에、별고는없었읍니다、우리는오래간만에다시만

オ陰デ、變リハアリマセンデシタ。我我ハ久シ振リデ

久別重逢找個地方兒談一談去

甲、不咖了我今天還要到別處去一盪改天再攪罷

乙、你住在那裏要逗留幾天的工夫

甲、在二宮街復盛館總得倆來月的光景

乙、那麼等我得暇請安去

---

났으니、어디든지가서한잔하십시다。
再會シタノデスカラ、何所カデ一杯ヤリマセウ。

그러실것없읍니다。오늘은다른곳에도가야하겠으니、다음날뵙겠읍니다。
イエ有難ウ。今日ハ外ノ處ヘモ往カウト思ヒマスカラ、又ソノ内ニ願ヒマセウ。

어디유하고계십니까。그리고며칠이나계실예정입니까
何方ニオ泊リデスカ。シテ幾日位御滯在ノ豫定デスカ

이궁가복성관인대암만해도두서너달은걸리겠읍니다。
二宮街復盛館デスガ何如シテモ二三箇月ハ掛リマセウ。

그러면인제틈을보아、찾아뵙겠읍니다。
ソレデハ其ノ内ニ暇ヲ見テ、オ伺ヒ致シマセウ。

# 第八十六課　拜　年

甲、先生新禧新禧

乙、同喜同喜

甲、昨年諸事承蒙愛謝謝今年還請格外照顧

乙、彼此彼此請上座

甲、不敢那麼坐

선생님、과세안녕히지내셨읍니까。
先生、オ目出度ウ御座イマス。

과세나평안히하셨오。
オ芽出度ウ。

작년은여러가지로애호하셔서감사합니다。금년도각별히보아주십시오。
昨年ハ色色オ世話ニナリマシテ有難ウゴザイマス今年モ相變ラズオ世話ヲ願ヒマス。

피차없오이다。이리앉으시오。
ゴ同様サマ。サーコチラヘ。

황송합니다。여기좋습니다。
恐レ入リマス。ココデ結構デゴザイマス。

乙、請墊上罷 (칭뎬쌍바 / チンチエヌシアンハ)

甲、先生做甚麼 (센셩쮜썬뫼 / シエヌシエンツウオシエヌモナ)

乙、請吃幾個煮餃子罷 (칭치기거쭈쟌쯔바 / チンチキコチウキヤオツパ)

甲、我在家裏吃了出來的 (워째갸리치라추래다 / ウヲツアイキヤリシラチウライタ)

乙、吃的那麼飽嗎 (치디나뫼봐마 / チテイナーモヲパオマ)

甲、謝謝肚子飽了 (쎄쎄뚜쯔봐라 / シエシエトウツパオラ)

乙、想必是裝假罷 (썅삐쓰쫭갸바 / シヤンピスチオアンキヤパ)

---

이것을까시오。
コレヲオ敷キナサイ。

선생께서는무엇을그리십니까。
先生何ヲナサイマスカ。

만두라도몇개자시오。
肉饅頭デモオ上リナサイ。

집에서먹고나왔읍니다。
家デ食ベテ出マシタ。

자셨기로무얼그리시오。
食ベタトコロデナニ好イヂヤアリマセンカ。

감사합니다。 배가부릅니다。
有難ウ存ジマス。腹一杯デゴザイマス。

아마겸사이겠지오。
恐ラクゴ遠慮デセウ。

甲、眞的呀在先生家還作客麼

乙、那麼請喝一杯年酒罷

甲、因爲是年酒賞我點兒罷

乙、沒甚麼可吃的請隨使用罷

甲、是我不客氣的

乙、請再多喝一杯罷

甲、先生我不能多喝了

---

참말슴입니다。션생댁에셔체면차리겟슴니까。

本當デスヨ。御宅デ何ヲ遠慮致シマセウカ。

그러면귀발기나한잔하시오。

ソレデハ屠蘇デモ一杯オ上リナサイ。

세뱃술이니한잔먹겟슴니다。

オ屠蘇デスカラ一杯頂キマスワ。

자실만한것이업소。마음대로드시오。

御馳走ハアリマセン。御隨意ニオ取リナサイ。

네、사양치지안켓슴니다。

ハイ、御遠慮ハ致シマセンヨ。

자。한잔더드시오。

サー。モ一杯。

션생님더먹을수가업슴니다。

先生モウ飲メマセン。

乙、怎麼呢 (쩌뫼늬)

甲、我還要到別處去呢 (워해야따삐쭈쥐늬)

## 第八十七課 請託

甲、梁先生在家了嗎 (량씬썽째갸라마)

乙、在家了你請進來罷 (째갸라늬칭찐래바)

甲、先生你好啊 (씬썽늬할아)

乙、好啊你來有甚麼公幹呢 (할아늬래와썬뫼꿍깐늬)

---

왜그러우?

ナゼデス?

저는또다른곳에도가야하겟읍니다。

私ハ又外ノ處ヘ往カネバナリマセンヨ。

양선생댁에계십니까。

梁先生御在宅デスカ。

있읍니다。들어오십시오。

居リマス。ドーソオ入リナサイ。

선생안녕하십니까。

先生御機嫌宜ウゴザイマスカ。

별고없읍니다。무슨일로오셨읍니까。

有難ウゴザイマス如何ナ御用デオ越シニナリマシタカ

甲、我今天來是有點兒奉求的事

乙、甚麼事呢請簡直的說一說

甲、求你當個保人可以不可以

乙、是當甚麼保呢

甲、是當入學的保人哪

乙、這是很容易的事

甲、那麼就請你在這兒用個圖書罷

---

오늘은좀청할일이있어서왔읍니다。
今日ハオ願ヒ申シ度イコトガアッテ參リマシタ。

무슨일입니까。염려마시고말슴하시오。
如何ナ御用デスカ。御遠慮ナク仰シャッテ下サイ。

보증인이되어줍시사는것인데어떠하십니까。
保證人ニ成ラレ度イコトテスカ如何デザゴイマスガ。

무슨보인이되라시오。
何ノ保證人ニナレトノコトデスカ。

네、입학보승인이올시다。
ハイ、入學保證人デゴザイマス。

이것은쉬운일이외다。
コレハ容易ナコトテス。

그러면여기다도장을쳐주십시오。
ソレデハ此處ニ印章ヲ捺シテ下サイ。

乙、你甚麽時候兒去呀

甲、是明兒去

乙、多咱考試

甲、下月初八了

乙、報名的人數兒多不多

甲、大概不少罷

乙、那個學校幾年畢業呢

---

언제가시오。
何時行キマスカ。

네。내일갑니다。
ハイ。明日往キマス。

언제가시험이오。
何時試驗デスカ。

내월초여드렛날입니다。
來月ノ八日デス。

지원자수는많은가요。
志願人ノ數ハ多イデスカ。

아마적지는않을걸요。
多分少クナイデセウ。

그학교는몇해졸업인가요。
ソノ學校ハ何年卒業デスカ。

甲、三年畢業

乙、每月多少學費呢

甲、每月的月敬五塊錢還有三塊錢的註冊費哪

## 第八十八課 請安

甲、韓先生久違久違

乙、彼此彼此這一向倒好啊

---

삼년졸업입니다。三年卒業デス。

매월학비가얼마요。每月學費ハ幾許デスカ。

매달월사금이오원에、또입학금이삼원이랍니다。每月授業料五圓デ又入學金ガ三圓デゴザイマス。

---

한선생오래간만이외다。韓サン久シ振リデスネ。

피차없읍니다。요새자미좋으십니까。互様。此頃如何デスカ。

甲、好說我怎麼老見你哪

乙、是因爲公事忙點兒所以久違咯

甲、咱們彼此都是很忙的所以老沒能在一塊兒談一談了

乙、可不是麼我也是覺着很抱歉的

---

고맙습니다。어째요새는뵈올수가없오。
有難ウ。何故一向オ目ニ掛リマセンカ。

사무가좀바빠서、격조하였읍니다。
少シ忙ガシイノデ、ツヒ御無沙汰致シマシタ。

우리는피차가다바빠서같이이야기도할수없었읍니다。
我我ハオ互皆忙シイノダカラ一緒ニオ話モ出センデシタ。

그렇고말구요。나도매우유감으로생각합니다。
ソウテストモ僕モ非常ニ遺憾ニ思フ次第デス。

甲、我又要失陪了。偺們改天再見罷

乙、是嚜改天再見

甲、老沒見咯你好啊

乙、好啊你府上都好啊

甲、托福我們家裏都還好我

哥哥叫我問你好

乙、謝謝近來令兄的事情可

---

또실례하겠읍니다。우리다음날만납시다。

又失禮致シマス。サヨウナラ。

그렴슴니까。또뵙시다。

ソウデスカ。サヨウナラ。

오래못뵈였소。어떠시오。

御無沙汰シマシタ。何如デスカ。

괜이찮소。댁내도다무고하시오。

無事デス。お宅モ御變リハアリマセンカ。

덕분에、우리집은다무고합니다。형님이당신께안부하십디다。

お陰サマデ宅モ皆無事デス。兄ガ貴公ニ宜シク云ッテ居マシタ。

고맙슴니다。요쉬백씨장은자미좋으신가요。

有難ウ。此頃令兄サンハ景氣ガ宜ウゴザイマスカ。

好啊

甲、托賴他也很好的

乙、你回去都替我問好罷

甲、是我必把好兒都給你帶到了

乙、好說好說

고맙습니다。형님도잘있읍니다。
有難ウ。兄モ變リハアリマセン。

가시거던여러분께안부하여주시오。
御歸リニナツタラ皆樣ニ宜シク。

네、당신의안부하시도란말슴을다하겠읍니다。
ハイ、皆ニ宜シク云ツテ上ゲマセウ。

아모쪼록。
ドーゾ。

## 第八十九課 問病

甲、你來了好啊你納

오십니까。태평하십니까。
イラツシヤーイマセ。御機嫌宜ウゴザイマスカ。

乙、承關好你哪
甲、不敢當請你坐罷
乙、有坐有坐
甲、你今天怎麽這麽閒着呀
乙、聽說你欠安了今兒特來問候
甲、叫你惦記着還不大俐儸
乙、我先不知道昨天我纔聽說實在

---

감사합니다。태평하시오。
有難ウゴザイマス。御機嫌宜ウ。
황감합니다。앉으십시오。
恐縮致シマス。オ掛ケナサイ。
앉을데있읍니다。
席ガゴザイマス。
오늘은어째이렇게한가하십니까。
今日ハナゼ斯樣ニオ暇デスカ。
노형께서편치않다시는말을듣고오늘특히문안왔읍니다。
貴下ガ具合ガ好クナイノウダラ今日特ニオ伺ヒ致シタノデス。
염려하시게하였읍니다。아직은깨끗지는못합니다。
オ心配ヲ掛ケマシタ。マダサツパリシマセン。
나는몰랐었는데어제야말슴을들었어요。
私ハ存ジマセンデシタガ昨日ヤット噂テ聞イタノデス

是少來望看你哪

甲、哪兒的話呢這就勞你駕咯

乙、你是多喒病的

甲、打兩三天就覺着不舒服

乙、你發燒不發燒

甲、有點兒發燒不大利害

乙、咳嗽不咳嗽

---

참오래뵙지못하였읍니다。

本當ニ御無沙汰致シマシタ。

천만에말슴입니다。이건어디서신출입이십니다그려。

ドウ致シマシテ。コレハ御苦勞樣デゴザイマス。

언제부터편치않으셨읍니까。

何時カラ煩ヒマシタカ。

사오일전부터몸이거북하였어요。

四五日前カラ氣分ガ惡ウゴザイマシタ。

신열은나지않으십니까。

オ熱ハ有リマセンカ。

좀나、나대단치는않습니다。

少シハ有リマスガ、大シタ事ハアリマセン。

기침이나십니까。

オ咳嗽ガ出マスカ。

甲、早晚咳得利害白天到還好

乙、夜裏睡得着麼

甲、不大睡得着覺

乙、請大夫瞧了沒有

甲、已經請了他說再過三五天就好了

乙、現在天氣不大順乍冷乍熱你得多加小心話說多

---

아침저녁은대단하나、낮에는그저왼만합니다。
朝晩ハ激シイデスガ、晝間ハヤヤ宜シイノデス。

밤에는잘주무십니까。
夜ハオ休ミニナラレマスカ。

잠이그리잘안옵니다。
餘リヨク寢ツカレマセヌ。

의사를청해다보셨읍니까。
醫者ニ見テ貰ヒマシタカ。

뵈였는데사오일지나면낫겠다합디다。
見テ貰ツタラモウ四五日スルト治ルト申シマシタ。

지금은일기가고르지못해서、치웠다더웠다하는고로、더욱조심하십시오。너무오래말슴하면、역시상심이되
今ハ氣候不順テ寒イカト思フトスグ暑クナリマスカラヨクオ氣ヲ付ケナサイ。餘リオ話ヲスルト矢張オ體

了也要傷神改天再來罷

甲、不敢再勞駕等我大好了

再到府上給你道謝去

乙、不敢當保重保重

甲、多謝多謝恕我不送

---

시겠는고로, 다음날다시오겠습니다。

ニ障リマスカラ、又伺ヒマセウ。

그러실것없읍니다。인제병이다낫거든댁에인사를여쭈

ソレニハ及ビマセン。何レ全快シマシタラオ宅マデ

러가겠읍니다。

オ禮ニ伺ヒマス。

황송합니다。잘조섭하십시오。

恐レ入リマス。オ大事ニ。

감사합니다。나가지않습니다。

有難ウ。オ送リシマセン。

# 第九十課 溜達

甲、你打那裏來

乙、從家裏來

甲、我剛從學校回來正吃飯
哪請你一同吃罷

乙、我已經偏過了你請罷

甲、你很閒在呀今兒沒事嗎

---

자네어디서오나。
君何處カラ來ルンダ。

집에서오네。
宅カラ來ルヨ。

나는지금막학교에서와서마침밥을먹는길일세。자네갈
僕ハ學校カラ歸ツテ來タバカリデ丁度飯ヲ食フ所ダ
이먹세。
一所ニ召上レ。

나는벌서먹었네。어서먹게。
僕ハモウ濟ンダ。ドーゾ召上レ。

자네한가한가。오늘볼일없다。
君暇ナノカ。今日ハ用事ガナイノカネ。

乙、可不是麼 這兩天沒事特來看看

你若沒事可以溜達溜達去

甲、頂好的你打算要上那兒去呢

乙、上漢陽公園去怎麼樣

甲、那麼咱們就走罷

乙、你看這麼山淸水秀的多涼快

甲、是這麼各樣兒的花兒都

---

그러이。요새는일이없어서찾아왔네。자네일이없거든 산보나가세。

ソウダ。此頃ハ用ガナイノデ尋ネテ來タノダ。君用ガナイナラ散歩シニ往カウ。

좋지。어디로가려나。

結構。何方ヘ往カウカ。

한양공원으로가는것이어떠한가。

漢陽公園ヘ往クノハ如何ダ。

그러면어서가세。

ソレデハサア行カウ。

여보게이렇게산명수려하니얼마나시원한가。

オイ君コンナニ山水明美デアレバ非常ニ爽快ダナ

응、이렇게여러가지꽃이피였고、또각색새도우니、참

ウン、コンナニイロ〳〵ノ花ガ滿開テアリ、又各種ノ鳥

開了各様兒的鳥兒也有吵的了眞是有趣兒極咯

乙、啊很好眞叫人胸襟開豁萬慮皆空了

甲、哎呀那是叫甚麼廟

乙、這就是朝鮮神宮啊

甲、那是叫甚麼江

---

취미가진진하네。
モ啼クンダカラ、實ニ云ハレナイ趣味ダナ。

아、좋다。사람으로하여금흉금이열리고、만려가사라지게하네。
アアヨイ。人間ヲシテ度胸ヲ開キ、心配ヲサラシメルンダナ。

오아、저것은무슨사당이오。
オヤ、アレハ何ト云フ社カ。

이것은조선신궁이오。
這レハ朝鮮神宮テス。

저건무슨강인가。
那レハ何ト云フ江カ。

乙、那個江就是漢江有兩個鐵橋了

甲、一個是鐵路用的一個呢

乙、就那一個是人道橋用的你去過了沒有

甲、還沒哪

---

그것은한강인대、철교둘이있지。

ソレハ漢江ダガ、二ツノ鐵橋ガアルヨ。

하나는철도용이지만、하나는무엇가。

一ツハ鐵道用ダラウガ、モウ一ツハ何ダネ。

하나는인도교라네。자네못가보앗나。

一ツハ人道橋ダヨ。君行ツタコトガナイカ。

못가보앗네。

マダ行カンヨ。

# 第九十一課 書舖

甲、來了你納用甚麽書哪

乙、你把書目錄給我看看

甲、有送給你這本罷

乙、你們有甚麽樣兒的話條子的書

甲、你說的是中國話條子嗎

乙、不錯我要簡單而且明瞭的

---

어서오십시오。무슨책을쓰시렵니까。
イラツシヤイマセ。何ノ本ガ御入用デスカ。

도서목록을보여주시오?
圖書目錄チ見セテ與レ給へ。

있읍니다。이것을드리겠읍니다。
ゴザイマス。コレチ差上ゲマセウ。

어떠한회화책이있오。
ドンナ會話ノ本ガアリマスカ。

말슴하시는것은중국어회화책이오니까。
仰ツシヤルノハ支那話ノ會話ノ本デゴザイマスカ。

그렇소。간단명료한것을사겠오。
ソウ。簡單明瞭ナノガ欲シイ。

甲、我們買的都是中國的統一國語

乙、給我拿張詳細的中國地圖

甲、是帶軸兒的麽

乙、不要有軸兒的單張兒的就行

甲、單張兒的都賣完了

乙、康熙字典紅樓夢桃花扇我要這三部都要好紙版的

---

우리가파는것은、다중국서통일한국어입니다。
手前共ガ賣ルノハ皆支那デ統一シタ國語デゴザイマス

자세한중국지도를가져오시오。
詳シイ支那ノ地圖ヲ持ツテ來ナサイ。

축이달린것입니까。
軸ノ付イタノデゴザイマスカ。

축달린것은일없소。외장으로된것이좋소。
軸ノアルノハ不要。一枚ノヤツナラヨロシイ。

그것은다팔렸읍니다。
ソレハ品切デゴザイマス。

강희자전、홍루몽、도화선、이세권을사겠는데모두판이좋은것이라야하오。
康熙字典、紅樓夢、桃花扇、此ノ三部ガ欲シイカ皆版ノ良ノガ欲シイ。

甲、你在我們這兒買書沒錯兒，不但紙版好，就是裝訂和書頁都過過目了，一點兒毛病都不能有的，就是價碼兒比別的屋裏稍微的大點兒。

乙、只要東西好，花幾個錢不要緊。

甲、我拿來請看一看就知道了。

---

우리에게오셔서책을사시면틀림이없읍니다。판이좋읍뿐만아니라제본이든지장수든지모두한번식눈공드려보았는고로、조그마한결점도있을이가없읍니다。단지값이다른가가보다좀비쌉니다。

手前共ノ方デ本ヲオ買ヒニナレハ確カデゴザイマス。版ガ良イバカリデナク製本モ頁數モ皆ナ一通リ目ヲ通シマシタノデ、少シノ缺點モ有ル樣ナ事ハ有リマセン。只ダ値段ガ他ノ店ヨリ少シ高ウ御座イマス。

물건이좋기만하면얼마간더내도관계없오。

品物ガヨクサヘアレバ幾許餘計出シテモ構ハヌ。

갖다가보여드리면아십니다。

持ツテ來テ見テ頂ケバオ判リニナリマス。

乙、對了一共多少錢

甲、通共十二塊六

乙、太貴了少點兒罷

甲、不行你納我們是言無二價

乙、就是我留下罷

좋소。 모다얼마요。
ヨロシイ、皆デ幾許カ。

합계가십이원육십젼이올시다。
合計十二元六拾錢デゴザイマス。

너무비싸니좀감합시다。
餘リ高イカラ少シマケナサイ。

그리할수없읍니다。 저이는외누리가없읍니다。
ドウモ御生憎サマ。手前共ハ掛値ハ申シマセン。

그리면이리주시오。
デハ買ツテ置カウ。

## 第九十二課　買雜貨

甲、你們這兒賣洋襪子不賣

여기서양말은팔지않소。
ココデ洋襪ハ賣リマセンカ。

乙、賣你要甚麼樣兒的

甲、我要黑的這雙怎麼個價錢呢

乙、那樣兒的四毛五一雙

甲、我還要一條手巾這個怎麼賣呀

乙、洗臉手巾是三毛錢一條

洋布手巾是一毛五一個

甲、那太貴了洗臉手巾給你

---

팝니다。어떠한것을사시렵니까。

賣リマス。如何ナノガオ入リノスカ。

검은것을사겠는데、이것은한켜레에값이어떠하오。

黑イノガ入ルガ、コレハ一足ノ値段ハ如何デスカ。

그런것은한켜레에사십오전입니다。

ソンナノハ一足四十五錢デス。

또수건하나를사겠는데、이것은어떻게파오。

又手拭一ツ欲シイガ、コレハ如何賣リマスカ。

세수숫건은삼십전에하나요、손수건은십오전에하나입니다。

タオルハ參拾錢デ一個、ハンケチハ十五錢デ一ツデス。

그건너무비싸오。세숫수건한개에이십전주리다。

ソレハバカニ高イ。タオル一個二十錢遣フツ。

兩毛錢一條罷
량 뫄 첸 이 퇴 바
リヤンマオ ちエヌ イー てヤオ パ

乙、兩毛錢一條連本兒還不彀哪
량 뫄 첸 이 톼 롄 빤 얼 해 부 꺼 나
リヤンマオ ちエヌ イ てヤオ リエヌ ボヌ ル ハイ プ コオウ ナ

甲、我又想買兩條手套到底是甚麼樣兒的便宜甚麼樣兒的貴呢
워 우 썅 매 량 톼 쎡 톼 또 디 쓰 썬 뫼 양 얼 디 펜 이 썬 뫼 양 얼 디 궤 늬
ウチ イウ シヤン マーイ リヤン てヤオ シオウ たオ タオ テイ ス シエヌ モチ ヤン ル チイ びエヌ イ シエヌ モチ ヤン ル チイ コイ ニ

乙、那你要看材料兒的好歹了
나 늬 얀 칸 채 랴 얼 디 화 때 라
ナ ニー ヤオ かヌ ちアイ リヤオ ル チイ ハオ タイ ラ

甲、我到看不出來甚麼是好甚麼是歹哪
워 또 칸 부 쭈 래 썬 뫼 쓰 화 썬 뫼 쓰 때 나
ウヲ タオ かヌ プ ちウ ライ シエヌモヲ ス ハオ シエヌモヲ ス タイ ナ

---

이십젼에하나요? 본젼도못됩니다。
二十錢デ一枚デス? 元價ニモナリマセン。

나는또장갑한켜레를사려고하는데결국어떠한것이싸고어떠한 이비싸오。
僕ハ又手袋一ツ買フト思フガ結局如何ナモノガ安ク如何ナモノガ高イカ。

그것은재료의호불호를보셔야지요。
ソレハ材料ノ好悪ヲ見ナケレバナリマセン。

나는어느것이좋고어느것이나쁜것을분간할수없오。
僕ハドレガ良クテドレガ悪イカ見分ケルコトガ出來ナイ。

乙、又細又厚的是好的又粗又薄
와씨와헉디쓰한다와추와빠
イウ シ イウ ホウ ティ ス ハオ タ イウ ツウ イウ パオ

的是壞的並且那個顔色也
디쓰홰다뻥제나거옌써예
ティ ス ホアイ タ ピン ちエ ナ コ イエヌ ソオ イエ

差着哪你自己兩個比較一下子
쨔져나늬쯔기량거삐쟈이햐쯔
ちア チオ ナ ニー ツ キ リヤン コ ピ キヤオ イ ヒヤ ツ

就自然而然的明白那個理了
찍쯔안얼안디밍배나거리라
チウ ツ アヌ アル アヌ ティ ミン パイ ナ コ リ ラ

甲、你把深藍的拿給我看看
늬빠썬란디나께워칸칸
ニ パ シエヌ ラヌ ティ ナ ケイ ウヲ カヌ カヌ

乙、深藍的顔色太老了你能中意罷
썬란디옌써태랖라늬넝쭝이바
シエヌ ラヌ ティ イエヌ ソオ たイ ラオ ラ ニー ノン チウン イ パ

甲、淺藍的顔色又太嫩了我不要了
첸란디옌써와태넌라워부야라
ちエヌ ラヌ ティ イエヌ ソオ イウ たイ ノヌ ラ ウヲ プ ヤオ ラ

---

곱고두터운것은좋은것이오、거츨고얇은것은나쁜것입니다。또빛깔에도차가있지요。당신께서는두가지를한번비교하야보시면、자연히그이치를아실것이올시다。
細カクテ厚イノハ良イモノデ、粗クテ薄イノハ悪イモノデス。又ソノ色合ニモ差ガアリマスヨ。貴下ハ一度二ツヲ比較シナサルト、自然ニソノ理ガオ判ニナリマス。

진남빛을보여주오。
濃イ藍色ノモノヲ見セテ下サイ。

진남은너무짙으니。중간으로하시지요。
深藍色ハ濃過ルカラ中間ニシマセウ。

엷은남빛은또너무엷어서싫소。
淺藍色ハ又薄過ギルカラ要ラ

乙、你看這個顏色怎麼樣

甲、好了那麼我就要這個罷

乙、謝謝你回家

여봅쇼。이빛은어떠하십니까。ゴランナサイ。這ノ色ハ如何デスカ。

좋소。그러면이것을갖겠오。ヨロシイ。ソレデハコレニシマセウ。

고맙습니다。안녕이가십시오。有難ウゴザイ。サヨウナラ。

## 第九十三課　買布

甲、我要疋布

乙、是粗布是細布

甲、用點兒洋布

필육을좀끊겠오。反物ガ欲シイ。

굵은것이오니까。고은것이오니까。粗イノデスカ。細イノデスカ。

양목을좀쓰겠오。金巾ガ少シ要ル。

乙、你要甚麼樣兒顏色兒的 (늬야썬뫼양얼옌써얼다 / ニーヤオシエヌモヲヤンルイエヌソオルタ)

甲、我要紅的 (워야훙다 / ウヲヤオホンタ)

乙、有素的沒有紅的 (와쑤디메와훙디 / イウソウチイメイイウホウンティ)

甲、素的也得拿出來看看 (쑤디예떼나추래칸칸 / ソウテイイエテナチウライカヌカヌ)

乙、有帶光光兒的麼 (와때꽝꽝얼디마 / イウタイコワンコワンルチイマ)

甲、是給我瞧瞧頂好的 (쓰께워챠챠띵핲다 / スケイウヲチヤオチヤオティンハオタ)

乙、這就是頂高上上的 (쪄짝쓰띵깐쌍쌍디 / チヨチウスティンカオシアンシアンティ)

어떤빛을사시렵니까。
如何ナ色ガ御入用デスカ。

붉은것이오。
紅イノデス。

흰것은있어도、붉은것은없읍니다。
無地ハアリマスガ、紅イノハゴザイマセン。

흰것이라도갖다보여주오。
無地デモ出シテ見セナサイ。

윤있는것입니까。
光澤ノアルノデスカ。

네、쎠좋은것을보여주시오。
ハイ一番好イノヲ見セナサイ。

이것이극상품이올시다。
コレガ最上等品デゴザイマス。

甲、這是甚麼牌子的

乙、這是老虎和月亮牌子的

甲、太薄了沒有厚的嗎

乙、近來的貨都是這個樣兒

甲、那麼沒法子留下這個罷

乙、要用幾尺呢

甲、一尺賣多少錢

---

이것은무슨표요。

コレハ何ノ印デスカ。

이것은호랑이에달그린표입니다。

コレハ虎月票デゴザイマス。

너무얇군。두꺼운것은없오?

餘リ薄イ。厚イノハアリマセンカ。

요새물건은모두이렇습니다。

近頃ノ品ハ皆如斯ナモノデゴザイマス。

그러면할수없지。이것으로하겠소。

デハ仕方ガナイ。コレニシマセウ。

몇자나쓰시렵니까。

何尺御入リデスカ。

한자에얼마요。

一尺幾位デスカ。

乙、賣的是參毛錢一尺成疋買便宜

甲、至少算多兒錢

乙、我們是言無二價童叟無欺的

## 第九十四課 診 脈

甲、勞你駕給我診一診脈

乙、你覺着不舒服麼

甲、是腰身覺着怪疼的

---

딸긴한자에삼십전인대、필로사시면쌉니다。
一尺三十錢デスガ匹デ買ヒニナレバ安ウゴザイマス

박지박해서얼마요。
最低ノ値ニシテ幾許デスカ。

우리는노소간외누리는아니합니다。
手前共ニ誰ニモ掛値ハ申シマセン。

오시게수고하셨읍니다。진맥좀해주십시오。
御足勞様デゴサイマス。御診察ヲ願ヒマス。

노형이편치아니하십니까。
貴君ガ具合ガ悪イノテスカ。

네、허리가몹시아픕니다。
ハイ、腰ガバカニ痛イデス。

乙、那邊覺着疼啊

甲、右邊兒腰肢疼的利害

乙、發燒不發燒

甲、不覺着發燒晃晃兒還冷點兒不大利害

乙、有走動沒有

甲、跟平常一樣

---

어느쪽이아프십니까。
何方ガ痛イデスカ。

바른편허리가매우아픔니다。
右ノ腰ガ非常ニ痛イデス。

신열이나십니까。
熱ガアリマスカ。

더운줄은분명히모르겠고、좀치우나그리대단ᄒᆞ지는않습니다。
熱ハハツキリ覺エナイデ、少シ寒イデスガ、大シタコトハアリマセン。

뒤는보십니까。
便通ハアリマスカ。

평시와갈습니다。
平常ト同ジデス。

乙、飲食上怎麽樣

甲、一點兒也吃不出甚麽滋味兒來

乙、夜裏有覺沒有

甲、時常睡不着覺

乙、出燥汗不出

甲、總不甚麽出汗

乙、咳嗽不咳嗽

---

식사는어떠하십니까。
食事ハ如何デスカ。

조금도아모맛을몰르겟읍니다。
少シモ何ノ味ヲ知リマセン。

밤에잠은주무시나요。
夜ニハ寢ツカレマスカ。

때때자지를못합니다。
時時寢ツカレマセン。

진땀은안남니까。
汗ハデマセンカ。

도무지아무땀도안납니다。
全ク何ノ汗モ出マセン。

기침을하시나요。
咳嗽ハアリマスカ。

甲、不咳嗽
乙、不要緊我給你開個方兒
甲、這是怎麼個病
乙、你腰子受了點兒傷咯

## 第九十五課 飯館

甲、你來了請坐請坐
乙、有蒸餃子沒有

---

아니합니다。
シマセン。
관계없읍니다。방문을내어드리리다。
構ヒマセン。處方ヲ書イテ上ゲマセウ。
이것은무슨병인가요。
コレハ何ノ病氣デスカ。
신장이좀부실합니다。
腎臟ガ少シ悪イノデス。

---

어서오십시오。앉으십시오。
イラツヤイマシ。オ掛ケナサイマセ。
찐만두가있오?
蒸シタ豚饅頭ガアルカ。

甲、沒有餃子有鷄絲麵你愛吃甚麼

乙、我愛吃炸醬麵

甲、肉絲炒麵怎麼樣呢

乙、我不要吃那個

甲、那麼炒干飯怎麼樣

乙、這也是不要了

---

만두는없습니다。따루멘은있읍니다。손님께서는무엇을잘삽수십니까。

饅頭ハゴザイマセン。ウドンハゴザイマス。オ客様ハ何ガ御好デゴザイマスカ。

나는자장면을좋아하오。

僕ハ味噌掛ウドンガ好キダ。

볶은국수는어떠하십니까。

焼ウドンハ何如デゴザイマスカ。

나는그건일없오。

僕ハソレハ要ラヌ。

그러시면볶은밥은어떠하십니까。

ソレデハ焼飯ハ如何デゴザイマスカ。

그것도일없어。

ソレモ要ラヌ。

甲、哎呀對不起你隨便說一說

乙、你們店裏做得燒蝦仁來麼

甲、是可以的

乙、那麼拿小一碗來

甲、不要酒麼

乙、有甚麼酒呢

甲、白酒黃酒皮酒正宗、都有

---

오야、미안합니다。마음대로말슴하십시요。

オヤ、濟ミマセンデシタ。御隨意ニ仰ッシャッテ下サイ

네집에서새우덴뿌라는만들수있니。

オ前ノ方デ蝦テンプラハ出來ルカ。

비、됩니다。

ハイ、出來マス。

그러면소완하나가져오나라。

ソレデハ一皿持ッテ來イ。

약주는안쓰십니까。

オ酒ハ要リマセンカ。

무슨술이있느냐。

何ノ酒ガアルカ。

백주、황주、맥주、청종다있읍니다。

白酒、黃酒、ビール、正宗皆ゴザイマス。

乙、你們家裏沒有紹興酒嗎

甲、偏巧這是賣完了

乙、沒有法子黃酒也好了快盪酒來

甲、你還要別的菜麼

乙、我已經醉了不能再吃了

## 第九十六課 飯莊

甲、堂官兒來

---

네집에 소흥주는 없느냐。
オ前ノ家ハ紹興酒ハナイカ。

공교히다 팔렸읍니다。
相憎品切デゴザイマス。

할수없지。황주도좋다。얼른데어오나라。
仕方ガナイ。黃酒デモヨロシイ。早ク燗シテ來イ。

또다른요리도잡수시겠읍니까。
又外ノ料理モオ上リデゴザイマスカ。

벌서취했다。더못먹겠다。
モウ酔フタ。又食ヘヌ。

뽀ー이、오나라。
ボーイ、來イ。

乙、嗻

甲、你拿菜單子來罷

乙、這是菜單子這以外還有別的菜你要甚麼好

甲、先來四個中碗炒雞絲炸丸子拌三絲炒玉蘭片來一個魚四做兒紅燒加魚

---

티。

ハイ。

요리목록을가져오너라。

カタクロヲ持ッテ來イ。

이것이목록입니다。이밖에도다른요리가있읍니다。

コレハカタロクデス。此外ニモ別ノ料理ガゴザイマス

무엇을달라시든지좋습니다。

何ヲオ求メナサッテモ宜ウゴザイマス。

먼저중완넷에、챠기쓰、짜완쯔、관싼쓰、챠위란펜、가져오고하나는생선으로네가지만든것、홍쏘갸위、죄따위、위펜얼、긴완빠위들가져오고、쏘차라에다가미첸

先ハ中腕四ツニ、ちアオキス、ちアオワヌツ、ぱヌサヌス、ちアオユイラヌぴヱヌ、ヲ持ッテ來テ、一ツハ魚デ四イロ拵ラヘタモノ、ホウンシヤオキヤユイ、コウ

鍋搭魚魚片兒金蟬鮑魚
궈다위위펜얼긴싼빠위
コウオ タ ユイ ユイ ぴエヌ ル キヌ シアヌ パイ ユイ

來山查勞滯蜜餞白果
래싼짜랖때미젠빼궈
ライ サヌ チア ラオ タイ ミ ちエヌ パイ コウオ

乙、你要甚麼酒
니야썬뫼쭈
ニー ヤオ シエヌモ チウ

甲、來兩壺白乾兒再來正宗
래량후빼깐얼째래졍쭝
ライ リヤン ホウ パイ カヌ ル ツアイ ライ チエン ツウン

我們先喝着
워먼씐허져
ウヲ メヌ シエヌ ホ チオ

乙、你還要甚麼點心
니해야썬뫼뎬신
ニー ハイ ヤオ シエヌモ チエヌ シヌ

甲、你給配甜的醎的佩來四樣兒
니께페텐디헨디페래쓰양얼
ニー ケイ ぴエ てエヌ ティ ヒエヌ ティ パイ ライ ス ヤン ル

---

궈를거뜨려가져오너라。
オタユイ、ユイぴエヌル、キヌシアヌパオユイ、ヲ持ッテ來テ、シアヌちアラオ二、ミちエヌパイコウオヲ付ケテ持ッテ來イ。

무슨약주를잡수시렵니까。
何ノオ酒ヲ召 上リマスカ。

빼깐얼두병을가져오고또정종을가져오너라。우리먼저 먹지。
ハイカヌル二德利ヲ持ッテ來テ、又正宗ヲ持ッ來イ
我我ハ先ニ飲ムカラ。

또무슨과자를잡수시겠읍니까。
又何ノオ菓子ヲ召 上リマスカ。

단것짠것섞어서네가지만가져오너라。
甘イノト醎イノト交テ四通バカリ持ッテ來イ。

乙、老爺你的底下人他們吃甚麽呀

甲、哦給他們一個炒肉兩張皮 叫他們先喝酒吃炸醬麵就得了

甲、跑堂兒

乙、噯

甲、我們吃完了撤傢伙開單子來

乙、噯老爺你請漱口擦臉

---

영감、댁하인들은무엇을먹습니까。

旦那サマ、オ宅ノ下男達ハ何ヲ喰ベマスカ。

오、그들은챠오량짱피에그들더러먼저술을먹고。짜쟝멘을먹으라면되겠다。

オ、彼等ハちアオウリヤンチアンぴテ、彼等ニ先酒ヲ飲バカラ、チアチヤンミエヌヲ喰ベサセバ宜シイ。

뽀이。

ボイ。

비。

ハイ。

우리는다먹었다。그릇을치고발기적어오너라。

我我ハ皆喰ベタ。道具ヲオ[illegible]勘定書ヲ持ツ來イ。

예。영감、양추하시고、얼골문지르십시오。

ハイ。旦那サマ、漱口ナサツテ、顔ヲオ拭ナサイ。

乙、這是牙籤兒

乙、老爺單子開來了

甲、這單子連底下人吃的都在其內麽

乙、喳

甲、這是十五塊錢下餘的賞你們酒錢

乙、謝謝你回家

---

이것은이쑤시개입니다。
コレハ楊枝デゴザイマス。

영감。 발기를적어왔읍니다。
旦那サマ。勘定書ヲ持ッテ來マシタ。

이발기에하인이먹은것까지모두들었느냐。
此勘定書ニ下男ガ喰ベタノマデ入ッテアルカ。

네。
ハイ。

이것은십오원이다。남어지는너이들의술값이다。
コレハ拾五圓ダ。餘リハオ前達ノ酒儀ダ。

감사합니다。 안녕히가십시오。
有難ウコサイマス。 サヨウナラ。

# 第九十七課 借錢

甲、昨天我到你這兒來你沒在家

乙、昨天失迎得很回來聽說你留下話了今兒還到舍下來我竟恭候你了

甲、不敢當你昨兒個是上那兒去了

乙、到火車站接人去了可是

---

어제댁에왔더니아니계시더구료。

昨天オ宅マデ上リマシタガオ留守デゴザイマシタ。

어제는집에없어서대단히실례하였읍니다。돌아와서오늘또오시겠다하시고가셨다는말슴을듣고기대리고있는중이올시다。

昨日ハ留守ヲ致シマシテ大變失禮致シマシタ。歸ヘリマシテ、今日又御越ニナルト仰シヤッテオ出デニナッタトノ事デ、オ待チ申シテ居リマス。

황감합니다。어제는어디가셨읍니까。

ドウモ恐縮致シマス。昨日ハ何方ヘ御出デデシタカ。

정거장에마중을나갔었읍니다。그런데무슨일이계십니

停車場ヘ出迎ヘニ往キマシタ。時ニ何カ御用事デゴザ

甲、你有甚麼見教哇

我有件事要和你說實在不好意思可是迫於萬不得已又不能不說了

乙、咳有甚麼事情你儘管說罷何必這麼吞吞吐吐的咱們這樣的交情還有甚麼客氣呢

까。

イマスカ。

한가지청할일이있는대과시말슴이나오지않읍니다。그

一ツ御願ガゴザイマスガ、如何モ氣ガ濟ミマセン。ト

러나어찌할수없는고로말슴하지아니할수없읍니다。

云フテドウニモナラヌノデ話サナイデハ居ラレナイノ

デゴザイマス。

허。무슨일이계시거던바른대로말슴하십시오。무엇그

ハア。何カ御用ガオ有リニナラバ御遠慮ナク仰ツシヤ

럼게어름어름하실것없읍니다。우리같은사이에무슨사

ツテ下サイ。何モソンナニ曖昧ニナサルニハ及ビマセ

양하실것이있겠읍니까。

ン。オ互ノ如斯間デ尙ホ何ノ遠慮ガアリマセウ。

甲、我明兒有一筆緊用項、你手底下若是方便請你借給我五塊錢行不行

乙、可巧這兒有五塊錢請你拿去用罷

甲、多謝多謝那麼暫且借給我拿去

---

나는내일긴급한쓸처가있은대、당신께서만일형편이좋으시거던、오원만취해주십시오。어떠하십니까。

私ハ明日差迫ツタ入用ガゴザイマスガ、御手許ノ御都合ガ宜シケレバ、五元拜借シタイノデス。如何デスカ。

마침여기오원이있읍니다。갖다가쓰십시오。

丁度此處ニ五元ゴザイマス。持ツテ行ツテオ使ヒ下サイ。

감사합니다。그러면잠시취해가겠읍니다。

有難ウ存ジマス。ソレデハ暫ク拜借シテ參リマス。

# 第九十八課 換錢

甲、借光借光把這拾塊錢給我破破零的

乙、你要單圓兒的麽

甲、單塊兒的也行我可要正金票兒

乙、正金的竟是整的給你嚜交通銀行的罷

---

여보시오。이돈십원을쪼개주시오。

モシモシ。コノ拾圓ヲ細カクシテ下サイ。

일원짜리가소용되십니까。

壹圓ノガ要リマスカ。

일원짜리도좋으나、정금은행권이소용되오。

壹圓ノモヨイガ、正金銀行券ガ欲イデス。

정금은행것은큰것뿐이니、교통은행것을드리지오。

正金銀行ノハ大キイノバカリダカラ、交通銀行ノヲ上ゲマセウ。

甲、若沒有就給我找倆五圓的老票兒罷這你們還要貼水麼

乙、可不是麼得要每塊是三分

甲、那麼你把這個五塊給換兩塊錢的銅子兒三塊錢的小銀子罷

乙、你要日本小銀子不是

甲、不是我要單毛的

---

만일업거던일본은행권오원짜리두장으로바꿔주시오。
若シナイナラ日本銀行券五圓札二枚ニ換ヘテ下サイ

역시수수료가드나요。
矢張リ手數料ガ要リマスカ。

그럼요。일원에삼전씩듭니다。
ソウデス。一圓ニ付キ三錢カカリマス。

그러면이오원을이원은동전으로、삼원은잔은전으로바꿔주시오。
ソレデハ此ノ五圓ヲ二圓ハ銅貨ニ三圓ハ銀貨ニ取換ヘテ下サイ。

일본은전을달라는것이아닙니까。
日本ノ銀貨ガ要ルノデハアリマセンカ。

아니오、나는중국십전짜리가필요하오。
イ、エ、僕ハ支那ノ十錢銀貨ガ要リマス。

乙、單毛的沒那麼多給你拿

雙連的罷

甲、這麼着罷我要五個半塊的一

塊兩角兒的一塊五單毛兒的

乙、是我遵命罷

## 第九十九課 郵政局

甲、借光你哪賣給我一張明信片

십젼짜리은젼은그리많지않읍니다。이십젼짜리은젼으
拾錢銀貨ハソウ澤山アリマセン。二十錢銀貨ヲ上

로드리지오。
ゲマセウ。

이렇게합시다。다섯은오십젼짜리로、일원은이십젼짜
如斯シマセウ。五ツハ五拾錢銀貨ニ、一圓ハ二十

리로、일원오십젼은십젼짜리로주시오。
錢銀貨ニ、一圓五十錢ハ拾錢銀貨ニシテ下サイ。

네、그리하겠읍니다。
ハイ、ソウ致シマセウ。

여보시오、엽서한장파시오。그리고이봉함편지는우표
モシモシ、葉書一枚下サイ。ソウシテ此手紙ハ郵料

兒還有這封信得多少信費呢

乙、得三分錢

甲、若是掛號呢

乙、是一毛三

甲、若是寄到外國去得多少信費呢

乙、也是一角三

甲、聽說寄物信的郵費比平

---

가얼마걸리오。
ガ幾許カカリマスカ。

삼전듬니다。
三錢カカリマス。

만일등기로는？
若シ書留テハ？

십삼전이오。
十三錢デス。

만일외국으로부치면우료가얼마인가요。
若シ外國ヘ出スニハ郵料ガ幾許デスカ。

역시십삼전이오。
矢張リ拾三錢デス。

소포물의우료는보통편지우료보다많다하는데、대관절
小包郵便ノ郵料ハ普通ノ郵料ヨリ多イト云フガ、

乙、

常信費的多到底是怎麼
個算法呢

甲、

那也是得先邀一邀分量
按着一定的定價貼信票

我現在要把這明信片兒
仍在信筩子裏頭趕明天
早起也能趕得上船麼

---

어떠한계산인가요。
一體如何ナ勘定ニナルノデスカ。
그것도역시먼저중량을달아서일정한정가대로우표를부
쳐야합니다。
ソレモ矢張先ニ目方ヲ計ッテ一定ノ定價ノ通リ切手
ヲ貼ラネハナリマセン。
내가지금이엽서를우편통속에넣으면내일아침에배에오
를수가있나요。
私ガ今此ノ葉書ヲ郵便函ノ中ニ入レルト明日ノ朝
船ニ上ルコトカデキマセウカ。

乙、那你還是把信自己送到船上
信箱子裏頭妥當一點兒
甲、往美國一箇月開幾回信船呢
乙、一個禮拜一遭
甲、繞着上海走麼
乙、不定也有一直走的
甲、這封信交到那裏去

---

그것은당신이편지를친히배위우편통속게넣으시는것이
ソレハ貴下ガ手紙ヲ自ラ船ノ上ノ郵便箱ノ中ニオ入
좀안전합니다。
ニナルノガ少シ安全デス。
미국으로는한달에우편배가몇번떠나나요。
米國ヘハ一箇月便郵船ガ何回出帆シマスカ。
일주일에한번이오。
一週間一回デス。
상해로돌아서가나요。
上海ニ廻ッテ往キマスカ。
일정하지않지오。바루가는것도있읍니다。
一定シマセン。直航スルノモアリマス。」
이편지는어디갖다주리까。
此ノ手紙ハ何處ニ渡シマセウカ。

乙、你就裝在信箱裏去罷

우편통에넣으시오。郵便函ニオ入レナサイ。

甲、回信可得多偺見呢

답장은언제나볼가요。返事ハ何時頃見マセウカ。

乙、一個禮拜之後可以見罷

일주일후에는보시겠지요。一週間後ニハ見ラレルデセウ。

## 第百課 電報局

甲、你有甚麼貴幹

노형무슨볼일이계시오。貴下ハ何如ナ御用デスカ。

乙、我是打電報來了

나는전보를놓다왔소。僕ハ電報ヲ打チニ來マシタカ。

甲、打到那兒去的呢

어디로놓으시겠소。何處ヘ打ツノデスカ。

乙、是朝鮮京城去的

甲、給你電報紙快寫上罷

乙、我寫錯了還有電報紙沒有

甲、這兒有電報紙

乙、你請看一看這麼寫可以使得嗎

甲、好電報費是十五個字四角錢

乙、連住址和名字都算錢麼

---

조선경셩으로갈것이오。
朝鮮京城ヘ往クノデス。

전보지를드리니빨리쓰시오。
頼信紙ヲ上ゲルカラ早ク書キナサイ。

잘못썼소。또전보지가없나요。
書キ損ヒマシタ。又頼信紙ハアリマセンカ。

여기전보지가있읍니다。
ココニ頼信紙ガアリマス。

보시요。이렇게쓰면되겠나요。
ゴランナサイ。斯ウ書ケハヨイノデスカ。

좋소。전보료는열다섯자에사십전이오。
ヨロシイ。電報料ハ十五字四十錢デス。

주소와이름까지계산하나요。
住所ト姓名マデ勘定シマスカ。

甲、沒有

乙、得幾點鐘可以到呢

甲、兩點一刻就到了

乙、那麼今兒下半天可以有回電嗎

甲、那可不敢說收報的人當下回報要過不了半天的光景有你的回電來必然

---

아니요。

イ、エ。

몇시간이면도착할가요。

何時間デ到キマセウカ。

두점십오분이면갑니다。

二時十五分ナラユキマス。

그러면오날오후에는회전이있을가요。

ソレデハ今日ノ午後返電ガアリマセウカ。

그것은말할수없소。받는사람이곧회보하면、반나절이넘지않지요。당신께답전이오면곧빨리보내드리면그만이지요。

ソレハ云ヘマセン。先方デ直グ返事ヲスレバ半日モカカリマセン。貴下ニ答電ガ來レバ極度早ク才屆ケスレバヨロシイノデス。

乙、趕緊給你送去就是了
간긴께늬쑹취쭤쓰라

就是你費心罷
쭤쓰늬페씬바

甲、好說
하워

## 第百一課 電話

甲、唯唯本局一千二百三十四號
웨웨뻔쮜이첸얼빼싼쓰쓰한

你那兒尚文公寓麽啊不對了
늬나얼쌍원꿍위마아부뒈라

司機生接錯了罷對不住唯剛
쓰기셩졔쮜라바뒈부쮸웨깡

……

그러케하시오。애쓰시오。
ソウシテ下サイ。ゴ苦勞サマ。

천만에。
ドウ致シマシテ。

……

여보여보、본국일천이백삼십사번、거기는상문공대인가요。아、틀렸읍니다。교환수가잘못대였나봅니다。실례했읍니다。여보여보지금은틀렸으니、더한번본국

モシモシ、本局ノ一千二百三十四番ソチラハ尙文公寓デスカ。アー違ヒマシタ。交換手ガ間違ヘタノデセウ。失禮シマシタ。モシモシ今違ツテ居

纔你給接錯了再給叫本局一千二百三十四號

乙、唯你那兒

甲、我是張宅你那兒是尚文公寓麼

乙、是啊你找誰啊

甲、王先生在家裏沒有你給請過來講話

---

일천이백삼십사번을불러주시오。

タカラ、モ一度本局一千二百三十四番ヲ呼ンデ下サイ。

여보、어디요。

モシモシ、ドチラデスカ。

나는장인데、거기는상문공댁인가요。

私ハ張デスカ、貴所ハ尚文公寓デスカ。

그렇소。누구를찾으시오。

左樣デス。誰方ニ御用デスカ。

왕선생계십니까。할말슴이있는데요。

王先生ハオ宅デセウカ。オ話ヲシタイノデスガ。

乙、你等一等我就請去

丙、唯唯友山麽

甲、不錯你好啊

乙、好哇你叫我有什麽事情啊

甲、我有件要緊的事要和你商量今兒後半天打算要找你去行不行

---

좀기다리시요。불러드릴터이니。

少シオ待チナサイ。オ呼ビ致シマスカラ。

여보、여보、우산인가。

モシモシ、友山カ。

그렁이、팽이찬는가。

ソウ、オイ如何ダネ。

잘있지。무슨일이있나?

元氣ダヨ。何ノ御用カネ。

긴요한일이있어서자네와의논을하려오늘오후에찾아가고저하는대어떻겠나。

急用ガアッテ君ト相談ヲシタイト思ッテ今日午後ニ伺フツモリダガ都合ハ如何カネ。

丙、偏巧今兒後半天我有個約會兒總得出去一盪。

甲、那麼多喒可以在家呢。

丙、明兒前半天總可以在家。

甲、那麼明兒一早必到你家裏去找你。

丙、是明兒個我不出門一定在家等等。還沒有別的事嗎。

---

공교히오늘오후에는회가있어서한번나가야하겠네。
相憎今日ノ午後ハ會合ガアルノデ一度出ナケレバナランガネ。

그러면언제집에있겠나。
ソレテハ何時オ宅カネ。

내일오전에는꼭집에있겠네。
明日午前ニハ屹度家ニ居ルヨ。

그러면내일아침에자네집으로찾아가겠네。
ソレデハ明朝君ノ所ヘオ伺ヒシヨウ。

응、내일은나가지않고꼭기다림세、또다른일은없나。
ウン、明日ハ出ナイデ屹度オ待チシヨウ。又外ノ用ハナイカ。

甲、沒有別的事明天見罷

丙、是明天見

## 第百二課　辭行

甲、先生打那裏來

乙、打家裏來這幾天忙罷

甲、沒有甚麼事我聽說你要到中國去有這回事麼

……………………

다른일은업네、내일만나셰。
外ノ事ハナイ、明日オ會ヒシヨウ。

응、내일보셰。
ウン、サヨウナラ。

노형어디로셔오신니까。
貴公何所カラオ出デデスカ。

집에셔옵니다。요쉐는분주하시지요。
宅カラ參リシマシタ。此頃ハオ忙シイデセウ。

아니오、중국에가신다는말숨을들엇는대정말숨입니까。
否、支那ヘオ出デニナルト承ツテ居リマスガ本當デスカ。

乙、是打算上中國去一盪

甲、動身的日子定了沒有

乙、日子還沒一定也就在三五天以內所以特來辭行

甲、你眞是多禮啊這回上中國去是有甚麽公事呢

乙、倒沒有甚麽公事不過是

---

예、중국에한번가려고합니다。
ハイ、支那ヘ一度往ク積リデス。

떠나실날자는정하셨읍니까。
オ立チノ日ハ決定シマシタ。

날자는아직정하지않았으나아마사오일이내되겠지오。
日取ハマダ定リマセンガ先ヅ四五日ノ内デセウ。ソレ

그래서일부러작별하려왔읍니다。
デオ暇乞ニ參リマシタ。

참친절하십니다。이번중국에가시는것은무슨볼일이계십니까。
誠ニ御丁寧ナコトデス。今回支那ヘ御出デニナルノハ何カ御用ガオ有リナノデス。

별로볼일은없읍니다。단지여름휴가를이용하여구경하
別ニ用事ハゴザイマセン。只夏休ヲ利用シテ見物ニ往

趁着暑假要遊歷遊歷去

甲、你這回是打算上甚麼地方去啊

乙、我想先上北平去然後打北平再到滿洲去

甲、你是坐車去呀還是坐船去呢

乙、我打算去的時候兒坐船回來的時候兒坐火車

……

려갈터입니다。

クツモリデス。

이번에어듸로가실터입니까。

今度何方へオ出ニナルオツモリスカ。

나는먼저북평으로가서、그리고다시만주로갈생각입니다。

私ハ先ヅ北平ニ往ッテ、ソレカラ更ニ滿洲へ往カウト思ヒマス。

기차로가십니까。기선으로가십니까。

汽車デオ出デスカ。汽船デオ出デスカ。

갈적은배로、올적은차로할작정입니다。

行ク時ハ汽船デ歸ル時ハ汽車ニ乘ル積リデス。

甲、同行的有幾位

乙、一共五個人都是極好的朋友

甲、你動身的日子定規了請告訴我一聲我一定送行去

乙、不敢當你是忙身子不必勞駕了

甲、那兒的話呢我一定要送行去的

---

동행은몇분이십니까。
御同行者ハ幾人デスカ。

모두다섯사람인대、다친한친구입니。
全部デ五人デスガ、皆親シイ友人デス。

떠나실날자가작정되시거던、알려주십시오。꼭전송하겠읍니다。
御出發ノ日ガ定リマシタラ、オ知ラセ下サイ。必ラズオ見送リ致シマス。

황송합니다。바쁘신데그디하실것은없읍니다。
恐縮致シマス。オ忙シイノデスラ其レニハ及ビマセン。

천만에、꼭전송하겠읍니다。
何ウ致シマシテ、屹度オ送リ致シマス。

乙、啊天不早了我要告辭了

甲、你忙甚麼時間還早哪請再多一會兒罷

乙、不咖了我還要到別處去一回等我旅行回來再給

甲、你請安來罷不敢當不敢當

---

아、늦었읍니다。작별하겠읍니다。
アー、遲クナリマシタ。オ暇致シマセウ。

뭘그러십니까。아직일습니다。좀더천천히가십시오。
マア好イヂヤアリマセンカ。マダ早イデスヨ。モウ少シ御緩リシテオ出デナサイ。

아니오。또다른데도가야하겠읍니다。인제돌아오거던또찾아뵈옵겠읍니다。
否。マダ外ノ處ヘモ往カネバナリマセン。何レ歸リマシテカラ又オ伺ヒ致シマス。

불감합니다。
傷ミ入リマス。

# 第百三課 送行

甲、我聽說你們今兒早起起身要中國去所以我就給你們送行來了

乙、勞你大駕你實在是多禮了

甲、那兒的話呢這帶來的一點粗東西路上當點心嘗嘗罷

오늘중국에떠나신다는말슴을들고전송차로왓읍니다。
今日支那御出發ト承リマシテオ見送リニ參リマシタ。

수고하셧읍니다。참인사를잘차리십니다。
御足勞サマデゴザイマス。御丁寧サマ。

천만에、이것은변변치못한것입니다마는길에서과자로잡수십시오。
ドウ致シマシテ這レハオ粗末ナモノデスガ途中ノオ菓子ニ召上ッテ下サイ。

乙、唉呀你太客氣了

甲、沒甚麼可口的不過揀一點家鄉風味送來

乙、感謝得很

甲、你們的旅程計劃妥當了

乙、是已經定規了

甲、連去帶來總得多少日子呢

---

오야, 이건참황송합니다。
オヤ、コレハ恐縮ノ至リデス。

아모것도잡수실만한것은없오나, 고향의명산을좀가져온것뿐입니다。
別ニオ口ニ合フモノハアリマセンガ、唯郷里ノ名物ヲ少シ持ツテ參リマシタノデゴザイマス。

대단히감사합니다。
大キニ有難ウゴザイマス。

노정은다작정하셨읍니까。
御旅程ハ悉皆定リマシタカ。

네, 벌서작정하였읍니다。
ハイ、モウ定リマシタ。

가셨다오시기까지메칠이나걸리실가요。
往ツテオ歸リニナルマデ幾日カカリマセウカ。

乙、少也不下兩多月的光景
쏴예부햐량둬웨디꽝깅
シアオイエ プ ヒヤ リヤントウオ ユエ テイ コワン キン

甲、那麼大概得多喒回來呢
나뫼따깨긔둬짠회래늬
ナ モア タ カイ テ トウオツアヌ ホイ ライ ニ

乙、後月二十五六罷因爲行期限
학웨얼쓰우릮바인웨힝키혠
ホウ ユエ アル ス ウー リウ パ イヌ ウエイ ヒン キ ヒエヌ

很忙不能到府上和令兄辭行
헌망부넝닾후쌍해링훵쯔힝
ヘエヌ マン プ ノン タオ フウ シアン ハイ リン ヒユイン ツ ヒン

去求你回去替我說說罷
쮜깍늬회쮜티워숴숴바
キユイ キウ ニー ホイ キユイ テイ ウヲ シウオ シウオ パ

甲、多謝多謝你們一路平安
둬쎄둬쎄늬먼이루핑안
トウオ シエイ トウオ シエイ ニー メヌ イー ルウ ピン アヌ

乙、托你福罷
퉈늬후바
ヒウオ ニー フウ パ

---

적어도두어달은걸릴모양이올시다。
少クトモ二箇月餘リハカカル樣デコサイマス。

그러면대개언제쯤돌아오시겟읍닛가。
ソレデハ大概何時頃オ歸リニナリマセウカ。

내내월이십오륙일께나되겟읍니다。행기가총총해서백씨께작별을못하엿읍니다。돌아가시거던대신말숨을하여주십시오。
再來月ノ二十五六日頃デセウ。出發ノ期日ガ迫ッタノデ御令兄ニオ暇乞ニモ上リマセンデシタ。オ歸リニナッテドーゾ宜シク仰ッシャッテ下サイ。

감사합니다。안녕히가십시오。
有難ウゴサイマス。御機嫌宜ウ。

감사합니다。
有難ウゴザイマス。

# 第百四課 坐船 (其一)

甲、我們買票來了

乙、來了多少人

甲、來了好些個人

乙、這兒有紙寫名字罷

甲、這麽寫好不好

乙、好你們要上那兒去

---

우리는표를사러왔오。
我我ハ切符ヲ貰ヒニ來マシタ。

몇분이오셨오。
オ幾人デスカ。

여럿이왔오。
大勢來マシタ。

여기종이가있으니이름을쓰시오。
此處ニ紙ガアルカラ名前ヲ書キナサイ。

이렇게쓰면되겠오。
斯ウ書ケバ好イデセウカ。

좋소。어디로가시오。
ヨシ。何方ヘ往クノデスカ。

甲、我要上上海去
워 얀 쌍 쌍 해 취

乙、你要幾等船
늬 얀 기 덩 쫜

甲、下等是人很多所以我要中等船
하 덩 쓰 인 헌 둬 쒀 이 워 얀 쭁 덩 쫜

乙、拿十四塊五毛錢罷
나 쓰 쓰 쾌 우 뫄 첸 바

甲、給你十五塊沒有小錢兒
께 늬 쓰 우 쾌 메 와 썊 첸 얼

乙、給你船票
께 늬 쫜 퍄

甲、這是叫甚麼船
쩌 쓰 갸 엄 뫼 쫜

---

상해로가려하오。
上海へ往キマス。

몇등을타시겟읍니까。
何等ニオ乘リデスカ。

하등은사람이많으니、중등으로하겠소。
三等ハ人ガ多イカラ、二等ニシタイデス。

십사원오십전을내시오。
十四圓五十錢出シナサイ。

십오원을드립니다。잔돈은없읍니다。
十五元上ゲマス。細イノハアリマセン。

선표를받으십시오。
切符ヲオ取リナサイ。

이것은무슨배인가오。
コレハ何ト云フ船デスカ。

乙、這是立神船

甲、幾咱開船呢

乙、晚上九點半鐘開船

甲、船上吃飯是甚麼人管呢

乙、也是都在其內不要飯錢

你們快上船罷

甲、多謝多謝我們就上船罷

---

이것은입신선입니다。
這レハ立神船デス。

언제출범하나요。
何時出帆シマスカ。

밤아홉점반에떠납니다。
夜ノ九時半ニ出マス。

배에서식사는누가담당하나요。
船テ食事ハ誰ガ負擔シマスカ。

역시그속에들었읍니다。밥값은받지않읍니다。속히배에오르시오。
矢張其内ニ含ンデ居マス。飯代ハ要リマセン。早々船ニオ乗リナサイ。

고맙소。곧타겠오。
有難ウ。スグ乘リマセウ。

# 第百四課 坐 船 (其二)

甲、請東家來我有說話

乙、東家沒在屋裏請掌櫃的來行不行

甲、也行

丙、你叫我有甚麽話吩咐

甲、我這是要到青島去不知道有

---

주인을청해오너라。할말이있다。
主人ヲ呼ンデ來イ。話ガアル。

주인은집에없으니、회계를불러오면안되겠읍니까。
主人ハ家ニ居マセン。番頭サンヲ呼ンデ來テハ不可マセンカ。

그것도좋다。
ソレデモヨロシイ。

제게무슨분부하실말슴이계십니까。
手前ニ何カオ吩咐ガゴザイマスカ。

나는청도로가고져하는대그곳으로가는기선이있는지모
僕ハ青島マデ往キタイガ其處ヘ往ク汽船ガアルカシ

往那兒去的火輪船沒有

丙、這兒灣着有一隻高麗丸明兒早起就開往青島去

甲、那巧極了可是這個船好不好

丙、這兒到青島有三隻船來往一個是神戶丸一個是門司丸再就是高麗丸這

---

크겠오。ラ。

여기고려환이라는배가정박중인데내일아침에청도로갑니다。
此處ニ高麗丸ト云フ船ガ碇泊中デスガ明朝青島へ往クノデス。

그건마침잘되였소。그러나그배는좋소?
ソレハ丁度都合ガ宜イ。然シソノ船ハ好イノデスカ。

여기서청도까지배셋척이왕래하는대、하나는신호환이오、하나는문사환이오、또하나는이고려환입니다。이배는배가대단히크고매우정하며배에서접대하는사람도
此處カラ青島マデ、三艘ノ船ガ往來シマスガ、一ツハ神戶丸デ、一ツハ門司丸デ、又一ツハコノ高麗丸デゴザイマス。コノ船ハ船身ガ非常ニ大キク又奇

個船身頂大頂乾淨船上應酬人也很周到你一個單走麼

甲、就是我和我的底下人

丙、你打算定幾等艙

甲、一個二等艙一個三等艙船價是多少錢

---

매우주밀합니다。당신은혼자가십니까。

麗デ船デ應接スル人モ行届イテ居リマス。貴下オ一人イラッシャイマスカ。

나와내하인이오。

僕ト僕ノ下男デス。

몇등으로정하시렵니까。

何等トナサル積デゴザイマスカ。

이등하나삼등하나면선가가얼마요。

二等一枚三等一枚デハ船賃ハ幾許デスカ。

丙、二等艙二十塊錢三等艙八塊錢若是帶的行李多另外得給水脚

甲、那麽船價我這就開發麽

丙、不必我們價上可以先給你墊上了

甲、就是就是那麽託你代辦罷

丙、遵辦遵辦請你歇一歇罷

---

이등은이십원、삼등은팔원이오、만일행장이많으면따로삯을주어야합니다。

二等ハ二十圓三等ハ八圓デ・ガ、若シ荷物ガ多ケレバ別ニ運賃ヲ拂ハネハナリマセン。

그러면、선가를지금주리까。

ソレデハ、船賃ヲ今拂ヒマセウカ。

그러실것없읍니다。저이가선급하겠읍니다。

ソレニハ及ビマセン。手前ノ方デ立替致シマス。

옳소。그러면대신내여주시오。

ヨロシイ。ソレデハ代ツテハラッテ下サイ。

말슴대로하겠읍니다。안녕히주무십시오。

仰ノ通リ致シマス。オ休ミナサイマシ。

甲、辛苦你哪（씬쿠늬나 シンクニーナ）

수고가많구려。
御苦勞サマ。

# 第百六課 車 站

甲、借光借光（졔꽝졔꽝 チエイクアンチエイクアン）

여보여보。
モシモシ。

乙、你上那站到呢（늬쌍나짠또늬 ニーシアンナーチアヌタオニ）

어느정거장까지가시요。
何處ノ停車場マデデスカ。

甲、開新京票罷（캐씬깅퍞바 カイシヌキンピヤオバ）

신경표를주시오。
新京ノ切符ヲ下サイ。

乙、你要幾等車（늬얀기덩쳐 ニーヤオキートンちョ）

몇등을타시렵니까。
何等ニオ乘リデスカ。

甲、頭等的價錢很貴所以要坐三等車（투덩디갸쳰헌궤쒸이얀쭤싼덩쳐 トウトンティキャちエヌヘエスヰインチイヤオツヲオサヌトンちョ）

일등은비싸니삼등을타겠오。
一等ハ高イカラ三等ニ乘リタイデス。

乙、三等是人很多不是混雜麼

甲、那麼給二等的票罷

乙、拿十五塊六

甲、二等車十五塊六麼

乙、不不忘了二十九塊

甲、給你二十九塊錢這盪車是客車呢還是貨車呢

삼등은사람이많으니혼잡지않습니까。

三等ハ人ガ多イカラゴタゴタシマセンカ。

그러면이등표로주시요。

ソレデハ二等ノ切符ヲ下サイ。

십오원육십전내시오。

十五圓六十錢出シナサイ。

이등차가십오원육십전인가요。

二等ガ十五圓六十錢デスカ。

아니아니。잊었읍니다。이십구원입니다。

イエイエ。忘レマシタ。二十九圓。

이십구원받은시오。이번차는객차요?짐차요?

二十九圓取ツテ下サイ。今度ノ列車ハ客車デスカ貨物列車デスカ。

乙、是貨車不搭客

甲、那麼我們坐下邊車行不行

乙、下邊車是慢車再過一點鐘還有一邊快車你等着坐那車去罷

甲、是啊那麼還剩咯一點多鐘的工夫了罷

乙、可不是麼請你到候車房

---

화물차입니다。손은태우지않습니다。

貨物列車デス。客ハ乘セマセン。

그러면우리는다음차를타면되겠오?

ソレデハ我我ハ次ノ列車ニ乘レバヨイデセウカ。

다음차는완행이오。한시간만지나면급행차가있읍니다

次ノ列車ハ緩行デス。一時間經テバ急行列車ガア

노형은그차를타십시오。

リマス。貴下ハソノ列車ニオ乘リナサイ。

그런가요。그러면아직한시간동안이나남았구려。

ソウデスカ。ソレデハマダ一時間モ餘裕ガアリマスネ。

그렇습니다。대합실로가셔서담배나잡수시오。

ソウデス。待合室ニ往ツテ一服オ上リナサイ。

去抽烟罷

# 第百七課 坐車

甲、今天我有點兒事情上安東縣去

乙、你是坐火車去呀是坐船去呢

甲、我常愛暈船所以要坐火車去

乙、我也要往奉天去偺們一

---

오늘나는볼일이좀있어서안동현에갑니다。
今日私ハ用事ガアッテ安東縣ニ往キマス。

차로가십니까。배로가십니까。
汽車デオ出デスカ。汽船デ出デスカ。

나는뱃머리를알른고로、차로가려합니다。
私ハ船ニ醉ヒマスカラ、汽車デ往カウト思ヒマス。

나도봉천에가고저합니다。우리동행하는것이어떠하십
私モ奉天ヘ往クノデス。我我ガ伴致シテハ如何デ

塊兒搭伴去好不好

甲、很好你的行李都在那兒

乙、早已在車站存着了回頭得裝在車上你的呢

甲、我是不多就有一個皮箱沒有甚麽

乙、這嘀嘀的是甚麽響的聲兒

---

니까。
スカ。

좋습니다。노형행장은모두어디있습니까。
結構デス。貴君ノオ荷物ハ皆何處ニアリマスカ。

벌서정거장에마꼈읍니다。이따가차안에싫겠읍니다。
モウ停車場ニ預ケマシタ。後デ列車ニ積マネバナリマセン。

노형것은?
貴君ノハ?

나는많지않습니다。단지가방하나밖에아무것도없읍니다。
私ハ多クアリマセン。只ダカバン一ツダケデ何モアリマセン。

이땡땡하는것은무슨소리입니까。
コノガラン〳〵鳴ルノハ何ノ音デスカ。

甲、車要開了那是搖鈴的聲兒

乙、這有甚麽意思呢

甲、火車快要開的時候兒叫客人們快快上車的意思了

乙、阿那麽咱們快走罷巧了晚點兒就趕不上了罷

甲、別忙別忙這是往別處去的了

---

차가떠나려합니다。저것은요령소리입니다。
發車シヤウトシマス。アレハ鈴ノ音デス。

이것은무슨까닭인가요。
コレハ何ノ意味デスカ。

차가떠나려할때에손님들에게빨리타라는것입니다。
發車シヤウトスル時ニオ客達ニ早クオ乘サセルデス。

아、그러면우리빨리갑시다。좀늦어도 대지못하겠소
アー、ソレデハオ互ニ早ク往キマセウ。一寸遲レテモ間ニ合ヒマセンヨ。

바빠마시요。이것은다른데로가는것이오。우리가탈차
オ急ギナサルナ。コレハ外ノ處ニ往クノデス。我我

乙、咱們要坐的是第二還開的呢

……는둘재번에떠납니다。
ガ乗ル列車ハ二番目ニ發車シマス。

乙、是啊我不知道了

그럿슴니까。나는몰랏니다。
ソウデスカ。私ハ知リマセンデシタ。

## 第百八課　雇　車

甲、趕車的拉我到前門去你要多兒錢

인력거。전문까지가는대얼마달라나？
車屋サン。前門マデ幾何デ往クネ？

乙、來回麼

왕복입니가。
往復デスカ。

甲、不是

아니、
イエ。

乙、你給我三角五罷

甲、這總多遠兒你要這麼些個錢我給你二十個子兒罷

乙、今兒道兒上很泥濘不好走多給五個子兒

甲、可以趕快一點兒罷

乙、是了你哪你請上車罷

---

삼십오전주십시오。三十五錢下ザイ。

이까지대를그렇게많이달라나。이십전주시。是レハカリノ處デソンナニ取ルノカ。二十錢遣ラウ。

오늘은길이질어서흉합니다。오전만더주십시오。今日ハ道ガ泥濘ンデ悪ウゴザイマス。五錢殖シテ下サイ。

그래、빨리가세。ヨシ、急イデヤレ。

네、알았습니다。다십시오。ハイ、畏リマシタ。オ乘リ下サイマシ。

甲、快點兒走怎麼樣

乙、可以我快快兒的跑了

甲、這纔就是了

乙、這個買賣太苦你給幾個酒錢罷

甲、講多少我給多少加錢不加錢那在我我要加就是你不說我也給你加我君

---

좀빨리가는것이어떤가。少シ早ク往ツタラ如何ダイ。

비、빨리뛰겠읍니다。ハイ、速ク走リマセウ。

인제되었네。コレデヨロシイ。

너무힘이들었으니! 술값이나몇푼주십시오。餘リ骨ガ折レヤシタカラ少シ酒手ヲハヅンデ下サイ。

작정한대로만주네。더주고안주는것은내게달렸어。내가주고싶으면말아니하야도주고、내가만일주지않겠다면、자네가말한댓자헛말일세。

定タダケヤルンダ、増ヲヤルヤラナイハ俺勝手ダ。俺ガ遣ラウト思ヘバ云ハナイデモ遣ル、俺ガ若シ遣ラナイトナツタラ、お前ガ云ツタトテ無駄話ダヨ。

是不加你說也白說

## 第百九課 旅館

甲、你們這兒有閑屋子沒有
乙、有啊你哪
甲、領我們看看
乙、是
甲、這是客堂麼

（其一）

자네집에빈방이있나。
君ノ所ニ空イタ部屋ガアルカ。

있읍니다。
御座イマス。

우리가보세。
往ッテ見ヨ。

비。
ハイ。

이것이객실인가。
コレガ客間カネ。

乙、是了

甲、你們店裏住一天多少錢

乙、一塊錢一天

甲、飯錢都在其內麽

乙、是連房帶飯一包在內

甲、可以就住你們這兒罷把

甲、我們的行李叫人上來

---

네。ハイ。

자네집에서하루묵자면얼마인가。君ノ處デ一日泊ルニハ多少錢カネ。

하루에일원입니다。一日一圓デゴザイマス。

식가도그안에들었나。飯代モ含ンデ居ルカ。

방세로부터식가까지한데들었읍니다。部屋賃カラ飯代マデ皆スッテ居マス。

됐네、여기서유하겠네、우리의짐을누구시켜올려오게。ヨシ、此方デ泊ラウ、僕等ノ荷物ヲ誰カサセテ持ッテ來イ。

乙、是都拿上來了。

甲、打點兒水來擦擦臉。

乙、是胰子手巾都擱在這兒。

甲、哎可以。

乙、你們得幾點鐘用飯哪。

甲、六點鐘就是了。你給我拿盒洋火來。

---

네、다올려왔읍니다。

ハイ、皆持ツテ上リマシタ。

물좀떠오게。얼골을문지르게。

水ヲ少シ汲ンデ來イ。顏ヲ拭クカラ。

네、왜비누수건이다여기놓었읍니다。

ハイ、石鹼手巾ガ皆此處ニ置イテゴザイマス。

응、그래。

ウン、サウ。

몇점에진지를잡수시겠읍니가。

何時ニ御飯ヲ召上リマセウカ。

여섯점이면되겠네。성냥한통가져오게。

六時デヨロシイ。燐寸一ツ持ツテ來給ヘ。

乙、給你洋火 께늬양훠

甲、擱在這兒罷茅廁在那兒 꺼재여얼바뫄쯔재나얼

乙、就在這後邊兒 찍재쩌헉볜얼

甲、這屋子是第幾號 져우쯔쓰디기한

乙、是第二號 쓰디얼한

甲、掌櫃的有甚麼事 쨩궤디와언뫼쓰

丙、沒別的事請你把貴原籍 메뼤디쓰칭늬빠퀴완쩌

---

성냥을드립니다。燐寸ヲ上ゲマス。

여기놓게。변소는어디있나。ココニ置ケ。便所ハ何處カネ。

이뒤에있읍니다。此ノ後ニゴザイマス。

이방은몇호인가。コノ部屋ハ何號カネ。

제이호올시다。第二號デゴザイマス。

장괴무슨볼일이있오。番頭サン何カ御用デスカ。

다른일이아니올시다。손님의원적과영업과성명을자세

外ノ事デハゴザイマセン。オ客サンノ原籍ト職業ト氏

和營業及姓名你給開一
해 잉 예 가 씽 밍 늬 께 캐 이

個清單我們櫃上好報巡
거 칭 딴 워 먼 꿰 썅 하 봐 쒼

警預備調查
깅 위 뻬 댜 챠

甲、可以、我開好就送到櫃上去
커 이 워 캐 한 쥐 쑹 또 뀌 쌍 취

## 第百十課 旅舘

(其二)

甲、我們的帳還沒開出來麽、告訴
워 먼 디 쨩 해 메 캐 쭈 래 마、 깦 쑤

掌櫃的把我們的帳快開出來
쨩 뀌 디 빠 워 먼 디 쨩 쾌 캐 쭈 래

---

히한장적어주십시오。사무실에서순사의조사대답하기에좋겟읍니다。

名ヲ詳シク書イテ下サイマシ。手前ノ方デ巡査ノ調ベニ都合ガ宜ウゴザイマス。

좋소。잘적어서보내리다。

ヨロシイ。ヨク書イテ遣シマセウ。

(其二)

우리셰음을아직뽑아오지안엇나。장괴에게우리셰음을얼른뽑아오라고일르게。

我々ノ勘定ヲマダ書イテ來ナイカ。番頭サンニ我我ノ勘定ヲ早ク書イテ來ルヨウニ云ヘ。

乙、這是開來的帳請看你哪

甲、這開的過逾多了

乙、我們不敢多開這算是很公道

甲、你們算的飯錢太多你們從前不是說算一塊錢麼

乙、我們不敢多算你們的錢

---

이것이 셈을발기입니다。보십시오。
這レガ勘定書デゴザイマス。ゴ覽ナサイマシ。

이것은너무과한데。
コレハ餘リ多過ギル。

우리는더적지않습니다。이계산은공평합니다。
手前ノ方デハ餘計ニ書キマセン。此計算ハ公平デゴザイマス。

식가를너무많이적었네。전에일원식받겠다고하지안았나?
飯代ヲ餘計ニ書イタヨ。前ニ一圓ヅツ勘定スルト云ツタノデハナイカ。

저이는많이받지않습니다。얼마든지손님말슴대로주십
手前共ハ餘計ニ頂キマセン。幾許デモオ話ノ通リ下サ

你說多少就給多少罷

甲、你們把總碼兒開錯了

乙、沒有我們算的淸淸楚楚的那兒有錯呢

甲、這不是麼你再好好兒看看

乙、是這碼多拐了一拐我給你可以改一改

---

이오。イマス。

합계를잘못됐네。合計ヲ間違ヘタノダ。

아니올시다。우리의계산은분명합니다。어디가틀렸읍니까。イエ。我我ノ計算ハ明白ナモノテス。何所ガ間違ヒマシタカ。

이게아녀야。자세보게。コレヂヤナイカ。ヨク見給ヘ。

네、이수자를안획더씌였읍니다그려。고쳐서드리겠읍니다。ハイ、此ノ數字ニ一畫ヲ餘計ニ書キマシタナ。直シテ上ゲマセウ。

甲、這(여)行(힝)了(라)這(여)兒(얼)有(와)六(뤼)十(쓰)塊(쾌)錢(첸)

乙、另(링)有(와)三(싼)塊(쾌)這(여)賞(쌍)你(늬)們(먼)酒(쥐)錢(첸)

謝(쎄)謝(쎄)

.................................

인제되었네。여기육십원있네。따로삼원은자네술값일세。

コレデヨロシイ。ココニ六拾圓アルヨ。別ニ三圓ハ酒儀ダヨ。

감사합니다。

有難ウゴザイマス。

## 第十一課 數詞

一(이) 一。하나。
二(얼) 二。둘。
三(싼) 三。셋。
四(쓰) 四。넷。
五(우) 五。다섯。
六(뤼) 六。여섯。

.................................

七(치) 七。일곱。
八(빠) 八。여덟。
九(각) 九。아홉。
十(쓰) 十。열。
十一(쓰이) 十一。열하나。
十二(쓰얼) 十二。열둘。

| 中國語 | 朝鮮語 |
|---|---|
| 十三 쓰싼 スサヌ | 열셋。 十三 ジフサン |
| 十五 쓰우 スウー | 열다섯。 十五 ジフゴ |
| 十七 쓰치 スち | 열일곱。 十七 ジフシチ |
| 十九 쓰각 スキウ | 열아홉。 十九 ジフキウ |
| 三十 싼쓰 サヌス | 서른。 三十 サンジフ |
| 五十 우쓰 ウース | 쉰。 五十 ゴジフ |
| 七十 치쓰 ちス | 이른。 七十 シチジフ |
| 十四 쓰쓰 スス | 열넷。 十四 ジフシ |
| 十六 쓰릭 スリウ | 열여섯。 十六 ジフロク |
| 十八 쓰빠 スパ | 열여덟。 十八 ジフハチ |
| 二十 얼쓰 アルス | 스물。 二十 ニジフ |
| 四十 쓰쓰 スス | 마흔。 四十 シジフ |
| 六十 릭쓰 リウス | 예순。 六十 ロクジフ |
| 八十 빠쓰 パス | 여든。 八十 ハチジフ |

---

| 中國語 | 朝鮮語 |
|---|---|
| 九十 갸쓰 キウス | 아흔。 九十 キウジフ |
| 二百 얼빼 アルパイ | 이백。 二百 ニヒャク |
| 一百零四 이빼링쓰 イパイリンス | 백넷。 百四 ヒャクヨン |
| 一百一十五 이빼이쓰우 イパイイスウー | 백열다섯。 百十五 ヒャクジフゴ |
| 一百三 이빼싼 イパイサヌ | 백서른。 百三十 ヒャクサンジフ |
| 五百 우빼 ウーパイ | 오백。 五百 ゴヒャク |
| 兩千 량첸 リャンちエヌ | 이천。 二千 ニセン |
| 一百 이빼 イパイ | 백。 百 ヒャク |
| 一百零一 이빼링이 イパイリンイ | 백하나。 百一 ヒャクイチ |
| 一百一十一 이빼이쓰이 イパイイスイ | 백열하나。 百十一 ヒャクジフイチ |
| 一百二 이빼얼 イパイアル | 백스물。 百二十 ヒャクニジフ |
| 二百四 얼빼쓰 アルパイス | 이백마흔。 二百四十 ニヒャクヨンジフ |
| 一千 이첸 イちエヌ | 일천。 一千 イッセン |
| 一萬 이완 イワヌ | 일만。 一萬 イチマン |

十萬 (쓰완) 십만。十萬。
一千萬 (이체완) 천만。千萬。
一兆 (이짜오) 일조。一兆。
一半兒 (이빤얼) 반。半分。
一百來 (이배래) 근백。百バカリ。
兩個 (량거) 두개。二ツ。
四啊 (쓰아) 네개。四ツ。

一百萬 (이빼완) 백만。百萬。
一萬萬 (이완완) 일억。一億。
一京 (이깅) 일경。一京。
十多 (쓰뒤) 십여。十アマリ。
一個 (이거) 한개。一ツ。
三個 (싼거) 세개。三ツ。
五啊 (우아) 다섯개。五ツ。

---

六啊 (뤼아) 여섯개。六ツ。
八個 (빠거) 여덟개。八ツ。
十個 (쓰거) 열개。十。
好些個 (한쎄거) 매우여러개 非常ニ多ク
第五 (디우) 제오。第五。
第三號 (디싼한) 제삼호。第三號。
一毛錢 (이뫄쳬) 십전。十錢。

七個 (치거) 일곱개。七ツ。
九個 (기거) 아홉개。九ツ。
些個 (쎄거) 있는대로모두 有ル丈、澤山
第一 (디이) 제일。第一。
第二號 (디얼한) 제이호。第二號。
一分錢 (이뻔체) 일전。一錢。
一角錢 (이갸체) 십전。十錢。

一이(イ)塊괴(クワイ)錢쳔(チエヌ)
원원。 一圓。(イチエン)

兩량(リヤン)塊괴(クワイ)五우(ウー)
이원오십전。 二圓五十錢。(ニエンゴジツセン)

三싼(サヌ)塊괴(クワイ)兩량(リヤン)角걒(キヤオ)
삼원이십전。 三圓二十錢。(サンエンニジツセン)

四쓰(ス)塊괴(クワイ)兩량(リヤン)毛만(マオ)五우(ウー)
사원이십오전。 四圓二十五錢。(ヨンエンニジフゴセン)

五우(ウー)個거(コ)銅퉁(トウン)子쯔(ツ)兒얼(ル)
동전오푼。 銅貨五錢。(ドウクワゴセン)

一이(イ)兩량(リヤン)銀인(イヌ)子쯔(ツ)
대양일원。 一テール。(イチ)

一이(イ)斤긴(キヌ)
한근。 一斤。(イツキン)

---

五우(ウー)錢쳔(チエヌ)
닷돈。 五十匁。(ゴジフモンメ)

一이(イ)疋피(ピ)
한필。 一匹。(イチピキ)

一이(イ)丈짱(チアン)
한길。 一丈。(イチヂヤウ)

一이(イ)尺츼(チ)
한자。 一尺。(イチシヤク)

一이(イ)合허(ホ)
한홉。 一合。(イチガフ)

一이(イ)升썽(シエン)
한되。 一升。(イツシヨウ)

一이(イ)斗뚜(トオウ)
한말。 一斗。(イツト)

一石
한셤。一石。

一張紙
한장죵이。一枚ノ紙。

兩張椅子
두개의자。二脚ノ椅子。

一場雨
한소나기비。一頻リノ雨。

一陣風
한번지나가는바람。一頻リノ風。

一架鐘
시계하나。一ツノ置時計。

一間屋子
방하나。一室、一間。

---

一件衣裳
옷한벌。一枚ノ着物。

一件東西
물건하나。一ツノ品物。

一件事情
일한가지。一ツノ事柄。

一枝筆
붓한자루。一本ノ筆。

一枝花
꽃한가지。一本ノ花。

一支蠟
초한가락。一本ノ蠟燭。

一隻煙
권연한개。一本ノ巻煙草。

一隻船 배한쳑。一艘ノ船。

一處房子 집한채。一軒ノ家屋。

一串珠子 구술한줄。一サシノ珠。

一串院子 한마당。一ト所ノ庭。

一床被子 이불한채。一枚ノ夜着。

一盅水 물한잔。一杯ノ水。

一句話 말한마디。一ト言。

---

一封信 편지하나。一本ノ手紙。

一桿槍 총한자루。一梃ノ銃。

一棵樹 나무하나。一株ノ木。

一股道 길한갈래。一筋ノ道。

一掛表 몸시계한개。一ツノ懷中時計。

一管筆 붓한자루。一本ノ筆。

一里地 일리。一里。

一把刀子 (이빠또쯔)
칼한자루。
一挺ノ刀。

一把勺子 (이빠쌰오쯔)
사시한개。
一ツノ匙。

一本書 (이뻔쑤)
책한권。
一冊ノ本。

一匹馬 (이피마)
말한필。
一匹ノ馬。

一部書 (이뿌쑤)
책한권。
一冊ノ本。

一雙鞋 (이쐉혜)
신한켜레。
一足ノ短靴。

一雙襪子 (이쐉와쯔)
왜버선한켜레。
一足ノ靴下。

---

一雙筷子 (이쐉쾌쯔)
저한메。
一對ノ箸。

一罈酒 (이탄쥐)
술한항아리。
一瓶ノ酒。

一套書 (이토쑤)
책한길。
一帙ノ書物。

一套車 (이토쳐)
한필마차。
一頭立ノ馬車。

一套文書 (이토원쑤)
문서한뭉치。
一括ノ書類。

一道河 (이또허)
강하나。
一筋ノ河。

一道電光 (이또뎬꽝)
번개한줄기。
一道ノ電光。

一條狗（이 됴 꺽）개한마리。一匹ノ犬。

一條褲子（이 됴 쿠 쯔）바지하나。一着ノズボン。

一條路（이 됴 루）길하나。一條ノ道路。

一頂帽子（이 띵 맢 쯔）모자하나。一ツノ帽子。

一朶墻（이 둬 챵）죽잇대인담。一續キノ墻壁。

一朶花（이 둬 화）꽃한송이。一輪ノ花。

一座廟（이 쭤 먚）사당하나。一宇ノ寺院。

---

一座山（이 쭤 싼）산하나。一ツノ山。

一尊佛（이 쭌 뿌）부쳐하나。一體ノ佛像。

一尊砲（이 쭌 팦）대포한대。一門ノ大砲。

一團火（이 돤 훠）불한뭉치。一塊リノ火。

一眼井（이 옌 징）우물하나。一ツノ井戶。

一綑葱（이 쿤 충）파한단。一束ノ葱。

一粒丸藥（이 리 완 약）환약한개。一粒ノ丸藥。

이 一 イ　口 꾸 コオウ　鍋 꿔 コウオ
솥한개　一ツノ鍋（ヒト　ナベ）

이 一 イ　領 링 リン　蓆 씨 シ　子 쯔 ツ
자리한립　一枚ノ蓙（イツマイ　コザ）

이 一 イ　位 웨 ウエイ　客 커 コ
손님한분　一人ノオ客（ヒトリ　キヤク）

이 一 イ　舖 푸 ポウ　炕 캉 カン
온돌한간　一間ノ溫突（ヒトマ　オンドル）

이 一 イ　包 빠 パオ　糖 탕 タン
사탕한봉치　一袋ノ砂糖（ヒトフクロ　サタウ）

이 一 イ　尾 웨 ウエイ　魚 위 ユイ
고기한마리　一匹ノ魚（イツピキ　サカナ）

이 一 イ　幅 푸 フウ　畫 화 ホワ
그림한폭　一幅ノ畫（イツプク　エ）

---

이 一 イ　盞 잔 ツアヌ　燈 덩 トン
등잔하나　一ツノ燈火（ヒト　トモシビ）

이 一 イ　塊 쾌 コアイ　墨 뫼 モイ
먹한장　一挺ノ墨（イチチヤウ　スミ）

이 一 イ　條 퇴 テヤオ　魚 위 ユイ
고기한마리　一尾ノ魚（イツチ　ウヲ）

이 一 イ　頭 투 トウオ　牛 뉴 ニウ
소한마리　一匹ノ牛（イツピキ　ウシ）

이 一 イ　把 빠 パ　傘 싼 サヌ
우산한개　一ツノ傘（ヒト　カサ）

（以下略）

# 第百十二課　節季

春天（춘텬）
夏天（하텬）
秋天（추텬）
冬天（동텬）
正月（정월）（一月（이월））
二月（이월）

봄。春。
여름。夏。
가을。秋。
겨울。冬。
정월。一月。（일월）。（正月。）
이월。二月。

………………………………………………

三月（삼월）
四月（사월）
五月（오월）
六月（륙월）
七月（칠월）
八月（팔월）

삼월。三月。
사월。四月。
오월。五月。
유월。六月。
칠월。七月。
팔월。八月。

| 中文 | 조선어 |
|---|---|
| 九月 | 구월。九月。 |
| 十月 | 시월。十月。 |
| 冬月（十一月） | 동짓달。(십일월) 十一月。 |
| 臘月（十二月） | 섯달。(십이월) 十二月。 |
| 初一（一號） | 초하루。一日。 |
| 初二（二號） | 초이틀。二日。 |
| 初三（三號） | 초사흘。三日。 |

---

| 中文 | 조선어 |
|---|---|
| 初四（四號） | 초나흘。四日。 |
| 初五（五號） | 초닷새。五日。 |
| 初六（六號） | 초엿새。六日。 |
| 初七（七號） | 초이레。七日。 |
| 初八（八號） | 초여드레。八日。 |
| 初九（九號） | 초아흐레。九日。 |
| 初十（十號） | 초열흘。十日。 |

| | | | | |
|---|---|---|---|---|
| 十一(十一號) | 쓰이 (쓰이한) / スイ (スイハオ) | 열하루。 | 十一日。 | ジフイチニチ |
| 十五(十五號) | 쓰우 (쓰우한) / スウー (スウーハオ) | 보름。 | 十五日。 | ジフゴニチ |
| 二十(二十號) | 얼쓰 (얼쓰한) / アルス (アルスハオ) | 스무날。 | 二十日。 | ハツカ |
| 月底(三十號) | 웨디 (싼쓰한) / ユエチイ (サヌスハオ) | 그믐날。 | 三十日。 | サンジフニチ |
| 禮拜日(星期日) | 리빼이 (씽키이) / リパイイ (シンきイ) | 일요일。 | 日曜日。 | ニチヨウビ |
| 禮拜一(星期一) | 리빼이 (씽키이) / リパイイ (シンきイ) | 월요일。 | 月曜日。 | ゲツヨウビ |
| 禮拜二(星期二) | 리빼얼 (씽키얼) / リパイアル (シンきアル) | 화요일。 | 火曜日。 | クワヨウビ |
| 禮拜三(星期三) | 리빠싼 (쌍키싼) / リパイサヌ (シンきサヌ) | 수요일。 | 水曜日。 | スヰヨウビ |
| 禮拜四(星期四) | 리빼쓰 (씽키쓰) / リパイス (シンきス) | 목요일。 | 木曜日。 | モクヨウビ |
| 禮拜五(星期五) | 리빼우 (씽키우) / リパイウー (シンきウー) | 금요일。 | 金曜日。 | キンヨウビ |
| 禮拜六(星期六) | 리빼루 (씽키루) / リパイリウ (シンきリウ) | 토요일。 | 土曜日。 | ドヨウビ |
| 立春 | 리쭌 / リチユヌ | 립춘。 | 立春。 | リツシユン |
| 雨水 | 위쒜 / ユイツイ | 우수。 | 雨水。 | ウスヰ |
| 驚蟄 | 징져 / キンツ | 경칩。 | 驚蟄。 | ケイチツ |

春분 分뻔　清칭 明밍　穀꾸 雨위　立리 夏햐　小쌰 滿만　芒왕 種쭝　夏햐 至즈

춘분 春分。　청명 清明。　곡우 穀雨。　립하 立夏。　소만 小滿。　망종 芒種。　하지 夏至。

---

小쌰 暑쑤　大따 暑쑤　立리 秋취　處쭈 暑쑤　白빠 露루　秋취 分뻔　寒한 露루

소서 小暑。　대서 大暑。　립추 立秋。　처서 處暑。　백로 白露。　추분 秋分。　한로 寒露。

霜降 (쌍강 シウアンキヤン)　立冬 (리뚱 リトウン)　小雪 (쌰쒜 シャオシユエイ)　大雪 (따쒜 タシユエイ)　冬至 (뚱즈 トウンツ)　小寒 (쌰한 シャオハヌ)　大寒 (따한 タハヌ)

상강。霜降。(サウカウ)
립동。立冬。(リツトウ)
소설。小雪。(セウセツ)
대설。大雪。(タイセツ)
동지。冬至。(トウシ)
소한。小寒。(セウカン)
대한。大寒。(タイカン)

---

伏天 (뿌톈 フウテエヌ)　黃梅節 (황메졔 ホワンメイチエイ)　節季 (졔기 チエイキ)　時令 (쓰링 スリン)

복중。土用。(ドヨウ)
장마철。入梅季。(ニフバイキ)
절기。季節。(キセツ)
기후。氣候。(キコウ)

# 第百十三課 時刻

一秒鐘 — 일초。一秒。

一分 — 일분。一分。

一刻 — 십오분。十五分。

一點鐘 — 한점。一時。

兩下兒鐘 — 두점。二時。

三點半鐘 — 석점반。三時半。

四點鐘三刻 — 넉점사십오분。四時四十五分。

五點鐘欠五分 — 넉적오십오분。四時五十五分。

十二點鐘 — 열두시。十二時。

天亮 — 새벽。曉。

早起 — 아침。朝。

晌午 — 오정。正午。

白晝　대낮。晝間。

晚上　저녁。夕方。

黃昏（黑下）　황혼。黃昏。

夜裏　밤중。夜中。

上半天（前半天）　오전。午前。

下半天（後半天）　오후。午後。

前半夜　자정전。夜十二時前。

---

後半夜　자정후。夜十二時後。

整夜裏　왼밤。終夜。

整天家　왼종일。終日。

整年家　왼일년。滿一年。

一天　하루。一日。

兩天　이틀。二日。

五天　닷새。五日。

十天 (쓰 톈)
열흘。十日。

十五天 (쓰 우 톈)
열닷새。十五日。

三十天 (싼 쓰 톈)
삼십일。三十日。

一個月 (이 거 웨)
한달。一箇月。

兩個月 (량 거 웨)
두달。二箇月。

三個月 (싼 거 웨)
석달。三箇月。

一年 (이 녠)
한해。一年。

---

兩年 (량 녠)
두해。二年。

五年 (우 녠)
다섯해。五年。

前半月 (쳰 반 웨)
선보름。前ノ十五日。

後半月 (허 빤 웨)
훗보름。後ノ十五日。

上禮拜 (쌍 리 빼)
전주일。先週。

下禮拜 (햐 리 빼)
훗주일。後週。

今天 (긴 톈)（今兒 긴 얼）
오늘。今日。

明天（明兒） 내일。 明日。

後天（後兒） 모레。 明後日。

大後天 글피。 明明後日。

昨天（昨兒） 어제。 昨日。

前天（前兒） 그저께。 一昨日。

大前天 그그저께。 一昨昨日。

半天 반나절。 半日。

---

每天 매일。 毎日。

天天兒（見天） 날마다。 日日。

隔一天 하루걸러。 隔日。

本月 이달。 本月。

上月 지난달。 先月。

下月 새달。 來月。

前兩個月 두달전。 二月前。

今(긴 キヌ)年(녠 ネヌ)
明(밍 ミン)年(녠 ネン)
後(허우 ホウ)年(녠 ネン)
昨(쭤 ツオ)年(녠 ネヌ)(去(귀 キユイ)年(녠 ネヌ))
前(첸 チエヌ)年(녠 ネヌ)
年(녠 ネヌ)底(디 テイ)下(햐 ヒヤ)
目(무 ムウ)下(햐 ヒヤ)

올(금년)。今年(コトシ)(コンネン)。
내년(명년)。來年(ライネン)。
후년。再來年(サライネン)。
작년(상년)。昨年(サクネン)(去年(キヨネン))。
그러께。一昨年(イッサクネン)。
섯달금음。年暮(トシグレ)。
목하。目下(モッカ)。

---

現(현 ヒエヌ)在(재 ツアイ)
立(리 リ)刻(커 コ)
馬(마 マー)上(샹 シヤン)
剛(깡 カン)纔(채 ツアイ)
這(쩌 チヨ)回(회 ホイ)
上(샹 シヤン)回(회 ホイ)
下(햐 ヒヤ)回(회 ホイ)

현재。現在(ゲンザイ)。
즉각、(곧)。即刻(ソクコク)、(直(ス)グ)。
곧。直(ス)グ。
지금막。丁度今(チヨウドイマ)。
이번。今回(コンクワイ)。
전번。前回(ゼンクワイ)。
훗번。次回(ジクワイ)。

新近 신긴 シン キン

向來 향래 ヒヤン ライ

將來 쟝래 チヤン ライ

這程子 여쳥쯔 チヨ チエン ツ（這幾天 여기톈 チヨ キ テヱン）

起初 기추 キ ちウ

後來 혹래 ホオウ ライ

從前 충쳔 ツウン ちエン

근래。近頃。チカゴロ

종래。從來。ジウライ

장래。將來。シヤウライ

요새。此頃。コノゴロ

최초。最初。サイショ

이다음。此次。コノツギ

이전。此前。コノマヘ

---

回頭 회투 ホイ トウ

這時候兒 여쓰호얼 チヨ ス ホオウ ル

一會兒 이회얼 イ ホイ ル

工夫兒 궁부얼 クン フウ ル

已經（早已）이깅（짶이）イ キン（ツアオ イ）

고대。後程。ノチホド

이때。此時。コノトキ

한동안。暫ラク。シバラク

틈。暇。ヒマ

벌서。既ニ。スデニ

# 第百十四課 天文

| 漢語 | 朝鮮語 | 日本語 |
|---|---|---|
| 天(텬) | 하늘。 | 天。 |
| 太(태)陽(양)(日(이)頭(루)) | 태양、(해)。 | 太陽(日)。 |
| 太(태)陰(인)(月(웨)亮(량)) | 태음。 | 太陰(月)。 |
| 陰(인)天(텬) | 흐린날。 | 曇天。 |
| 晴(칭)天(텬) | 개인날。 | 晴天。 |
| 日(이)頭(루)地(다)裏(리) | 양지。 | 日向。 |

---

| 漢語 | 朝鮮語 | 日本語 |
|---|---|---|
| 陰(인)涼(량)兒(얼) | 음지。 | 日陰。 |
| 月(웨)芽(야)兒(얼) | 초생달。 | 三日月。 |
| 月(웨)滿(만) | 보름달。 | 滿月。 |
| 星(싱)星(싱)兒(얼) | 별。 | 星。 |
| 月(웨)圈(콴) | 달무리。 | 月ノカサ。 |
| 雲(윈)彩(채) | 구름。 | 雲。 |

雨(위) ユイ　雪 シユエシ　霜 シウアン　雹(빠오) パオ　霧(우) ウ　露水(루) ルウ ツイ　鬧天氣 ナオ テエン キ

비。雨。アメ　눈。雪。ユキ　서리。霜。シモ　우박。雹。ヒヨウ　안개。霧。キリ　이슬。露。ツユ　폭풍우。暴風雨。ボウフウウ

········································

風 フオン　順風 シウン フオン　頂風 テイン フオン　旋風 シユアヌ フオン　氷凌兒 ピン リン ル　虹(깡) カン　閃 シアヌ

바람。風。カゼ　순풍。順風。オヒテ　역풍。逆風。ムカヒカゼ　회리바람。旋風。ツムジカゼ　고두름。氷柱。ツララ　무지개。虹。ニジ　번개。稲光。イナツマ

## 第百十五課 地理

雷 뢰 ライ

우뢰。 雷。 カミナリ

霹 피 ヒ 靂 리 ゲ

벽력。 俄ノ雷。 ニワカ カミナリ

掃 쏘 サオ 箒 쩍 チオウ 星 씽 シン

혜성。 箒星。 ホウキボシ

濛 뭉 モラン 鬆 숭 ソウン 雨 위 ユイ

이슬비。 霧雨。 キリアメ

連 롄 リエヌ 陰 인 イヌ 雨 위 ユイ

장나비。 長雨。 ナガアメ

世 쓰 ス 界 계 キエ

세계。 世界。 セカイ

---

日 이 イ 蝕 쓰 ス

일식。 日蝕。 ニッショク

月 웨 ユエ 蝕 쓰 ス

월식。 月蝕。 ゲッショク

空 쿵 クン 氣 키 キ

공기。 空氣。 クウキ

天 톈 テエヌ 氣 키 キ

일기。 天氣。 テンキ

地 디 チイ 球 꺄 キウ

지구。 地球。 チキウ

|  |  |
|---|---|
| 旱地 (한 디) | 陸地 육지 (リクチ) |
| 旱路 (한 루) | 陸路 육로 (リクロ) |
| 鐵路 (톄 루) | 鐵道 철로 (テツドウ) |
| 水路 (쉐 루) | 水路 수로 (スヰロ) |
| 大洋 (다 양) | 大洋 대강 (ダイヤウ) |
| 海 (해) | 海 바다 (ウミ) |
| 河 (허) | 河 하수 (カハ) |

---

|  |  |
|---|---|
| 江 (강) | 江 강 (カハ) |
| 上潮 (쌍 챺) | 滿潮 밀물 (ミチシホ) |
| 下潮 (하 챺) | 汗潮 썰물 (ヒシホ) |
| 海島子 (해 또 쯔) | 島 셤 (シマ) |
| 海邊兒 (해 삔 얼) | 海邊 해변 (ウミベ) |
| 海口 (해 컥), 口岸 (컥 안) | 港 항구 (ミナト) |
| 碼頭 (마 투) | 埠頭 부두 (フトウ) |

擺渡 — 나루。渡シ（ワタシ）。

池子 — 못。池（イケ）。

湖 — 호수。湖（ミヅウミ）。

瀑布 — 폭포。瀧（タキ）。

水坑子 — 물웅덩이。水溜（ミヅタマリ）。

水源 — 수원。源（ミナモト）。

井水 — 우물。井戸（ヰド）。

---

泉水 — 샘。泉（イヅミ）。

溫泉 — 온천。溫泉（ヲンセン）。

波浪 — 물결。波濤（ナミ）。

海笑 — 해일。海嘯（カイセウ）。

地動 — 지동。地震（ヂシン）。

山 — 산。山（ヤマ）。

火山 — 화산。火山（クワザン）。

礦(쾅)山(싼)（礦(쾅)窰(야오)） — 광산。鑛山。(クワウサン)

山(싼)峯(펑) — 산봉우리。峰。(ミネ)

山(싼)嶺(링)兒(얼) — 고개。峠。(タウゲ)

山(싼)澗(견)兒(얼) — 산골짜기。谷。(タニ)

山(싼)坡(퍼)子(쯔) — 산언덕。山坂。(ヤマサカ)

山(싼)底(디)下(햐)（山(싼)根(껀)） — 산밑。山ノ麓。(ヤマノフモト)

山(싼)腰(야오) — 산ᄌ륵。山腹。(ヤマ[illegible]ラ)

---

山(싼)頭(투) — 산꼭대기。山ノ頂。(ヤマノイタヾキ)

土(투)坡(퍼)子(쯔) — 언덕。坂。(サカ)

橋(챠) — 다리。橋。(ハシ)

道(따)兒(얼) — 길。道。(ミチ)

大(따)道(따) — 큰길。大道。(オホミチ)

小(샾)道(따) — 작은길。小路。(コミチ)

抄(챠)道(따)兒(얼) — 치근길。近路。(チカミチ)

|  |  |  |
|---|---|---|
| 繞道兒 | 또는길。 | 遠廻ル道。 |
| 窪道 | 웅덩이길。 | 窪ンダ道。 |
| 十字路 | 십자가。 | 十字街。 |
| 岔道 | 갈림길。 | 岐路。 |
| 明溝 | 무개구。 | 無蓋溝。 |
| 暗溝 | 유개구。 | 有蓋溝。 |
| 大街 | 큰거리。 | 大通リ。 |

|  |  |  |
|---|---|---|
| 小巷 | 잔골목。 | 小路。 |
| 衚衕 | 골목。 | 橫町。 |
| 死衚衕 | 막다른골목。 | 行詰リノ小路。 |
| 活衚衕 | 뚫린골목。 | 通リ拔ケル小路。 |
| 水田 | 논。 | 田。 |
| 園 | 밭。 | 畑。 |
| 莊稼地 | 농장。 | 農場。 |

(379) 理 地

ダ大따 ス石쓰 ヒヤン鄉향 チエヌ鎭쩐 ツウヌ村춘 フエヌ墳펀 ト土투
ス石쓰 トウ頭퇴 ヒヤ下햐 テエヌ店뎬 チウアン莊짱 テイ地디 ユアヌ院완
トウ頭퇴

岩イワ바기 石イシ돌 田舎イナカ시골 町マチ동리 村ムラ촌 墓ハカ무덤 空地アキチ공지

………………………………………………………………………

シア沙짜 ニ泥니 ト土투 シア砂짜
モ漠뫼 ツ子쯔

沙漠サバク사막 泥ドロ진흙 塵埃ホコリ먼지 砂スナ모래

# 第百十六課 地誌

東洋 (동양)
西洋 (셔양)
朝鮮 (됴션)
日本 (일본)
滿洲國 (만쥬국)
中國 (즁국)

동양。東洋。
셔양。西洋。
조선。朝鮮。
일본。日本。
만주국。滿洲國。
중국。支那。

---

英國 (영국)
美國 (메국)
法國 (짜국)
德國 (떡국)
俄國 (어국)
土國 (투국)

영국。英國。
미국。米國。
법국。佛國。
덕국。獨逸。
노국。露國。
토이기。土耳其。

| 意國 | 比國 | 山東 | 奉天 | 瀋陽 | 吉林 | 黑龍江 |
|---|---|---|---|---|---|---|
| 意(イ)이 國(コツオ)킈 | 比(ヒ)삐 國(コウオ)킈 | 山(サヌ)싼 東(トウン)둥 | 奉(フオン)뽱 天(テエヌ)텐 | 瀋(シエヌ)썬 陽(ヤン)양 | 吉(キ)기 林(リヌ)린 | 黑(ヘイ)헤 龍(ロウン)룽 江(キヤン)강 |

| 이태리 | 백이의 | 산동 | 봉천 | 심양 | 길림 | 흑룡강 |
|---|---|---|---|---|---|---|
| 伊太利(イタリ) | 白耳義(ベルリ) | 山東(サントウ) | 奉天(ホウテン) | 瀋陽(シンヤウ) | 吉林(キチリヌ) | 黑龍江(コクコウカウ) |

---

| 熱河 | 大連 | 旅順 | 撫順 | 新京 | 長春 | 鄭家屯 |
|---|---|---|---|---|---|---|
| 熱(ヨ)여 河(ホ)허 | 大(タ)따 連(リエヌ)렌 | 旅(リユイ)뤼 順(シウヌ)쑨 | 撫(フウ)푸 順(シウヌ)쑨 | 新(シヌ)씬 京(キン)깅 | 長(チアン)짱 春(チウヌ)쭌 | 鄭(チエン)쩡 家(キヤ)갸 屯(トウヌ)둔 |

| 열하 | 대련 | 여순 | 무순 | 신경 | 장춘 | 정가둔 |
|---|---|---|---|---|---|---|
| 熱河(ネツカ) | 大連(タイレン) | 旅順(リヨジユン) | 撫順(ブジユン) | 新京(シンキヨウ) | 長春(チヤウシユン) | 鄭家屯(テイカトン) |

錦진州쩌
寧닝古꾸塔타
哈하爾얼賓빈
四쓰平핑街제
營잉口꺼
牛뉘莊쫭
永윙吉기

금주。錦州。キンシウ
영고탑。寧古塔。ネイコウタウ
합이빈。哈爾賓。ハルビン
사평가。四平街。シヘイガイ
영구。營口。エイコウ
우장。牛莊。ユウチヤン
영길。永吉。エイキチ

---

北뻬平핑
北뻬京징
上쌍海해
南난京징
天톈津찐
保빠定띵
武우昌쌍

북평。北平。ホクヘイ
북경。北京。ペキン
상해。上海。シヤンハイ
남경。南京。ナンキン
천진。天津。テンシン
보정。保定。ホテイ
무창。武昌。ブシヤウ

漢口 ハヌ コウ 한 컥 | 九江 キウ キヤン 갸 걍 | 吳淞 ウ ソウン 우 쑹 | 香港 ヒヤン カン 향 깡 | 青島 チン タオ 칭 또 | 河北 ホ ペイ 허 뻬 | 河南 ホ ナヌ 허 난

漢口 カンコウ 한구。 | 九江 キウカウ 구강。 | 吳淞 ゴシヨウ 오송。 | 香港 ホンコン 향항。 | 青島 チントウ 청도。 | 河北 カホク 하북。 | 河南 カナン 하남。

湖南 ホウ ナヌ 후 난 | 湖北 ホウ ペイ 후 뻬 | 安徽 アヌ ホイ 안 홰 | 江西 キヤン シ 걍 시 | 陝西 シヤヌ シ 싼 씨 | 江蘇 キヤン スウ 걍 쑤 | 浙江 チヨ キヤン 쩌 걍

湖南 コナン 호남。 | 湖北 コホク 호북。 | 安徽 アンキ 안휘。 | 江西 カウセイ 강서。 | 陝西 ケフヤイ 협서。 | 江蘇 カウソ 강소。 | 浙江 セツカウ 절강。

四川 쓰촨 ス ちウテヌ
甘肅 간쑤 カヌ スウ
廣東 광둥 コアン トウン
廣西 광시 コアン シ
貴州 궤 죄 コイ チオウ
福建 후 졘 フウ キエヌ
雲南 윈 난 ユイン ナヌ

사천 四川 シセン
감숙 甘肅 カンシユク
광동 廣東 クワウトウ
광서 廣西 クワウセイ
귀주 貴州 キシウ
복건 福建 フクケン
운남 雲南 ウンナン

---

新疆 씬쟝 シヌ キヤン
寧夏 닝하 ニン ヒヤ
西康 씨캉 シ カン
西藏 씨챵 シ ちヤン
鎮江 쩐쟝 チエヌ キヤン
芝罘 쯔푸 ツ フウ
宜昌 이챵 イ ちヤン

신강 新疆 シンキヤウ
영하 寧夏 ネイカ
서강 西康 セイカウ
서장 西藏 セイチヤウ
진강 鎮江 チンカウ
연태 芝罘 チーフ
의창 宜昌 イシヤウ

重(쭝 チウン)慶(칭 キン)

沙(쌰 シア)市(쓰 ス)

嵩(쑹 ソウン)山(싼 シアヌ)

恒(헝 ホン)山(싼 シアヌ)

泰(태 タイ)山(싼 シアヌ)

華(화 ホワ)山(싼 シアヌ)

遼(랴 リヤオ)河(허 ホ)

중경。重慶。(ヂユウケイ)

사시。沙市。(シヤシ)

숭산。嵩山。(スウサン)

항산。恒山。(カウサン)

태산。泰山。(タイサン)

화산。華山。(クワサン)

요하。遼河。(レウカ)

---

白(빼 パイ)河(허 ホ)

運(윈 ユイヌ)河(허 ホ)

楊(양 ヤン)子(쯔 ツ)江(쟝 キヤン)

洞(뚱 トウン)庭(뎡 チイン)湖(후 ホウ)

太(태 タイ)湖(후 ホウ)

瀋(썬 シエヌ)陽(양 ヤン)湖(후 ホウ)

寶(봐 パオ)應(잉 イン)湖(후 ホウ)

백하。白河。(ロクカ)

운하。運河。(ウンカ)

양자강。楊子江。(ヤウスカウ)

동정호。洞庭湖。(トウテイコ)

태호。太湖。(タイコ)

심양호。瀋陽湖。(シンヤウコ)

보응호。寶應湖。(ホウオウコ)

# 第百十七課 方向

東 둥 トウン
南 난 ナヌ
西 씨 シ
北 뻬 ペイ
東南 둥난 トウンナヌ
東北 둥뻬 トウンペイ

東。동。ヒガシ
南。남。ミナミ
西。서。ニシ
北。북。キタ
東南。동남。トウナン
東北。동북。トウホク

---

西南 씨난 シナヌ
西北 씨뻬 シペイ
東邊兒 둥볜얼 トウンピエヌル
南邊兒 난볜얼 ナヌピエヌル
中間兒 쭝졘얼 チウンキエヌル
左 쭤 ツウオ

西南。서남。セイナン
西北。서북。セイホク
東ノ方。동쪽。トウノハウ
南ノ方。남쪽。ミナミノハウ
中。중간。ナカ
左。좌。ヒダリ

## （387）方向

| 右 イウ 우 | 上 シヤン 쌍 | 下 ヒヤ 햐 | 前頭 チエヌ トウ 쳰 두 | 後頭 ホウ トウ 허우 두 | 傍邊兒 パン ピエヌ ル 팡 볜 얼 | 裏頭 リ トウ 리 두 |
|---|---|---|---|---|---|---|
| 右 ミギ 우。 | 上 ウヘ 우。 | 下 シタ 아래。 | 前 マヘ 앞。 | 後 ウシロ 뒤。 | 傍 ソバ 곁。 | 內 ウチ 안。 |

| 外頭 ワイ トウ 왜 두 | 隔壁兒 コ ピ ル 거 삐 얼 | 拐灣兒 コワイ ワン ル 괘 완 얼 | 旮旯兒 カ ラ ル 까 라 얼 | 斜對面 シヤ トイ ミエヌ 샤 뒈 몐 | 正中間 チエン チウン チエヌ 쩡 쭝 졘 | 正對面 チエン トイ ミエヌ 쩡 뒈 몐 |
|---|---|---|---|---|---|---|
| 外 ソト 밧。 | 隣 トナリ 이웃。 | 曲り角 マガリカド 모퉁이。 | 隅 スミ 구석。 | 斜面 シヤメン 샤면。 | 眞中 マンナカ 한가운데。 | 眞向 マムカヒ 정면。 |

南極 남극。南極。

北極 북극。北極。

## 第百十八課 人倫

爺們(男人) 남자。男子。

娘兒們(女人) 녀장。女人。

父母(雙親) 부모。父母。

爹爹(父親) 아버지。父。

......................................

四方 사방。四方。

媽媽(母親) 어머니。母。

爺爺(祖父) 할아버지。祖父。

奶奶(祖母) 할머니。祖母。

大爺 백부。伯父。

|  |  |
|---|---|
| 叔叔 (슈슈) | 숙부。叔父(チヂ)。 |
| 嬸兒 (썬얼) | 숙모。叔母(オバ)。 |
| 外公 (왜궁) (外祖父 왜주부) | 외조부。外祖父(オホヂ)、(母(ハハ)ノ父(チチ))。 |
| 外婆 (왜퍼) (外祖母 왜주무) | 외조모。外祖母(オホバ)、(母(ハハ)ノ母(ハハ))。 |
| 姨父 (이부) | 이모부。母(ハハ)ノ姉妹(シマイ)ノ夫(ヲツト)。 |
| 姨母 (이무) | 이모。母(ハハ)ノ姉妹(シマイ)。 |
| 舅舅 (각각) | 외숙。母(ハハ)ノ兄弟(キヨウダイ)。 |
| 舅母 (각무) | 외숙모。母(ハハ)ノ兄弟(キヨウダイ)ノ妻(ツマ)。 |
| 姑父 (구부) | 고모부。父(チチ)ノ姉妹(シマイ)ノ夫(ヲツト)。 |
| 姑母 (구무) | 고모。父(チチ)ノ妹姉(シマイ)。 |
| 公公 (궁궁) | 시아버지。夫(ヲツト)ノ父(チチ)。 |
| 婆婆 (퍼퍼) | 시어머니。夫(ヲツト)ノ母(ハハ)。 |
| 太公 (태궁) | 시할아버지。夫(ヲツト)ノ祖父(オホヂ)。 |
| 太婆 (태퍼) | 시할머니。夫(ヲツト)ノ祖母(オホバ)。 |

夫푸妻치

丈쌍夫푸

媳씨婦푸兒얼

妾채

兒얼子쯔

女뉘兒얼

兒얼媳씨婦푸兒얼

부부。夫婦(フウフ)。

남편。夫(ヲット)。

안해。妻(ツマ)。

첩。妾(メカケ)。

아들。息子(ムスコ)。

딸。息女(ムスメ)。

며누리。子婦(ヨメ)。

---

女뉘婿쉬

孫쑨子쯔

孫쑨女뉘兒얼

哥꺼哥꺼

兄흉弟디

弟디兄흉

姐졔姐졔

사위。婿(ムコ)。

손자。孫(マゴ)。

손녀。孫娘(マゴムスメ)。

형。兄(アニ)。

아우。弟(オトウト)。

형제。兄弟(キョウダイ)。

손우누의。姉(アネ)。

|  |  |  |
|---|---|---|
| 妹妹 | 손아래누의。 | 妹。 |
| 叔伯弟兄 | 종형제。 | 從兄弟。(父ノ姪) |
| 叔伯姐妹 | 사촌누이。 | 從姉妹。(父ノ姪) |
| 姨弟兄 | 이종형제。 | 母ノ姉妹ノ子。 |
| 姑弟兄 | 내종형제。 | 父ノ姉妹ノ子。 |
| 大伯子 | 시아자비。 | 夫ノ兄。 |
| 小叔子 | 시동생。 | 夫ノ弟。 |

---

|  |  |  |
|---|---|---|
| 大姑子 | 손우시누의。 | 夫ノ姉。 |
| 小姑子 | 손아래시누의。 | 夫ノ妹。 |
| 嫂子 | 형수。 | 兄嫂。 |
| 小嬸兒 | 제수。 | 弟嫂。 |
| 連襟兒 | 동서。 | 妻ノ姉妹ノ夫。 |
| 親戚 | 친척。 | 親戚。 |
| 本家 | 원가。 | 本家。 |

|  |  |  |
|---|---|---|
| 岳父(岳丈) 거후(여쨩) | 장인。 | 妻ノ父。 |
| 岳母 여우 | 장모。 | 妻ノ母。 |
| 朋友 펑와 | 친구。 | 友人。 |
| 姑娘 꾸냥 | 처녀。 | 娘。 |
| 小子(小孩兒) 쌒쯔(쌒해얼) | 사나이。 | 小供。 |
| 妞兒 뉴얼 | 계집아이。 | 小女。 |
| 年輕的 녠칭디 | 청년。 | 靑年。 |
| 年老的 녠랖디 | 노인。 | 老人。 |
| 老頭兒 랖투얼 | 할아범。 | 老爺。 |
| 老媽 랖마 | 할멈。 | 老婆。 |
| 老爺 랖예 | 영감。 | 旦那。 |
| 太太 태태 | 마님。 | 奥サマ。 |
| 乾爹 깐데 | 수양부(어븟아비)。 | 養父(義父)。 |
| 乾媽 깐마 | 수양모(어븟어미)。 | 養母(義母)。 |

乾兒子　수양자(어붓아들)。養子(義子)。

乾女兒　수양녀(어붓딸)。養女(義女)。

生母　생모。生母。

嫡母　적모。父ノ正妻。

繼母　계모。繼母。

奶媽　유모。乳母。

小厮　남종。下男。

丫頭　녀종。下女。

| 尊稱 | 卑稱 | 通稱 |
|---|---|---|
| 令祖 | 家祖 | 祖父 |
| 令祖母 | 家祖母 | 祖母 |
| 令尊 | 家父 | 父親 |
| 令堂 | 家母 | 母親 |
| 老伯 | 家伯 | 伯夫 |

조부。祖父。조모、祖母。부친。父親。모친。母親。백부。伯父。

| 숙부 | 백모 | 숙모 | 형 | 누님 | 동생 | 누의 |
|---|---|---|---|---|---|---|
| 叔父（オヂ） | 伯母（オバ） | 叔母（オバ） | 兄（アニ） | 姉（アネ） | 弟（オトウト） | 妹（イモウト） |
| 令叔（링슉） | 令伯母（링배무） | 令叔母（링슉무） | 令兄（링횽） | 令姐（링졔） | 令弟（링디） | 令妹（링메） |
| 家叔（갸슉） | 家伯母（갸빼무） | 家叔母（갸슉무） | 家兄（갸횽） | 家姐（갸졔） | 舍弟（셔디） | 舍妹（셔메） |
| 叔父（슉뿌） | 伯母（빼무） | 叔母（슉무） | 哥哥（꺼꺼） | 姐姐（졔졔） | 兄弟（횽디） | 妹妹（메메） |

---

| 안해 | 아들 | 딸 | 손자 | 손녀 |
|---|---|---|---|---|
| 妻（ツマ） | 息子（ムスコ） | 息女（ムスメ） | 孫（マゴ） | 孫娘（マゴムスメ） |
| 夫人（뿌인） | 令郎（링랑） | 令愛（링애） | 令孫（링쑨） | 令孫女（링쑨뉘） |
| 內人（내인） | 小兒（샾얼） | 小女（샾뉘） | 小孫（샾쑨） | 小孫女（샾쑨뉘） |
| 媳婦（씨뿌） | 兒子（얼즈） | 女兒（뉘얼） | 孫子（쑨즈） | 孫女（쑨뉘） |

# 第百十九課　身體

身體（身子） — 몸。 體（カラダ）

心 — 마음。 心（ココロ）

臉 — 얼골。 顏（カホ）

腦袋（頭） — 머리。 頭（アタマ）

髮頭 — 머리털。 頭ノ毛（アタマノケ）

頭泥 — 머리때。 髮ノ垢（カミノアカ）

---

頭頂 — 정수리。 頭ノ頂（アタマノイタダキ）

腦門子 — 이마。 額（ヒタヒ）

眼睛 — 눈。 眼（メ）

眼球兒 — 눈동자。 眼玉（メダマ）

眼睫毛 — 속눈섭。 睫毛（マツゲ）

眉毛 — 눈섭。 眉毛（マユゲ）

眼泥 눈늣。涙(ナミダ)

眼脂兒 눈곱。眼脂(メヤニ)(眼屎(メクソ))

眼皮子 눈가죽。眼瞼(マブタ)

印堂 미간。眉間(ミケン)

耳朶 귀。耳(ミミ)

耳孔 귓구멍。耳ノ孔(ミミノアナ)

耳輪 귓바퀴。耳埵(ミミタブ)

耳矢 귀지。耳屎(ミミクソ)(耳垢(ミミアカ))

鬢角兒 살쩍。蟀谷ノ毛(コメカミノケ)

腮頰 뺨。頰(ホホ)

鼻子 코。鼻(ハナ)

鼻準頭 코끝。鼻ノ先(ハナノサキ)

鼻孔兒 콧구멍。鼻ノ孔(ハナノアナ)

鼻梁兒 콧마루。鼻ノ柱(ハナバシラ)

鼻血 — 코피。 鼻血(ハナヂ)。

鼻涕 — 콧물。 鼻汁(ハナシル)。

鼻毫 — 코털。 鼻毛(ハナゲ)。

鬍子 — 수염。 髭(ヒゲ)。

嘴(口) — 입。 口(クチ)。

嘴唇兒 — 입술。 唇(クチビル)。

嘴裏 — 입속。 口ノ中(クチノナカ)。

---

嘴巴骨 — 아래위턱뼈。 顎骨(ガクコツ)。

牙 — 니。 歯(ハ)。

牙肉(牙床子) — 닛몸。 歯茎(ハグキ)。

牙花兒 — 니똥。 歯屎(ハクソ)(歯糟(ハカス))。

門牙 — 앞니。 前歯(マヘバ)。

槽牙(板牙) — 어금니。 臼歯(ウスバ)。

唾沫 — 침。 唾(ツバ)。

痰 탄 (タン)
舌頭 써 투
嗓子 쌍 쯔 (シアン ツ)
脖子 뻐 쯔 (ボ ツ)
下巴頦兒 햐 빠 커 얼 (ヒヤ パ コ ル)
肩膀兒 졘 팡 얼 (ケン パン ル)
胳臂 꺼 삐 (コ ピ)

당。 痰。(タン)
혀。 舌。(シタ)
인후。 咽喉。(ノド)
목。 頸。(クビ)
턱。 顎。(アゴ)
어깨。 肩。(カタ)
팔。 腕。(ウデ)

......................................................................

手 쐭 (シオウ)
手掌 쐭 쟝 (シオウ チアン)
手紋兒 쐭 원 얼 (シオウ ウエヌ ル)
手背 쐭 뻬 (シオウ ペイ)
拳頭 촨 투 (キユアヌ トウ)
指甲 쯔 갸 (ツ キヤ)
指頭 쯔 투 (ツ トウ)

손。 手。(テ)
손바닥。 手ノ掌。(テノヒラ)
손금。 手ノ筋。
손등。 手ノ甲。(テノカフ)
주먹。 拳。(コブシ)
손톱。 爪。(ツメ)
손가락。 指。(ユビ)

大拇指頭 엄지손가락。親指。

二拇指頭(食指) 둘재손가락。人指指。

中指 장가락。中指。

四指(無名指) 무명지。藥指。

小拇指頭 새끼손가락。小指。

胸膛(奶膀) 가슴。胸。

奶子 젓。乳房。

---

奶頭兒 젓꼭지。乳先。

胳肢窩 겨드랑이。腋。

心窩子 명문。鳩尾。

肚子 배。腹。

肚臍眼兒 배꼽。臍。

脊梁背兒 등。背中。

腰 허리。腰。

屁股(피꾸) 볼기。 臀(シリ)

大腿(따퉤) 넙적다리。 太腿(フトモモ)

小腿(쌰오퉤)（脚腿(갸오퉤)） 종아리。 脛(スネ)

波稜蓋兒(뻐링깨얼) 무릎。 膝(ヒザ)

脚(갸오) 발。 足(アシ)

脚掌兒(갸오장얼) 발바닥。 足ノ裏(アシノウラ)

脚面(갸오면) 발등。 足ノ甲(アシノカフ)

---

脚脖子(갸오뻐쯔) 발목。 足ノ頸(アシノクビ)

脚丫巴兒(갸오야빠얼) 발삿。 足ノ指ノ股(アシノユビノマタ)

脚趾(갸오즈) 발구락。 足ノ指(アシノユビ)

脚跟(갸오건) 발뒤축。 踵(カカト)

踝子骨(화쯔꾸) 복사뼈。 轉(クルブシ)ノ骨(ホネ)

骨頭(꾸투) 뼈。 骨(ホネ)

背骨(뻬꾸) 등뼈。 背骨(セボネ)

| 中國語 | 朝鮮語 | 日本語 |
| --- | --- | --- |
| 迎面骨 | 정강이뼈 | 脛 |
| 骨盤 | 꼴반 | 骨盤 |
| 皮膚 | 살 | 皮膚 |
| 肝 | 간 | 肝 |
| 肺 | 폐 | 肺 |
| 胃 | 위 | 胃 |
| 腸 | 창자 | 腸 |

---

| 中國語 | 朝鮮語 | 日本語 |
| --- | --- | --- |
| 陽物（屌𡲰） | 자지 | 陰莖 |
| 陰戶（屄） | 보지 | 陰門 |
| 卵子（卵胞兒） | 불알 | 睾丸 |
| 胖身（胖子） | 살진사람 | テブチヤン |
| 瘦人 | 말른사람 | 瘦セル人 |

# 第百二十課 疾病

| 中國語 | 朝鮮語 | 日本語 |
|---|---|---|
| 健壯 | 건장。 | 健康。 |
| 虛弱 | 허약。 | 衰弱。 |
| 病 | 병。 | 病。 |
| 頭痛 | 두통。 | 頭痛。 |
| 感冒（着涼） | 감기。 | 風邪。 |
| 肚子疼 | 복통。 | 腹痛。 |
| 霍亂 | 호렬자。 | 虎列剌。 |
| 痢疾 | 리질。 | 赤痢。 |
| 疝氣 | 산증。 | 疝氣。 |
| 疙瘩 | 종기。 | 腫氣。 |
| 疤瘌 | 헌집。 | 瘡痕。 |
| 疫病 | 유행병。 | 流行病。 |

(473) 病　疾

疥（ケイ）제 瘡（チウアン）칭 — 옴。疥癬（シツ）。

疣（イウ）와 贅（チオイ）쮀 — 혹。瘤（コブ）。

疳（カヌ）간 瘡（チウアン）치 — 감창。下疳（ゲカン）。

痣（ツ）쯔 — 사마귀。痣（アザ）。

痘（トウ）뚜 症（チエン）쩡 — 마마。天然痘（テンネントウ）。

麻（マ）마 子（ツ）쯔 — 곰보。アバタ。

痳（リン）린 症（チエン）쩡 — 임질。痳病（リンビヤウ）。

痰（タン）탄 症（チエン）쩡 — 폐병。肺病（ハイビヤウ）。

瘋（フオン）훵 狂（ワン）광 — 정신병。精神病（セイシンビヤウ）。

瘋（フオン）훵 子（ツ）쯔 — 미친사람。狂人（キチガヒ）。

瘧（ヤ）약 病（ピン）빙 — 학질。瘧疾（オコリ）。

癆（ラオ）랖 症（チエン）쩡 — 부수승。肺病（ハイビヤウ）。

癇（ヒエン）헨 症（チエン）쩡 — 가질。癲癇（テンカン）。

癩（ライ）래 瘡（チウアン）촹 — 문둥병。癩病（ライビヤウ）。

癱瘋 탄펑 — 중풍증。中風。

風濕 펑쓰 — 풍습。レウマチス。

惡心 어씬 — 구역。吐キ氣。

瀉肚 쌔뚜 — 설사。下痢。

凍瘡 뚱촹 — 동창。霜傷。

瞎子 햐쯔 — 장님。소경。目盲。

一隻眼 이즤옌 — 애꾸。片目。

---

青睛眼 칭징옌 — 청명한。明盲。

聾子 룽쯔 — 귀먹어리。聾。

啞吧 야빠 — 벙어리。啞。

結吧 계빠 — 반벙어리。吃。

瘤子 릭쯔 — 혹부리。瘤。

缺唇兒 쾌춘얼 — 언청이。兎缺。

駝背（羅鍋） 퉈뻬이（뤄궈） — 곱추。傴僂。

| 中國語 | 朝鮮語 · 日本語 |
|---|---|
| 瘸(췌)子(즈) | 절뚝바리。跛（チンバ）。 |
| 脚(쟌)眼(엔) | 티눈。肉刺（マメ）。 |
| 汗(한)疹 | 땀띠。汗疹（アセモ）。 |
| 汗(한)斑(빤) | 어루러기。癜（ナマツ）。 |
| 禿(투)子(즈) | 대머리。禿頭（ハゲアタマ）。 |
| 槽(찰)鼻(삐)子(즈) | 주부코。鼻高（ハナタカ）（鼻ノ高イ人） |
| 榻(타)鼻(삐)子(즈) | 납작코。鼻潰（ハナツブレ）（鼻ノ低イ人） |

| 中國語 | 朝鮮語 · 日本語 |
|---|---|
| 齉(낭)鼻(삐)子(즈) | 코찡찡이。鼻詰（ハナツマリ）。 |
| 細(씨)高(깐)挑(탸)兒(얼) | 어처군이。六尺（ロクシャク）。（丈ノ高イ人） |
| 矮(왜)胖(판)子(즈) | 난쟁이。一寸坊（イッスンバウ）。 |
| 獃(대)子(즈) | 못난이。馬鹿者（バカモノ）。 |
| 殘(찬)廢(뻬) | 병신。不具者（フグシャ）。 |
| 膿(눙)血(쉐) | 고름피。膿血（ウミチ）。 |
| 撒(싸)溺(니)（下(햐)溺(니)） | 오줌눈다。小便（ショウベン）ヲスル。 |

出恭　똥눈다。大便ヲスル。

走動　뒤본다。便所へ往ク。

咳嗽　기침。咳嗽。

打哈息　하품한다。欠伸ヲスル。

打呼　코군다。鼾ヲカク。

打噴嚏　재채기한다。嚔ヲスル。

## 第百二十一課 衣服

褂子　저고리。上衣。

外褂子(長褂子)　두루마기。羽織。

馬褂　마고자。袖長ク丈短イ上着。

褲子　바지。ツボン。

砍肩兒(背心)　족기。チヨツキ

汗褟兒(汗衫)　땀바기　シヤツ。

## （407）服　衣

襪子　버선。足袋(タビ)。

洋襪子　왜버선。靴下(クツシタ)。

領子　깃(칼라)。襟(エリ)(カラー)。

領帶　동정(넥타이)。ネクタイ。

鈕子　단추。ボタン。

白襯衣　와이샤쓰。ワイシヤツ。

外套　외투。外套(グワイトウ)。

---

手套　장갑。手袋(テブクロ)。

袖子　소매。袖(ソデ)。

肚帶（腰帶）　허리띄。腹帶(ハラオビ)。

腿帶子　다님。足首(アシクビ)ヲ緊(シ)メル紐(ヒモ)。

手帕子（手巾）　수건。手拭(テヌグヒ)。

縧子　끈。紐(ヒモ)。

帽子　모자。帽子(ボウシ)。

草帽（ツァオマオ）찬뫄
靴子（ヒュエツ）쒜쯔
鞋（ヒエ）혜
荷包（ホパオ）허뫄
煙荷包（イエヌホパオ）옌허뫄
包袱（パオフウ）뫄푸
衣服（イフウ）이푸

맥고자。 麥藁帽子（ムギワラボウシ）。
구두。 靴（クツ）。
단화。 單鞋（タンクツ）。
주머니。 財布（サイフ）。
쌈지。 煙草入（タバコイレ）。
보자기。 風呂敷（フロシキ）。
옷。 着物（キモノ）。

---

單衣裳（タヌイシァン）딴이쌍
夾衣裳（キャイシァン）갸이쌍
綿襖（ミエヌアオ）몐와
洋衣服（ヤンイフウ）양이푸
被窩（ピウヲ）뻬워
褥子（ウツ）우쯔
氈子（チァヌツ）짠쯔

홋옷。 單衣（ヒトヘ）。
겹옷。 袷（アハセ）。
솜옷。 綿入（ワタイレ）。
양복。 洋服（ヤウフク）。
이불。 掛蒲團（カケブトン）。
요。 敷蒲團（シキブトン）。
담요。 毛氈（モウセン）。

| 中國語 | 讀法 | 朝鮮語 | 日本語 |
|---|---|---|---|
| 被單 | ピ タヌ | 홋이불。 | 敷布。(シキフ) |
| 枕頭 | チエヌ トウ | 베게。 | 枕。(マクラ) |
| 帳子（蚊帳） | チアン ツ（ウエヌ チアン） | 모기장。 | 蚊帳。(カヤ) |
| 墊子 | チエヌ ツ | 방석。 | 座布團。(ザブトン) |
| 洋布 | ヤン プ | 양목。 | 金巾。(カナキン) |
| 夏布 | ヒヤ プ | 모시。 | 苧麻布。(カラムシヌノ) |
| 麻布 | マ プ | 베。 | 麻布。(アサヌノ) |

| 中國語 | 讀法 | 朝鮮語 | 日本語 |
|---|---|---|---|
| 綢子 | チオウ ツ | 면주。 | ドンス。 |
| 貢緞 | クン トウアヌ | 공단。 | 繻子。(シユス) |
| 綾子 | リン ツ | 공능。 | 綾絹。(アヤギヌ) |
| 絨子 | ウン ツ | 융。 | 細布。(ホソヌノ) |
| 棉花 | ミエヌ ホワ | 솜。 | 綿。(ワタ) |
| 針 | チエヌ | 바늘。 | 針。(ハリ) |
| 線 | シエヌ | 실。 | 糸。(イト) |

絲線
扇子（團扇）
眼鏡
戒指兒
錶
錶鏈子
鐲子

면주실。絹糸。
부채。扇子。
안경。眼鏡。
반지。指輪。
몸시계。懐中時計。
시계줄。時計ノ鎖。
팔지。腕輪。

耳鉗
鉗子
耳挖子
棍子
洋傘
雨傘

귀고리。耳環。
족지개。毛抜。
귀개。耳掻。
단장。ステツキ。
양산。洋傘。
우산。雨傘。

# 第百二十二課　飲食物

飯（판・ファヌ）　菜（채・ちァイ）　早飯（잪판・ツァオ ファヌ）　晌飯（샹판・シャン ファヌ）　晚飯（완판・ワヌ ファヌ）　打尖兒（따젼얼・タ ツェヌ ル）

밥。飯（メシ）。
요리。料理（レウリ）。
아침밥。朝飯（アサメシ）。
점심。晝飯（ヒルメシ）。
저녁밥。夕飯（ユフメシ）。
주화참。中食（チユウシヨク）。

---

麵（멘・ミエヌ）　面（멘・ミエヌ）　點心（뎬신・テヌ シン）　牛奶（뉴내・ニウ ナイ）　羊酪（양러・ヤン ロ）　粥（쮝・チオウ）

국수。ウドン。
가루。粉（コナ）。
과자。菓子（クワシ）。
우유。牛乳（ギウニユウ）。
양젖。羊乳（ヤウニユウ）。
죽。粥（カユ）。

餅빙 饅頭만터우 肉우 猪肉쭈우 牛肉뉴우 羊肉양우 鷄肉기우

떡 餅(モチ)。 만두 饅頭(マンヂユウ)。 고기 肉(ニク)。 돝의고기 豚肉(ブタニク)。 쇠고기 牛肉(ギウニク)。 양고기 羊肉(ヤウニク)。 닭고기 鷄肉(トリ)。

---

鷄蛋기딴 魚위 糖탕 醬油짱우 醬짱 油우 白鹽빼옌

계란 鷄卵(タマゴ)。 생선 魚(サカナ)。 사탕 砂糖(サタウ)。 간장 醬油(シヤウユ)。 된장 味噌(ミソ)。 기름 油(アブラ)。 소금 鹽(シホ)。

茶

紅茶

珈琲

酒

苦酒（皮酒）

灰司克

紹興酒

차。茶。

홍차。紅茶。

가피。珈琲。

술。酒。

맥주。ビール。

위스키。ウイスキー。

소흥주。紹興酒。

---

燒酒

汽水

氷淇淋

黃油

奶餅

菓醬

方糖

소주。燒酒。

사이다。サイダー。

아이스크림。アイスクリーム。

빠터。バター。

치쓰。チーズ。

쨈。ジャム。

모사탕。角砂糖。

麵包 빵。 パン。

乾餅 비스켓。 ビスケット。

莜麥麵 옷도밀。 オットミール。

罐頭菜 간쓰메。 罐詰。

中國菜 청요리。 支那料理。

番菜(西洋菜) 양요리。 洋食。

## 第百二十三課 支那料理

紅燒加魚 되미찜。 丸鯛ヲ燒キクズヲ掛ケタ物。

紅燒海參 해삼복음。 海參ヲ紅燒シタ物。

紅燒魚肚 생선내장복음。 魚ノ腸ヲ紅燒シタ物。

紅燒干貝 합관자복음。 貝柱ヲ紅燒シタ物。

紅燒五絲 닭、해삼、돌의고기와죽순을복은것 鷄、海參、豚ト竹ノ子ヲ紅燒シタルモノ

紅燒鷄丁 수탉의고기탕수유。 黃鷄ヲ少サク切ツタクズ掛物

紅燒香菇 표고젼。椎茸赤ノクズ掛。

紅燒魚片 생선젼。赤燒魚ノクズ掛。

紅燒鮑魚 전복복음。鮑ノ燒物。

燒樣魚 생선소를고기로싸서뽁은것。魚カンヲ肉デ巻イタテンプラ。

燒魚塊 생선복음。魚ノテンプラ。

燒溜魚 생선탕수유。魚ノクズ掛。

燒鷄脯 닭고기복음。鷄ノ胸肉ヲ燒イタ物。

---

燒蝦仁 새우복음。蝦ノテンプラ。

燒蜊黃 굴뽁음。牡蠣ノテンプラ。

燒樣鷄 닭고기완자복음。黃鷄アンコ玉テンプラ。

炒魷魚 낙지지진것。魚賊ヲ々イタ物。

炒魚片 생선탕。魚ヲ切リ筍ヲ入レタ煮物。

炒三仙 닭、해삼、전복을기름에지진것。鷄、海蔘、鮑ヲ油デ煎リタ物。

炒肉絲 돝의고기를잘게썰어지진것。豚肉ヲ絲切シテ煎リタ物。

炒鷄絲（챠기쓰） 닭고기를잘게쐴어지진것。 鷄ヲ絲切シテ煎リタ物。

炒力脊絲（챠리찌쓰） 돝의갈비를잘게쐴어지진것。 豚ノ赤肉ヲ絲切シテ煎リタ物。

炒肉片（챠러펜） 돝의고기를기름에지진것。 豚ヲ油デ煎リタ物。

炒鮑魚片（챠빠위펜） 전복을기름에지진것。 鮑ナ油テ煎リタ物。

炒玉蘭片（챠위란펜） 죽순을기름에지진것。 筍ヲ油デ煎リタ物。

炒口茉（챠꺼채） 버섯을기름에지진것。 木ノ子ヲ油テ煎リタ物。

炒蠣黃（챠리왕） 굴과계란을기름에지진것。 牡蠣ト卵ヲ油テ煎リタ物。

---

炒蝦仁（챠하인） 새우지진것。 蝦ノタイタ物。

燒鷄（쌒기） 닭을통재구어서찐것。 鷄ノ丸燒ヲフカシタ物。

炒子鷄（챠쯔기） 수탉고기탕수유。 黄鷄ノクズ掛物。

川丸子（완외쯔） 완자탕。 肉ヲタヽキ團子ヲ作リツブシタ物。

川三仙（완싼쎈） 돝、닭、해삼을넣은국。 豚、鷄、海蔘ヲ入レタ汁物。

三鮮湯（싼쏀탕） 수탉、전복、해삼、죽순을너은국。 黄鷄、鮑、海蔘、筍ノ汁物。

三鮮餃子（싼쏀쟈쯔） 전복、해삼、돝을넣은만두。 鮑、海蔘、豚ヲ入レタ饅頭。

三仙麵 해삼、전복、닭을넣은국수。 海蔘、鮑、鷄ヲ入レタウドン。

狐炒魚 생선을기름에지진것。 魚ヲ油デ煎リタ物。

炸丸子 돝의고기를동글동글하게뭉쳐서졋은것 豚ヲ丸メタテンプシ。

炸力脊 소갈비볶은것。 牛ノ赤肉テンプラ。

炒粉條 고기넣은잔국수。 肉入レタ支那ソウメン。

炸溜丸 돝의고기완자탕수유。 豚ヲ丸メタテンプラニクズ掛。

炸溜力脊 돝의갈비탕수유。 豚ノ赤肉テンプラニクズ掛。

---

炸醬麵 된장국수。 味噌掛ウドン。

炒干飯 볶은밥。 飯ノ燒イタ物。

炸油盒 완자지진것。 肉ヲ粉デ包ンデ油デ上ゲタ物。

炸鷄豚 닭고기를계란으로싼것。 鷄ヲ玉子デ包ンタモノ。

炸蝦仁 새우탕수유。 蝦ノクズ掛。

炸鷄八塊 수탉을여덟에내여기름에지진것。 黃鷄ヲ八ツニ切リ油デ上ゲタ物。

炸板鷄 수탉을기름에지진것。 黃鷄ヲ油デ上ゲタ物。

炒肉兩張皮 잡채양장피。切肉、野菜、片栗ノ醋ノ物。

清湯海參 해삼탕。海參ノ鹽煮吸物。

清湯干貝 합관자탕。貝柱ノ鹽煮物。

苜蓿干貝 합관자탕。貝柱ト卵ヲ入レテ煮タ物。

溜鷄片 닭고기탕수유。クズ掛ノ鷄。

溜海參 해삼탕수유。クズ掛ノ海參。

溜蝦仁 새우탕수유。クズ掛ノ海老。

溜蟹黃 게탕수유。クズ掛ノ蟹。

溜黃菜 계란、버섯、해삼、돗을넣은탕수유。卵、木ノ子、海參、豚ヲ入レタクズ掛。

苜蓿蟹肉 게탕。蟹ニ玉子ヲ入レテ煮タ物。

滑溜力脊片 갈비탕수유。赤肉ノクズ掛物。

蝦子海參 새우、계란、해삼을한데볶은것。蝦ニ玉子ヲ入レタ海參。

蝦子玉蘭片 새우에계란을넣은죽순。蝦ニ玉子ヲ入レタ筍。

蝦子玉蘭蛋 상동。上同。

八寶菜 잡채。色色ノ物ヲ入レタ煮込。

口蘑川鷄片 버섯을넣은닭국。木ノ子ヲ入レタ鷄ノ汁物。

十錦丁 열가지로맨든국。色色ノ物十種ヲ入レタ汁物。

蜜餞蓮子 연근을꿀에졸인것。蓮ノ蜜ノ飴煮。

蜜餞白果 은행을꿀에졸인것。銀杏ノ蜜ノ飴煮。

山査勞 산사탕。山査ニ少シクズヲ入レタ汁物。

香蕉勞 파초탕。芭蕉ニ少シクズヲ入レタ汁物。

---

搭肉片 구은고기。燒肉。

金蟬鮑魚 전복과생선으로맨든국。鮑ト魚ヲタイタ汁物。

金銀魚 계란과생선을기름에지진것。玉子ト魚ヲ油ニ煮タ物。

芙蓉蛋 계란탕。玉子ノ汁物。

芙油魚片 생선을한토막식기름에지진것。魚ヲ一枚宛油デ煮タ物。

糖醋肉 탕수유。テンプラニ甘イクズ掛。

葱燒海參 해삼탕수유。玉葱ト海參ノクズ掛。

燕窩羹（옌워깡） 졔비집으로끎인국。 燕ノ巣ノ汁物。

魚翅菜（위츼채） 상어지느러미로만든것。 鱶ノ鰭デ作ツタモノ。

餃子（쟈쯔） 만두。 豚饅頭。

鷄絲麵（기쓰멘） 닭고기국수。 鷄ヲ絲切シタ物ヲ入レタウドン。

鷄蛋麵（기딴멘） 닭의알국수。 玉子ヲ入レタウドン。

鷄絲炒麵（기쓰챂멘） 닭고기볶은국수。 鷄ノ肉ヲ入レタ燒ウドン。

肉絲炒麵（워쓰챂멘） 소고기볶은국수。 牛肉ヲ入レタ燒ウドン。

餛飩（훈둔） 훈탕。 フントン。

## 第百二十四課 家屋

房子（팡쯔） 집。 家。

屋子（우쯔） 방。 部屋。

客廳（커팅） 객실。 客間。

接待室（졔때씌） 응접실。 應接室。

門 먼 メヌ — 문。門(モン)

窓戶 촹후 ちウアン ホウ — 창。窓(マド)

樓 러우 ロウ — 이층。二階(ニカイ)

樓梯 러우티 ロウ テイ — 층층대。梯子段(ハシゴダン)

院子 완쯔 ユアヌ ツ — 뜰。庭(ニワ)

書房 쑤빵 シウ ファン — 서재。書齋(ショサイ)

飯廳 빤텅 ファヌ テイン — 식당。食堂(ショクダウ)

---

臥房 워빵 ウヲ ファン — 침실。寢室(シンシツ)

廚房 추빵 ちウ ファン — 부엌。臺所(ダイドコロ)

澡堂 짜오탕 ツァオ タン — 목간。湯殿(ユドノ)

茅廁 마오쓰 マオ ツ — 변소。便所(ベンジョ)

進路 찐루 チヌ ルウ — 입구。入口(イリクチ)

出路 추루 ちウ ルウ — 출구。出口(デグチ)

炕 캉 カン — 구들。溫突(オンドル)

正房 대청。母屋。

廂房 아래채。母屋ノ左右ニアル部屋

閨房 안방。婦人ノ室。

套間兒 골방。母屋ニ付イタ部屋。

賬房 문서방。帳場。

馬棚 마구간。廐。

頂棚 천정。天井。

---

影壁 벽。壁。

籬笆 울타리。生垣。

隔扇 판장。衝立。

晒臺 빨래너는곳。物干場。

花園子 화원。花園。

地板 마루。板ノ間。

煙筩 굴뚝。煙突。

門門 먼 안 — 비장 貫串(カンヌキ)

# 第百二十五課 家具

家伙 가 훠 — 세간 道具(ダウグ)

桌子 쭤 쯔 — 책상 机(ツクエ)

椅子 이 쯔 — 의자 椅子(イス)

櫈子 떵 쯔 — 걸상 腰掛(コシカケ)

脚搭子 갸오 다 쯔 — 발판 踏臺(フミダイ)

---

後門 허 먼 — 뒷문 裏門(ウラモン)

蓆 시 — 자리 蓆(ムシロ)

地毯 디 탄 — 담요 毛氈(モウセン)

帳子 쟝 쯔 — 장막 幕(マク)

簾子 렌 쯔 — 발 簾(スダレ)

洋爐子 양 루 쯔 — 난로 ストーブ

| 火盆（爐子） | 화로。火鉢。 |
|---|---|
| 火筷子 | 화젓가락。火箸。 |
| 鏟子 | 부삽。ショベル。 |
| 飯鍋 | 밥솥。飯ヲ炊ク鍋。 |
| 水缸 | 물동이。缸。 |
| 茶壺 | 차관。急須。 |
| 銅吊子 | 주전자。鐵瓶。 |

---

| 酒瓶 | 술병。德利。 |
|---|---|
| 吊桶 | 드레박。釣瓶。 |
| 盤子 | 소반。膳。 |
| 飯碗 | 밥그릇。茶碗。 |
| 海碗 | 큰대접。丼鉢。 |
| 七星罐兒 | 약념병。藥味入。 |
| 碟子 | 접시。皿。 |

筷子（쾌쯔）（クアイツ） 젓가락。箸（ハシ）。

匙子（쓰쯔）（スツ） 숫가락。匙（サジ）。

杓子（애쯔）（シウオツ） 국자。杓子（シヤクシ）。

刀子（딴쯔）（タオツ） 칼。刀（カタナ）。

菜刀（채딴）（ちアイタオ） 식칼。庖丁（ホウチヨウ）。

梆子（뚠쯔）（トウヌツ） 도마。俎（マナイタ）。

小刀（쌴딴）（シヤオタオ） 주머니칼。小刀（コガタナ）。

磨刀石（뫼딴쓰）（モヲタオス） 숫돌。砥石（トイシ）。

臉盆（렌편）（リエヌペヌ） 대야。盥（タラヒ）。

笤箒（퇀쪽）（テヤオチウ） 비。箒（ホウキ）。

剪子（젠쯔）（チエヌツ） 가위。剪刀（ハサミ）。

搌布（짠뿌）（チアヌプ） 걸레。雜巾（ザフキン）。

撣子（딴쯔）（タヌツ） 총채。塵拂（ゴミハラヒ）。

刷子（쏴쯔）（シウアツ） 솔。ブラシ。

攏子(룽쯔) 빗。梳(クシ)

鏡子(징쯔) 거울。鏡(カガミ)

鎖(쒀) 잠을쇠。錠(ジヤウ)

鑰匙(웨쓰) 열쇠。鍵(カギ)

牙籤兒(야첸얼) 이쑤시개。楊枝(ヤウジ)

刷牙子(쏴야쯔) 잇솔。歯ブラシ(ハブラシ)

匣子(햐쯔) 상자。箱(ハコ)

尺頭(츠퉈) 자。物指(モノサシ)

秤子(쳥쯔) 저울。秤(ハカリ)

斗(뻐) 말。斗(マス)

激筒(기퉁) 무자위。ポンプ

定南針(딩난쩐) 지남철。磁石(ジシャク)

寒暑表(한쑤뱌) 한난계。寒暖計(カンダンケイ)

洋火(自來火)(양훠(쯔래훠)) 성냥。燐寸(マッチ)

| | | |
|---|---|---|
| 電燈（電氣燈）（뎬떵（뎬키띵）／テエヌトン（テエヌチートン）） | 젼등。 | 電燈（デントウ）。 |
| 洋燈（양떵／ヤントン） | 람푸。 | ランプ。 |
| 蠟燈（라떵／ラトン） | 촛대。 | 燭臺（ショクダイ）。 |
| 燈籠（떵룽／トンルウン） | 등롱。 | 燈籠（トウロウ）。 |

## 第百二十六課　文房具

| | | |
|---|---|---|
| 硯臺（옌태／イエヌタイ） | 벼루。 | 硯（スズリ）。 |
| 硯盒（옌허／イエヌホ） | 벼루합。 | 硯箱（スズリバコ）。 |

.............................................

| | | |
|---|---|---|
| 燈火（떵훠／トンホウオ） | 등불。 | 燈火（トウクワ）。 |
| 蠟（라／ラ） | 초。 | 蠟燭（ロウソク）。 |
| 電扇（뎬샨／テエヌシアヌ） | 선풍기。 | 扇風機（センプウキ）。 |
| 自來水（쯔래쉐／ツライスイ） | 수통。 | 水道（スヰドウ）。 |
| 墨（뫼／モチ） | 먹。 | 墨（スミ）。 |
| 墨盒兒（뫼허얼／モチホル） | 먹합。 | 墨壺（スミツボ）。 |

硯水盒 — 연적。水入。

紙 — 종이。紙。

筆 — 붓。筆。

鋼筆 — 철필。ペン。

鉛筆 — 연필。鉛筆。

自來水筆 — 만년필。萬年筆。

格兒紙 — 인찰지。罫紙。

---

八行紙（信紙） — 편지지。書翰箋。

印色 — 인주。印肉。

圖書 — 도장。印章。

洋墨水 — 잉크。インキ。

墨水瓶 — 잉크병。インキ壺。

吃墨紙 — 압지。吸取紙。

筆記簿 — 공책。ノート。

信封兒 봉투。封套(フウトウ)。

鏡子 풀。糊(ノリ)。

火漆 봉랍。封蠟(ホウロウ)。

信票 우표。切手(キッテ)。

印花紙 인지。印紙(インジ)。

明信片 엽서。葉書(ハガキ)。

雙明信片 왕복엽서。往復葉書(ワウフクハガキ)。

……………………………………

電報單 전보지。頼信紙(ライシンシ)。

算盤 주판。算盤(ソロバン)。

活動鉛筆 에바샤프。エバアシャープ。

書 책。本(ホン)。

煙捲兒 권연。煙草(タバコ)。

煙袋 담뱃대。煙管(キセル)。

# 第百二十七課 職業

做官的 — 탄리。役人。

做買賣的 — 장사。商人。

匠人 — 직공。職人。

種地的 — 농부。農夫。

東家 — 주인。主人。

掌櫃的 — 차인。番頭。

---

夥計 — 심부름군。手代。

看門的 — 문직이。門番。

廚子 — 쿡、コック。

傭工 — 고용군。雇人。

司機人 — 운전수。運轉手。

管車的 — 차장。車掌。

趕車的 — 마차부리는사람。御者。

車夫（拉車的） — 인력거군。人力車夫。

打更的 — 딱덕이。夜廻り。

大夫 — 의생。醫生。

醫生 — 의사。醫師。

律師 — 변호사。辯護士。

放送人 — 라디오변사。アナウンサー。

---

文官 — 문관。文官。

武官（帶兵的） — 무관。武官。

民人 — 백성。人民。

巡警 — 순검。巡査。

教師 — 목사。牧師。

教習 — 교사。教師。

先生 — 선생。先生。

學生 (쉐엥)
和尙 (허쌍)
道士 (딴쓰)
記者 (기져)
木匠 (무쨩)
瓦匠 (와쨩)(泥匠 니쨩)
石匠 (쓰쨩)

학생。學生。(ガクセイ)
중。坊主。(バウズ)
도사。道士。(ドウシ)
기자。記者。(キシャ)
목수。大工。(ダイク)
미장이。左官。(サクワン)
석수。石屋。(イシヤ)

---

唱戲的 (창히디)
剃頭的 (티투디)
照相的 (쟈오쌍디)
弄戲兒的 (룽히얼디)
跟班的 (껀반디)
送信的 (쑹씬디)
送報的 (쑹봐디)

광대。俳優。(ハイユウ)
이발사。理髮師。(リハツシ)
사진사。寫眞師。(シャシンシ)
요술장이。手品師。(テジナシ)
구종。從僕。(ジウボク)
체전부。郵便配達。(ユウビンハイタツ)
신문분전。新聞配達。(シンブンハイタツ)

打雜兒的 — 허드렛군。人足(雜役夫)

跑堂兒的 — 요릿집하인。ボーイ。

帶道的 — 길안내자。道案內。

站長 — 역장。驛長。

站夫 — 역부。驛夫。

售票員 — 표파는사람。出札掛。

查票員 — 개찰계。改札掛。

---

脚夫 — 적모자。赤帽。

賣魚的 — 생선장수。魚屋。

賣菜的 — 푸성기장수。八百屋。

書辦 — 서기。書記。

徒弟 — 뎨자。弟子。

經紀 — 거관。仲買。

裱糊匠 — 도배장이。表具師。

| 屠戶 | 백정。 | 穢多。 |
|---|---|---|

## 第百二十八課 店鋪

| 中文 | 한국어 | 日本語 |
|---|---|---|
| 鋪子 | 가가。 | 店。 |
| 書鋪 | 책사。 | 本屋。 |
| 紙鋪 | 지전。 | 紙屋。 |
| 洋貨鋪 | 양품점。 | 洋品店。 |
| 綢緞鋪 | 드틈전。 | 呉服店。 |
| 鐘錶鋪 | 시계포。 | 時計屋。 |
| 糧食店 | 싸전。 | 米屋。 |
| 點心鋪 | 과자점。 | 菓子屋。 |
| 酒鋪 | 술집。 | 酒屋。 |
| 飯店 | 여관。 | ホテル。 |

飯舖(판푸)　밥집。飯屋(メシヤ)。

飯館子(판관쯔)　요릿집。料理屋(レウリヤ)。

客店(커뎬)　객주。宿屋(ヤドヤ)。

澡堂子(짶탕쯔)　목욕탕。湯屋(ユヤ)。

錢舖(첸푸)　돈바꾸는집。兩替店(リヤウガヘミセ)。

當舖(땅푸)　전당포。質屋(シチヤ)。

藥舖(얀푸)　약국。藥屋(クスリヤ)。

---

煙兒舖(옌얼푸)　담배가가。煙草屋(タバコヤ)。

珈琲館(갸뻬관)　카페。カフエー。

照相館(잪샹관)　사진관。寫眞屋(シヤシンヤ)。

理髮館(리빠관)　리발소。床屋(トコヤ)。

雜貨舖(짜훠푸)　잡화상。雜貨屋(ザツカヤ)。

茶館兒(차관얼)　찻집。茶屋(チヤヤ)。

洋鐵舖(양톄푸)　철물전。金物屋(カナモノヤ)。

洋衣舖
靴子舖
木廠子
煤舖
磁器舖
水果舖
磨房

양복점。洋服屋。
구두방。靴屋。
장목전。材木屋。
석탄가가。石炭屋。
사기전。瀬戸物屋。
과일가가。果物屋。
가룻집。製粉所。

染坊
洗衣舖
文具舖
造坊
公司
銀行
洋行

염색집。染物屋。
세탁소。洗濯屋。
문방구점。文房具屋。
제조소。製造所。
회사。會社。
은행。銀行。
외국상관。外國商館。

# 第百二十九課 商業

工廠 공창 — 공장。工場。

生意 성이 — 영업。營業。

行市 항시 — 시세。相場。

市面 시면 — 시장。市場。

本錢 번첸 — 본전。資本。

股份 구펀 — 주식。株式。

報館 반관 — 신문사。新聞社。

利錢 리첸 (利息 리시) — 이자。利息。

虧空 퀘쿵 — 결손。損失。

賺頭 좐투 — 이익。利益。

存錢 춘첸 — 저금。貯金。

用錢 윈첸 — 구문。手數料。

| | | | | |
|---|---|---|---|---|
| 運脚 | 쥔 갸ㅗ | ユイヌ キヤオ | 삯。 | 運賃(ウンチン)。 |
| 現錢 | 혠 첸 | ヒエヌ ちエヌ | 현금。 | 現金(ゲンキン)。 |
| 找錢 | 짜ㅗ 첸 | チアオ ちエヌ | 덧두리。 | 釣錢(ツリセン)。 |
| 借給錢 | 졔 께 첸 | チエイ ケイ ちエヌ | 대금。 | 貸金(カシキン)。 |
| 該錢 | 깨 첸 | カイ ちエヌ | 차금。 | 借金(シヤクキン)。 |
| 滙錢 | 훼 첸 | ホイ ちエヌ | 환전。 | 爲替(カハセ)。 |
| 財東 | 채 뚱 | ツアイ トウン | 전주。 | 資本主(シホンヌシ)。 |

---

| | | | | |
|---|---|---|---|---|
| 總行 | 쭝 항 | ツウン ハン | 본점。 | 本店(ホンテン)。 |
| 分行 | 펀 항 | フエヌ ハン | 분점。 | 分店(ブンテン)。 |
| 開張 | 캐 장 | カイ チヤン | 개업。 | 開業(カイゲフ)。 |
| 要路口 | 야ㅗ 루 컥 | ヤオ ルウ コウ | 중요한곳。 | 要路ノ場所(ヨウロ バシヨ)。 |
| 躉賣 | 뚠 매 | トウヌ マイ | 도매。 | 卸賣(オロシウリ)。 |
| 零賣 | 링 매 | リン マイ | 소매。 | 小賣(コウリ)。 |
| 銷路 | 쌰ㅗ 루 | シヤオ ルウ | 판로。 | 販路(ハンロ)。 |

# 第百三十課 交通及通信

貨物
土貨

自行車
電車
汽車
機脚車

상품。商品。
토산물。其地ノ産物。

지행거。自轉車。
전차。電車。
자동차。自動車。
오도빠이。自動自轉車。

---

樣本
結賬

公共汽車
飛行機
飛艇
飛站

견본。見本。
결산。結算。

빠쓰。乘合自動車。
비행기。飛行機。
비행선。飛行船。
비행정류장。飛行停留場。

火車
기차。汽車。

客車
객차。客車。

貨車
짐차。貨物列車。

行李車
소화물차。小荷物車。

飯車
식당차。食堂車。

床位
침대차。寢臺車。

快車
급행차。急行車。

............

慢車
완행차。普通車。

火車站
정거장。停車場。

候車房
대합실。待合室。

售票處
표파는곳。出札所。

月臺
뿌랫토홈。ブッツトホーム。

月臺票
입장권。入場券。

車票
차표。切符。

- 來回票 — 왕복표。往復券。
- 半票 — 반액표。小兒乘車券。
- 免票 — 파쓰。パス。
- 號牌 — 번호표。番號札。
- 聯票 — 련락표。聯絡切符。
- 床位票 — 침대표。寢臺券。
- 車價 — 찻삯。乘車賃。

- 頭等車 — 일등차。一等車。
- 二等車 — 이등차。二等車。
- 三等車 — 삼등차。三等車。
- 頭等睡車 — 일등침대차。一等寢臺車。
- 二等睡車 — 이등침대차。二等寢臺車。
- 火車頭 — 기관차。機關車。
- 換車 — 승환。乘換。

火輪船　기선。汽船。

夾板船　종선。帆前船。

擺渡船　나룻배。艀船。

信船　우편선。郵便船。

商船　상선。商船。

官艙　일등선실。一等船室。

房艙　이등선실。二等船室。

---

統艙　삼등선실。三等船室。

馬車　마차。馬車。

廠車　짐수레。荷車。

東洋車　인력거。人力車。

上車　승차。乘車。

下車　하차。降車。

護照　여행면장。旅行免狀。

郵便　電話　公共電話　無線電話　天線　收音機　盤費

우편。郵便。ユウベン
전화。電話。デンワ
공중전화。公衆電話。コウシュウデンワ
무선전화。無線電話。ムセンデンワ
안테나。アンテナ。
수화기。レシーバー。
여비。旅費。リョヒ

郵費　郵匯　掛號　寄物　保險函件　信筒子　時刻單

우세。郵稅。ユウゼイ
우편환。郵便爲替。ユウビンカハセ
등기。書留。カキトメ
소포。小包。コヅツミ
가격표기。價格表記。カカクヒョウキ
우편통。郵便箱。ユウビンバコ
시간표。時間表。ジカンヒョウ

## 第百三十一課　軍事

陸(륙 ルウ)軍(균 キユイヌ)　륙군。リクグン 陸軍。

海(해 ハイ)軍(균 キユイヌ)　해군。カイグン 海軍。

航(항 ハン)空(쿵 クン)軍(균 キユイヌ)　항공군。カウクウグン 航空軍。

營(윙 ユイン)盤(판 パヌ)　영문。ヘイエイ 兵營。

宣(쐔 シユアヌ)戰(짠 チアヌ)書(쑤 シウ)　선전서。センセンショ 宣戰書。

打(따 ダ)仗(짱 チアン)　전쟁。センソウ 戰爭。

---

兵(삥 ビン)丁(띵 ティン)　병정。ヘイソツ 兵卒。

下(햐 ヒヤ)士(쓰 ス)官(콴 コワヌ)　하사관。カシクワン 下士官。

將(쨩 ツヤン)校(걒 キヤオ)　장교。シヤウカウ 將校。

近(긴 キヌ)衛(웨 ウエイ)兵(삥 ビン)　근위병。コノエヘイ 近衛兵。

步(뿌 フ)隊(뒈 トイ)兵(삥 ビン)　보병。ホヘイ 步兵。

馬(마 マ)隊(뒈 トイ)兵(삥 ビン)　기병。キヘイ 騎兵。

砲팡 隊뒈 兵빙

工강 程엉 隊뒈

輜쯔 重쭝 隊뒈

探탄 哨쌒 隊뒈

電뎬 信씬 隊뒈

軍귄 樂여 隊뒈

憲현 兵빙 隊뒈

포병。砲兵。

공병대。工兵隊。

치중대。輜重隊。

람정대。步哨隊。

전신대。電信隊。

군악대。軍樂隊。

헌병대。憲兵隊。

---

喇라 叭빠 手쌱

現현 役이 兵빙

豫위 備뻬 兵빙

後헉 備뻬 兵빙

補뿌 充쭝 兵빙

志쯔 願완 兵빙

看칸 護후 兵빙

고파수。喇叭手。

현역병。現役兵。

예비병。豫備兵。

후비병。後備兵。

보충병。補充兵。

지원병。志願兵。

간호병。看護兵。

官兵 관병 — 관병。官兵。

敵兵 뎍병 — 적병。敵兵。

進兵 진병 — 진군。進軍。

退兵 퇴병 — 퇴군。退軍。

重傷的 즁상뎍 — 중상자。重傷者。

輕傷的 경상뎍 — 경상자。輕傷者。

陣亡的 진망뎍 — 전사자。戰死者。

---

受傷的 싀상뎍 — 부상자。負傷者。

紅十字會 훙씌쯔회 — 적십자사。赤十字社。

戰地病院 잔디빙완 — 야전병원。野戰病院。

砲臺 퐈태 — 포대。砲臺。

師團 쓰돤 — 사단。師團。

軍團 쥔돤 — 군단。軍團。

旅團 뤼돤 — 여단。旅團。

大隊（따뒤）
中隊（쭝뒤）
小隊（쌰뒤）
分隊（펀뒤）
火藥庫（훠야오쿠）
軍械庫（쥔셰쿠）
大砲（따퐈）

대대。大隊（ダイタイ）。
중대。中隊（チユウタイ）。
소대。小隊（セウタイ）。
분대。分隊（ブンタイ）。
화약고。火藥庫（クワヤクコ）。
군기고。軍器庫（グンキコ）。
대포。大砲（タイホウ）。

---

野砲（예퐈）
攻城砲（꿍청퐈）
機關槍（기관창）
快砲（쾌퐈）
快槍（쾌창）
單響槍（단향창）
短槍（돤창）

야포。野砲（ヤホウ）。
공성포。攻城砲（コウジヨウホウ）。
기관총。機關銃（キクワンチユウ）。
속사포。速射砲（ソクシヤホウ）。
연발총。連發銃（レンパツチユウ）。
단발총。單發銃（タンパツチユウ）。
육혈포。ピストル。

槍(창 チヤン) — 창。鐵砲(テツポウ)。

地雷(디뤠 チイルイ) — 지뢰。地雷(チライ)。

彈子兒(탄쯔얼 タヌツル) — 탄환。彈丸(ダンクワン)。

劍(젠 キエヌ) — 군도。サーベル。

軍糧(쥔량 キユイヌリヤン) — 군량。軍糧(グンリヤウ)。

擔架(딴쟈 タヌキヤ) — 들것。駕籠(カゴ)。

惡戰(어짠 オチアヌ) — 격전。激戰(ゲキセン)。

---

耐戰(내짠 ナイチアヌ) — 지구전。持久戰(チキウセン)。

猛攻(멍꿍 モンクン) — 돌격。突擊(トツゲキ)。

追打(쮀따 チオイタ) — 추격。追擊(ツイゲキ)。

圍攻(위꿍 ウエイクン) — 포위공격。包圍攻擊(ホウヰコウゲキ)。

拿住(나쭈 ナチウ) — 생금。捕虜(トリコ)。

戰利品(짠리핀 チアヌリピヌ) — 전리품。戰利品(センリヒン)。

得佔(더짠 トチアヌ) — 점령。占領(センリヤウ)。

先鋒
後隊
救兵
戰鬪力
炸開
破壞
防禦工程

선봉。センポウ 先鋒。
후대。コウタイ 後隊。
구완병。キユウエンピン 救援兵。
전투력。セントウリヨク 戰鬪力。
폭발。バクハツ 爆發。
파괴。ハクワイ 破壞。
방어공사。バウギヨコウジ 防禦工事。

---

軍港
艦隊
鐵甲船
兵船
巡洋艦
驅逐艦
報知艦

군항。グンカウ 軍港。
함대。カンタイ 艦隊。
철갑선。カフチツセン 甲鐵船。
군함。グンカン 軍艦。
순양함。ジユンヤウカン 巡洋艦。
구축함。クチクカン 驅逐艦。
보지함。ホウチカン 報知艦。

| 水雷船 | 水母船 | 練習兵船 | 潜水艇 | 魚雷 | 機關水雷 | 封鎖(封口) |
|---|---|---|---|---|---|---|
| 수뢰정。水雷艇。(スヰライテイ) | 수뢰모함。水雷母艦。(スヰライボカン) | 연습군함。練習艦。(レンシフカン) | 잠수함。潜水艦。(センスヰカン) | 어형수뢰。魚形水雷。(ギヨケイスヰライ) | 기관수뢰。機關水雷。(キクワンスヰライ) | 봉쇄。封鎖。(ホウサ) |

| 打沈 | 沈沒 | 鎭守府 | 司令官 | 艦長 | 機關長 | 戰場 |
|---|---|---|---|---|---|---|
| 격침。擊沈。(ゲキチン) | 침몰。沈沒。(チンボツ) | 진수부。鎭守府。(チンシユフ) | 사령관。司令官。(シレイクワン) | 함장。艦長。(カンチヤウ) | 기관장。機關長。(キクワンチヤウ) | 젼장。戰場。(センヂヤウ) |

交戰 海戰 淹死的 平和 投降 同盟 議和

교전。交戰（カウセン）
해전。海戰（カイセン）
익사자。溺死者（デキシシヤ）
평화。平和（ヘイワ）
투항。投降（トウカウ）
동맹。同盟（ドウメイ）
강화。講和（カウワ）

---

局外中立 嚴厲準備 停戰 土匪 紅鬍子（馬賊）

국외중립。局外中立（キヨクグワイチユウリツ）
시위준비。示威準備（ジヰジユンビ）
정전。停戰（テイセン）
토비。匪賊（ヒゾク）
마적。馬賊（バゾク）

# 第百三十二課 政府機關

考試院 立法院 行政院 司法院 監察院 內政部

고시원。考試院。
립법원。立法院。
행정원。行政院。
사법원。司法院。
감찰원。監察院。
내정부。內政部。

外交部 軍政部 財政部 交通部 鐵道部 工商部

외교부。外交部。
군정부。軍政部。
재정부。財政部。
교통부。交通部。
철도부。鐵道部。
공상부。工商部。

農농 鑛꿍 部뿌
教 育위 部뿌
衛웨 生썽 部뿌
政쩡 府뿌
主쭈 席시
委웨 員완
院완 長짱

농광부。農鑛部。
교육부。教育部。
위생부。衛生部。
정부。政府。
주석。主席。
위원。委員。
원장。院長。

部뿌 長짱

以上國民政府機關

參찬 議이 府뿌
立리 法화 院완
國꿔 務우 院완
法화 院완
監졘 察차 院완

부장。部長。
참의부。參議府。
입법원。立法院。
국무원。國務院。
법원。法院。
감찰원。監察院。

皇帝

宮內大臣

國務總理大臣

民政部大臣

外交部大臣

軍政部大臣

財政部大臣

황제。クワウテイ 皇帝。

궁내대신。クナイダイジン 宮內大臣。

국무총리대신。コクムソウリダイジン 國務總理大臣。

민정부대신。ミンセイブダイジン 民政府大臣。

외교부대신。グワイコウブダイジン 外交部大臣。

군정부대신。グンセイブダイジン 軍政部大臣。

재정부대신。ザイセイブダイジン 財政部大臣。

---

實業部大臣

交通部大臣

司法部大臣

文敎部大臣

興安總署總長

國璽尚書

院長

실업부대신。ジツゲフブダイジン 實業部大臣。

교통부대신。コウツウブダイジン 交通部大臣。

사법부대신。シホフブダイジン 司法部大臣。

문교부대신。ブンケフブダイジン 文敎部大臣。

흥안총서총장。コウアンソウショソウチヤウ 興安總署總長。

국새상서。コクジシヤウショ 國璽尚書。

원장。ヰンチヤウ 院長。

以上滿洲國機關

# 第百三十三課 學事

|  |  |  |
|---|---|---|
| 學堂（學校） | 학교。 | 學校。 |
| 大學堂 | 대학。 | 大學。 |
| 專門學堂 | 전문학교。 | 專門學校。 |
| 師範學堂 | 사범학교。 | 師範學校。 |
| 高等學堂 | 고등학교。 | 高等學校。 |
| 中學堂 | 중학교。 | 中學校。 |
| 小學堂 | 소학교。 | 小學校。 |
| 同學 | 동창。 | 同窓。 |
| 同班 | 동급。 | 同級。 |
| 考試 | 시험。 | 試驗。 |

功課 — 수업。授業。

課本 — 교과서。教科書。

學費 — 학비。學費。

放學 — 방학。休暇。

告假 — 결석。缺席。

畢業 — 졸업。卒業。

招生 — 생도모집。生徒募集。

---

報名 — 지원。申込。

住宿生 — 기숙생。寄宿生。

函授 — 통신교수。通信教授。

轉學 — 전학。轉校。

圖書館 — 도서관。圖書館。

講書堂 — 예배당。禮拜堂。

寺廟 — 절。寺。

廟(묘 ミヤオ)　公園(꿍 クン 완 ユアヌ)　運動場(윈 ユイン 둥 トウン 짱 チアン)　公會堂(꿍 クン 훼 ホイ 탕 タン)　靑年會(칭 チン 녠 ネン 훼 ホイ)

신사。 ジンジヤ 神社。
공원。 コウエン 公園。
운동장。 ウンドウヂヤウ 運動場。
공회당。 コウクワイダウ 公會堂。
청년회。 セイネンクワイ 靑年會。

# 第百三十四課　娛樂

音樂(인 イン 워 ユエ)

음악。 オンガク 音樂。

······

博覽會(보 ポ 란 ラヌ 훼 ホイ)　博物館(보 ポ 우 ウ 관 クワヌ)　水族館(쉬 ソイ 쭈 ヅウ 관 ユアヌ)　植物園(즈 チ 우 ウ 완 ユアヌ)　動物園(뚱 トウン 우 ウ 완 ユアヌ)

박람회。 ハクランクワイ 博覽會。
박물관。 ハクブツクワン 博物館。
수족관。 スヰゾククワン 水族館。
식물원。 シヨクブツエン 植物園。
동물원。 ドウブツエン 動物園。

風琴(훵 フオン 친 チヌ)

풍금。 オルガン。

洋琴 — 피아노。ピアノ。

浮胡琴 — 바요링。バイオリン。

胡琴 — 깡깽이。胡琴。

口風琴 — 하모니까。ハモニカ。

曼獨林 — 맨도링。マンドリン。

笛 — 피리。笛。

喇叭 — 라팔。喇叭。

---

鼓 — 북。太鼓。

鑼 — 제금。鑼。

電影戲 — 활동사진。映畫。

有聲電影 — 말하는활동사진。トーキー。

話匣子 — 유성기。蓄音機。

唱片 — 유성기판。レコード。

跳舞 — 무도。ダンス。

|  |  |  |
|---|---|---|
| 棒球 (방구) | 야구。 | 野球。(ヤキウ) |
| 網球 (왕구) | 데니쓰。 | 庭球。(テイキウ) |
| 足球 (쭈구) | 풋뽈。 | フットボール。 |
| 杓球 (쌒구) | 꼴뿌。 | ゴルフ。 |
| 籃球 (란구) | 빠스켓뽈。 | バスケットボール。 |
| 替換跑 (티환팦) | 리레ー。 | リレー。 |
| 馬拉松賽 (마라쏭쌔) | 마라손。 | マラソン。 |

|  |  |  |
|---|---|---|
| 賽跑 (쌔팦) | 경주。 | 競走。(キヨウソウ) |
| 田徑場 (톈깅짱) | 운동장。 | 運動場。(ウンドウヂヤウ) |
| 錦標 (긴뱦) | 우승기。 | 優勝旗。(ユウシヨウキ) |
| 台杯賽 (태뻬쌔) | 데니쓰세계패쟁전。 | 庭球ノ世界覇爭戰。(テニース セカイハイサウセン) |
| 賽船 (쌔촨) | 뽀트레에쓰。 | 競漕。(キヨウソウ) |
| 賽馬 (쌔마) | 경마。 | 競馬。(ケイバ) |
| 馬戲 (마히) | 곡마。 | 曲馬。(キヨクバ) |

桶球兒 다마쓰끼。玉突。

撲克牌 트램푸。トラムプ。

## 第百三十五課 動 物

牲口 짐승。家畜。

馬 말。馬。

牛 소。牛。

猪 돝。豚。

……………………

柯達 손에드는사진기계。コダック。

麻雀牌 마작。マーチャン。

狗 개。犬。

猫 고양이。猫。

耗子 쥐。鼠。

羊 양。羊。

騾子 러쯔 ロウツ
驢 뤼 リユイ
象 썅 シヤン
老虎 랖 후 ラオ ホウ
狗熊 꺽 쓩 コオウ ヒユイン
駱駝 러 터 ロ ト
猴兒 헉 얼 ホオウ ル

노새。騾馬。ラバ
나귀。驢馬。ロバ
코끼리。象。ザウ
호랑이。虎。トラ
곰。熊。クマ
약대。駱駝。ラクダ
원숭이。猴。サル

---

野猫 예 맢 ヱ マオ
狐狸 후 리 ホウ リ
海獺 해 타 ハイ ハ
鯨魚 깅 위 キン ユイ
魚 위 ユイ
鯉魚 리 위 リ ユイ
大頭魚 따 틔 위 タ トオウ ユイ

토끼。兎。ウサギ
여호。狐。キツネ
수달。海獺。ウミカハウソ
고래。鯨。クヂラ
물고기。魚。ウヲ
잉어。鯉。コヒ
도미。鯛。タヒ

鯽魚 찌위
鱔魚 싼위
章魚 장위
鮫魚 걒위
王八(甲魚) 왕빠(갸위)
烏龜 우궤
鮑魚 빠위

붕어。鮒。
뱀장어。鰻。
낙지。章魚。
상어。鮫。
자라。鼈。
거북。龜。
전복。鮑。

---

海參 해썬
烏賊魚 우쩌위
蛤蜊 꺼리
蝦米 햐미
龍蝦 룽햐
螃蟹 팡혜
海蠣子 해리쯔

해삼。海鼠。
오징어。烏賊魚。
조개。蛤。
잔새우。小形ノ蝦。
왕새우。海老。
게。蟹。
굴。牡蠣。

鳥兒 됴얼 — 새。鳥 トリ。

家雀兒 갸챺얼 — 참새。雀 スズメ。

鷄 기 — 닭。鷄 ニハドリ。

老鴰 랖과 — 까마귀。烏 カラス。

鵓子 꺼쯔 — 비둘기。鳩 ハト。

鴨子 야쯔 — 오리。鶩 アヒル。

野鴨 예야 — 거위。鴨 カモ。

---

雁 옌 — 기러기。雁 ガン。

燕子 옌쯔 — 제비。燕 ツバメ。

鳶 완 — 솔개。鳶 トンビ。

母鷄 무기 — 암탉。牝鷄 メンドリ。

公鷄 꿍기 — 수탉。牡鷄 ヲンドリ。

野鷄 예기 — 꿩。雉 キジ。

火鷄 훠기 — 칠면조。七面鳥 シチメンチウ。

孔雀 공챠
仙鶴 쎈허
鸚哥 잉꺼
喜鵲 히쳐
黄鶯 황잉
雲雁 윈옌
蠶 찬

공작。孔雀。
학。鶴。
앵무。鸚鵡。
까치。鵲。
꾀꼬리。鶯。
종달새。雲雀。
누에。蠶。

..........................................................................................

蝴蝶兒 후떼얼
蜜蜂 마펑
蜜蜂 미펑
螞蟻 마이
蜘蛛 즤주
蒼蠅 창잉
蚊子 원쯔

나비。蝶。
벌。蜂。
꿀벌。蜜蜂。
개미。蟻。
거미。蜘蛛。
파리。蠅。
모기。蚊。

虱子（スツ） 이。 虱（シラミ）。

伏天兒（フウテエヌル） 매아미。 蟬（セミ）。

蛇蚤（コチアオ） 벼룩。 蚤（ノミ）。

臭虫（チオウチウン） 빈대。 南京虫（ナンキンムシ）。

蟈蟈兒（コウオコウオル） 귀뚜라미。 蟋蟀（コホロギ）。

火虫兒（ホウオチウンル） 개똥버레。 螢（ホタル）。

蛆（ツユイ） 구더기。 蛆（ウヂ）。

---

蛔蟮（ホイシアヌ） 지렁이。 蚯蚓（ミミヅ）。

蜈蚣（ウクン） 지네。 百足（ムカデ）。

蝸牛（コワニウ） 달팽이。 蝸牛（カタツブリ）。

蛤蟆（ハモア） 개구리。 蛙（カヘル）。

長虫（チアンチウン） 뱀。 蛇（ヘビ）。

窩（ウヲ） 보금자리。 巢（ス）。

尾巴（イバ） 꼬리。 尾（ヲ）。

翅膀兒　날개。翼。

## 第百三十六課　植　物

樹木　나무。樹。

四季樹　상록수。常綠樹。

樹根兒　뿌리。根。

梗兒　줄기。幹。

樹枝兒　가지。枝。

---

芽　싹。芽。

葉子　잎。葉。

花兒　꽃。花。

樹兒　열매。實。

松樹　소나무。松。

栢樹　櫻樹　梅樹　桑樹　竹子　柳樹　栗樹

잣나무。 檜。(ヒノキ)
벗나무。 櫻。(サクラ)
매화나무。 梅。(ウメ)
뽕나무。 桑。(クワ)
대나무。 竹。(タケ)
버드나무。 柳。(ヤナギ)
밤나무。 栗。(クリ)

---

杉松　梧桐　荷　菖蒲　芭蕉　百合　芍藥

삼나무。 杉。(スギ)
오동나무。 桐。(キリ)
연。 蓮。(ハス)
장푸。 菖蒲。(シヤウブ)
파쵸。 芭蕉。(バセウ)
백합。 百合。(ユリ)
작약。 芍藥。(シヤクヤク)

牧丹荷 —— 모란。牧丹(ボタン)。

躑躅 —— 철쭉。躑躅(ツツジ)。

西蕃蓮 —— 따리야。ダリヤ。

菊花 —— 국화。菊(キク)。

大波斯菊 —— 코스모스。コスモス。

## 第百三十七課 果物

杏兒 —— 살구。杏子(アンズ)。

---

向日蓮 —— 해바래기。日廻(ヒマハリ)。

勤娘子 —— 나팔꽃。朝顔(アサガホ)。

花草 —— 화초。草花(クサバナ)。

子兒 —— 씨。種(タネ)。

咕朶 —— 봉오리。蕾(ツボミ)。

白果 —— 은행。銀杏(ギンナン)。

柘榴 (체뤄 チヨリウ)　棗兒 (짶얼 ツアオル)　栗子 (리쯔 リツ)　梨 (리 リ)　柿子 (쓰쯔 スツ)　葡萄 (푸퇴 プタオ)　蘋果 (핀궈 ピンコウオ)

석류。柘榴。(ザクロ)
대추。棗。(ナツメ)
밤。栗。(クリ)
배。梨。(ナシ)
감。柿。(カキ)
포도。葡萄。(ブドウ)
능금。林檎。(リンゴ)

橘子 (귀쯔 キユイツ)　桃兒 (퇴얼 タオル)　香蕉 (향잪 ヒヤンツヤオ)　櫻桃 (잉퇴 インタオ)　胡桃 (후퇴 ホウタオ)　鳳梨 (뻥리 フオンリ)　西瓜 (씨꽈 シコワ)

귤。蜜柑。(ミカン)
복사。桃。(モモ)
빠나나。バナナ。
앵도。櫻坊。(サクランバウ)
호두。胡桃。(クルミ)
무ᄉ과。パインアプル。
수박。西瓜。(スヰクワ)

黃瓜　외。黃瓜。
倭瓜　호박。南瓜。
甜瓜　참외。眞瓜。

茄子　가지。茄子。
鮮果子　과일。水菓子。

## 第百三十八課　穀物及野菜

糧食　양식。穀物。
米　쌀。米。
江米（糯米）　찹쌀。糯米。

粳米　멥쌀。粳稻。
小米　조。粟。
麥子　보리。麥。

| 高粱 (고량) | 稻 (도) | 豆子 (두자) | 紅豆 (홍두) | 玉米 (옥미) | 胡麻子 (호마자) | 青菜 (청채) |
|---|---|---|---|---|---|---|
| 수수。黍。 | 벼。稻。 | 콩。豆。 | 팟。小豆。 | 옥슈수。玉蜀黍。 | 깨。胡麻。 | 푸성기。野菜。 |

---

| 白菜 (백채) | 蘿蔔 (라복) | 胡蘿蔔 (호라복) | 菠菜 (파채) | 山藥豆兒 (산약두얼) | 芋頭 (우두) | 葱 (총) |
|---|---|---|---|---|---|---|
| 배추。白菜。 | 무우。大根。 | 홍당무。人參。 | 시금치。菠薐草。 | 마령서。馬鈴薯。 | 토란。芋。 | 파。葱。 |

蒜(쏸 ソワヌ)頭(투 トウ) 마늘。蒜(ニンニク)。

韮(꾸 キウ)菜(채 ツアイ) 부추。韮(ニラ)。

藕(억 オウ) 연근。蓮根(ハスネ)。

芹(긴 キヌ)菜(채 ツアイ) 미나리。芹(セリ)。

白(빼 パイ)薯(쑤 シウ)（地(디 チイ)瓜(과 コワ)） 감자。甘藷(サツマイモ)。

## 第百三十九課 金石

五(우 ウ)金(긴 キヌ) 쇠。金屬(キンゾク)。

---

番(판 ファヌ)薯(쑤 シウ) 마。山芋(ヤマイモ)。

蘑(뫼 モヲ)菇(꾸 ク) 버섯。木ノ子(キノコ)。

芽(야 イヤ)筍(쑨 シユイヌ) 죽순。筍(タケノコ)。

辣(라 ラ)椒(쟈 チヤオ) 고추。唐辛(タウガラシ)。

姜(쟝 キヤン) 생。生薑(シヨウガ)。

金(긴 キヌ) 금。金(キン)。

(473) 金石

銀(イヌ)인 — 은。銀(ギン)

銅(トウン)퉁 — 구리。銅(アカガネ)

鐵(テイ)톄 — 철。鐵(テツ)

鉛(チエヌ)첸 — 납。鉛(ナマリ)

洋(ヤン)양 鐵(テイ)톄 — 생철。鉎力(ブリキ)

鋼(カン)강 鐵(テイ)톄 — 강철。鋼鐵(カウテツ)

錫(シ)씨 鑞(ラ)라 — 함석。錫(スズ)

---

黃(ホワン)황 銅(トウン)퉁 — 주석。眞鍮(シンチユウ)

紫(ツ)즈 銅(トウン)퉁 — 오동。靑銅(カラカネ)

金(キヌ)긴 葉(イエ)예 子(ツ)즈 — 금박。金箔(キンハク)

銀(イヌ)인 葉(イエ)예 子(ツ)즈 — 은박。銀箔(ギンバク)

五(ウ)우 金(キヌ)긴 礦(コワン)광 — 금속광。金屬鑛(キンゾククワウ)

銻(テイ)틔 — 안지모니。「アンチモニー。」

鋁(リユイ)뤼 — 알미늄。「アルミニューム。」

金剛石 — 금강석。ダイヤモンド。

寶玉 — 보옥。寶玉。

翡翠 — 비취。翡翠。

水晶 — 수정。水晶。

大理石 — 대리석。大理石。

雲石 — 화강석。花崗石。

---

瑪瑙 — 마뇌。瑪瑙。

琥珀 — 호박。琥珀。

珊瑚 — 산호。珊瑚。

琉黃 — 유황。琉黃。

玻璃 — 유리。ガラス。

眞珠 — 진주。眞珠。

# 附錄

## 北京語音과山東系統의滿洲語音對照表

| 北京音 | 發音分類 | 山東系滿洲音 |
|---|---|---|
| 지 チ (記・鷄……) | 舌前音 | 기 キ |
| 쟈 チヤ (加・家……) | 同 | 갸 キヤ |
| 쟝 チヤン (江・講……) | 同 | 걍 キヤン |
| 쟈오 チヤオ (交・嶽……) | 同 | 갸오 キヤ |
| 재 チアイ (皆・街……) | 同 | 개 キアイ |
| 젠 チエヌ (見・間……) | 同 | 겐 キエヌ |
| 진 チヌ (今・近……) | 同 | 긴 キヌ |
| 징 チン (京・景……) | 同 | 깅 キン |
| 지우 チウ (久・九……) | 同 | 기우 キウ |
| 쥔 チユイン (窘……) | 同 | 귄 キユイン |
| 쥐 チユイ (居・拘……) | 同 | 귀 キユイ |
| 좐 チユアヌ (卷・捲……) | 同 | 관 キユアヌ |
| 줴 チユエ (決・倔……) | 同 | 궤 キユエ |

ᄎᆔᆫ(チエイヌ)（君・軍……）同 ᄏᆔᆫ(キユイヌ)

치(ち)（其・起……）同 키(き)

챠(ちや)（恰・榕……）同 캬(きやオ)

챵(ちやン)（强・蜣……）同 컁(きヤン)

챤(チヤオ)（橋・功……）同 캰(きヤオ)

쳬(ちエ)（茄……）同 켸(きエ)

쳰(ちエヌ)（牽・鉗……）同 켼(きエヌ)

친(ちヌ)（勤・琴……）同 킨(きヌ)

칭(ちン)（輕・傾……）同 킹(きン)

춰(ちウ)（求・球……）同 쿼(きウ)

ᄎᆔᆼ(ちユイン)（窮・瓊……）同 ᄏᆔᆼ(きユイン)

ᄎᆔ(ちユイ)（去・區……）同 ᄏᆔ(きユイ)

ᄎᆑᆫ(ちユアヌ)（勸・拳……）同 ᄏᆑᆫ(きユアヌ)

ᄎᆒ(ちユエ)（缺・却……）同 ᄏᆒ(きユエ)

ᄎᆔᆫ(ちユイヌ)（群・裙……）同 ᄏᆔᆫ(きユイヌ)

ㅅ히(シ)（希・喜……）同 히(ヒ)

ㅅ햐(シヤ)（下・夏……）同 햐(ヒヤ)

ㅅ향(シヤン)（向・鄉……）同 향(ヒヤン)

ㅅ햔(シヤオ)（孝・學……）同 햔(ヒヤオ)

ㅅ혜(シエ)（鞋・血……）同 혜(ヒエ)

| | | | |
|---|---|---|---|
| 셴 シエヌ | （閑・現……） | 同 | 혠 ヒエヌ |
| 싱 シン | （行・幸……） | 同 | 힝 ヒン |
| 슈 シウ | （休・貅……） | 同 | 휴 ヒウ |
| 슁 シエイン | （兄・胸……） | 同 | 휭 ヒユイン |
| 쉬 シユイ | （虛・許……） | 同 | 휘 ヒユイ |
| 쉔 シユアヌ | （玄・喧……） | 同 | 휀 ヒユアヌ |
| 쉐 シユエ | （學・靴……） | 同 | 훼 ヒユエ |
| 쉰 シユイヌ | （熏・勳……） | 同 | 휜 ヒユイヌ |
| 지 チ | （知・紙……） | 舌葉音 | 즈 ツ |
| 쟈 チア | （札・詐……） | 同 | 짜 ツア |

---

| | | | |
|---|---|---|---|
| 줘 チウオ | （卓・濁……） | 同 | 쭤 ツウオ |
| 주 チウ | （猪・竹……） | 同 | 쭈 ツウ |
| 잔 チアヌ | （棧・占……） | 同 | 짠 ツアヌ |
| 준 チウヌ | （准・醇……） | 同 | 쭌 ツウヌ |
| 장 チアン | （脹・長……） | 同 | 짱 ツアン |
| 좨 チオイ | （追・贅……） | 同 | 쫴 ツアイ |
| ᄌᅶ チアオ | （找・招……） | 同 | ᄍᅶ ツアオ |
| 좐 チウアヌ | （轉・專……） | 同 | 쫜 ツウアヌ |
| 좡 チウアン | （壯裝……） | 同 | 쫭 ツウアン |
| 지 チ | （吃・尺……） | 同 | 즈 ツ |

씨 シ (是·事……) 同 스 ス·쯔 ツ

쑤 シウ (書·署……) 同 쭈 ツウ

쑈 シアオ (少·稍……) 同 싸오 サオ

쏴 シウワ (要·刷……) 同 쫘 ソワ

쏸 シウワヌ (拴·閂……) 同 쫜 ソワヌ

쐉 シウワン (雙·爽……) 同 쫭 ソワシ

쒜 シオイ (誰·水……) 同 쮀 ソイ

쒀 シウオ (說·朔……) 同 쭤 ソウオ

싀 リ (日……) 同 이 イ

셔 リョ (熱……) 同 여 ヨ

---

싄 リヌ (人·任……) 同 읜 イヌ

수 ルウ (如·入……) 同 우 ウ

순 ルウヌ (閏·潤……) 同 운 ウヌ

숴 リウ (弱·若……) 同 워 ヨオ

숙 ロウ (肉·柔……) 同 우 ウ·유 イウ

성 ロオン (扔……) 同 엉 オン·렁 ロン

산 ラヌ (然·染……) 同·同 안 アヌ·얀 ヤヌ

상 ラン (嚷·讓……) 同 앙 アン·양 ヤン

사오 ラアオ (擾·繞……) 同 아오 アオ·야오 ヤオ

昭和十八年七月二十五日印刷
昭和十八年七月二十八日發行



官話標準 短期速修中國語自通

㊥新 定價 參圓
送料書留 二十八錢

著作兼發行者 伊泉伍[illegible]
京城府東大門區昌信町三二三

印刷者 岩本世[illegible]

印刷所 大東印書舘印刷
京城府東大門區昌信町三二三

發行所 大東印書
振替口座京城六

配給元 日本出版配給株式
京城府西大門區和泉町

# “早期北京話珍本典籍校釋與研究”叢書總目録

## 早期北京話珍稀文獻集成

（一）日本北京話教科書匯編

《燕京婦語》等八種

華語跬步

亞細亞言語集

北京風土編·北京事情·北京風俗問答

伊蘇普喻言·今古奇觀·搜奇新編

四聲聯珠

官話指南·改訂官話指南

京華事略·北京紀聞

（二）朝鮮日據時期漢語會話書匯編

改正增補漢語獨學

高等官話華語精選

速修漢語自通

速修漢語大成

中語大全

修正獨習漢語指南

官話華語教範

無先生速修中國語自通

官話標準：短期速修中國語自通

“内鮮滿”最速成中國語自通

（三）西人北京話教科書匯編

尋津録

語言自邇集

官話類編

華語入門

漢英北京官話詞彙

漢語口語初級讀本·北京兒歌

北京話語音讀本

語言自邇集（第二版）

言語聲片

華英文義津逮

北京官話初階

（四）清代滿漢合璧文獻萃編

清文啓蒙
一百條·清語易言
續編兼漢清文指要
滿漢成語對待
重刻清文虛字指南編
清話問答四十條
清文指要
庸言知旨
清文接字·字法舉一歌

（五）清代官話正音文獻

正音撮要
正音咀華

（六）十全福

（七）清末民初京味兒小説書系

新鮮滋味
小額
春阿氏
評講聊齋
過新年
北京
花鞋成老
講演聊齋

（八）清末民初京味兒時評書系

益世餘譚——民國初年北京生活百態
益世餘墨——民國初年北京生活百態

**早期北京話研究書系**

早期北京話語法演變專題研究
早期北京話語氣詞研究
晚清民國時期南北官話語法差異研究
基於清後期至民國初期北京話文獻語料的個案研究
高本漢《北京話語音讀本》整理與研究
北京話語音演變研究
文化語言學視域下的北京地名研究
語言自邇集——19世紀中期的北京話（第二版）
清末民初北京話語詞彙釋